रंगदर्शन

रंगदर्शन

नेमिचन्द्र जैन

राधाकृष्ण प्रकाशन

पहला संस्करण 1967 में प्रकाशित

ISBN : 978-81-7119-331-8

रंगदर्शन (भारतीय रंगमंच)

राधाकृष्ण से पहला संस्करण : 1982
नौवाँ संस्करण : 2023

मूल्य : ₹895

प्रकाशक
राधाकृष्ण प्रकाशन प्राइवेट लिमिटेड
जी-17, जगतपुरी, दिल्ली-110 051
शाखाएँ : अशोक राजपथ, साइंस कॉलेज के सामने, पटना-800 006
पहली मंजिल, दरबारी बिल्डिंग, महात्मा गांधी मार्ग, प्रयागराज-211 001
1, अनमोल सोराबजी संतुक लेन, धोबी तलाव, मरीन लाइंस, मुम्बई-400 002
वेबसाइट : www.radhakrishnaprakashan.com
ई-मेल : info@radhakrishnaprakashan.com

मुद्रक
विकास कंप्यूटर एंड प्रिंटर्स
ट्रॉनिका सिटी-201 102

RANGDARSHAN
Indian Theater by Nemichandra Jain

शम्भु मित्र को
पच्चीस वर्ष पूर्व के उन अविस्मरणीय
दिनों की स्मृति में जब
पर-निन्दा सुख से प्रारम्भ बन्धुत्व
के साथ-साथ गहरी और
सच्ची नाट्य-दृष्टि भी मिली

क्रम

तीसरी बार *9*
दूसरे संस्करण के बारे में *11*
पहले संस्करण का प्राक्कथन *15*

प्रारम्भ 19
नाटक का अध्ययन 25
नाटक की रचना-प्रक्रिया और अभिनेयता 36
नाटक का अनुवाद : नाट्य-रूप और भाषा की कुछ समस्याएँ 50
नाट्य-प्रदर्शन के तत्त्व 62
रंगशाला 77
दर्शक-वर्ग 85
संस्कृत नाट्य-परम्परा की प्रासंगिकता 96
पारम्परिक नाट्य 106
पश्चिमी नाटकों का प्रदर्शन 122
रंगमंचीय संगठन का रूप 130
नाट्य-प्रशिक्षण 150
राज्याश्रय, व्यावसायिकता और लोकप्रियता 165
नाट्यालोचन 179
भारतीय रंग-दृष्टि की खोज 200
सन्दर्भ-सूची 207

तीसरी बार

रंगदर्शन का यह तीसरी बार प्रकाशन हो रहा है। हमारे देश में, विशेषकर हिन्दी में, नाटक रंगमंच सम्बन्धी पठन-पाठन की जो स्थिति है, उसे देखते हुए, रंग-कला की किसी भी पुस्तक के लिए निश्चय ही यह कुछ उपलब्धि की बात मानी जा सकती है कि उसकी प्रासंगिकता पच्चीस वर्ष तक ख़त्म न हो, और रंग-कार्य में रुचि रखनेवाले उसकी इतनी ज़रूरत महसूस करते रहें कि उसे फिर से प्रकाशित करना उपयोगी जान पड़े।

यह पुस्तक पहली बार 1967 में प्रकाशित हुई और फिर इसका दूसरा पूरी तरह संशोधित-परिवर्द्धित संस्करण 1983 में निकला। मगर यह संस्करण भी जल्दी ही ख़त्म हो गया और पुस्तक की तलाश बनी रही। मुझे ख़ुशी है कि अब यह फिर से रंगकर्मियों को सुलभ हो सकेगी। इस बार यह दूसरे संस्करण का पुनर्मुद्रण ही है, इसमें न तो कोई नई सामग्री जोड़ी गई है, न पिछली सामग्री में किसी तरह का कोई संशोधन या परिवर्तन ही किया गया है।

बेशक, इस बीच पिछले आठ वर्षों में भारतीय रंगमंच के हालात बदले हैं और नई उलझनें और समस्याएँ सामने आई हैं। पर रंगदर्शन में आधुनिक भारतीय तथा हिन्दी रंगमंच की जिन मूलभूत परिस्थितियों और उसकी बुनियादी चुनौतियों का विश्लेषण-विवेचन है, वे शायद आज भी कमोबेश वैसी ही हैं। इसलिए यह पुस्तक सम्भवतः आज भी हमारे देश में, विशेषकर हिन्दी-भाषी क्षेत्र में, रंग-कला के महत्त्वपूर्ण सवालों को समझने में मददगार हो सकती है।

नई दिल्ली

—नेमिचन्द्र जैन

दूसरे संस्करण के बारे में

रंगदर्शन के इस दूसरे संस्करण के बारे में कुछ प्रारम्भिक निवेदन ज़रूरी है, यद्यपि ऐसा करते समय मेरे मन में कुछ असमंजस है। यह पुस्तक अब से ठीक पन्द्रह वर्ष पहले प्रकाशित हुई थी। उस समय इसने बहुत-से रंगकर्मियों का, और नाटक के बारे में सोचने, समझने और पढ़नेवाले लोगों का, ध्यान आकर्षित किया। शायद इसका एक कारण यह हो कि नाटक और रंगमंच की मौलिक समस्याओं का सीधे सामना करनेवाली पुस्तकें हिन्दी में नहीं के बराबर थीं और इस पुस्तक ने उस समय एक वास्तविक कमी को किसी हद तक पूरा किया। बहरहाल, प्रकाशन के कुछ ही वर्ष बाद पुस्तक का संस्करण समाप्त हो गया।

उस समय दूसरे संस्करण का विचार मन में आया ज़रूर, मगर मुझे लगता था कि दुबारा प्रकाशित करने से पहले इसमें संशोधन और कुछ परिवर्तन-परिवर्द्धन करना उचित होगा। यह काम समयसाध्य तो है ही, बड़ा उबाऊ भी है। इसके अलावा पुरानी किताब को नया करने की बजाय नई लिख डालना ज़्यादा उत्तेजक तथा सन्तोषदायक भी है और शायद ज़्यादा आसान भी। इन्हीं सब कारणों से संशोधन-परिवर्तन और नए संस्करण का काम लगातार टलता रहा। वक़्त बीतने के बावजूद पुस्तक के बारे में लोगों की उत्सुकता और जिज्ञासा तथा इसी कारण उसकी माँग बनी रही तो यह सूझा कि संशोधन की कोशिश छोड़कर केवल पुनर्मुद्रण किया जाए। यह मुझे आसान लगा और इस दृष्टि से कुछ छपाई की भूलें आदि ठीक करने के लिए मैंने पुस्तक को पढ़ना शुरू किया।

मगर यह प्रक्रिया इतनी आसान नहीं निकली और मुझे बड़ी तीव्रता के साथ दो परस्पर-विरोधी बातें एक साथ महसूस हुईं। एक तो यह कि इस पुस्तक में भारतीय और हिन्दी रंगमंच के विभिन्न पक्षों के विकास और उनकी परिणति की जिन सम्भावनाओं की ओर संकेत किया गया था, उनमें से बहुत-सी यथार्थ हो गईं या होने की प्रक्रिया में हैं, और इसकी अधिकांश मूलभूत स्थापनाएँ आज भी प्रासंगिक हैं।

दूसरी ओर, पढ़ते-पढ़ते यह बात भी मेरे मन में पूरी तरह स्पष्ट हो गई कि केवल पुनर्मुद्रण पाठक और अपने दोनों के साथ अन्याय होगा। इस पुस्तक के बहुत-से अध्यायों में नाटकों और रंगमंच की अनेक तात्कालिक परिस्थितियों का हवाला था,

उस समय सक्रिय रंग-मंडलियों, नाटककारों, नाटकों, प्रदर्शनों, निर्देशकों, अभिनेताओं और रंगशिल्पियों के काम का ज़िक्र, विवेचन या मूल्यांकन था। इन सब में पिछले पन्द्रह वर्ष में उल्लेखनीय परिवर्तन हुए हैं। उस ज़माने के उदीयमान रचनाकार या तो आज उपलब्धि के नए शिखरों पर पहुँच चुके हैं, या फिर सृजनात्मक ऊर्जा चुक जाने से चुप हो गए हैं। अनेक नाटक-मंडलियाँ बनी और बिगड़ी हैं, अनेक नए नाटकों के प्रदर्शनों ने नई सार्थकता हासिल की है, और उस ज़माने के कुछ प्रदर्शनों को नया ऐतिहासिक परिप्रेक्ष्य मिला है। वास्तव में, देश के रंग-जीवन और रंग-कार्य की सभी परिस्थितियों में अनेक बुनियादी परिवर्तन पिछले दस-पन्द्रह वर्ष में हुए हैं। यहाँ तक कि पिछले एक-डेढ़ दशक को कई प्रकार से भारतीय रंगमंच का नया मोड़ कहा जा सकता है।

ऐसी स्थिति में यह निश्चित जान पड़ा कि विवेचन को यथासम्भव आज की परिस्थितियों तक लाए बिना सही निष्कर्ष या स्थापनाएँ भी आज के पाठकों को ठीक से सम्प्रेषित नहीं हो पाएँगी। प्रवृत्तियाँ भले ही पुरानी हैं, पर उनके जो नए रूप, नए स्तर और नए आयाम पैदा हो रहे हैं, उनका हवाला दिए बिना, चर्चा को पूरी तरह प्रामाणिक और विश्वसनीय बनाना मुश्किल है। रंगमंच यों भी परिस्थितियों से अनन्य रूप से जुड़ी हुई विधा है। उसकी पन्द्रह वर्ष में होनेवाली प्रगति को दरकिनार करके समस्याओं के विवेचन का ऐतिहासिक महत्त्व भले ही हो, उसका समकालीन पाठक पर सही प्रभाव नहीं पड़ सकता। इसलिए केवल पुनर्मुद्रण काफ़ी नहीं, उसे अद्यतन बनाना ज़रूरी है। यानी वापस फिर पहले ख़ाने पर। अगर पुस्तक फिर से प्रकाशित होनी है तो सुधार और परिवर्तन से बचना सम्भव नहीं।

मगर यह निष्कर्ष जितना आसान है, उसे कार्यान्वित करना नहीं। संशोधन का यह काम बहुत ही मुश्किल और तकलीफ़देह साबित हुआ और प्रायः पुनर्लेखन ही हो गया जिसमें लगभग एक वर्ष लगा। इस बीच एक संयोगवश कुछ अध्याय संशोधन के बाद गुम हो गए और उन्हें फिर दुबारा ठीक करना पड़ा।

बहरहाल, पुस्तक फिर से आपके सामने है। अब यह कई प्रकार से लगभग नई पुस्तक हो गई है। पुरानी पुस्तक के कुछ अध्याय विशेषकर 'नाट्य प्रदर्शन के कुछ विशिष्ट प्रकार' तथा पाँच में से चार परिशिष्ट विषय की समन्विति और एकाग्रता की दृष्टि से छोड़ दिए गए हैं, और एक परिशिष्ट 'नाटक का अनुवाद' को कुछ परिवर्तन करके एक स्वतंत्र अध्याय के रूप में रखा गया है। साथ ही, अधिकांश अध्यायों का पुनर्लेखन या व्यापक संशोधन करके सामग्री को कुछ नए अध्यायों के रूप में रखा गया है, और अध्यायों के क्रम में परिवर्तन किया गया है।

निस्सन्देह इस प्रक्रिया में नए और पुराने के बीच कुछ जोड़ ज़रूर दिखाई पड़ेंगे। मैं सिर्फ़ आशा ही कर सकता हूँ कि वे इतने बड़े और भद्दे न होंगे कि पढ़ने वाले को विरक्त करें। और यह आशा भी मुझे है ही कि अपने नए रूप में

यह पुस्तक भारतीय, विशेषकर हिन्दी के, रंगकर्मियों और अध्येताओं को अधिक उपयोगी लगेगी, और नाटक-रंगमंच के बारे में सोचने के लिए प्रेरित करेगी, भले ही वे इसके निष्कर्षों और स्थापनाओं से सभी जगह सहमत न हों। बल्कि मेरा तो विश्वास है कि अगर इस सोच-विचार की प्रक्रिया में इस पुस्तक में प्रस्तुत अनेक या सारे निष्कर्ष अस्वीकार भी हो जाएँ, तो यह भी इस पुस्तक की सार्थकता ही होगी।

यह अनिवार्य था कि सारे विवेचन को अद्यतन बनाने की प्रक्रिया में अनेक नए नाटककारों, नाटकों, निर्देशकों, प्रदर्शनों और संस्थाओं का उल्लेख होता। इसलिए पुस्तक में दिए गए छाया चित्रों को बदलना भी ज़रूरी हो गया, ताकि आज के भारतीय रंगमंच की कुछ महत्त्वपूर्ण दिशाओं को उजागर किया जा सके। इस संस्करण में सभी फ़ोटोग्राफ़ नए हैं, यद्यपि इनमें से कुछ चित्र पहले 'नटरंग' में प्रकाशित हो चुके हैं। इन तसवीरों के लिए मैं राष्ट्रीय नाट्य विद्यालय, संगीत नाटक अकादमी, श्रीराम सेंटर, मध्यप्रदेश कला परिषद, कालिदास अकादमी, बहुरूपी, अनामिका, नया थिएटर, यात्रिक, प्रयोग, अभियान, दर्पण, थिएटर यूनिट, बेनका, महाराष्ट्र सूचना केन्द्र आदि संस्थाओं का आभारी हूँ।

पुस्तक के नए रूप और पुनर्लेखन के सिलसिले में मुझे अपनी बेटी कीर्ति से लगातार बहुत मदद मिली। उससे बातचीत करके मैं अनेक सवालों पर किसी हद तक नए ज़माने के रंगकर्मी की प्रतिक्रिया की दिशा और प्रकृति को समझ सका। इसके प्रकाशन के लिए राधाकृष्ण प्रकाशन के श्री अरविन्द कुमार की उत्साहपूर्ण रुचि ने मुझे इस काम को जल्दी से जल्दी ख़त्म करने के लिए प्रेरित किया, इसके लिए मैं उनका विशेष रूप से आभारी हूँ।

—नेमिचन्द्र जैन

नई दिल्ली
15 नवम्बर, 1982

पहले संस्करण का प्राक्कथन

यह पुस्तक भारतीय या हिन्दी रंगमंच का इतिहास नहीं है, और न इसमें देश के विभिन्न भागों या किसी एक ही भाग के रंगमंच की स्थिति का, अथवा देश में उपलब्ध विभिन्न नाट्य-रूपों और शैलियों का, कोई विवरण ही प्रस्तुत है। इसके विपरीत इस पुस्तक में वर्तमान भारतीय रंगमंच के महत्त्वपूर्ण पक्षों के तल में जाकर उन्हें देखने-समझने और इस भाँति आज के रंगकर्मी की दृष्टि से उनकी सार्थकता खोजने की कोशिश है। हमारे देश में आधुनिक रंगमंच का प्रारम्भ बड़ी असाधारण परिस्थितियों में और अनोखे रूप से हुआ। इसके फलस्वरूप कुछ बड़े मूलभूत अन्तर्विरोध उसमें प्रारम्भ से ही अन्तर्निर्मित हैं जो उसे सहज ही अपनी परिपूर्णता और चरम उपलब्धि की ओर बढ़ने से रोकते हैं। जब तक हमारे देश का रंगकर्मी इन परिस्थितियों और उनके इन अन्तर्विरोधों से साहसपूर्ण साक्षात्कार नहीं करता, तब तक वह एक प्रकार के अपरिचित रिक्त में छटपटाता रहेगा और कोई सार्थकता प्राप्त न कर सकेगा। इस पुस्तक में भारतीय रंगमंच की इन मूलभूत स्थितियों के सूत्रों को सुलझाने का प्रयास है। इस प्रयास का सन्दर्भ और परिप्रेक्ष्य है, रंग-कार्य की हमारे देश में समर्थ और सृजनशील अभिव्यक्ति माध्यम के रूप में स्वीकृति और आगे विकास। यदि निरे मनोरंजन से बढ़कर एक कलात्मक विधा के रूप में रंगमंच की प्रतिष्ठा की दिशा में इस पुस्तक का कोई योग हो सका तो इसका उद्‌देश्य सफल होगा।

एक बात और। इस सम्पूर्ण विवेचन में परिप्रेक्ष्य भारतीय नाटक और रंगमंच का रहते हुए भी, बल जानबूझकर और स्वभावतः हिन्दी और रंगमंच पर ही रहा है। मूलतः हिन्दी पाठक के लिए लिखी गई इस पुस्तक के लिए यही उचित भी है। इसी विचार से अन्त में परिशिष्ट में अन्य विभिन्न अवसरों पर लिखे गए तथा पत्र-पत्रिकाओं में प्रकाशित पाँच ऐसे लेख भी और सम्मिलित कर लिये गए हैं जो इस पुस्तक की कुछ मुख्य स्थापनाओं को हिन्दी नाटक और रंगमंच के सन्दर्भ में और भी परिभाषित करते हैं।

पुस्तक की परिकल्पना पिछले कई वर्षों से मेरे मन में रही है और इसके कई अंश पहले लिखे जाकर इधर-उधर प्रकाशित भी होते रहे हैं, यद्यपि यहाँ उन्हें अब

फिर से संशोधित और सम्पादित करके ही पुस्तक में जोड़ा जा सका है। मैं उन सब पत्रिकाओं आदि के सम्पादकों का कृतज्ञ हूँ जहाँ ये अंश पहले छपे थे। पुस्तक में प्रकाशित छायाचित्र मुझे श्री बलवन्त गार्गी, श्री गोविन्द विद्यार्थी, श्री सत्यदेव दुबे से, राष्ट्रीय नाट्य विद्यालय, बहुरूपी, लिटिल थिएटर ग्रुप, महाराष्ट्र सूचना केन्द्र, नई दिल्ली तथा भारत सरकार के पत्र सूचना विभाग से प्राप्त हुए। मैं इन सभी का हृदय से आभारी हूँ, क्योंकि निस्सन्देह इन छायाचित्रों से पुस्तक को अधिक उपयोगी और आकर्षक बनाने में सहायता मिली है। छायाचित्रों का सज्जा-संयोजन ललित कला अकादमी के सहायक सम्पादक श्री सु. अ. कृष्णन ने किया है जिसके लिए मैं उनका बहुत ही कृतज्ञ हूँ।

मैं अपने उन सहयोगियों का, विशेषकर बन्धुवर सुरेश अवस्थी का, ऋणी हूँ जिनके साथ समय-समय पर रंगमंच और नाटक को लेकर अनेक चर्चाओं में, विभिन्न प्रश्नों पर अपने विचारों को रूप देने और स्पष्ट करने में मुझे सहायता मिलती रही है। किन्तु सबसे अधिक कृतज्ञ मैं देश के उन सैकड़ों रंगकर्मियों का हूँ जिनकी सच्ची लगन और प्रतिभा ने ही, असंख्य कठिनाइयों के बावजूद, देश में एक सार्थक और समर्थ रंगमंच का निर्माण करने में जिनकी सूझबूझ और अदम्य उत्साह ने ही, इस पुस्तक की अधिकांश स्थापनाओं की प्रेरणा दी है। आशा करता हूँ, इसमें उन्हें अपनी कुछ उलझनों का ही नहीं, उनका सामना करने के लिए कुछ आधारों की भी झाँकी मिलेगी।

—नेमिचन्द्र जैन

नई दिल्ली
1 अगस्त, 1967

अभियान, नई दिल्ली द्वारा हिन्दी में विजय तेंडुलकर का **घासीराम कोतवाल,** निर्देशक, राजिंदरनाथ

नया थिएटर, नई दिल्ली द्वारा **चरनदास चोर,** लेखक-निर्देशक, हबीब तनवीर

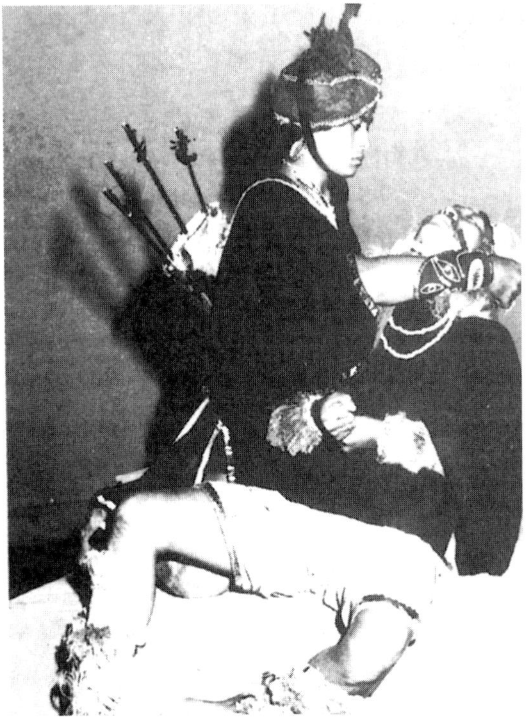

कोरस रेपर्टरी थिएटर, इम्फाल द्वारा
मणिपुरी में **चक्रव्यूह**
लेखक-निर्देशक, रतन थियम

कला संगम, पटना द्वारा
हृषिकेश सुलभ
का **अमली** निर्देशक, सतीश आनंद

जन नाट्य संघ, बंबई द्वारा **जादू की कुरसी** में बलराज साहनी

पृथ्वी थिएटर बंबई द्वारा **पठान** में पृथ्वीराज कपूर

कन्नड़ नाटक **दशावतार** में गुब्बी वीरन्ना

मूनलाइट थिएटर कम्पनी,
कलकत्ता के
सीता वनवास में मास्टर
फ़िदा हुसैन

लिटिल थिएटर ग्रुप,
नई दिल्ली द्वारा
अमानत का
इंदर सभा
निर्देशक, मोहन उप्रैती

राष्ट्रीय नाट्य विद्यालय,
नई दिल्ली द्वारा
वीर अभिमन्यु
निर्देशक, बृजमोहन शाह

निराकार, नई दिल्ली द्वारा हिन्दी में रवीन्द्रनाथ ठाकुर का **डाकघर**, निर्देशक, अनामिका हक्सर

अस्मिता, नई दिल्ली द्वारा गिरीश कारनाड का **रक्तकल्याण**, निर्देशक, अरविन्द गौड़

रंगयोग, लखनऊ द्वारा गोगोल के **इंस्पेक्टर जनरल** का मुद्राराक्षस द्वारा नौटंकी शैली में **आला अफ़सर,** निर्देशक, बंसी कौल

राष्ट्रीय नाट्य विद्यालय द्वारा पारम्परिक नाट्यों की शैली में शेक्सपीअर के **मैकबेथ** का रघुवीर सहाय द्वारा हिन्दी अनुवाद **बरनम वन** निर्देशक, ब. व. कारन्त

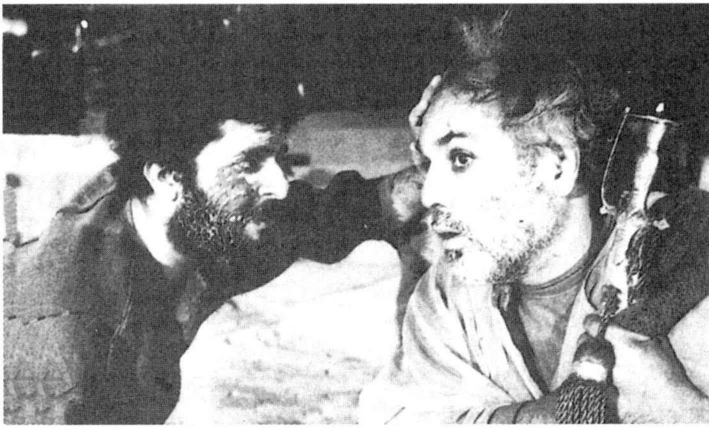

थिएटर एंड टेलिविज़न एसोसिएट्स, नई दिल्ली द्वारा शेक्सपीअर का **किंग लीअर** निर्देशक, अमाल अल्लाना

महाराष्ट्र का पारम्परिक नाट्य **तमाशा**

राजस्थान का नाट्य **ख्याल**

कर्नाटक का **यक्षगान**

गुजरात का पारम्परिक नाट्य **भवई**

उत्तर प्रदेश का **नक़ल**

सोपानम्, त्रिवेन्द्रम द्वारा भास का संस्कृत नाटक **मध्यम व्यायोग** निर्देशक, कावालम नारायण पणिक्कर

राष्ट्रीय नाट्य विद्यालय द्वारा हिन्दी में विशाखदत्त का **मुद्राराक्षस** निर्देशक, ब. व. कारन्त

कोरस रेपर्टरी थिएटर, इम्फाल द्वारा मणिपुरी में कालिदास का **विक्रमोर्वशीय** निर्देशक, रतनकुमार थियम

रंग विदूषक, भोपाल द्वारा हिन्दी में भास का **पंचरात्र** निर्देशक, बंसी कौल

राष्ट्रीय नाट्य विद्यालय द्वारा हिन्दी में जार्ज ब्युखनर का **दान्तों की मौत** निर्देशक, इब्राहिम अलकाज़ी

राष्ट्रीय नाट्य विद्यालय द्वारा हिन्दी में रूसी नाटक **फ़ूजीयामा** निर्देशक, प्रसन्ना

यांत्रिक, नई दिल्ली द्वारा हिन्दी में गोर्की का नाटक **तलछट (लोअर डैप्थ्स)** निर्देशक, एम. के. रैना

राष्ट्रीय नाट्य विद्यालय द्वारा हिन्दी में बर्टोल्ट ब्रेश्ट का **चोपड़ा कमाल नौकर जमान (पुंटिला)** निर्देशक, फ्रिट्ज बेनेविट्ज

म. प्र. रंगमंडल, भोपाल द्वारा हिन्दी में रैसीन का **फ़ेद्रा** निर्देशक, जार्ज लावादों

राष्ट्रीय नाट्य विद्यालय द्वारा धर्मवीर भारती का **अन्धा युग** निर्देशक, इब्राहिम अलकाज़ी

दिशांतर, नई दिल्ली द्वारा मोहन राकेश का **आषाढ़ का एक दिन** निर्देशक, ओम शिवपुरी

मध्यप्रदेश रंगमंडल, भोपाल द्वारा जयशंकर प्रसाद का **स्कंदगुप्त** निर्देशक, ब. व. कारन्त

राष्ट्रीय नाट्य विद्यालय द्वारा भारतेन्दु हरिश्चन्द्र का **अंधेरनगरी** निर्देशक, ब. व. कारन्त

अनामिका, कलकत्ता द्वारा ज्ञानदेव अग्निहोत्री का **शुतुरमुर्ग** निर्देशक, श्यामानंद जालान

राष्ट्रीय नाट्य विद्यालय द्वारा **बेगम का तकिया** निर्देशक, रंजीत कपूर

बहुरूपी, कलकत्ता द्वारा रवीन्द्रनाथ ठाकुर के बांग्ला नाटक
तीनों के निर्देशक शंभु मित्र

विसर्जन

राजा

रक्तकरबी

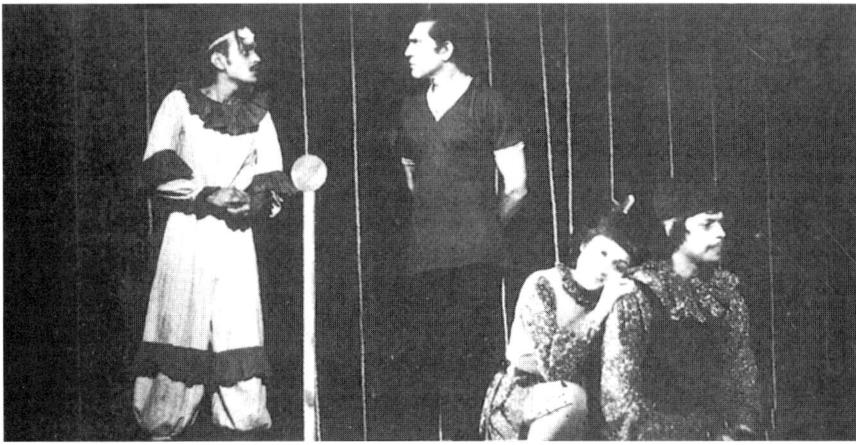

थिएटर यूनिट, बंबई द्वारा मोहित चट्टोपाध्याय का **गिनीपिग** निर्देशक, सत्यदेव दुबे

राष्ट्रीय नाट्य विद्यालय द्वारा गिरीश कारनाड का **तुगलक** निर्देशक, इब्राहिम अलकाज़ी

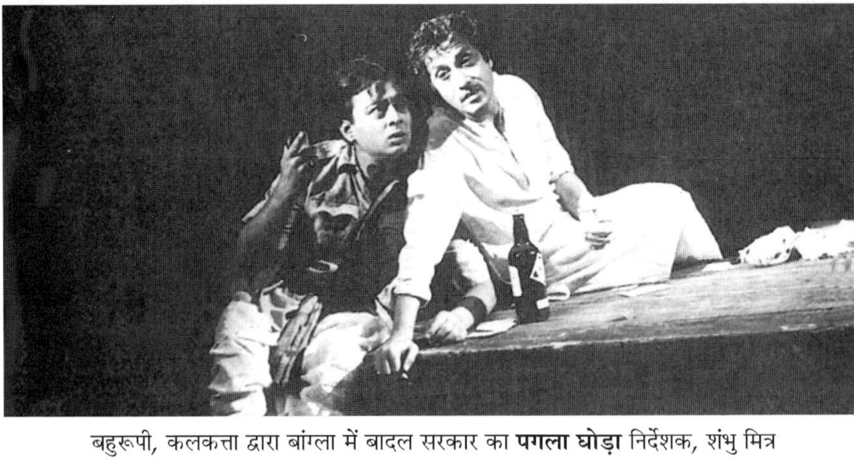

बहुरूपी, कलकत्ता द्वारा बांग्ला में बादल सरकार का **पगला घोड़ा** निर्देशक, शंभु मित्र

रंगदर्शन

प्रारम्भ

संस्कृति की परिभाषा चाहे कोई किसी प्रकार करे, इतना शायद निर्विवाद है कि वह यदि एक ओर मनुष्य के जीवन-संघर्ष से जुड़ी हुई है तो दूसरी ओर उसकी क्रीड़ा और मनोरंजन की ज़रूरत और प्रवृत्ति से। सम्भवतः इस संघर्ष के दौरान उसकी ज़रूरतों को पूरा करने के लिए, या इसमें विजयी होकर उसकी ख़ुशी और उल्लास को ज़ाहिर करने के लिए, या संघर्ष की तीव्रता में कमी होने से कुछ चैन मिलने पर उस अवकाश में कुछ दिल बहलाने के लिए, वे भौतिक उपकरण और पदार्थ एवं वे बौद्धिक और आध्यात्मिक मूल्य रचे गए होंगे जिनकी समग्रता को संस्कृति कहा जाता है। इसी से संस्कृति यदि मनुष्य की सृजनात्मक सामर्थ्य, उसके आध्यात्मिक वैभव का मापदंड है, तो साथ ही वह उसकी क्रीड़ा और मनोरंजन की प्रवृत्ति की भी एक महत्त्वपूर्ण अभिव्यक्ति है।

इसलिए यह अचरज की बात नहीं कि संस्कृति आज भी समुदाय के मनोरंजन की पद्धतियों और उपायों से अभिन्न रूप में जुड़ी होती है। किसी भी देश और युग की सृजनात्मक-कलात्मक अभिव्यक्तियों पर विचार करने से यह बात ज़ाहिर हो जाती है। कविता, साहित्य, चित्रकला, मूर्तिकला, संगीत, नृत्य, नाटक आदि सभी रचनात्मक अभिव्यक्तियाँ जहाँ किसी समाज के मौलिक आदर्शों को और मूल्यों को प्रकट करती हैं, वहीं वे मूलतः व्यक्ति तथा समुदाय के मनोरंजन का भी सबसे महत्त्वपूर्ण और सबसे परिष्कृत तथा समृद्ध साधन होती हैं। वास्तव में, रचनात्मक प्रक्रिया के स्वरूप का यह दोहरा पक्ष ही साहित्य-कला आदि के जीवन में इतने व्यापक और गहरे महत्त्व का आधार है; और अपनी इसी विशेषता के कारण सृजनात्मक कार्य किसी संस्कृति और सभ्यता का सर्वोत्कृष्ट और सर्वप्रमुख अंश माना जाता है। कलात्मक अभिव्यक्ति द्वारा समाज का सर्वाधिक वांछनीय और संस्कृत अनुरंजन होता है, जो जन-मानस का परिष्कार भी करता है और संस्कृति के बुनियादी मूल्यों और स्वरूप की स्थापना भी।

यह बात निस्सन्देह निरपवाद रूप में सभी कलाओं के लिए सच है, पर विशेष रूप से रंगकला के लिए इसका महत्त्व बहुत ही प्राथमिक और बुनियादी है, क्योंकि रंगमंच कलात्मक अभिव्यक्ति का ऐसा माध्यम है जिसमें मनोरंजन का

अंश अन्य कलाओं की तुलना में अपेक्षाकृत सबसे अधिक है। रंगमंच पर प्रदर्शित नाटक प्रेक्षकों का रंजन करके ही सम्पूर्ण और सफल होता है और अपना उद्देश्य पूरा करता है। किन्तु वह मनोरंजन का ऐसा साधन और कलात्मक अभिव्यक्ति का ऐसा रूप है जिसके द्वारा हम जीवन की नानाविधि अनुभूतियों का, उदात्त से लगाकर क्षुद्रतम भावावेगों तथा भावदशाओं का, और उसके विविध शारीरिक तथा अन्य मानसिक प्रभावों का, लगभग प्रत्यक्ष रूप से सामना करते हैं। एक प्रकार से यह सभी कलात्मक अभिव्यक्तियों के अनुशीलन द्वारा होता है, पर जितनी तीव्रता से, तथा जितने व्यापक रूप में, अधिक-से-अधिक व्यक्तियों का एक साथ, यह रंगमंच पर नाट्याभिनय द्वारा होता है उतना और कहीं नहीं। इस दृष्टि से रंगकला द्वारा संस्कृति के इस मूल धर्म की प्राप्ति कहीं अधिक सम्पूर्णता से हो सकती है और होती है कि वह जीवन के विभिन्न अनुभवों के आस्वादन द्वारा हमारे मन को अधिक संवेदनशील और ग्रहणशील बनाए, हमारे भीतर सह-अनुभूति और द्रवित होने की क्षमता को न केवल जीवित रखे बल्कि उसे और भी प्रबल और तीव्र कर दे।

रंगकला की यह विशेषता उसे किसी भी देश, काल की संस्कृति का महत्त्वपूर्ण उपादान बनाती है, बल्कि साथ ही उसे उस संस्कृति के प्रसार और विस्तार का भी सबसे प्रधान साधन बनाती है। वास्तव में, रंगमंच द्वारा यह कार्य एक साथ कई स्तरों पर सम्भव होता है। संयुक्त दृश्य और श्रव्य माध्यम होने के कारण विस्तार की दृष्टि से उसका प्रभाव समुदाय के शिक्षित-अशिक्षित सभी वर्गों पर पड़ता है; समाज के सजीव और जराग्रस्त दोनों प्रकार के विचारों, भावों, मान्यताओं और आदर्शों को रंगमंच समुदाय के दूरस्थ से दूरस्थ क्षेत्र तक ले जाता है और ले जा सकता है। रंगशाला में विभिन्न वर्गों के दर्शक एक साथ बैठते और मंच पर प्रस्तुत नाटक की भावदशाओं का एक साथ आस्वादन करते हैं। फलस्वरूप, एक नाटक के दर्शक इतने विविध और भिन्न होने पर भी किसी विलक्षण अदृश्य शक्ति द्वारा एकसूत्र होकर एक निश्चित समुदाय का रूप ग्रहण करते हैं, और उनकी भावात्मक, आवेगात्मक और स्नायविक प्रतिक्रियाएँ प्राय: समान या समानान्तर दिशा में प्रवाहित होती हैं। इसीलिए भावात्मक एकता का रंगमंच से बड़ा माध्यम दूसरा नहीं। हमारे ही देश के इतिहास में जब भी ऐसी भावात्मक एकता ज़रूरी या वांछनीय हुई है—जैसे मध्य-युग में भक्ति आन्दोलनों के समय—तो रंगकला का व्यापक उपयोग किया गया है। रंगकला वास्तव में हमारे मूल आदिम आवेगों और प्रवृत्तियों को जागृत करके उन्हें एक सामूहिक सूत्र में बाँधती है और इस प्रकार किसी भी समाज को एकीकृत और संगठित करने में उसका बड़ा योग हो सकता है।

एक अन्य स्तर पर भी यह प्रक्रिया रंगकला में सम्पन्न होती है। वह काव्य की भाँति आवेगों, रागों, विचारों, अनुभूतियों की मात्र अमूर्त तथा भावात्मक अभिव्यक्ति नहीं है; और न वह चित्र तथा मूर्ति कला की भाँति किसी एक क्षण अथवा अनुभूति

का काल के आयाम में जड़ीभूत या ठहरा हुआ रूप ही है। रंगप्रयोग गतिशील कार्य-व्यापार (ऐक्शन) के रूप में जीवन की अनुभूति को प्रस्तुत करता है। इस प्रकार अन्य कलात्मक अभिव्यक्तियों की अपेक्षा वह जीवन को अधिक समग्रता के साथ, अधिक सम्पूर्णता में, विशेष रूप से विचारों, भावों, आवेगों और प्रवृत्तियों को उनके क्रियात्मक तथा इसीलिए दूसरों से सम्बद्ध सामाजिक रूप में, प्रस्तुत करता है। इस दृष्टि से जहाँ काव्य आदि कलाएँ बहुत बार जीवन की सूक्ष्मता और गहराई को अभिव्यक्त करती हैं, वहाँ रंगकला उसके गतिमूलक सक्रिय, सजीव रूप को प्रकट भी करती है और उसे सँवारती-निखारती भी है। अपनी इस विशेषता में भी रंगकला संस्कृति का सर्वथा अनन्य रूप है।

इसी प्रकार संस्कृति के सामूहिक-सामुदायिक पक्ष की दृष्टि से भी रंगकला सबसे सम्पूर्ण और सशक्त आधार और साधन है। क्योंकि अन्य कलाओं से भिन्न वह तो सृजनात्मक क्रिया के रूप में भी एक सामूहिक कार्य है। बहुत-से व्यक्तियों, बहुत-से विचारों और भावों, बहुत-सी कलाओं, शिल्पों और विद्याओं के किसी एक समन्विति में गुम्फित हुए बिना रंगकला सम्भव नहीं। अभिनेता को केवल अपने ही चरित्र के व्यक्तित्व से नहीं, नाटक के सभी पात्रों के व्यक्तित्व से, पहले मानसिक और फिर अन्त में रंगमंच पर वास्तविक, सम्पर्क स्थापित करना आवश्यक हो जाता है। रंग-कार्य अपने मूल रूप में मानव-अस्तित्व की सामूहिकता की चेतना से अनिवार्य रूप में सम्बद्ध है। ऊपर इस बात का उल्लेख किया गया है कि किस प्रकार नाटक देखते समय दर्शक एक ही रागात्मक स्थिति के सहभोक्ता होकर परस्पर एक भावसूत्र में बँधते हैं और उनका सामूहिक व्यक्तित्व ऊपर उभरकर आ जाता है। इसी प्रकार की स्थिति दूसरे ढंग से अभिनेताओं की भी होती है। किसी भावात्मक यथार्थ को रंगमंच पर सम्मिलित रूप से प्रस्तुत करने के प्रयत्न में अभिनेताओं को अनिवार्यत: बाध्य होकर एक-दूसरे के आगे अपना आन्तरिक रूप प्रकट करना पड़ता है। गहरा, अनुभूतिपूर्ण और मार्मिक अभिनय उसके बिना असम्भव है। एक श्रेष्ठ नाटक-मंडली के अभिनेता-सदस्य एक-दूसरे को नग्नता की सीमा तक गहराई और आत्मीयता के साथ जानने लगते हैं। मानव मन और चरित्र का ऐसा ज्ञान चाहे जितनी तात्कालिक समस्याएँ उत्पन्न करे, अन्तत: यह अनुभव एक प्रकार की सहिष्णुता और सामंजस्य की प्रवृत्ति मन में पैदा करता है। किसी अच्छे नाटक में भाग लेकर हम अपने भीतर के बहुत से वृथा अहंकार और मिथ्या श्रेष्ठता के भाव के प्रति सजग और सतर्क होते हैं। इस प्रकार रंग-कार्य मनोरंजन का एक रूप होकर भी उन सब बुनियादी मूल्यों और क्रियाओं के साथ घनिष्ठ रूप में सम्बद्ध है जिनके बिना संस्कृति की कोई सार्थकता नहीं।

संस्कृति में रंगकला के योगदान का सबसे उत्कृष्ट प्रमाण है भरत के *नाट्यशास्त्र* का वह अंश जहाँ नाट्य का उद्गम बताते हुए कहा गया है, यह नाट्य नामक

पाँचवाँ वेद मनोरंजन का ऐसा दृश्य और श्रव्य साधन है 'जो धर्म, यश, आयु को बढ़ानेवाला, बुद्धि को उद्दीप्त करनेवाला, तथा लोक को उपदेश देने वाला होगा। न ऐसा कोई ज्ञान है, न शिल्प है, न विद्या है, न ऐसी कोई कला है, न कोई योग है, और न कोई कार्य ही है जो इस नाट्य में प्रदर्शित न किया जाता हो।'

साथ ही यह भी कहा गया है :

'इस नाट्यवेद के अन्तर्गत कहीं धर्म है कहीं क्रीड़ा, कहीं अर्थ, कहीं शान्ति अथवा श्रम, कहीं हँसी कहीं युद्ध, कहीं काम और कहीं वध का अनुकरण है। इसमें कर्तव्य का पालन करनेवाले लोगों के लिए कर्तव्य की शिक्षा है, काम की चाहना करनेवालों के लिए काम है, दुर्विनीतों को संयमित करने और विनीत जनों के लिए संयम की विधि का उल्लेख है। यह कायरों को साहस, शूरवीरों को उत्साह, अज्ञानियों को ज्ञान और पंडितों को विवेक प्रदान करता है। इससे धनिकों को विनोद, शोकग्रस्तों को चित्त की दृढ़ता और अर्थ कामियों को धनोपार्जन के साधन तथा उद्विग्न व्यक्तियों को धैर्य की प्राप्ति होती है। विविध भावों से परिपूर्ण और विभिन्न परिस्थितियों के चित्रणवाले इस नाट्य में लोक-वृत्त की अनुकृति है। यह अच्छे, बुरे और साधारण सभी प्रकार के लोगों से सम्बन्धित है और उन सभी को साहस, मनोरंजन, आनन्द और शिक्षा प्रदान करनेवाला है।'

निस्सन्देह न केवल नाटक और रंगमंच की, बल्कि संस्कृति के मूलभूत उद्देश्य और धर्म की इससे व्यापक व्याख्या दुर्लभ है। किन्तु यह दुर्भाग्य की ही बात है कि संस्कृत नाट्य-परम्परा के छिन्न-भिन्न होने के बाद हमारे देश में संस्कृति के इस महत्त्वपूर्ण रूप पर, उसके विभिन्न अंगों और पक्षों पर अधिक ध्यान नहीं दिया जा सका है। यह नहीं कि इस बीच रंगकला का हमारे जीवन से सर्वथा लोप हो गया। पर एक ओर, क्रमशः वह अधिकाधिक निरे मनोरंजन का साधन बनती गई; दूसरी ओर, उसको लेकर चिन्तन-विवेचन कम होता गया। इन दोनों ही स्थितियों के बीच स्पष्ट ही गहरा सम्बन्ध है। पर आज जब हमारे जीवन में फिर से रंगकला को मान्यता और प्रतिष्ठा मिलना प्रारम्भ हो गया है, तो यह सर्वथा आवश्यक है कि संस्कृति के इस महत्त्वपूर्ण और अत्यन्त जटिल तथा संश्लिष्ट रूप की मूलभूत मान्यताओं और आवश्यकताओं पर हम गम्भीरतापूर्वक विचार करें, उसके विभिन्न तत्त्वों के पारस्परिक सम्बन्धों को पहचानने का प्रयास करें, और आज के बदलते हुए जीवन के परिप्रेक्ष्य में उनके संयोजन और अधिकाधिक सार्थकतापूर्ण प्रकाश के लिए अग्रसर हों। इस अध्ययन में कुछेक इन्हीं मूलभूत तत्त्वों को पहचानने, उनका रूप निर्धारित करने और उनके संयोजन की समस्याओं का सामना करने का एक प्रयास है।

रंगकला सम्बन्धी पुस्तकें आम तौर पर इस प्रश्न की चर्चा से प्रारम्भ होती हैं कि थिएटर या रंग-सृष्टि अथवा नाट्य क्या है? इस पुस्तक के विभिन्न अध्यायों

में अलग-अलग रूपों में और विभिन्न दृष्टियों से, इस प्रश्न का सामना करने और उसका उत्तर खोजने की कोशिश है। इसलिए अलग से इस पर कोई विवेचन नहीं किया जा रहा है। किन्तु पूरे अन्वेषण के परिप्रेक्ष्य और क्षेत्र को स्पष्ट करने के लिए एक कामचलाऊ परिभाषा यहाँ देना सम्भवतः उपयोगी होगा। इस अध्ययन में हम यह मानकर चले हैं कि नाट्यकला सर्जनात्मक अभिव्यक्ति का वह रूप है जिसमें मुख्यतः किसी संवादमूलक आलेख या कथा को (जिसे हम नाटक कहते हैं) अभिनेताओं द्वारा अन्य रंगशिल्पियों की सहायता से किसी मंच या रंगस्थल पर दर्शक समूह के सामने प्रस्तुत किया जाता है। यह प्रदर्शन कभी संवादमूलक होता है, कभी संगीतमूलक, कभी नृत्यमूलक, और कभी इन सबका, या एक-दो का, समन्वित रूप; कभी वह आधुनिकतम संयंत्रों से सुसज्जित रंगभवन में प्रस्तुत होता है, कभी खुले आकाश के नीचे; कभी केवल सामने एक ओर बैठे सौ-पचास या दो-चार सौ दर्शकों के समक्ष और कभी अभिनेताओं के चारों ओर हज़ारों दर्शकों के बीच। इन सभी स्थितियों में जो तत्त्व, चाहे विभिन्न अनुपातों और रूपों में ही सही, निरन्तर मौजूद रहते हैं, वे हैं—कोई कथामूलक आलेख, अभिनेता तथा निर्देशक सहित रंगशिल्पी, रंगमंच या रंगस्थल और दर्शक-वर्ग। परवर्ती अध्यायों में नाट्याभिव्यक्ति के इन अनिवार्य स्थायी तत्त्वों के रूप और उनकी समस्याओं के अन्वेषण और पहचान का प्रयास किया गया है। इस प्रयास का सामान्य परिप्रेक्ष्य समस्त भारतीय रंगमंच ही है, यद्यपि स्वभावतः ही उसमें हिन्दी-भाषी क्षेत्र के रंग-कार्य के ही अनुभव और सन्दर्भ पर विशेष बल है, जिसमें हिन्दी पाठक के लिए यह चर्चा, विश्लेषण और विवेचन अधिक यथार्थ, वास्तविक तथा सार्थक बन सके।

अनिवार्यतः यह विवेचन नाटक की चर्चा से प्रारम्भ होता है। नाटक के अध्ययन, उसकी रचना-प्रक्रिया तथा रंगप्रयोग के साथ उसके सम्बन्ध को परिभाषित करना इसलिए भी आवश्यक समझा गया है, क्योंकि हिन्दी-भाषी क्षेत्र में नाटक को लेकर ही सबसे अधिक मतिभ्रम है। पिछली शताब्दी के मध्य में नाटक और रंग प्रयोग का आधुनिक युग प्रारम्भ होने के बाद से कुछ ही समय पहले तक, हिन्दी का नाटककार, समीक्षक, पाठक, कई ऐतिहासिक, सामाजिक-सांस्कृतिक कारणों से, नाटक के यथार्थ स्वरूप को समझने में भटकता रहा था, जिसका अंशतः कारण और परिणाम था हिन्दी क्षेत्र में आधुनिक रंग-कर्म का प्रायः अभाव अथवा अविकसित रूप। हिन्दी साहित्य जगत में सामान्यतः नाटक के विषय में जो कुछ लिखा जाता रहा है वह इतना अधिक भ्रामक, अनिश्चित और दिशाहीन है कि वह नाटक और रंगमंच को पूर्ण सार्थकता की ओर बढ़ने से यदि रोकता नहीं तो कम-से-कम उसमें सहायक तो नहीं ही होता। इसके अतिरिक्त नाटक के अध्ययन से आरम्भ करने की एक सार्थकता यह भी है ही कि, समस्त रूपगत जटिलता और संश्लिष्टता के बावजूद, रंगमंचीय अभिव्यक्ति का मूल आधार अन्ततः नाटक ही है। रंगकला का

प्रारम्भ-बिन्दु वही है। भारतीय तथा विशेषकर हिन्दी रंगकर्मी को सबसे पहले नाटक के सम्बन्ध में ही अपनी दृष्टि को स्पष्ट और निश्चित करना है, तभी रंग-कार्य के अन्य तत्त्वों के सम्बन्ध में भी उसका चिन्तन अधिक एकाग्र, कार्यकारी और सार्थक हो सकेगा। तो आइए, नाटक के अध्ययन से यह अन्वेषण प्रारम्भ करें।

नाटक का अध्ययन

नाटक साहित्यिक अभिव्यक्ति की ऐसी विधा है जो केवल साहित्य नहीं, उससे अधिक कुछ और भी है, क्योंकि रचना की प्रक्रिया लेखक द्वारा लिखे जाने पर ही समाप्त नहीं होती, उसका पूर्ण प्रस्फुटन और सम्प्रेषण रंगमंच पर जाकर ही होता है। रंगमंच पर अभिनेताओं द्वारा प्राण-प्रतिष्ठा के बिना नाटक को सम्पूर्णता प्राप्त नहीं होती। और इसलिए रंगमंच से अलग करके नाटक का मूल्यांकन या उसके विविध अंगों और पक्षों पर विचार अपूर्ण ही नहीं, भ्रामक हो जाता है। संसार के नाटक साहित्य के इतिहास में कहीं भी नाटक को रंगमंच से अलग करके, केवल साहित्यिक रचना के रूप में नहीं देखा जाता; और रंगमंच तथा उसकी आवश्यकताओं के पारखी या जानकार ही नाटक के असली समालोचक हो सकते हैं, होते हैं, और माने जाते हैं। किन्तु हमारे देश में स्थिति कुछ भिन्न है। संस्कृत नाटक के स्वर्णयुग के बाद हमारी रंग-परम्परा विच्छिन्न हो गई। उसके बाद प्राय: एक हज़ार वर्ष तक आधुनिक भाषाओं में नाटक बहुत ही कम लिखे गए और जो इक्का-दुक्का प्रयत्न हुए भी वे संस्कृत नाटकों की अनुकृति मात्र थे और उनका किसी रंग प्रयोग से कोई सम्बन्ध नहीं था। जब विभिन्न परिस्थितियों में अठारहवीं-उन्नीसवीं शताब्दी में, अंग्रेज़ी शिक्षा-दीक्षा तथा साहित्य से सम्पर्क के फलस्वरूप, एक नए ढंग के रंग-कर्म का उत्कर्ष हुआ तो देश की बहुत-सी भाषाओं में कुछ-कुछ नाटक लिखे जाने लगे। पर अपने देश की नाट्य-परम्परा से जीवन्त और गहरे सम्पर्क के अभाव में नाटक को या तो सृजनात्मक साहित्य से अलग मनोरंजन का कार्य समझा गया, या फिर शैक्षिक क्षेत्रों में वह बहुत-कुछ एक निरा साहित्य-रूप गिना जाने लगा।

विशेषकर हिन्दी भाषा के क्षेत्र में इस आधुनिक रंग-कार्य की जड़ें भी बहुत ही दुर्बल और क्षीण रहीं, जिसके फलस्वरूप हिन्दी के साहित्यकारों द्वारा लिखा गया नाटक रंगमंच से कटा हुआ रहा और साहित्य के इतिहास में, तथा विभिन्न आलोचकों द्वारा, उस पर विचार रंगमंच को ध्यान में रखकर नहीं, बल्कि एक साहित्य-विधा के रूप में ही होता रहा। इसीलिए कोई विशेष आश्चर्य नहीं कि आज से दो दशक पहले तक भी हिन्दी नाटककार का रंगमंच से सम्बन्ध बड़ा ही क्षीण

था, हिन्दी के अधिकांश प्रतिभावान साहित्यकार नाटक की ओर उन्मुख ही नहीं होते थे, और नाटकों के आलोचक तो प्राय: रंगमंच के साधारण ज्ञान से भी शून्य होते रहे थे। इसीलिए उनकी आलोचना अवास्तविक और नाटक के मूल्यांकन अथवा उसकी प्रगति में सहायता की दृष्टि से, सर्वथा अनुपयोगी होती रही। यदा-कदा संस्कृत नाटक और रंगमंच के सिद्धान्तों से आधुनिक नाटक साहित्य को जोड़ने के प्रयत्न भी इसीलिए बड़े अनुपयुक्त रहे और मूल समस्या को नहीं छू सके। पिछले कुछेक वर्षों में कलात्मक और सौन्दर्यमूलक अभिव्यक्ति के रूप में रंग-कार्य को फिर से स्वीकृति मिलने लगी है, और आज यह नितान्त आवश्यक हो गया है कि नाटक के स्वरूप को समझने के लिए, और नाट्य-चिन्तन को नाटक की प्रगति में सहायक बना सकने के लिए, नाटक को उसके रंगमंचीय आयाम में प्रतिष्ठित करके ही देखा और परखा जाए।

यह प्रारम्भ में ही कहा गया कि नाटक को सम्पूर्णता रंगमंच पर ही प्राप्त होती है। वास्तव में अपनी मूल प्रकृति की दृष्टि से नाटक वह संवादमूलक कथा है जिसे अभिनेता रंगमंच पर नाट्य-व्यापार के रूप में दर्शक-वर्ग के सामने प्रस्तुत करते हैं। इस प्रकार नाटक के तीन मौलिक पक्ष हैं—कवि या नाटककार द्वारा तैयार की हुई संवादात्मक कथा, अभिनेताओं द्वारा उसका अभिनय-प्रदर्शन, और दर्शक-वर्ग। नाटक का कोई विवेचन इन तीनों पक्षों को एक साथ समंजित किए बिना सर्वांगीण नहीं हो सकता। इस परिभाषा के अनुसार केवल संवाद के रूप में लिखे जाने पर ही कोई रचना नाटक नहीं हो जाती। यह अत्यन्त ही आवश्यक है कि उसकी अन्तर्निहित कथा का भावन दृश्य वस्तु के रूप में किया गया हो। केवल चमत्कारपूर्ण वाग्वैदग्ध्ययुक्त संवाद लिख सकना पर्याप्त नहीं है, आवश्यकता इस बात की है कि संवादों के माध्यम से एक महत्त्वपूर्ण भावानुभूति दृश्य और अनुकरणीय रूप में प्रकट की गई हो। ऐसे संवाद लिख सकना भी बहुत दुष्कर नहीं जिसे दो या अधिक व्यक्ति किसी प्रकार की रूपसज्जा में सामने बैठे-बैठे सहज ही बोले जाएँ और फिर भी कोई नाटक न बने। नाटक में यह अनिवार्य रूप से आवश्यक है कि संवाद ऐसे चुने हुए अनुभव को पेश करते हों जिसमें गति हो, जिसमें चित्रित व्यक्तियों की शारीरिक स्थिति में, अन्य बाह्य परिस्थितियों तथा भावों और विचारों में, उतार-चढ़ाव, निरन्तर परिवर्तन होता जाए; और साथ ही गति और बाह्य तथा आन्तरिक स्थितियों का यह परिवर्तन ऐसा हो जिसे अनुकरण द्वारा, अभिनय द्वारा, मूर्त और व्यक्त किया जा सके। अभिनय द्वारा मूर्त होने की क्षमता और सम्भावना ऐसी कसौटी है जिस पर खरा उतरे बिना नाटक का अस्तित्व नहीं। निस्सन्देह, इस कसौटी से रचनाकार और रचना दोनों के ऊपर ऐसा महत्त्वपूर्ण बन्धन लगता है, उनके लिए एक प्रकार की ऐसी कठोर सीमा निर्धारित होती है, जिसकी अन्तर्निहित सुविधाओं और कठिनाइयों पर सावधानी से विचार करना चाहिए।

साधारणतः, प्रत्येक कथात्मक रचना में भावों और परिस्थितियों का उतार-चढ़ाव होता है और उनकी कोई-न-कोई स्थूल अथवा सूक्ष्म गति भी होती है। पर नाटक में यह उतार-चढ़ाव ऐसा होना आवश्यक है कि विभिन्न पात्रों के संवादों, गतियों, चर्याओं तथा मुखाभिनय द्वारा तुरन्त प्रकट और मूर्त हो सके। सामान्य कथा साहित्य में स्वयं लेखक द्वारा वर्णन की बड़ी भारी सुविधा होती है; लेखक सहज ही सूक्ष्म से सूक्ष्म भावदशा अथवा बाह्य क्रिया-कलाप का विस्तार से वर्णन कर सकता है; ऐसी बातें लिख सकता है जिन्हें कोई पात्र कहता नहीं, अथवा अनुभव तक नहीं कर सकता। नाटक में यह सुविधा एकदम नहीं है। उसमें केवल ऐसी बातें, भावदशाएँ तथा क्रियाएँ स्थान पा सकती हैं जिन्हें कोई-न-कोई पात्र कहने या करने की स्थिति में हो। इसी प्रकार अन्य कथा-रूपों में एक ही क्षण में दो स्थानों पर या दो युगों में घटनेवाली बात एक साथ कही जा सकती है, कथा से असम्बद्ध पात्रों और घटनाओं की चर्चा लेखक द्वारा की जा सकती है, जो सब नाटक में आम तौर पर लगभग असम्भव हो जाता है। इन सीमाओं के साथ किसी भी कथा के विभिन्न अंशों में से ऐसे अंश का चुनाव, जो उस अनुभूति को सम्पूर्ण तीव्रता और सार्थकता के साथ अभिव्यक्त कर दे, ज़ाहिर है, बहुत सरल कार्य नहीं है, कम-से-कम साधारण कथा-शिल्प से बहुत भिन्न है।

नाटक के अभिनय-प्रदर्शन से सम्बद्ध होने का एक और भी महत्त्वपूर्ण परिणाम है। लिखी हुई रचना को पाठक एकाधिक बार में पूरा पढ़ सकता है, अटकने पर पिछला प्रकरण खोलकर फिर से दोबारा देख सकता है, भाव अथवा विचार को आत्मसात करने के लिए ठहर सकता है। किन्तु नाटक की कथा का ऐसा होना अनिवार्य जिसे एक साथ एक ही बार में शुरू से अन्त तक बिना रुके, बिना पीछे लौटे दिखाया भी जा सके और दर्शकों की समझ में भी आ सके। दूसरे शब्दों में, नाटक में अस्पष्टता की, अतिरिक्त अलंकरण की, बहुत ज़्यादा घुमाव-फिराव की, दुरूहता की, कोई गुंजाइश नहीं। गहन से गहन विचार और अनुभूति का भी इतना तीक्ष्ण और सुस्पष्ट और सुनिश्चित होना आवश्यक है कि उसे अभिनेता स्वयं आत्मसात करके व्यक्त कर सकें और उनके प्रदर्शन द्वारा दर्शक ग्रहण कर सकें। सहजता, स्पष्टता और गहनता के ऐसे समन्वय बिना श्रेष्ठ नाटक सम्भव नहीं। इसी प्रकार नाटक की रचना में ऐसी बहुत-सी बातें ध्यान में रखना आवश्यक होता है जिनका सीधा सम्बन्ध अभिनय या प्रदर्शन से है। जैसे, ऐसा कोई संवाद नाटक में नहीं लिखा जा सकता जिसको बोलने में शिक्षित अभिनेता को लम्बाई, क्लिष्टता अथवा असामंजस्य के कारण असुविधा हो, जो सुनने में इच्छित से विपरीत प्रभाव डाले; अथवा ऐसी कोई स्थिति या घटना नहीं स्वीकृत हो सकती जिसका प्रदर्शन अशोभन हो, समाज की नैतिक तथा आचरण सम्बन्धी औचित्य तथा स्वच्छता-स्वस्थता की मौलिक धारणाओं के इतना विपरीत हो कि

दर्शकों को असह्य लगे, अथवा जिसका प्रदर्शन शरीरतः असम्भव हो। किसी भी केवल पाठ्य कथा में यह सब सहज ही सम्भव नहीं, वरन प्रायः आवश्यक और अनिवार्य भी होता है।

अभिनेता और प्रदर्शन से सम्बन्धित ये परिस्थितियाँ नाटक को सीधे-सीधे दर्शक से जोड़ देती हैं। अभिनय-प्रदर्शन केवल अभिनेता के स्वान्तःसुखाय नहीं होता, वह अनिवार्य रूप से एक दर्शक-वर्ग को दिखाने और उस पर कोई एक निश्चित इच्छित प्रभाव डालने के लिए ही होता है। अन्य कलाओं तथा कथा-साहित्य के ही अन्य प्रकारों की भाँति, नाटककार और अभिनेता अपने दर्शक-वर्ग को भूलकर, उसकी उपेक्षा करके, उससे सम्बन्ध स्थापित होने की सम्भावना के प्रति तटस्थ होकर, रचना न तो करता है, न कर सकता है। अन्य किसी भी कला-माध्यम में रचनाकार और उसके उद्दिष्ट पाठक-श्रोता-दर्शक समुदाय में इतना सीधा, प्रत्यक्ष और तात्कालिक सम्बन्ध नहीं होता। बल्कि जैसा प्रारम्भ में कहा गया, दर्शक-वर्ग किसी भी नाटक की एक अनिवार्य परिस्थिति, उसका एक अनिवार्य अंग है।

नाटक की इस विशेषता का एक मोटा-सा प्रभाव यह है कि नाटक के आकार के विषय में लेखक स्वतंत्र नहीं होता। प्रत्येक नाटक अनिवार्य रूप से उतना ही बड़ा हो सकता है जितना एक बार में दर्शक ऊबे-उकताए बिना देख सकें। वास्तव में यह सीमा नाट्य-रचना को, उसकी प्रक्रिया को, और उसके बाह्य तथा आन्तरिक रूप को, मूलतः प्रभावित करती है। नाटक में व्यक्त होने के लिए किसी भी अनुभूति का तीक्ष्ण सम्पादन सर्वथा आवश्यक है। नाटक में सारी बात कह सकना सम्भव नहीं। किसी भी अनुभूति के, कथा के, घटना के, भाव के, कथन के, ऐसे अंश या अंशों का चयन नाटककार के लिए सर्वथा आवश्यक है जो आत्यन्तिक हों, जो न केवल स्वयं सबसे महत्त्वपूर्ण हों, बल्कि जो अनकहे अंश की भी व्यंजना कर सकते हों। इसीलिए सम्भवतः अपनी अनुभूति और अपनी रचना को एक तटस्थ दर्शक और समीक्षक की दृष्टि से देख सकने की क्षमता सफल नाटककार के लिए आवश्यक होती है। हिन्दी के अधिकांश नाटकों में कथावस्तु, भावावेग, वर्णन, संवाद आदि में अक्षम्य स्फीति इसी क्षमता के अभाव के कारण है। आधुनिक युग में नाटक का समय दो-ढाई या तीन घंटे से अधिक होना सुविधाजनक नहीं माना जाता। पुराने ज़माने में यह सीमा अधिक-से-अधिक चार-पाँच घंटे होती थी। इतने समय में भी कथासूत्र और भावावेग को संयमपूर्वक प्रस्तुत कर सकना अधिकांश नाटककारों के लिए कठिन हो जाता है। क्योंकि प्रश्न केवल समय होने न होने का ही नहीं है; रंगशाला में बैठे दर्शकों की ग्रहण और सहन कर सकने की शक्ति का भी है। विस्तार को हम पढ़ते समय सहन कर सकते हैं, या पन्ने पलटकर उससे बच सकते हैं। पर नाटक देखते समय अत्यधिक विस्तार हमें इतना अस्थिर और चंचल बना सकता है कि अन्त तक देखना ही सम्भव न रहे।

इसी प्रकार पुस्तक के पाठक, चित्र के दर्शक, और एकान्त में संगीत के श्रोता से नाटक का दर्शक-वर्ग मूलतः भिन्न है, क्योंकि नाटक देखने की क्रिया एक सामूहिक क्रिया है। नाटक कोई व्यक्ति अकेले नहीं देखता; एक समुदाय में, समाज के बहुत-से विभिन्न रुचियों, शिक्षा और आर्थिक परिस्थितियोंवाले लोगों के साथ देखता है। यह बात बहुत ही महत्त्वपूर्ण है कि नाटक देखते समय दर्शक अपने व्यक्तिगत रूप में ही नहीं, मुख्यतः अपने सामाजिक रूप में प्रभावित होता है। दर्शक-वर्ग अलग-अलग व्यक्तियों का जोड़ नहीं, वह एक प्रकार की नई सामाजिक इकाई है जिसमें शायद हमारा आदिम, सामूहिक, समष्टिमूलक व्यक्तित्व उभरकर जागृत होता है। नाटक का आवेदन इसीलिए उस सामूहिक समष्टि-मानव को है, मानव मन की मूलभूत आदिम प्रवृत्तियों को है। इसीलिए नाटक देखते समय हम दूसरों के साथ हँसते हैं, रोते हैं, उत्तेजित होते हैं, कंटकित अथवा अस्थिर होते हैं। यही नहीं, देखा गया है कि रंगशाला के भीतर व्यक्ति का व्यवहार बहुत बार उसके निजी एकान्त जीवन से एकदम भिन्न हो जाता है, जैसे वह कोई और ही व्यक्ति हो। ऐसे दर्शक-वर्ग तक एक निश्चित समय की सीमा में अपनी अनुभूति के सम्प्रेषण के लिए यह आवश्यक है कि नाटककार अपनी अनुभूति की व्यक्तिगत विशिष्टता को उस सामान्य समष्टिमूलक वस्तु-रूप में प्रतिष्ठित करे जिसके बिना उसका सम्प्रेषण सचमुच सम्भव नहीं। नाटककार के लिए व्यक्तित्व की उपलब्धि जिस प्रकार आवश्यक है, उसी प्रकार व्यक्तित्व से मुक्ति भी। इसी प्रश्न का एक पक्ष यह भी है कि इसी कारण नाटककार का लक्ष्य समुदाय के सर्वोन्नत, सर्वोत्कृष्ट व्यक्ति के बजाय उस काल्पनिक व्यक्ति का अनुरंजन है जो एक साथ ही दर्शक-वर्ग के सबसे कम और सबसे अधिक शिक्षित, विकसित और परिष्कृत व्यक्तित्व का प्रतीक हो। नाटककार को अपने इस दर्शक की पहचान अपने-आप, सहज ही होना चाहिए। इसके बिना नाटक या तो इतना जटिल और गहन होगा कि अधिकांश दर्शकों के पल्ले न पड़ेगा, और या फिर इतना सतही और छिछला कि संवेदनशील और परिष्कृत रुचिवाले दर्शक असन्तुष्ट होंगे और उसका कोई स्थायी मूल्य न हो सकेगा।

यह प्रायः कहा जाता है कि समसामयिक सार्थकता के बिना नाटक की सफलता सम्भव नहीं। इस बात का यही अभिप्राय है कि नाटक मूलतः समकालीन दर्शकों के लिए ही रचा जाता है। एक काव्य की रचना भविष्य के लिए चाहे हो सकती हो, पर नाटक आज के दर्शकों के निमित्त ही लिखा जाना सम्भव है, क्योंकि आज के दर्शकों पर उसका प्रयोग, और प्रभाव-परीक्षण अनिवार्य है। और जिस मात्रा में कोई नाटककार अपने युग के दर्शक-वर्ग की आत्मा को, उसके मर्म को छूने में समर्थ होता है, उसी मात्रा में उसकी कला दीर्घकालीन स्थायित्व अर्जित कर पाती है। वास्तव में नाटककार के लिए केवल युगीन रह जाने की जोखिम उठाकर

भी अपने समकालीन दर्शक-वर्ग को ध्यान में रखकर लिखना आवश्यक होता है। यही कारण है कि संसार के नाटक और रंग-प्रयोग के इतिहास में ऐसे बहुत-से नाटककारों के नाम मिल जाएँगे जिनके नाटकों को अपने युग में बड़ी प्रतिष्ठा और यश और सफलता, सभी कुछ प्राप्त हुआ, पर परवर्ती युगों में जिनका कोई नाम तक नहीं लेता। ऊपरी टीम-टाम और क्षणिक महत्त्व की समस्याओं में उलझे रहनेवाले समाज का, गहरी संवेदनाओं और अनुभूतियों से हीन समाज का, नाटक-साहित्य प्रायः अपने युग के साथ विस्मृत हो जाता है। इस प्रकार नाटक अपनी प्रकृति से ही, अपनी रचना-प्रक्रिया और निष्पत्ति दोनों में ही, अभिनय-प्रदर्शन और दर्शक-वर्ग से अविभाज्य रूप से जुड़ा हुआ है और उसके ये प्रकृतिगत तत्त्व सबसे महत्त्वपूर्ण और मननीय हैं।

किन्तु अभिव्यक्ति की एक साहित्यिक विधा के रूप में नाटक का मुख्य तत्त्व है किसी मूल भाव को, विचार-सूत्र को, रूपायित करनेवाला कार्य-व्यापार, अर्थात अनुभवमूलक भाव या विचार का एक बिन्दु से दूसरे बिन्दु तक संचरण। कार्य-व्यापार अथवा भाव, विचार या बाह्य स्थिति की यह गतिपरकता, नाटक की अपनी अनिवार्य विशिष्टता है जो अन्य सृजनात्मक विधाओं में इतनी मूलभूत नहीं है। नाटक का समस्त संयोजन और रूपबन्ध इसी से निर्धारित और शासित होता है। कार्य-व्यापार विषय-वस्तु के स्तर पर घटनाओं के कथाबद्ध संयोजन अथवा कथानक, उससे सम्बद्ध पात्रों के चरित्र-निरूपण और इन दोनों को नियमित करनेवाले विचार-तत्त्व से जुड़ा होता है, और रूपबन्ध के स्तर पर संवाद और दृश्यात्मक परिकल्पना से।

नाटक की रचना में साधारणतः कथानक को सबसे महत्त्वपूर्ण अंग माना जाता है। अरस्तू तो इसे ही नाटक का प्राण मानता था। भारतीय नाट्यशास्त्र में भी वस्तु या कथासूत्र का महत्त्व स्वीकार किया गया है। पर आधुनिक नाट्य-चिन्तन में कथानक का, विशेषकर गढ़े हुए, कृत्रिम रूप में बनाए हुए कथानक का, वैसा महत्त्व नहीं रहा है। वास्तव में, कथानक मूलतः वह घटना-विन्यास है जिसके द्वारा नाटक की भाव-वस्तु को रूप मिलता है। नाटक का कथानक केवल घटनाओं का समूह मात्र नहीं, वह घटनाओं का ऐसा क्रमबद्ध संयोजन है जो किसी सत्य का उद्घाटन करे, जिसके माध्यम से कथा से सम्बद्ध पात्रों की अनुभूति के स्तर इस प्रकार खुलते जाएँ कि वे स्वयं तथा दर्शक अपने सच्चे स्वरूप की उपलब्धि करें। दूसरे शब्दों में, नाटकीय कथानक की घटनाएँ मनमाने ढंग में एकत्र की हुई नहीं होतीं, बल्कि उनका एक निश्चित क्रम और रूप होता है—निश्चित प्रारम्भ, विकास और अन्त होता है। यह क्रम अनिवार्य रूप से कालपरक नहीं होता। नाटक के कथानक की घटनाएँ प्रायः ऐसे स्थल पर आरम्भ होती हैं जहाँ किसी-न-किसी प्रकार का स्थिति परिवर्तन आसन्न हो, और फिर नाटककार के उद्‌देश्य के अनुरूप आगामी अथवा अतीत की घटनाओं के द्वारा कथावस्तु एक ऐसे चरम बिन्दु तक विकसित होती

है जहाँ पहुँचकर पात्रों और दर्शकों दोनों को ही एक नई भावोपलब्धि होती है। नाटकीय घटना-विन्यास और कथानक की यह विशेषता उसे कथा-साहित्य के अन्य रूपों से बुनियादी रूप में अलग करती है, और प्राय: इस विशिष्टता को भली-भाँति न समझने के कारण ही बहुत-से नाटककार अपने कथानक को ठीक-ठीक नहीं प्रस्तुत कर पाते।

किन्तु यह घटना-विन्यास अथवा कथानक मूलत: मानव व्यक्तियों से ही तो सम्बन्धित होता है, और इस प्रकार अन्तत: नाटक के चरित्रों का व्यक्तित्व स्पष्ट करने और उन्हें एक परिणति की ओर ले जाने के लिए होता है। इस रूप में कथानक का चरित्रों के व्यक्तित्व के विकास से अन्योन्याश्रय सम्बन्ध है। सफल और श्रेष्ठ नाटक में केवल वे ही घटनाएँ प्रासंगिक हैं जो पात्रों के चरित्र या व्यक्तित्व को उद्घाटित करें और उनकी आत्मोपलब्धि में सहायक हों। इसी प्रकार नाटक के चरित्रों का उद्घाटन इन घटनाओं के, कथानक के, माध्यम से ही होता है। नाटकीय चरित्र-निरूपण, जो कुछ पात्रों पर बीतता है, यानी जो कुछ वे करते हैं, जो कुछ उन्हें अनुभव होता है और उसके फलस्वरूप वे जैसा व्यवहार और आचरण करते हैं, केवल उसी से व्यक्त और नियमित होता है। नाटकीय कार्य-व्यापार से ही कथानक निर्धारित होता है, और कथानक ही नाटकीय कार्य-व्यापार की सम्भावना प्रस्तुत करता है। नाटक का पात्र नाटक में अपने कार्यों के बल पर ही जीवित रहता है और अन्तत: अपने कार्यों के द्वारा वह नाटक को आगे बढ़ाता है। साथ ही उसके लिए यह आवश्यक होता है कि अपने प्रत्येक कार्य का औचित्य, उसकी विश्वसनीयता, वह स्वयं निर्मित करे और दर्शकों के समक्ष उसे स्थापित करे।

चरित्रों के व्यक्तित्व और कथानक का यह सम्बन्ध बहुत बार आन्तरिक असंगतियाँ और वस्तुगत विरोध भी उत्पन्न कर सकता है और करता है। कई बार नाटक के पात्र उसके कथानक के चौखटे में सही नहीं बैठते, कथानक एक ओर खींचता है और पात्रों के चरित्र दूसरी ओर। बहुत बार ऐसा भी होता है कि कथानक कृत्रिम लगता है और बहुत विश्वसनीय नहीं होता, पर उसके भीतर जीनेवाले चरित्र इतने सजीव और सशक्त होते हैं कि कथानक की यह दुर्बलता बहुत नहीं खटकती। किन्तु श्रेष्ठ नाटक वही होते हैं जहाँ चरित्र और कथानक एक-दूसरे की अभिव्यक्ति और पूरक होते हैं। इसी प्रकार केवल कथानक-प्रधान नाटक, जिसकी घटनाएँ तो बड़ी रोचक हों, पर चरित्रों में कोई मानवीय गुण न हों, सजीवता न हो, बहुत ही छिछला और क्षणिक मनोरंजन भले ही हो जाए, पर वह श्रेष्ठ कलाकृति की कोटि में नहीं आता। दूसरी ओर, यदि कथानक शिथिल और गतिहीन हो तो सप्राण चरित्र भी अपने-आपको स्थापित नहीं कर पाते। सस्ते प्रकार के नाटक सदा घटना-प्रधान होते हैं; उनमें मानव-चरित्र के क्रिया-कलाप की गहरी संवेदनाओं का अभाव होता है। श्रेष्ठ नाटक वे ही हैं जिनमें घटना-विन्यास चरित्रों के कार्यों, उनके भावों,

विचारों और अनुभवों और परस्पर सम्बन्धों द्वारा नियमित और गतिमान होता है। अन्ततः नाटकों के महत्त्वपूर्ण चरित्र ही अपनी महत्त्वपूर्ण क्रिया द्वारा उन्हें स्थायी और श्रेष्ठ बनाते हैं।

किन्तु जैसा पहले कहा गया, घटना-विन्यास और चरित्र दोनों अन्ततः विचार-तत्त्व से जुड़े होते हैं। वास्तव में वही कथानक और चरित्रों के परस्पर संघात से अन्त में अभिव्यक्त और स्थापित होनेवाला सार है, जिसके बल पर ही नाटक को श्रेष्ठ साहित्य, कला तथा उत्कृष्टतम मानवीय सृष्टि की श्रेणी प्राप्त होती है। प्रत्येक महत्त्वपूर्ण नाटककार अपने नाटक द्वारा जीवन के किसी-न-किसी मूल्य को, अपनी अन्तर्दृष्टि को, अपनी सामाजिक, दार्शनिक, नैतिक, मानवीय उपलब्धियों को ही तो अभिव्यक्त करता है। यह अत्यन्त ही आवश्यक है कि घटना-विन्यास, और उसके प्रेरक तथा उससे प्रेरित होनेवाले पात्र, उस उपलब्धि को सचमुच व्यक्त करें। इसमें एक मौलिक कठिनाई सदा यह उपस्थित रहती है कि नाटक में स्वयं नाटककार को प्रवेश सुलभ नहीं। किसी उपलब्धि को सीधे-सीधे बाहर से आरोपित टिप्पणी या वक्तव्य द्वारा, नाटक में नहीं प्रकट किया जा सकता। यह कार्य नाटककार को विभिन्न पात्रों और घटनाओं के परस्पर संघात द्वारा ही पूरा करना पड़ता है। इस कार्य में पात्रों, घटनाओं और समस्त कार्य-व्यापार में सन्तुलन और विभिन्न अंगों पर यथा-आवश्यक समुचित-बल पड़ने की समस्या बहुत तीव्र है। यदि यह बल ठीक न पड़े तो लेखक का उद्देश्य, उसका विचार-तत्त्व, या तो अस्पष्ट हो जाता है या भिन्न होकर नष्ट हो जाता है। नाटक विधा की यह परोक्षता उसकी बड़ी शक्ति भी है और सीमा भी। इसी प्रकार यदि नाटक में विचार-तत्त्व बहुत बौद्धिक या प्रमुख हो जाए तो वह सतह पर तैर आता है, और फिर समस्त विषय-वस्तु को अविश्वसनीय, नाटक की गति को यांत्रिक, और पात्रों को निर्जीव कटपुतली-जैसा, बना देता है। बहुत-से सोद्देश्य लिखे गए नाटक, तथाकथित समस्या-नाटक, आदर्शों की स्थापना के लिए लिखे गए नाटक, प्रभावहीन प्रचार मात्र रह जाते हैं, उनका मूल कलात्मक सौष्ठव और स्वरूप नष्ट हो जाता है। इस प्रकार नाटक का विचार तत्त्व नाटक के कथानक और चरित्रों की मूल परिकल्पना में और उनके परस्पर सन्तुलन द्वारा ही प्रकट हो सकता है और होता है।

नाटक के रूप और रचनागत तत्त्वों में संवाद और दृश्यात्मक परिकल्पना दोनों ही बहुत विशिष्ट और महत्त्वपूर्ण हैं। संवाद तो एक प्रकार से नाटक का कलेवर ही है; नाटक की भाव-वस्तु, उसकी आत्मा, संवादों के रूप में ही अभिव्यक्त होती है। विभिन्न पात्रों के परस्पर कथोपकथन द्वारा ही चरित्र अपने आपको प्रकाशित करते हैं, जिससे नाट्य-व्यापार का आधार तैयार होता है और कथानक आगे बढ़ता तथा विकसित होता है। संवादहीन मूक अभिनय द्वारा किसी चरित्र का प्रकाशन अथवा कथानक की स्थापना असम्भव नहीं, पर वह सामान्य नाटक का रूप नहीं और उस

नाट्य-प्रकार की अपनी आवश्यकताएँ और सिद्धान्त हैं। सामान्य नाटक में भी ऐसे बहुत-से स्थल होते हैं जहाँ पात्र कुछ कहते नहीं, उनके मुख की भाव-भंगिमाओं से, शरीर की स्थितियों और गतियों आदि से, उनके व्यक्तित्व और घटना-क्रम प्रकट होते हैं। पर मूलत: ऐसा या तो संवादों के साथ-साथ, अथवा दो संवादों के बीच की क्रिया के रूप में ही होता है। नाटक का मूल माध्यम और वाहन संवाद ही हैं; वे नाटकीय कार्य-व्यापार का एक महत्त्वपूर्ण अंग हैं।

नाटक-रचना में यह महत्त्वपूर्ण कार्य पूरा करने के लिए संवादों में दो लगभग परस्पर-विरोधी तत्त्वों के बीच सन्तुलन रखना सर्वथा अनिवार्य हो जाता है। एक ओर तो संवादों का समस्त नाटक के कथानक या घटना-विन्यास, विचार-तत्त्व और चरित्रों को प्रकट करने के लिए बहुत ही सावधानी से, बड़ी सचेष्टता से, सुचिन्तित, लगभग एक आलोचक की-सी तीक्ष्ण दृष्टि से सन्तुलित होना आवश्यक है। दूसरी ओर, यह भी आवश्यक है कि वे विभिन्न पात्रों के सन्दर्भ में स्वाभाविक हों, उनके लिए बोलने में सहज हों, इतने स्पष्ट और तीक्ष्ण हों कि श्रोता को तुरन्त समझ में आ सकें। एक ओर वे पात्रों के चरित्र के अनुकूल हों, उसको प्रकट करनेवाले हों, और सर्वथा निर्विशिष्ट न हों कि कोई छाप ही मन पर न पड़े, दूसरी ओर, इतने सरल और उलझाव से रहित हों कि समझने में तनिक भी कठिनाई न हो; बोलचाल के भी हों और गम्भीर भावों को प्रकट करनेवाले भी हों। इन दो परस्पर विरोधी जैसी विशेषताओं को समन्वित करना कितना कठिन है, यह संसार के नाटक-साहित्य पर दृष्टि डालने से सहज ही स्पष्ट होता है। बहुत-से नाटक संवाद-रचना की जटिलता के कारण ही असफल और प्रभावहीन होते हैं।

किन्तु नाटकीय संवादों की समस्या इतने से ही हल नहीं होती। दो-तीन या चार घंटे तक धैर्यपूर्वक कोई दर्शक नाटक को सुनता और देखता रहे, इसके लिए यह अत्यन्त ही आवश्यक है कि संवादों में बोधगम्यता के साथ आन्तरिक संगीत, सौष्ठव और काव्य भी हो, उक्ति और भाव की ऐसी चमक हो जो सहज स्वाभाविक होकर भी मन को बाँधे रखे। नाटक मूलत: काव्य ही है और संसार के समस्त श्रेष्ठ नाट्य-साहित्य की भाषा में काव्य की-सी गहन व्यंजना और चमक निरपवाद रूप से मौजूद है। नाटक की भाषा एक विशेष प्रकार के काव्य की भाषा है, जिसका व्यंजनापूर्ण, भावगर्भित और उद्दीपन होना एकदम अनिवार्य है। आधुनिक युग में, तथाकथित यथार्थवाद के भ्रामक प्रभाव के कारण बहुत-से नाटककार नाटकीय संवाद के इस पक्ष की उपेक्षा करके अपनी रचनाओं को एकदम नीरस, प्रभावहीन और महत्त्वशून्य बना लेते हैं। बहुत-से नाटककार तो छन्दोबद्ध काव्य नाटक भी बड़ी फीकी, बेरंग और आवेगहीन भाषा में लिखते हैं। वास्तव में काव्यात्मकता, भावों, अनुभूतियों और अभिव्यक्ति की सघनता, सार्थकता और महत्त्व, नाटक के आवश्यक गुण हैं। आज भी संसार का श्रेष्ठतम नाटक-साहित्य काव्यात्मक ही है।

आधुनिक युग में, शुष्क गद्यात्मकता के बाद अब नाटक के काव्यत्व की संसार भर में फिर से स्थापना हो रही है। इसलिए नाटकीय संवादों के ऊपर विचार करते समय उनके काव्यात्मक गुणों की, संगीत लय और भाषा की, चमक की, उपेक्षा करना घातक है।

रचना-सम्बन्धी अन्य तत्त्व है दृश्यात्मक परिकल्पना। पिछले समस्त विवेचन की आधारभूत मान्यता ही यह रही है कि प्रदर्शन से अलग नाटक की स्थिति ही सम्भव नहीं। इसीलिए प्रत्येक नाटक का एक दृश्य-परिवेश होता है जिसमें नाटककार अपने पात्रों को जीते और कार्य करते देखता और दिखाता है। दृश्य-तत्त्व मूलतः पात्रों की पृष्ठभूमि तथा प्रत्येक कार्य-व्यापार का दृश्य रूप ही है। संवाद और कथानक एक प्रकार से नाटक का ढाँचा ही प्रस्तुत करते हैं, उसका रक्त और मांस, उसका वास्तविक देह-रूप, उसके प्रदर्शन में ही दृश्य-तत्त्व द्वारा प्राप्त होता है। यह दृश्य-तत्त्व ही नाटक का अपना वैशिष्ट्य है जो उसे कलात्मक अभिव्यक्ति की अन्य विधाओं से अलग करता है।

इस दृश्य-तत्त्व के एक प्रकार से दो पक्ष हैं। एक तो वह जिसका ऊपर उल्लेख किया गया, अर्थात पात्रों, कथानक और संवादों का दृश्य-कलेवर, अभिनीत-प्रदर्शित रूप। इसके अतिरिक्त एक दूसरा पक्ष भी है जिसे दृश्यबन्ध (सैटिंग) कहते हैं। संसार के प्राचीन नाटकों में इसका अधिक महत्त्व नहीं था और उन दिनों दृश्य-सज्जा के लिए न तो पृष्ठभूमि में, न पात्रों द्वारा ही, विशेष उपकरणों का उपयोग होता था। पिछले डेढ़-दो सौ वर्षों में क्रमशः दृश्य-सज्जा का उपयोग और महत्त्व बहुत बढ़ गया, यद्यपि नवीनतम प्रवृत्तियों के अनुसार अब फिर अधिकांश नाट्य-चिन्तक, नाटककार, निर्देशक और अभिनेता, इसको इतना महत्त्व देने के पक्ष में नहीं हैं कि बाहरी टीम-टाम और उपकरणों और यांत्रिक चमत्कार पर अधिक बल पड़े और मूल विषयवस्तु और नाटक गौण हो जाए। फिर भी नाटक के एक सन्तुलित और प्रभावोत्पादक आवश्यक परिवेश के रूप में दृश्य-सज्जा आधुनिक नाटक का महत्त्वपूर्ण और आत्यन्तिक अंग है।

यह तो स्पष्ट है कि यहाँ नाटक के उस अत्यन्त मूलभूत स्वरूप और धर्म से सम्बन्धित उन तत्त्वों को परिभाषित करने का प्रयास किया गया है, जिनको अलग-अलग तथा समग्रतः समझे बिना नाटक का कोई विवेचन या चिन्तन यथार्थ नहीं हो सकता। यह प्रयास निस्सन्देह हिन्दी की साहित्यिक-शास्त्रीय परिपाटी से भिन्न है, और उसमें ऐसे तत्त्वों पर बल है जो नाटक की विधा के मूल व्यावहारिक पक्ष को प्रकट करते हैं। वास्तव में नाट्य-चिन्तन को भ्रामक और सर्वथा अपर्याप्त और अवान्तर शास्त्रीयता से मुक्त करके उसे रंगमंच और उसकी तात्कालिक तथा मूलभूत आवश्यकताओं के समीप लाने, तथा देश के, विशेषकर हिन्दी के रंगमंच के लिए अधिक उपयोगी बनाने की दृष्टि से ऐसा विवेचन नितान्त आवश्यक है।

जब तक हिन्दी नाटक के अध्येता नाटक को एक व्यावहारिक कला के रूप में, उसे अभिनय-प्रदर्शन तथा दर्शक-वर्ग से प्रत्यक्षतः सम्बद्ध अभिव्यक्ति माध्यम के रूप में, नहीं समझेंगे, तब तक हिन्दी के साहित्यकार और रंगकर्मी के बीच, नाटककार और रंगमंच के बीच, तथा साहित्य और रंगकला के बीच, मौजूद दूरी कम नहीं हो सकेगी। किसी भी सशक्त कलात्मक रंगमंच के विकास की यह सर्वथा तात्कालिक और अनिवार्य आवश्यकता है।

इस प्रारम्भिक विवेचन के बाद अब सृजनात्मक कार्य के रूप में नाटक के विभिन्न पक्षों और तत्त्वों का अधिक सूक्ष्मता और गहराई से विश्लेषण किया जा सकता है।

नाटक की रचना-प्रक्रिया और अभिनेयता

नाटक साहित्य की प्राचीनतम विधाओं में से एक है, बल्कि प्राचीन युगों में तो नाटक साहित्यिक अभिव्यक्ति का सर्वप्रमुख माध्यम रहा है। विश्व साहित्य में काव्य के बाद नाटक की परम्परा ही सबसे दीर्घ और समृद्ध है। फिर भी यह बात असन्दिग्ध है कि संसार की किसी भी भाषा में आज श्रेष्ठ नाटक अधिक संख्या में नहीं लिखे जा रहे हैं। सोफ़ोक्लीज़, शेक्सपियर अथवा इब्सन के युग में नाटक जिस प्रकार महत्त्वपूर्ण अनुभूति की अभिव्यक्ति का सर्वोत्कृष्ट माध्यम था, वैसा आज नहीं रहा, यद्यपि योरपीय-अमरीकी नाट्य-परम्परा इतनी दीर्घ, सशक्त और निरन्तर सक्रिय रही है कि अभिव्यक्ति के प्रभावशाली माध्यम के रूप में नाटक की अधिक उपेक्षा वहाँ सम्भव नहीं।

किन्तु इसके अतिरिक्त भी नाटक लिखे जाने के लिए एक अन्य प्रबल दबाव पश्चिमी देशों के लेखक के ऊपर है—रंगमंच। विकसित, व्यापक और शक्तिशाली पश्चिमी रंगमंच की अपनी निजी गति और प्रेरणा के कारण भी वहाँ भले-बुरे नाटकों की निरन्तर रचना अनिवार्य रहती है। वास्तव में रचना-प्रक्रिया के ऊपर शिल्पीय परिस्थिति का ऐसा दबाव शायद अन्य किसी लेखन विधा पर नहीं होता। इसी से जिस प्रकार रंगमंच को जीवित और सक्रिय रखने के लिए नाटक की निरन्तर रचना होती है, उसी प्रकार रंगमंच सजीव होने से समर्थ लेखक नाटक को अपनी अनुभूति के व्यापक और विस्तृत सम्प्रेषण का माध्यम पाता है, और सहज ही उसका उपयोग करने को उन्मुख होता है। रंगमंच सक्रिय होने से लेखक का नाट्यात्मक अनुभूति से निरन्तर साक्षात्कार होता रहता है जिससे नाटककार के रूप में उसके सृजनात्मक व्यक्तित्व के निर्माण और विकास में सहायता मिलती है। इस अनुकूल परिस्थिति के बावजूद पश्चिमी देशों में भी आज व्यावसायिक या पत्रकारी ढंग के चलताऊ नाटक ही अधिक लिखे जाते हैं, जिनके द्वारा मनोरंजन-व्यवसाय का उद्देश्य भले ही पूरा होता हो, किसी प्रकार की कलात्मक उपलब्धि नहीं होती।

ऐसी स्थिति में इस बात में बहुत अधिक विवाद की सम्भावना नहीं होनी चाहिए कि भारतीय भाषाओं में श्रेष्ठ कलात्मक नाटकों की बहुत कमी है और आम तौर पर महत्त्वपूर्ण नाटक बहुत कम ही लिखे जाते हैं। हिन्दी की सृजनात्मक साहित्यिक

विधाओं में नाटक ही सबसे उपेक्षित और दुर्बल रहा है और कमोबेश आज भी है। हमारे प्रतिष्ठित अथवा नवोदित प्रतिभाशाली लेखकों में से बहुत कम ही नाटक को अपनी आत्माभिव्यक्ति का माध्यम बनाते हैं या बना पाते हैं। स्वाधीनता के बाद, बीस-पच्चीस वर्ष पहले तक, चार-छह अपवादों को छोड़कर, महत्त्वपूर्ण सार्थक अनुभूति को अभिव्यक्ति करनेवाली रचनाओं के रूप में नाटक बहुत कम लिखे गए। उस दौर के अधिकांश नाटक या तो परीक्षोपयोगी थे, या किसी-न-किसी रूप में किसी शौक़िया नाटक मंडली की तात्कालिक आवश्यकताओं की पूर्ति के लिए लिखे गए और उसी के उपयुक्त थे, या फिर भले-बुरे संवादात्मक उपन्यास मात्र थे। कुछ अन्य नाटक तो थे, पर उनमें अभिव्यक्त अनुभूति छिछली, सतही अथवा सर्वथा अप्रामाणिक, और मिथ्या भावुकता से आक्रान्त थी। साधारणतः हिन्दी के नाटक-साहित्य का कलात्मक-साहित्यिक स्तर सभी प्रकार से—अनुभूति के गुण, उसकी सच्चाई और उसकी अभिव्यक्ति, शिल्प, आदि की दृष्टियों से—उसके काव्य या कथा-साहित्य से कहीं घटिया रहा है।

निस्सन्देह, नाटक की इस स्थिति के कई प्रकार के कारण हैं जिनमें से कुछेक बाह्य परिस्थितियों से जुड़े हैं और कुछ नाटक की विशिष्ट रचना-प्रक्रिया और उसके सम्बन्ध में हिन्दी लेखक की मान्यताओं से। एक अत्यन्त सुपरिचित और सामान्य कारण यही है कि संसार की अन्य प्रत्येक भाषा के लेखक की भाँति हिन्दी लेखक भी साहित्यिक अभिव्यक्ति की अन्य विधाओं की ओर अधिक स्वाभाविक रूप में आकर्षित होता है, क्योंकि वे उसकी अनुभूति को पर्याप्त प्रखरता और सहजता से अभिव्यक्त भी करती हैं और युगानुकूल भी हैं। कविता, उपन्यास, कहानी आदि अपेक्षाकृत अधिक लोकप्रिय हैं, उनकी माँग कहीं अधिक है, उनके माध्यम से पाठक तक सीधे पहुँचना अधिक सहज और सुलभ है। इसके विपरीत नाटक साहित्य की सबसे कठिन विधा है, उसके लिए कुछ ही समय पहले तक प्रकाशक सहज ही नहीं मिलता था, और नाटककार एक अन्य कलात्मक विधा, अभिनय-प्रदर्शन के माध्यम से ही अपने पाठक या दर्शक-वृन्द तक पहुँच सकता है, सीधे नहीं। इस कारण बहुत-से लेखक नाटक की ओर उन्मुख ही नहीं होते।

दूसरी बड़ी स्पष्ट-सी कठिनाई रही है, नियमित या स्थायी रंगमंच के अभाव की। दो दशक पहले तक तो हिन्दी में केवल छिटपुट शौक़िया मंडलियाँ ही थीं, जिनके पास न साधन थे, न रंगकर्म की गहरी समझ। ऐसी स्थिति में न तो नाटक की माँग ही पर्याप्त मात्र में होती थी, न उसे लिखने की कोई प्रेरणा ही। लेखक के सृजनात्मक व्यक्तित्व का नाट्यानुभूति से, उसके विशिष्ट रंगमंचीय आयाम में, कोई साक्षात्कार ही न हो सकता था। न उसे रंगशिल्प का पर्याप्त अनुभव ही हो पाता था कि वह सफल रंगमंचोपयोगी नाटक लिख सके। साधारणतः, रंगमंच के अभाव का एक अर्थ या परिणाम यह माना जाता था, और शायद था भी, कि हिन्दी

का नाटककार प्रदर्शन और अभिनय की विशेष समस्याओं और आवश्यकताओं से परिचित नहीं; वह नहीं जानता कि कैसे अंकों-दृश्यों का विभाजन होना चाहिए, कैसे पात्रों के प्रवेश और प्रस्थान का नाटकीय उपयोग करना चाहिए, कैसे संवादों को अधिक चमत्कारिक और नाटकीय बनाना चाहिए, कैसे चरित्रों को, उनकी बातचीत, उनकी गतिविधि इत्यादि को, बल्कि समस्त घटनावली को, संयोजित करना चाहिए। संक्षेप में, सक्रिय एवं समर्थ रंगमंच के अभाव में नाटक के बाह्य स्वरूप और उसकी रचना के शिल्प से हिन्दी लेखक अधिक परिचित नहीं हो पाते थे। यह कथन, और नाटक रचना पर इस परिस्थिति का प्रभाव, स्पष्ट और स्वतः सिद्ध है और नाटक की रचना-प्रक्रिया की विशिष्ट शिल्प-सम्बन्धी जटिलताओं और उलझनों का विश्लेषण आगे किया जाएगा।

किन्तु वास्तव में नाटकों के अभाव अथवा उनकी कलात्मक दुर्बलता का यह केवल एक ही, और वह भी बड़ा ही गौण और सीमित पक्ष है। पारसी रंगमंच के नाटकों में, आग़ा हश्र और राधेश्याम कथावाचक के नाटकों में, ये सब गुण मौजूद हैं। उपेन्द्रनाथ अश्क के कई नाटकों में रंगमंचोपयुक्तता या अभिनेयता बहुत कम नहीं थी; पृथ्वी थिएटर के सब नाटक रंगमंच पर बड़ी सफलता से खेले जाते थे। आजकल भी प्रत्येक शहर में स्थानीय शौक़िया नाटक-मंडलियों के लिए प्रायः नाटक लिखे और स्थानीय स्तर पर सफलतापूर्वक खेले जाते हैं। आज तो हिन्दी में ऐसे कई नाटककार और नाटक हैं जिनमें रंगमंचीय शिल्प की बहुत विस्तृत जानकारी झलकती है। फिर भी इन नाटकों में प्रायः कलात्मक चेतना और अनुभूति की ऐसी दुर्बलता और क्षीणता है कि वे किसी महत्त्वपूर्ण और सार्थक स्तर तक नहीं उठ पाते। उनका प्रायः वही दर्जा है जो समाचार-पत्र के सम्पादकीय का, या लोकप्रिय पत्रिकाओं में निकलनेवाली कहानियों का, तथा अन्य सैकड़ों उपन्यासों का होता है। दूसरी ओर, रंगमंच से घनिष्ठ सम्पर्क के अभाव में भी *आषाढ़ का एक दिन*, *अन्धा युग* जैसे नाटक लिखे गए जिनमें किसी-न-किसी मात्रा में वह तत्त्व वर्तमान है जो किसी रचना को सार्थक और श्रेष्ठ बनाता है।

रंगमंच के अभाव को लेकर एक और बात भी, प्रायः नाटककारों द्वारा, एक ज़माने में कही जाती थी। वह यह कि हिन्दी के शौक़िया अभिनेताओं, निर्देशकों और नाटक-मंडलियों द्वारा प्रायः अच्छे-से-अच्छे नाटक की हत्या होती रहती है। उनमें न तो नाटक की समझ ही होती है, न पर्याप्त गम्भीरता ही। वे आत्म-प्रदर्शन के लिए नाटक करते हैं; उनमें कलात्मक बोध नहीं; अच्छे नाटक को समझने और उसका समुचित अभ्यास करके खेलने का धीरज नहीं होता। ऐसी स्थिति में कोई नाटककार क्यों नाटक लिखे और अच्छे नाटक को समझनेवाला ही कौन है, कम-से-कम उसे खेलनेवाले तो नहीं ही हैं, आदि-आदि। इस कथन में भी सत्य का बड़ा थोड़ा-सा ही अंश है और उसका नाटकों के अभाव से या उनकी रचनागत

दुर्बलता से अधिक सम्बन्ध नहीं। कोई कवि या उपन्यासकार इस बात की तनिक भी परवाह नहीं करता कि कौन-से स्तर का पाठक उन्हें पढ़ेगा या किस कोटि का समालोचक उसकी समीक्षा करेगा। कम-से-कम यह चिन्ता उसकी रचना-प्रक्रिया को नहीं प्रभावित करती, क्योंकि कहीं-न-कहीं अपने भीतर उसे यह विश्वास रहता है कि प्रत्येक श्रेष्ठ रचना एक हद तक अपना उपयुक्त पाठक अन्ततः अपने-आप ही पा जाती है; और, दूसरी ओर, वह साधारण पाठक को क्रमशः अपने स्तर तक उठाने में सहायक होती है। नाटक भी इसका अपवाद नहीं।

वास्तव में, श्रेष्ठ नाटकों के अभाव की समस्या और भी गहरी तथा उसकी जड़ें उलझी हुई हैं, और उनके सूत्र नाटक की रचना-प्रक्रिया में ही खोजना उचित है। साहित्यिक अभिव्यक्ति की एक विधा के रूप में अनुभूति और शिल्प दोनों ही स्तरों पर, सामान्य साहित्य के साथ उसकी समानताएँ और अलग विशिष्टताएँ दोनों ही महत्त्वपूर्ण हैं, जिन पर समग्र रूप में ध्यान दिया जाना चाहिए।

इस बात पर आज भी बहुत ज़ोर देने की आवश्यकता है कि नाटक मूलतः काव्य का ही एक प्रकार है जिसमें सार्थक और महत्त्वपूर्ण अनुभूति की सूक्ष्म, संवेदनशील और गहन अभिव्यक्ति की आवश्यकता है, निरी रोचक अथवा सनसनीपूर्ण, स्थूल और तथाकथित नाटकीय घटनाओं के समाचारपत्रीय रिपोर्ताज जैसे चित्रण की नहीं। नाटक को प्रायः हम जीवन के ऐसे दैनन्दिन, लगभग महत्त्वहीन, कार्य-व्यापार तथा घटनाओं से सम्बन्धित मानते हैं जिनमें बाह्य क्रिया की बहुलता हो। नाटक को हम कविता से यथासम्भव दूर रखना उचित समझते हैं, क्योंकि शायद हमारे लिए वह निरा मनोरंजन का साधन मात्र है, कोई कलात्मक अभिव्यक्ति नहीं।

किन्तु वास्तव में नाट्यात्मक अनुभूति एक विशेष प्रकार की तीव्रतम काव्यात्मक अनुभूति ही है, जिसमें संवेदनाओं, भावों और विचारों के अधिक प्रत्यक्ष और दृश्य रूपों का संयोजन होता है। नाट्यात्मक अनुभूति के केवल उपादान ही भिन्न होते हैं, उसका मौलिक स्वरूप नहीं। वह भी काव्यात्मक अनुभूति की भाँति ही, चेतना के गहनतर स्तरों से जुड़ी होती है। सार्थक और महत्त्वपूर्ण होने के लिए उसमें बाह्य यथार्थ नहीं, आत्मा के यथार्थ की, किसी निष्ठा की, किसी स्वप्न की अथवा किसी गहरे स्तर पर उसकी अस्वीकृति की, अभिव्यक्ति होना ज़रूरी है। नाटक में जीवन का घनीभूत क्षण होता है, और यथार्थ का सघनीकरण और सार्थकीकरण हुए बिना उसे नाटक में अभिव्यक्त नहीं किया जा सकता। काव्य की भाँति ही नाटक के लिए अनुभूति की सचाई, उसकी प्रामाणिकता, सर्वथा अनिवार्य है। नाटक में भी वास्तविक अनुभूति चाहिए, अनुभूति के आभास से काम नहीं चल सकता। साथ ही उस अनुभूति में इतनी स्पष्टता, तीव्रता, प्रखरता और अन्विति अनिवार्य है कि नाटक के विशिष्ट रूप में भली-भाँति व्यक्त हो सके। हमारे देश में आधुनिक नाटक की बहुत-सी दुर्बलता का कारण उसका जीवन की गहन अनुभूति से विच्छिन्न हो जाना

ही है। बहुत-से नाटक ठीक उन्हीं कारणों से दुर्बल और क्षीण और महत्त्वहीन होते हैं, जिनसे बहुत-से गीत काव्यहीन या बहुत-सी कहानियाँ बचकानी और निरर्थक होती हैं। काव्य के साथ नाटक के इस सम्बन्ध की पहचान नाटक के विकास के लिए अत्यन्त आवश्यक है।

यह बात ध्यान देने की है कि अपनी प्राचीन नाट्य-परम्परा के बावजूद हिन्दी में हम यह सचाई शायद एकदम भूल गए हैं। हमारी समकालीन नाट्य-चेतना प्राय: योरपीय यथार्थवाद के ह्रास के काल की चेतना है। उसमें जीवन के स्वत:स्फूर्त, भावसंकुल, गहन रूप पर नहीं, उसके क्षुद्र, कृत्रिम और बाह्य रूप पर—प्राय: उसके विकृति-प्राप्त, घृणित रूप पर—अधिक बल है। जयशंकर प्रसाद के बाद का हिन्दी नाटक एक ओर तो काव्य से, काव्यात्मकता से, जीवन की गहन और सघन अनुभूति से विच्छिन्न होकर शुष्कता, निरर्थकता और क्षुद्रता की बंजर भूमि में जा पड़ा। दूसरी ओर, वह छायावादी युग की अशरीरी भावुकता, हवाई कल्पना और शब्दमोह में उलझ गया। हिन्दी के अधिकांश नाटक काल्पनिक चरित्रों, घटनाओं, स्थितियों और उनके अस्वाभाविक भावुकतापूर्ण इच्छित विश्लेषणों से दबे हुए हैं। उनका यथार्थवाद भी अयथार्थ और काल्पनिक है; उनमें यथार्थ को बौद्धिक जागरूकता और कलात्मक निर्ममता से, स्पष्टता से, देखने और रूपायित कर सकने की क्षमता भी नहीं है कि वे, एक-आयामी स्तर पर ही सही, किसी सत्य का उद्घाटन कर सकें।

एक प्रकार से हिन्दी के समस्त सृजनात्मक साहित्य को इसी मिथ्या भावुकता और कल्पनाविलासिता ने जकड़ रखा है। उसमें साधारणत: वास्तविक अनुभूति की तीव्रता और व्यापकता का, तथा उसे देखने में कलाकार की तटस्थता का, आश्चर्यकारी अभाव है। इसका एक प्रमाण हमारे तथाकथित क्रान्तिकारी साहित्य में देखा जा सकता है जिसका अधिकांश शब्दाडम्बर, मिथ्या भावातिरेक, स्फीति और किशोर-सुलभ आत्मवंचना की दृष्टि से बेजोड़ है। कई बार लगता है कि हमारी कविता अनुभूति से नहीं दूसरी कविताओं से प्रेरित है, दुहेजू-तिहेजू है। इसीलिए उसमें प्राय: कुछ-न-कुछ चमत्कार होता है, पर किसी अन्विति की, किसी भावानुभूति या सौन्दर्यानुभूति की छाप नहीं होती। इसी के समानान्तर हमारे अधिकांश कथा-साहित्य में भी एक प्रकार का भावाभास है, जिए जानेवाले जीवन को देख सकने, सहन कर सकने की क्षमता का अभाव है। इससे हमारी चेतना या तो क्षुद्र विस्तार की बातों में उलझी रह जाती है, या यथार्थ के बड़े सुहावने और मनभावन, या तीखे और घिनौने, पर हर हालत में इच्छित और इसीलिए अधिकांशत: मिथ्या, चित्र बुनने लगती है, जो किसी गहरी पीड़ा या करुणा की बजाय दयनीयता या आत्मग्लानि से अधिक कुछ नहीं व्यक्त कर पाते। पर फिर भी इन साहित्य-विधाओं में चेतना का यह सतही रूप इतना नहीं अखरता कि हमें निरी व्यर्थता का ही अनुभव हो, चाहे

वह उन कृतियों को उपलब्धि के किसी ऊँचे शिखर तक न उठने देता हो। काव्य के शाब्दिक संगीत और लय से, चमत्कारिक कल्पना-जाल, अस्पष्ट रहस्याभास और एक प्रकार की व्यंजकता से, पाठक सीधे ही प्रभावित हो पाता है। कथा साहित्य में भी वातावरण के निर्माण, सूक्ष्म और व्यंजक वर्णन और विश्लेषण आदि के द्वारा अनुभूति या भाव के हलकेपन की क्षतिपूर्ति थोड़ी-बहुत हो ही जाती है, या कम-से-कम उनका अभाव इतनी तीव्रता से नहीं महसूस होता।

पर नाटक में अनुभूति, भाव या विचार का हलकापन, चरित्रों या घटनाओं का भावुकतापूर्ण इच्छित विन्यास, या संवादों में शब्दातिरेक या शब्दमोह, रंगमंच पर पहुँचते ही तुरन्त प्रकट हो जाता है, और इसलिए उचित ही हर गम्भीर रंगकर्मी ऐसे नाटकों को छूते घबराता है। नाटक में हर भाव, विचार, पात्र, स्थिति और वातावरण ऐसा होना आवश्यक है कि वह मूर्त और रूपायित हो सके; तभी वह रंगमंच पर काम आ सकता है और दर्शक-वर्ग तक पहुँच सकता है। नाटक एक अन्य कला-विधा, अभिनय-प्रदर्शन के माध्यम से, जीवन्त अभिनेताओं के माध्यम से, अपनी चरम परिणति पाता है। इस कारण नाटक की समस्त दुर्बलताएँ रंगमंच पर मूर्त और रूपायित होने की प्रक्रिया में, बल्कि उसकी तैयारी में ही, उजागर होने लगती हैं। इसीलिए नाटक रचना में अनुभूति की वास्तविकता के साथ-साथ उसकी तीव्रता और प्रखरता की भी अनिवार्य आवश्यकता है। तभी वह नाटक की सीमित अवधि और जटिल शिल्प-पद्धति में एकाग्रता और स्पष्टता के साथ अभिव्यक्त हो सकती है। नाटक में प्रखरता की कमी तुरन्त ऐसा ढीलापन पैदा करती है कि वह एकदम बिखर जाता है। इसीलिए नाटक में निरे बाहरी या ऊपरी या बासी अनुभव या अवलोकन मात्र से काम नहीं चलता। श्रेष्ठ नाट्य-रचना के लिए जीवन के अनुभूति-स्रोतों तक जाना आवश्यक है। नाटककार में अपने भीतर और बाहर दोनों ही ओर तीव्रता और व्यक्तिमत्ता से देख सकने की सामर्थ्य चाहिए, उसके लिए भावना और चिन्तन दोनों में जड़ता से, रुद्धता से, बचने की बड़ी भारी अनिवार्यता है।

नाटक की इस आवश्यकता का एक और भी कारण है। नाटक काव्य तो है, पर वह दृश्य-काव्य है। नाट्यात्मक अनुभूति एक विशेष प्रकार की काव्यात्मक अनुभूति है। नाट्यात्मक अनुभूति में जीवन की प्रवहमानता की, गति की, चेतना की, प्रधानता होती है; वह 'है' से अधिक 'होने' से सम्बद्ध है। नाटककार को इसी से सदा गतिमान मानवीय दृश्य की पकड़ होनी चाहिए, वह दृश्य चाहे फिर व्यक्तिगत हो चाहे सामूहिक। भाव, विचार या स्थिति का कोई एक स्थिर बिन्दु कथा के लिए पर्याप्त हो सके, नाटक में कहीं से उस बिन्दु तक, या उस बिन्दु से कहीं या किसी और बिन्दु तक, गति आवश्यक है। यही नाट्य-व्यापार है। इसका बाह्य घटनात्मक होना अनिवार्य या आवश्यक नहीं; आन्तरिक जीवन या भावदशाओं की गति और परिणति ही मुख्य है। जिन युगों की परिस्थितियों में तीव्र भावालोड़न और सामाजिक

तथा व्यक्तिगत उथल-पुथल सहज और स्वाभाविक होती है, वे इसी कारण नाटक के लिए अधिक उपयुक्त होते हैं, क्योंकि उन युग-स्थितियों में आन्तरिक जीवन की गति अपने-आप ही सहज दीखती है, और वह इतने सरल रूप में बाह्य घटनाओं के संघात से जुड़ी हुई भी होती है।

इससे भी यह निष्कर्ष नहीं निकालना चाहिए कि तीव्र उथल-पुथल के बिना नाटक नाटक नहीं होता; तीव्र उथल-पुथल की अवस्था में प्राय: भावों और विचारों तथा परिस्थितियों की गति सहज ही दृष्टिगोचर होती है जो नाटक के लिए आवश्यक है। बहुत बार नाट्यात्मक अनुभूति की इस विशिष्टता पर या तो हमारा ध्यान नहीं जाता, या हम उसकी भ्रामक परिकल्पना से आक्रान्त रहते हैं। फलस्वरूप या तो नाटकों में अनगिनत घटनाओं और अतिनाटकीय स्थितियों की भरमार रहती है, और व्यक्ति के आन्तरिक जीवन के विक्षोभ और हलचल का कुछ पता नहीं चलता; या फिर उनमें निरी बौद्धिक ऊहापोह, वाद-विवाद या विश्लेषण की प्रधानता रहती है, भावों, विचारों और संवेदनाओं के आधार, व्यक्तियों के सही और जीवन्त रूप का कुछ पता नहीं चलता, उनके परस्पर सम्बन्धों में कोई अनिवार्यता नहीं उभरती, और इस कारण समस्त विश्लेषण और चर्चा निष्प्राण और गतिहीन जान पड़ती है। नाटक में एक साथ ही जीवन के वैयक्तिक और सामाजिक दोनों पक्षों की भाव-प्रतिक्रियाओं की अभिव्यक्ति होती है, क्योंकि वह अमूर्त विश्लेषण नहीं, जीवन्त और मूर्तिमान व्यक्तियों की वास्तविक प्रतिक्रियाओं के माध्यम से ही सम्प्रेषित होता है।

नाटक के इस सामाजिक अथवा सामूहिक पक्ष पर कुछ और अधिक विस्तार से विचार उपयोगी होगा, क्योंकि एक स्तर पर आकर उसका नाटक की रचना-प्रक्रिया से गहरा सम्बन्ध है।

वास्तव में, नाट्यानुभूति के स्वरूप में ही एक प्रकार का सामूहिक तत्त्व निहित है। नाटक का कथ्य चाहे कितना ही व्यक्तिगत हो, उसे एक से अधिक व्यक्तियों, पात्रों, चरित्रों अथवा एक ही चरित्र के एकाधिक व्यक्तित्वों और उनके संघात के ही रूप में ग्रहण कर सकना आवश्यक होता है। प्राचीन यूनानी नाटक में प्रारम्भ में कोरस और एक ही अभिनेता होता था, फिर ईस्किलस ने दूसरा और सोफ़ोक्लीज़ ने तीसरा अभिनेता जोड़ा। इस प्रकार नाटक एक ही चरित्र के आत्म-निवेदन से आगे बढ़कर विभिन्न व्यक्तियों के, और उनके माध्यम से जीवन की विभिन्न शक्तियों के, संघात और संघर्ष की अभिव्यक्ति बना। नाट्यानुभूति मूलत: एक भाव-रूप नहीं हो सकती, वह अनिवार्यत: एकाधिक भावों के, विचारों के, स्थितियों और व्यक्तियों के, परस्पर-संघात के ही रूप में हो सकती है। इसी कारण जब-जब भी मनुष्य अपने भीतर और बाहर इस संघात को, ऐसे कार्य-व्यापार को देखने की स्थिति में होता है, तभी नाटक सहज ही उसकी रचनात्मक अभिव्यक्ति का माध्यम बन जाता है। नाटक 'आत्म' से बाहर के जगत से संघात द्वारा आत्मोद्घाटन और

आत्मप्रतीति का साधन है। नाटककार को किसी-न-किसी स्तर पर जीवन-व्यापार से संलग्न, संयुक्त या उसमें डूबा हुआ होना चाहिए। सामाजिक सम्बन्धों का रूप, उनका दबाव और उनका तनाव उसके लिए वास्तविक होना चाहिए, अन्यथा वह अपनी अनुभूति को नाटक की शक्ल न दे सकेगा, बल्कि उसकी अनुभूति कभी नाट्यात्मक रूप ही न ले सकेगी।

यही कारण है कि नाटक में प्राय: किसी युग के जीवन में अभिव्यक्त सामाजिक सम्बन्धों और उनसे प्रकट होनेवाले मूल्यों और मान्यताओं का दर्शन होता है। विशुद्ध-से-विशुद्ध और व्यक्तिगत रूप में भी नाटक पारस्परिक सम्बन्धों और उनके मूल्यों पर किसी-न-किसी प्रकार की टिप्पणी हुए बिना नहीं रह सकता। इसका यह अभिप्राय नहीं कि नाटक का सदा सोद्देश्य और विचारधारापरक होना अनिवार्य है। पर नाटक किसी-न-किसी स्तर पर लेखक के जीवन के साथ उलझाव को अवश्य ही प्रकट करता है। इसीलिए जो नाटककार सामाजिक या सामूहिक सम्बन्धों का तीव्रता, सघनता और गहराई के साथ साक्षात्कार करता होगा, वही अपने नाटकों में और उसी स्तर तक, गहराई और तीव्रता ला सकेगा। निरे भावोच्छ्वास से नाटक नहीं बन सकता, भाव-विशेष के सामूहिक रूप की प्रतीति उसके नाटक में अभिव्यक्त होने के लिए आवश्यक है।

नाट्यानुभूति के इस सामूहिक तत्त्व के कारण ही संसार के नाट्य-साहित्य का बड़ा भारी भाग धार्मिक, राजनैतिक, सामाजिक समस्याओं को लेकर लिखा गया है, और नाटक बहुत सहज ही किसी सामूहिक आन्दोलन का अंग और साधन बन जाता है। देश की सभी आधुनिक भाषाओं के नाटक का राष्ट्रीय स्वाधीनता आन्दोलन में योग इस बात का प्रत्यक्ष प्रमाण है। बहुत-कुछ नाटक के इस 'अ-वैयक्तिक' अथवा 'सामूहिक' रूप के कारण भी प्राय: वह बाह्य और ऊपरी बातों और विस्तार में उलझ जाता है, और किसी आन्तरिक अनुभूति या भावोपलब्धि से उसका सम्बन्ध बड़ा क्षीण रहता है। पर स्पष्ट ही नाट्यानुभूति या नाटक-रूप की यह 'अ-वैयक्तिकता' या 'सामूहिकता' विशेष प्रकार की अवैयक्तिकता और सामूहिकता है—रचनाकार के व्यक्तित्व और उसकी अनुभूति का लोप नहीं, अपने जीवन और परिवेश के साथ उसका एक विशेष प्रकार का सम्बन्ध और उसका प्रसार या विस्तार। नाट्यानुभूति की इस विशिष्टता का नाटक रचना के शिल्प के साथ भी बड़ा गहरा सम्बन्ध है, पर उसकी चर्चा करने के पहले नाटक की सामूहिकता के कुछेक अन्य पक्षों पर विचार कर लेना उचित होगा।

अनुभूति के स्तर पर सामूहिक जीवन से सम्बद्ध होने के साथ-साथ, अपनी अभिव्यक्ति की चरम परिणति के स्तर पर भी, नाटक सामूहिक क्रिया है। नाटक का प्रदर्शन अभिनेता-समूह के द्वारा तथा अन्य रंगकर्मियों के सक्रिय रचनात्मक सहयोग से ही होता है। अभिनय-प्रदर्शन के बिना नाटक की सार्थकता अथवा सम्पूर्णता

नहीं, बल्कि जो अभिनेय नहीं, अभिनयोपयुक्त नहीं, उसे नाटक ही नहीं कहा जा सकता। स्पष्ट ही नाटक की अभिनयमूलकता उसे अनिवार्यतः एक सामूहिक स्वरूप प्रदान करती है। वही अनुभूति यथार्थ नाट्यात्मक अनुभूति है जो दृश्य हो सके, जो अभिनेताओं द्वारा रूपायित और मूर्त करके व्यक्त की जा सके। अभिनयोपयुक्तता की यह अनिवार्य आवश्यकता है कि अभिनेता नाटक के विभिन्न पात्रों को आत्मसंगत और परिस्फुट पाएँ, जिनके साथ वे अपने भावतंत्र को एकाकार कर सकें; उनमें न तो स्फीति हो और न ऐसी अस्पष्टता कि उन्हें विश्वसनीय रूप न दिया जा सके; वे ऐसे बनावटी न हों कि अभिनेता उनके रूप में स्वयं को झूठा अनुभव करने लगें; समस्त नाट्य-व्यापार में उनकी इतनी सार्थकता हो कि वे रंगमंच पर फ़ालतू न अनुभव करें, आदि-आदि। नाटक का कथ्य इतना प्रखर और सुस्पष्ट होना आवश्यक है कि निर्देशक और अभिनेता, चाहे प्रशिक्षण और परिश्रम के बाद ही सही, उसे इस भाँति ग्रहण कर सकें कि वह अभिनय-प्रदर्शन में रूपायित हो सके। अपनी पूर्णता के लिए एक अन्य अभिव्यक्ति माध्यम से यह अविभाज्य सम्बन्ध नाटक को एक विशेष प्रकार की व्यक्तिनिरपेक्षता, वस्तुनिष्ठता और सामूहिकता प्रदान करता है। नाट्यात्मक अनुभूति इतनी सुनिश्चित और व्यापक होती है कि नाटककार के अतिरिक्त प्रदर्शन-अभिनय से सम्बद्ध अन्य सहयोगी भी उसमें सृजनात्मक स्तर पर सहभागी हो सकें। नाटक की अनुभूति और रचना व्यक्तिगत होकर भी ऐसी होती है कि उसमें व्यापक सामूहिक तत्त्व मौजूद हो।

नाट्यात्मक अनुभूति के सामूहिक पक्ष का एक अन्य आत्यन्तिक स्तर है, नाटक का दर्शक-वर्ग के साथ तात्कालिक और अनिवार्य सम्बन्ध। अभिनयमूलकता के सामूहिक पक्ष से भी अधिक दर्शक-वर्ग से सम्बन्ध नाटक की रचना-प्रक्रिया को कई प्रकार से प्रभावित करता है। कविता और कथा साहित्य के पाठक से भिन्न, नाटक का दर्शक अकेला नहीं, समूह में कृति के आस्वादन के लिए उपस्थित होता है, और यह अनिवार्य है कि दो-तीन-चार घंटे की सीमित अवधि में, बिना किसी बड़े अन्तराल के, बिना किसी स्थल पर दोबारा लौट सकने की सम्भावना के, एक बार में ही, नाटक की अनुभूति एक समूह को सम्प्रेषित हो जाए। नाटक व्यक्तिगत अनुभूति की अभिव्यक्ति होकर भी विभिन्न समुदायों और वर्गों के, विभिन्न आयु तथा शिक्षा-दीक्षावाले, विभिन्न संस्कार, रुचियों और मान्यताओं वाले, स्त्री-पुरुषों को एक साथ उपलब्ध होता है। नाटक का दर्शक-वर्ग के साथ इतना सीधा और तात्कालिक सम्बन्ध है कि दर्शक-वर्ग नाटक के मूल्यांकन का तो सर्वथा अनिवार्य तत्त्व है ही, उसकी रचना में भी एक स्तर पर अत्यन्त महत्त्वपूर्ण बन जाता है। यदि दर्शक-वर्ग की चेतना और नाटककार की अनुभूति और उसकी अभिव्यक्ति के बीच इतना व्यवधान हो कि सम्प्रेषण ही न हो सके, तो वास्तविक नाटक की सृष्टि सम्भव नहीं। दूसरी ओर, केवल अथवा मुख्यतः दर्शक-वर्ग के इशारों पर चलकर नाटक

जीवन की किसी अनन्य, अद्वितीय, सार्थक अनुभूति का वाहक नहीं बन सकता। फलतः, अनुभूति और अभिव्यक्ति में इतनी निर्ममता और प्रखरता अनिवार्य हो जाती है कि नाटक दर्शक को मनोरंजन की भाँति तल्लीन रखकर भी निरा तमाशा न हो, और सस्ती भावुकता के स्तर पर उतरे बिना ही दर्शकों को एक गहरी अनुभूति में साझीदार बना सके। नाटक में जीवन का दर्शन ऐसा होता है कि दर्शक-वर्ग भी उसे नाटककार की भाँति ही देख पाता है। दर्शक-वर्ग के स्तर पर उतरकर नहीं, बल्कि उसे नाटक के स्तर तक उठाकर ही नाटककार यह काम पूरा कर सकता है। किन्तु इसके लिए भी उसे दर्शक-वर्ग के स्तर की पहचान होनी आवश्यक है, समूह के अन्तर्मन में एक ऐसी सहज पैठ आवश्यक है कि वह अपनी अनुभूति को उससे किसी-न-किसी सामान्य सूत्र से जोड़ सके।

नाटक की रचना का यह तत्त्व सबसे ख़तरनाक और बहकानेवाला है। नाटक समस्त सृजनात्मक अभिव्यक्तियों में सबसे अधिक प्रत्यक्ष रूप में मनोरंजन है, अथवा माना जाता है। विशुद्ध व्यवसाय के स्तर पर नाटक प्रायः निरा मनोरंजन ही रह भी जाता है। फलस्वरूप, नाटककार भी अपनी अनुभूति के बजाय निरे मनोरंजन पर ही अधिकाधिक ध्यान देने लगता है, और नाटक किसी सार्थक अनुभूति के माध्यम की बजाय, कलात्मक अभिव्यक्ति की बजाय, दिल बहलाव के लिए लिखा जाने लगता है। यह सम्भावना और दबाव ही नाटककार की प्रामाणिकता के लिए सबसे बड़ा फन्दा है। यह ठीक है कि दर्शक-वर्ग से सीधे सम्बन्ध के कारण नाटक में थोड़ी-सी ऊब के लिए भी गुंजाइश नहीं। पर अभिव्यक्ति की रोचकता और सरसता का, ध्यान को संक्रेन्द्रित कर सकने का, अर्थ दर्शक-वर्ग की निम्नतम प्रवृत्तियों को उकसाना या उनके विकारों को सहलाना नहीं। दर्शक-वर्ग की उपेक्षा करके, उसकी ओर से बेख़बर होकर, सफल नाटक नहीं लिखा जा सकता। पर दर्शक-वर्ग के पीछे दौड़कर भी किसी कलात्मक नाटक की सृष्टि सम्भव नहीं। नाटककार के व्यक्तित्व के प्रशिक्षण, और नाटक-रचना के शिल्प के स्तर पर दर्शक-वर्ग की गहरी जानकारी, की अपेक्षा रखते हुए भी, नाट्यात्मक अनुभूति और उसकी अभिव्यक्ति के स्तर पर नाटककार का सबसे पहले अपने प्रति ईमानदार और प्रामाणिक होना उसके कलास्रष्टा होने की पहली शर्त है। नाटककार की स्थिति की तुलना सम्भवतः ऐसे कवि से की जा सकती है जो किसी कवि-सम्मेलन में कविता पढ़ने के लिए प्रस्तुत हो, पर अन्य कवि सम्मेलनी कवियों की भाँति श्रोताओं को रिझाने के लिए गलेबाजी या सस्ती फ़िक़रेबाज़ी का सहारा लेकर नहीं, बल्कि अपनी भावानुभूति की प्रबलता और विशिष्टता के आधार पर श्रोताओं को प्रभावित करना चाहे और करने में सफल हो।

नाटक की रचना का यह पक्ष हमें सीधे उसके रूप और शिल्प तक ले आता है। निस्सन्देह नाटक एक जटिल कला-रूप है। वह एक साथ ही कई कलाओं

का—काव्य, साहित्य, अभिनय, चित्रांकन, संगीत आदि का—संगम भी है और अपनी सम्प्रेषणीयता के लिए कला-रूढ़ियों पर आश्रित भी। नाटक में हर स्तर पर परस्पर विरोधी लगनेवाले तत्त्वों का अनिवार्य समन्वय होता है : नाटक में सुनियोजित नाट्यावेश को ऐसे प्रस्तुत किया जाता है कि वह पूर्णतः स्वतः स्फूर्त जान पड़े; उसमें प्रस्तुत जीवन प्रतिनिधिमूलक होते हुए भी विशिष्ट और व्यक्तिगत तथा अद्वितीय हो; व्यक्तिगत अनुभूति की अभिव्यक्ति होकर भी समूह द्वारा मूर्त हो सके, एक नाटक मंडली उससे अपने आप को एकाकार करके उसे प्रक्षेपित कर सके; गहन-से-गहन अनुभूति भी अधिक-से-अधिक प्रखरता, सरलता और संक्षेप के साथ कम-से-कम समय में व्यक्त ही नहीं, मूर्तिमान हो सके; विभिन्न कलात्मक, शिल्पगत तथा संगठनात्मक व्यक्तित्वों और संकल्पों को संयोजित भी करे और उनकी अपनी-अपनी विशिष्टता और स्वतःस्फूर्तता को सुरक्षित भी रखे। ऐसा बहुविध संगम और संयोग सहज या सुलभ नहीं होता। श्रेष्ठ नाटक-रचना इस कारण भी इतनी दुर्लभ है।

इस प्रसंग में नाटक-रचना में वस्तु के उपयोग की कुछेक विशिष्ट पद्धतियों का उल्लेख किया जा सकता है। नाटक में नित्यप्रति के जीवन में से ही ऐसी सार्थक घटनाओं या भावदशाओं का चयन और उनका ऐसा विकास अपेक्षित है कि उनका परस्पर सम्बन्ध उजागर हो जाए और इस प्रकार दर्शक दैनन्दिन जीवन में व्याप्त अव्यवस्था के विमूढ़ दर्शक की बजाय समाज और उसकी नियति के प्रति सजग और चेतन हो सकें! नाटक में यथार्थ की दर्पणवत अनुकृति अनावश्यक ही नहीं, घातक है। अथवा नाटक में विशेष प्रकार के दर्पण ही कारगर होते हैं। क्योंकि जीवन की तुलना में नाटक में व्यक्ति या घटना या स्थिति या भावदशा को उसके सम्पूर्णतः विकसित रूप में, अपने बहुविध परस्पर-सम्बन्धों के साथ प्रस्तुत किया जाता है। साधारणतः, जीवन में वह स्थिति या घटना या भावदशा ठीक वैसे ही कभी नहीं होती, क्योंकि जीवन में उसके और उसकी चरम परिणति, उसकी नियति के बीच का कार्य-कारण सम्बन्ध इतना स्पष्ट और उजागर नहीं होता। पर नाटककार को उसे उजागर और स्पष्ट करना पड़ता है। नाटक में विभिन्न घटनाएँ इस प्रकार संयोजित होती हैं कि वे मिलकर किसी अर्थपूर्ण अनुभूति या समन्वित दृष्टि को अभिव्यक्त करती हुई जान पड़ें। नाटक का शिल्प मूलतः अत्यन्त सूक्ष्मतापूर्वक चयन, सघनीकरण और सार्थक रूपायन का शिल्प है, अधिक-से-अधिक नियोजित तत्त्व को सहज स्वाभाविक रूप में परिस्फुट दिखा सकने का शिल्प है। इसके लिए यह अत्यन्त आवश्यक है कि नाटककार किसी भी स्तर पर युक्तिसंगति का साथ न छोड़े; विभिन्न घटनाओं और स्थितियों के बीच कार्य-कारण या किसी अन्य प्रकार के सम्बन्ध को दिखा सके; पात्रों के चरित्र में मानसिक हेतुओं और स्थितियों के क्रम में निरन्तरता और अनिवार्य सम्बन्ध स्थापित कर सके। इसीलिए नाटक के शिल्प में उपज और स्वाभाविकता

का बड़ा अनोखा मिश्रण आवश्यक है। नाटक एक साथ ही सीधी प्रत्यक्ष बात कहता है, और फिर भी उसमें जितना कुछ तल पर होता है उतना ही, बल्कि उससे भी अधिक, तल के नीचे भी। व्यंजना के बिना श्रेष्ठ नाटक नहीं हो सकता। इसलिए सतही वर्णनात्मक पद्धति नाटक में कभी कारगर नहीं होती। नाटक में सम्प्रेषण का एक बड़ा आधार किसी युग के दर्शक-वर्ग द्वारा स्वीकृत रूढ़ियाँ भी हैं। नाटककार यथार्थ का यथावत चित्र उपस्थित करने के प्रयत्न के बजाय इन रूढ़ियों के सहारे तथ्यों का ऐसा संयोजन कर सकता है कि उसका वक्तव्य अभिव्यक्ति पा सके।

नाटक के शिल्प का एक अन्य महत्त्वपूर्ण उपकरण है भाषा। नाटक में भाषा का सर्वथा अभिनव प्रयोग होता है। नाटक की भाषा में एक साथ ही काव्य-जैसी गहन लाक्षणिकता, सूक्ष्मता और चित्रवत्ता, और बोलचाल की भाषा की-सी मूर्तता, प्रवाह और सरलता आवश्यक होती है। उसमें पात्रानुकूल विविधता और लचीलापन भी होता है, और समर्थ भाषा की शैलीपरकता, विशिष्टता और साहित्यिकता भी। श्रेष्ठ नाटक की भाषा ऐसी होती है कि उसमें भाव, विचार और चित्र तीनों को वहन करने का सामर्थ्य तो हो, पर फिर भी वह बोलचाल की भाषा से बहुत दूर न हो। यही कारण है कि नाटक-रचना से भाषा को नया संस्कार मिलता है, नई गति और जीवन्तता मिलती है। दूसरी ओर, समर्थ और अभिव्यंजनापूर्ण भाषा के बिना नाटक-रचना का काम बड़ा कठिन हो जाता है।

हिन्दी नाटक और उसकी अभिनेयता के सन्दर्भ में भाषा अपने-आप में एक बड़ा भारी प्रश्न है, जिसका सम्बन्ध केवल नाटक की ही भाषा से नहीं, हमारी कविता की, समस्त सृजनात्मक और चिन्तनात्मक साहित्य की, भाषा से है। हमारी कविता की भाषा बोलचाल की भाषा से बहुत दूर रही है; उसमें पीढ़ियों के प्रयोग से अर्जित संस्कार, व्यापकता और सम्प्रेषणीयता नहीं है; वह अत्यधिक कृत्रिम और 'साहित्यिक' है; और दैनन्दिन मानवीय कार्य-कलाप से विच्छिन्न होने के कारण उसमें लचीलापन नहीं है; वह संकुचित अर्थ में व्यक्तिगत है, किसी प्रतिभा की विशिष्टता द्वारा गढ़ी गई, व्यक्तित्वपूर्ण नहीं है। इसीलिए वह इतनी जल्दी घिस जाती है और इतना कम सम्प्रेषित करती है। आज की बहुत सारी हिन्दी कविता में इस कारण भी इतना फीकापन है, एक विचित्र प्रकार की अर्थविरलता तथा वैशिष्ट्य-हीनता है। उसमें लोकगीतों के या देहाती शब्दों के प्रयोग भी प्राय: इतने बनावटी होते हैं कि निरे चमत्कार मात्र ही रह जाते हैं।

काव्य-भाषा की यह स्थिति अपने-आप में श्रेष्ठ नाटक की रचना में रुकावट बनती है। हिन्दी के कवि या साहित्यकार की भाषा प्राय: इतनी कृत्रिम होती है कि नाटक लिखने का प्रयत्न करते ही उसकी अपर्याप्तता प्रकट हो उठती है।

इस दृष्टि से हिन्दी में नाटक रचना का कविता की भाषा में नई प्राण-प्रतिष्ठा से बड़ा गहरा सम्बन्ध है, यद्यपि ये दोनों ही प्रयत्न अपने-आप में साहित्य में जीवन

की वास्तविक और सार्थक अनुभूति की अभिव्यक्ति से जुड़े हुए हैं। वास्तविक अनुभूति ही विशिष्ट और अद्वितीय होती है, जो रूपायित और व्यक्त होने के लिए विशिष्ट, अद्वितीय और जीवन्त भाषा की माँग भी करती है और उसकी सृष्टि भी। नाट्यात्मक अनुभूति के बिना सक्षम नाट्य-भाषा नहीं बन सकती। इसीलिए वास्तविक कार्यों को, क्रियाओं को, जीवन और अनुभूति की प्रक्रियाओं को सूचित करनेवाली भाषा की खोज आज के साहित्य स्रष्टा के लिए एक तात्कालिक कार्य है। हिन्दी और उर्दू के झगड़े ने एक प्रकार से, और हिन्दी को राष्ट्रभाषा का गौरव दिलाने के बहाने नेतागिरी के प्रयत्नों ने दूसरे प्रकार से, हिन्दी की सृजनात्मक शक्ति को, उसकी सूक्ष्मता और संवेदनशीलता को तो बहुत नष्ट किया ही है, साथ ही उसकी साहित्यिक अभिव्यक्ति को कई टुकड़ों में विभाजित कर रखा है। आज हमारे जीने की भाषा का, प्यार करने की, उत्तेजित होने की, विरक्त होने की भाषा का, हमारे चिन्तन की भाषा के साथ, हमारी साहित्यिक अभिव्यक्ति की भाषा के साथ, बहुत कम सम्बन्ध है। जब तक यह विभाजन दूर नहीं होता तब तक नाटक रचना का काम बहुत आगे नहीं बढ़ सकता।

इस प्रकार हिन्दी में श्रेष्ठ नाटकों की कमी रचना-प्रक्रिया की समस्याओं से कई स्तरों पर जुड़ी हुई है। किन्तु मूल बात यही है कि अन्य भारतीय भाषाओं की भाँति हिन्दी में भी नाटक को मुख्यतया मनोरंजन का साधन माना जाता रहा है और उसकी ओर समर्थ साहित्यकारों ने या तो ध्यान ही नहीं दिया और यदि दिया भी तो उसे अपने सृजन-कार्य में बड़ा निचला दर्जा ही दिया। अधिकांश ने प्रायः यह नहीं समझा कि जीवन की बहुत-सी अनुभूति ऐसी होती है जो अपनी सम्पूर्णता अथवा सम्पूर्ण तीव्रता और अर्थवत्ता में केवल नाटक द्वारा ही व्यक्त हो सकती है। प्रायः हमारे कवियों और कथाकारों के लिए सौन्दर्य मूलक अनुभूति के नाट्यात्मक रूप यथार्थ नहीं, अथवा उनकी नाट्यात्मक अनुभूति बहुत क्षीण और अपर्याप्त होती है। क्योंकि जब तक नाटककार यह अनुभव न करे कि उसकी कोई विशिष्ट अनुभूति नाटक के अतिरिक्त अन्य किसी रूप में अभिव्यक्त न हो सकेगी, तब तक नाटक-लेखन अधिक-से-अधिक एक शिल्पीय अभ्यास मात्र ही रहेगा। और इस प्रकार लिखे गए नाटकों में कथ्य और उसके कला-रूप में वह अन्विति, वह अनिवार्यता, न आ सकेगी जो महत्त्वपूर्ण कला-सृष्टि की सबसे प्रमुख आवश्यकता है।

दूसरी ओर, हिन्दी के लेखक को अब अपने-आपको मिथ्या भावुकता और क्षीण कल्पना-विलास से मुक्त करके अपने-आपसे और जीवन के निर्मम यथार्थ से साक्षात्कार करना होगा। एक प्रकार से शायद हिन्दी का लेखक आज ऐसे मोड़ पर आ ही पहुँचा है कि वह यह साक्षात्कार करने को बाध्य है। जिन अनगिनत टेढ़ी-मेढ़ी गलियों में होकर वह आज तक चलता रहा है वे सभी जैसे एक छोर पर आकर बन्द होती जाती हैं। अपनी सृजनशीलता को सर्वथा अवरुद्ध होने से बचाने के लिए

यह अत्यन्त आवश्यक है कि वह इन गलियों का मोह छोड़ राजमार्ग पर आकर खड़ा हो। दूसरे शब्दों में, वह अपने वयस्क होने के क्षण और उसके दायित्व को स्वीकार करे। सार्थक नाटक की सृष्टि तभी सम्भव है। उसके लिए ऐसे मानवीय कार्य-व्यापार का दर्शन (विज़न) चाहिए जो जीवन के केन्द्र में हो, उसके हाशियों में नहीं, जो अपने समय की चेतना को व्यक्त करता हो, किसी इच्छित देश-काल के काल्पनिक चित्रों में न उलझा हो। अनुभूति के इस स्तर पर ही नाटक कलात्मक अभिव्यक्ति का समर्थ और सशक्त माध्यम सिद्ध होगा और आवश्यक सार्थकता भी प्राप्त कर सकेगा।

नाटक का अनुवाद : नाट्य-रूप और भाषा की कुछ समस्याएँ

पिछले अध्यायों में नाटक के अध्ययन और उसकी रचना के कुछ बुनियादी पक्षों पर विचार किया गया। उसमें नाटक की भाषा के बारे में भी कुछ ज़रूरी बातों का उल्लेख हुआ था। किन्तु नाटक की भाषा और रचना के कुछ और भी सूक्ष्म और महत्त्वपूर्ण पक्ष हैं जिन पर नज़र डालना ज़रूरी है। यहाँ इन पक्षों का नाटक के अनुवाद के सन्दर्भ में विश्लेषण किया जा रहा है। इसका एक कारण तो यह है कि किसी भी भाषा से नाटक का अनुवाद करते समय रचना और नाट्य-भाषा के अनेक ऐसे पहलू बड़ी तीव्रता से उभर आते हैं जिन पर सामान्यतः हमारा ध्यान नहीं जाता। दूसरे, पिछले पन्द्रह-बीस वर्ष में भारतीय भाषाओं में, विशेषकर हिन्दी में, नाटकों के अनुवाद की प्रक्रिया बड़ी व्यापक और तेज़ हो गई है। इसमें विदेशी नाटकों के मुख्यतः अंग्रेज़ी के माध्यम से होनेवाले अनुवाद तो हैं ही, बड़े पैमाने पर विभिन्न भारतीय भाषाओं के परस्पर अनुवाद भी शामिल हैं।

अनुवादों की इस प्रक्रिया के दो परिणाम हुए हैं। एक तो यह कि हिन्दी में, नियमित रूप से निरन्तर चलनेवाले सक्षम रंगमंच की अनुपस्थिति के कारण, नाटकों की जो कमी थी उसे इन अनुवादों ने बहुत-कुछ दूर किया है। इस प्रकार विभिन्न भारतीय भाषाओं के अनेक नाटक सुलभ हो जाने से हिन्दी रंगमंच बहुत सक्रिय, समृद्ध और बहुमुखी हो सका है। यहाँ तक कि इस समय किसी भी भारतीय भाषा में कोई भी अभिनयोपयोगी नाटक लिखा और खेला जाते ही उसका अनुवाद हिन्दी में तुरन्त हो जाता है, जिससे हिन्दी क्षेत्र की मंडलियों को, भले ही वे अधिकांशतः शौक़िया और अव्यवसायी मंडलियाँ ही हों, प्रदर्शन के लिए उपयुक्त नाटकों की कमी का इतना ज़्यादा सामना नहीं करना पड़ता। साथ ही अनेक शैलियों और शिल्पों के नाटक कल्पनाशील प्रदर्शन के लिए आसानी से मिल जाते हैं।

वास्तव में, अनुवादों की इस बहुलता के कारण हिन्दी-भाषी क्षेत्रों में एक तरह की विषमता भी पैदा हुई है। अकसर मौलिक नाटकों की अपेक्षा अनुवाद ज़्यादा खेले जाते हैं, जिससे हिन्दी नाटकों और नाटककारों की उपेक्षा होती है। इस स्थिति

की तीव्रता का कुछ अनुमान इस बात से लगाया जा सकता है कि पिछले दिनों कई केन्द्रों में 'हिन्दी नाटक या हिन्दी में नाटक' जैसे मुद्दे पर बहस होती रही है, जिसमें अनेक हिन्दी नाटककार और नाटकप्रेमी अपना असन्तोष या क्षोभ प्रकट करते रहे हैं।

दूसरी ओर, हिन्दी अनुवादों के कारण विभिन्न भारतीय भाषाओं में भी परस्पर अनुवाद की प्रवृत्ति पैदा हुई और बढ़ी है। यह इसलिए कि सभी भारतीय भाषाओं में हिन्दी के जितने जानकार आसानी से मिल जाते हैं, उतने अन्य भाषाओं के नहीं। इसलिए हिन्दी अनुवाद के सहारे किसी भी भारतीय भाषा में अनुवाद सहज ही सम्भव हो जाता है। पिछले पन्द्रह-बीस वर्ष में अनेक नाटक मुख्यत: हिन्दी अनुवादों से ही, इक्का-दुक्का सीधे किसी भाषा से अनुवाद के बावजूद, विभिन्न भाषाओं में अनूदित हुए हैं। जैसे, कन्नड़ से आद्य रंगाचार्य का *सुनो जनमेजय,* गिरीश कारनाड के *तुग़लक* और *हयवदन;* बांग्ला से शम्भु मित्र-अमित मैत्र का *कांचन रंग,* बादल सरकार के *बाक़ी इतिहास, एवं इंद्रजित, जुलूस, आधी रात* तथा अन्य, मोहित चट्टोपाध्याय का *गिनीपिग;* मराठी से विजय तेंडुलकर का *खामोश अदालत जारी है, सखाराम बाइंडर, घासीराम कोतवाल,* आदि-आदि। इसमें कोई सन्देह नहीं कि इस प्रक्रिया ने देश-भर में सभी भाषाओं के नाटकों को हर रंगकर्मी को सुलभ कराने में, और इस भाँति भारतीय नाटक या भारतीय रंगमंच की परिकल्पना को साकार करने में बड़ा योग दिया है। इस प्रकार हम पाते हैं कि अनुवादों की प्रक्रिया भारतीय, विशेषकर हिन्दी नाटक रचना का एक अत्यन्त महत्त्वपूर्ण अंग बन गई है।

सच बात यह है कि आज भी हमारे देश की प्रत्येक भाषा में उच्च कोटि के अभिनेय नाटकों की इतनी कमी है कि रंगमंच के उत्थान की कोई भी योजना अथवा परिकल्पना देश-विदेश की विभिन्न भाषाओं के नाटक साहित्य के अनुवाद के बिना पूरी नहीं हो सकती। वैसे भी संसार के रंगमंच के इतिहास में रंगकर्म के उत्कर्ष के युग अनिवार्य रूप से अन्य भाषाओं के श्रेष्ठ नाटकों के अनुवाद के युग भी रहे हैं। संसार की कम उन्नत भाषाएँ ऐसी हैं जिनमें शेक्सपियर, इब्सन आदि महान नाटककारों की रचनाएँ अनूदित होकर अभिनीत न हुई हों।

हिन्दी में भी पिछले सौ वर्षों से लगातार अंग्रेज़ी से तथा कुछ-कुछ संस्कृत तथा अन्य भारतीय भाषाओं से, नाटकों के अनुवाद होते रहे थे। किन्तु इन अनुवादों को अभिनय के लिए हाथ में लेते ही यह ज़ाहिर हो जाता था कि वे कितने दोषपूर्ण और मूल रचना की मुख्य मौलिक विशिष्टताओं को हिन्दी में प्रस्तुत करने में कितने असमर्थ थे। यों तो हर प्रकार के सृजनात्मक साहित्य का सफल अनुवाद कठिन और अत्यन्त परिश्रम-साध्य होता है, पर नाटकों के अनुवाद में कुछेक अतिरिक्त मूलभूत कठिनाइयाँ हैं जिन पर प्राय: अनुवादकों द्वारा समुचित ध्यान नहीं दिया जाता और केवल भाषान्तर, और अधिक-से-अधिक किसी-न-किसी प्रकार मुख्य विचारों की अभिव्यक्ति मात्र से सन्तोष कर लिया जाता है।

नाटक के अनुवाद का समस्या की जड़ नाटक की विधा में ही निहित है। केवल संवादात्मक कथा का नाम नाटक नहीं है। नाटक ऐसी संवादात्मक कथा है जिसे अभिनेता किसी-न-किसी रंगमंच पर दर्शकों के सामने प्रस्तुत कर सके और करें। जो नाटक अभिनेय नहीं हैं, उनकी गणना मूलतः नाटकों में नहीं, काव्य अथवा अन्य साहित्य रूपों के साथ होती है। नाटक-रूप में स्वीकृत होने के लिए रचना का अभिनेय होना सर्वथा अनिवार्य बात है। इसी से यदि अभिनय जैसे अभिव्यक्ति के एक भिन्न तथा अन्य माध्यम से आत्यन्तिक रूप में सम्बद्ध होने से नाटक-रचना का कार्य कठिन है, तो एक भाषा से दूसरी में उसका रूपान्तर और भी कठिन होता है। किसी भाषा में नाटक का अनुवाद भी मूल की भाँति ही अभिनेय हो तथा उसे मूल नाटक की सम्पूर्ण अर्थवत्ता में और उसके विभिन्न आयामों में दृश्य और रूपायित किया जा सके, इसके लिए दो भाषाओं के ज्ञान के साथ-साथ अनिवार्य रूप में सामान्य रंग-विधान से और सम्भवतः मूल नाटक की रंग-परम्परा से परिचय अत्यन्त आवश्यक है। नाटक के संवादों में ध्वनित और अभिप्रेत अर्थों का बहुत-सा सन्दर्भ उसके रंग-विधान में होता है। संवाद नाटक के रूप से, कार्य-व्यापार से, अंग-परिचालन, गतियों और मुखाभिनय से, अविच्छिन्न रूप से जुड़े होते हैं। यदि इन बातों से अनुवादक का परिचय व्यावहारिक न हो तो वह न तो भावानुकूल उपयुक्त शब्द ला सकेगा, न पूरी पद-रचना ऐसी कर सकेगा जिसका उसमें अभिप्रेत बाह्य तथा आन्तरिक कार्य-व्यापार से सामंजस्य हो। नाटकीय संवाद में बहुत बार लक्ष्यार्थ और व्यंग्यार्थ ही प्रधान और नियामक होता है और इन अर्थों का सम्बन्ध समस्त नाट्य-परम्परा और कार्य-व्यापार से होता है, जिसे समझे बिना उपयुक्त अनुवाद सम्भव नहीं। वास्तव में, नाटक के अनुवाद को साहित्यिक अनुवाद कार्य से भिन्न मानना चाहिए और अनुवादक के लिए रंगमंच का व्यावहारिक अनुभव अनिवार्य शर्त होनी चाहिए।

इस सामान्य आवश्यकता और सीमा के भीतर भी नाटक के अनुवाद की अन्य विशिष्ट शिल्पगत समस्याएँ हैं जिन पर विचार करना आवश्यक है। नाटक पूर्णतः संवाद-प्रधान साहित्य-विधा है जिसमें विषय-वस्तु का हर पक्ष—कथानक, विचार-तत्त्व, चरित्र, भाव-जगत, कार्य-व्यापार, संघर्ष, आदि, सभी कुछ—संवादों के माध्यम से व्यक्त होता है। बहुत बार विभिन्न पात्रों के व्यक्तित्व पर विभिन्न रीति से बल देकर ही, उनके परस्पर आत्म-प्रकाशन की शैली और विशिष्टताओं के संघात और तुलना अथवा विभिन्नतामूलक सन्तुलन द्वारा ही, लेखक का मूल मन्तव्य, नाटक का मौलिक वक्तव्य और उद्देश्य, अभिव्यक्त होता है। इसलिए नाटक के संवादों का अनुवाद भाषा और अभिव्यक्ति की सर्वथा विशिष्ट प्रयोग-क्षमता की अपेक्षा रखता है। विशेषकर, प्रत्येक पात्र का व्यक्तित्व उसके बात कहने के ढंग से, उसकी शब्दावली से, उसके विभिन्न वाक्यांशों पर बल से, उक्ति की सम्पूर्ण

शैली से, अभिन्न रूप में जुड़ा होता है। इसलिए संवाद के अनुवाद में केवल उक्ति के अर्थ अथवा भाव का प्रकाश ही पर्याप्त नहीं है, उसे पात्र के व्यक्तित्व की पूर्ण अभिव्यक्ति होना चाहिए, उसके द्वारा पात्र की शिक्षा-दीक्षा, सामान्य मनोवृत्ति, उसका आर्थिक-सामाजिक, सांस्कृतिक परिवेश, अधिक-से-अधिक परिलक्षित होना आवश्यक है। बहुत बार पात्र की अवस्था, आयु, जीवन के अनुभव, उसके भावात्मक और बौद्धिक स्तर आदि को भी लेखक उसके संवादों की शैली द्वारा न केवल सम्प्रेषित करता है, बल्कि उस सम्प्रेषण के फलस्वरूप सम्पूर्ण नाटक के मूल मन्तव्य की अभिव्यक्ति को पुष्ट करके, प्रभाव की एक विशेष स्थिति उत्पन्न करना चाहता है। अनुवाद में भी यथासम्भव ऐसा प्रभाव उत्पन्न हो सकना आवश्यक है।

इसी प्रकार नाटक के अनुवाद में भाषान्तर के साथ-साथ एक प्रकार का भौगोलिक स्थानान्तरण भी होता है और मूल नाटक के विभिन्न पात्रों की भाषा के पारस्परिक शैलीगत सन्तुलन को कई बार सर्वथा भिन्न उपायों द्वारा स्थापित करना अनुवादक के लिए आवश्यक हो जाता है। उदाहरण के लिए, यह बहुत ही सम्भव है कि एक ढोंगी परम्परावादी और कट्टरपन्थी व्यक्ति के संवाद दो अलग-अलग भाषाओं में सर्वथा भिन्न प्रकार के तत्त्वों द्वारा अभिव्यक्त करना अनिवार्य हो जाए। शब्दों के ऊपर यह आन्तरिक भार नाटक के अनुवाद का बड़ा ही आवश्यक तत्त्व है, जिसके लिए सजग और सतर्क न होने के कारण अनुवाद में नाटक कई बार सर्वथा भिन्न अर्थ देने लगता है, अथवा अर्थशून्य हो जाता है।

संवादों की भाषा के पात्रानुरूप होने की अनिवार्यता भी अनुवाद के लिए बड़ी कठिन समस्या उपस्थित करती है। इस समस्या के दो लगभग परस्पर विरोधी छोर हैं। एक ओर, भाषा का इतना अभिव्यंजनापूर्ण और सूक्ष्म अभिव्यक्ति के उपयुक्त होना ज़रूरी है कि विभिन्न पात्रों के व्यक्तित्वों की बहुत-सी परतें दिखा सके; दूसरी ओर, वह बोलचाल की भाषा से बहुत दूर नहीं हो सकती। नाटक के संवाद मूलतः किसी-न-किसी मानवीय व्यापार में प्रवृत्त व्यक्तियों द्वारा बोले जाते हैं। नाटक के चरित्रों की विश्वसनीयता, प्रभावोत्पादकता, स्वाभाविकता बहुत बड़े अंश में संवादों की स्वाभाविकता पर ही निर्भर होती है।

अपने दैनिक जीवन में हम हर प्रकार की मनःस्थिति, भाव और विचार को विषय और परिस्थिति के अनुसार, जिससे बात कर रहे हैं उसकी ग्रहणशीलता के स्तर के अनुसार, उपयुक्त भाषा में सहज ही व्यक्त करते हैं। पर नाटक में अत्यन्त ही घनीभूत रूप में यह सहजता का प्रभाव उत्पन्न करना भी आवश्यक होता है, और साथ ही अपनी दैनिक जीवन की भाषा की बहुत-सी भूलों, भ्रष्टताओं, अस्पष्टताओं से भी नाटकीय संवाद को बचाना होता है। कभी-कभी किसी विशेष इच्छित प्रभाव के लिए बोलचाल की कुछेक भ्रष्टताएँ भी किसी पात्र के संवादों में नाटककार रखता है, पर वहाँ भी मूलतः सर्वथा यथार्थ बोली जानेवाली भाषा नहीं,

बल्कि उसका एक प्रकार का सम्पादित रूप ही नाटक में काम आता है। इस प्रकार नाटकीय संवाद पात्रों के उपयुक्त और उनके लिए सहज स्वाभाविक भाषा के एक सम्पादित और कलात्मक तथा निखरे हुए रूप में लिखे जाते हैं। कम-से-कम श्रेष्ठ नाट्य-रचना के संवादों में हर स्तर पर यह गुण पाया जाता है। नाटकों के अनेक अनुवादों में संवाद की यह सबसे महत्त्वपूर्ण विशेषता प्राय: नष्ट-भ्रष्ट हो जाती है। बहुसंख्यक अनूदित नाटकों के सभी पात्र एक-सी, वैशिष्ट्यहीन, शुद्ध संस्कृतनिष्ठ साहित्यिक पदावली में बातचीत करते पाए जाते हैं। इस भाषा में पात्रों के व्यक्तित्वों की विभिन्नता अभिव्यक्त तो नहीं ही होती उसके बोलने, उच्चारण करने तक में कठिनाई होती है। बहुत दिनों तक हिन्दी में उपलब्ध अधिकांश अनूदित नाटकों को रंगकर्मी-निर्देशक, अभिनेता आदि—हाथ लगाते डरते रहे, क्योंकि उनमें प्रयुक्त संवादों को अभिनेता न तो स्वाभाविक ढंग से बोल सकते थे, न उनके माध्यम से अपना चरित्र ही प्रकाशित कर सकते थे।

हिन्दी के विशेष सन्दर्भ में इस समस्या का एक और भी पक्ष है। विभिन्न ऐतिहासिक कारणों से पुस्तकों में लिखी जानेवाली भाषा में बोलचाल के मुहावरे का बड़ा अभाव है। छायावादी युग ने जहाँ हिन्दी गद्य को नीरसता, इतिवृत्तात्मकता और निष्प्राणता से उबारकर उसे रंगीनी, संगीतात्मकता, भाव-प्रवणता और सूक्ष्मता प्रदान की, वहीं उसकी स्वाभाविकता छीन ली, उसमें से बोलचाल की भाषा को एकदम निकाल बाहर किया।

उर्दू-हिन्दी के झगड़े ने भी हिन्दी को मुहावरे से दूर रखने में योग दिया है। उर्दू में काव्य और गद्य दोनों में कहीं अधिक मुहावरे का प्रयोग है, बल्कि मुहावरे के समुचित और उपयुक्त प्रयोग को उर्दू लेखन शैली की एक महत्त्वपूर्ण कसौटी माना जाता है। एक यह भी बड़ा कारण है कि नाटक को रंगमंच पर प्रस्तुत करने के इच्छुक लोगों को उर्दू लेखक, उर्दू जाननेवाले अनुवादक, उर्दू-मिश्रित भाषा से अधिक समीपता अनुभव होती है। वास्तव में, वह उर्दू गद्य के बोलचाल की भाषा के अधिक समीप होने की परोक्ष स्वीकृति है। नाटक के सफल अनुवाद में हिन्दी के मुहावरों पर अधिक-से-अधिक अधिकार होना सर्वथा आवश्यक है। मुहावरों का समुचित प्रयोग मूल तथा अनूदित नाटकों की भाषा को कृत्रिम होने से बहुत कुछ बचा सकता है, और उर्दू तथा संस्कृत के अन्य शब्दों को आवश्यक रूप में परस्पर जोड़ने की कड़ी का काम दे सकता है। हिन्दी की बोलचाल की भाषा और मुहावरे हिन्दी-उर्दू की मिली-जुली सम्पत्ति हैं; वह ऐसी मौरूसी विरासत है जिससे मुँह फेरकर हम अपनी भाषा की बुनियाद से मुँह फेरते हैं। नाटक और उसके अनुवाद का काम हमारे लिए इस दिशा में चुनौती है जिससे बचने की कोई गुंजाइश नहीं।

बोलचाल की भाषा का एक और पक्ष है—उसमें अंग्रेज़ी शब्दों का और बहुत-से तद्भव आंचलिक शब्दों का प्रयोग। साधारण बोलचाल में प्रयुक्त अंग्रेज़ी

शब्दों का नाटक में प्रयोग करने का सबसे दिलचस्प उदाहरण कन्नड़ के विख्यात नाटककार कैलासम के नाटकों में मिलता है। उनके नाटकों के संवादों में कभी-कभी तो पचास-साठ फ़ीसदी अंग्रेज़ी शब्द होते हैं। इस कारण विषय-वस्तु की गहराई के बावजूद उनका अभिनय बड़े सीमित वर्ग में ही होता है। प्रश्न यह है कि क्या उन नाटकों के अनुवाद में अंग्रेज़ी शब्दों और वाक्यों को यथावत रहने दिया जाए? विशुद्ध यथार्थवाद और मूल नाटक के रूप की रक्षा की दृष्टि से शायद यही ठीक हो। पर सम्भवत: नाटक की अभिनेयता और सम्प्रेषणीयता की दृष्टि से यही प्रभाव किसी और उपाय से उत्पन्न किया जा सके तो उत्तम है। इसी प्रकार अंग्रेज़ी के नाटक में कोई पात्र बीच-बीच में यदि फ्रेंच अथवा जर्मन भाषा के शब्द बोलते दिखाए गए हों तो उनके अनुवाद में भी पात्र के उस चरित्रगत अभ्यास के उद्देश्य को ध्यान में रखकर ही भाषान्तर करना उचित होगा।

इससे भी जटिलतर समस्या बोलियों के अनुवाद की है। आधुनिक नाटकों में पात्रों को यथार्थ और विश्वसनीय बनाने के लिए, अथवा चरित्र की स्वाभाविकता तथा वातावरण की स्थापना के लिए, बहुत बार किसी क्षेत्र या प्रदेश की बोली में कथोपकथन रखा जाता है। बांग्ला और मराठी के नाटकों में इसका बहुत ही प्रचार है, और बहुत-से अमरीकी या अंग्रेज़ी नाटकों में भी स्थानीय बोली का प्रयोग प्राय: होता है। इनके अनुवाद में भी क्या हिन्दी की बोली का प्रयोग होना चाहिए और किसका? इस प्रश्न का उत्तर आसान नहीं है। हिन्दी की किसी एक बोली में अनुवाद नाटक क्षेत्र को सीमित कर देगा और यह भी सम्भव है कि वह बोली-विशेष मूल की बोली के इच्छित प्रभाव की रक्षा न कर सके। साथ ही, हिन्दी-भाषी नगरों में बोलियों में संवाद समुचित रूप में बोलनेवाले अभिनेता आसानी से नहीं मिलते और नाटक को अभिनयोपयोगी बनाने की दृष्टि से बोलियों में अनुवाद कई कठिनाइयाँ उत्पन्न करता है। उसके बजाय, कम-से-कम अधिकांश नाटकों के अनुवाद में कुछेक आंचलिक शब्दों के प्रयोग और वाक्य योजना में परिवर्तन द्वारा सम्भवत: बहुत कुछ वही प्रभाव उत्पन्न किया जा सकता है जो मूल में बोली के प्रयोग द्वारा अभिप्रेत है। वास्तव में, अनुवाद की सफलता की कसौटी पात्रों के अनुरूप संवादों में स्वाभाविकता, उच्चारण-सुविधा, सरलता, लचीलापन तथा पारदर्शिता आदि विशेषताएँ ही हैं, जिनके द्वारा मूल नाटक का इच्छित प्रभाव अनुवाद में यथासम्भव लाया जा सकता है।

नाटक के संवादों की एक अन्य महत्त्वपूर्ण विशेषता है उनका ध्वनि-संयोजन। प्रत्येक भाषा के उच्चारण का अपना एक संगीत होता है जिसमें बहुत बार उसकी विशेषता, उसका सौन्दर्य भी निहित होता है, और उसकी अर्थ और भाव व्यंजित करने की क्षमता भी। स्पष्ट ही अनुवाद में इसकी रक्षा अथवा सृष्टि लगभग असम्भव है। किन्तु अनुवाद की भाषा का एक अपना निजस्व नाद-सौन्दर्य भी तो होता है।

नाटक के अनुवादक का उसके प्रति संवेदनशील और सजग होना बहुत आवश्यक है। कुशल अभिनेता और निर्देशक अनजाने ही, और बहुत बार सचेष्ट रूप से, संवादों के उच्चारण द्वारा ध्वनियों का एक वितान-जैसा तैयार करता है, जिसमें भावानुरूप विविधता उत्पन्न करके वह उसे एक निश्चित उत्कर्ष की ओर ले जाता है। श्रेष्ठ नाटक की भाषा में यह विशेषता अनिवार्य रूप से होती है। शेक्सपियर और रवीन्द्रनाथ ही नहीं, किसी भी श्रेष्ठ नाटककार की रचनाओं में यह गुण अवश्य पाया जाता है। अनुवाद की भाषा में, ध्वनियों और नाद में, स्वराघात और व्यंजन-ध्वनियों की योजना में, तारतम्य, विविधता, सुसंगति और उतार-चढ़ाव होना आवश्यक है, नहीं तो रंगमंच पर जाकर नाटक में बड़ी कर्ण-कटुता और स्वर-विषमता उत्पन्न हो जाने की आशंका है। वास्तव में यदि बोली जानेवाली भाषा पर अनुवादक का अधिकार है, और उसकी ध्वनि-मूलक सम्भावनाओं से वह परिचित है, तो उसे इस कार्य में अधिक कठिनाई न होगी, और तभी वह संवादों को एकरस, सपाट और फीके होने से बचा सकेगा।

नाटक के अनुवाद का अन्य महत्त्वपूर्ण तत्त्व है वातावरण की सृष्टि। प्रत्येक नाटक कोई-न-कोई सामाजिक परिवेश प्रस्तुत करता है और कभी-कभी विशेष प्रकार का मानसिक अथवा आध्यात्मिक वातावरण भी। पात्रों के संवादों द्वारा अनुवाद में उसकी रक्षा होना आवश्यक है। देहाती जीवन के नाटकों में, औद्योगिक केन्द्रों के यांत्रिक जीवन के नाटकों में, प्रतीकात्मक महत्त्व के और रहस्यमय परिस्थितियों का चित्रण करनेवाले नाटकों में, वातावरण नाटकीय प्रभाव का मूलभूत अंग होता है। शेक्सपियर की त्रासदियों में घेरती हुई नियति का आतंकपूर्ण त्रासदायक वातावरण संवाद-योजना में भी पूरी तरह परिलक्षित होता है। *हैमलेट* के प्रारम्भिक संवाद ही मन में जैसे किसी आसन्न संकट का खटका उत्पन्न करते हैं। यदि अनुवाद में यह प्रभाव अनुवाद की भाषा की अपनी विशेषताओं द्वारा न उत्पन्न किया जा सका, तो मूल नाटक का बहुत-सा भावात्मक सौन्दर्य नष्ट हो जाएगा। सम्भवत: अनुवाद की छन्दबद्धता से अधिक महत्त्वपूर्ण यह तत्त्व है जिसे हमारे बड़े-बड़े विद्वान साहित्यकार तक प्राय: नहीं निभा पाते। रवीन्द्रनाथ के प्रतीक-नाटकों का ऐन्द्रजालिक वैभव, चेखव के नाटकों को सूक्ष्म काव्यात्मक अवसादमयता, इब्सन के कुछेक तथा स्ट्रिंडबर्ग के प्राय: सभी नाटकों की विस्फोटक तीव्रता, अथवा आधुनिक नाटककारों में ओयोनेस्को की दृष्टिगोचर जीवन की अवास्तविकता, ब्रेख्त के नाटकों में सामाजिक विषमता की विडम्बना, यातना और उसके विरुद्ध संघर्ष तथा पिरान्देलो, सार्त्र, बैकेट, एनुई, ऑसबोर्न, टैनेसी विलियम्स, आर्थर मिलर आदि सभी प्रमुख आधुनिक नाटककारों के नाटकों का सघन वातावरण, लगभग एक स्वतंत्र सत्ता के रूप में नाटक की मूल विषय-वस्तु के सम्प्रेषण में सहायक होता है, जिसके निर्माण में लेखक संवादों की भाषा से तरह-तरह के काम लेता है। इन

नाटकों का कोई अनुवाद उनके इन विभिन्न तत्त्वों की समुचित रक्षा के बिना बहुत सफल नहीं हो सकता।

रंगमंच पर प्रस्तुत करते समय निर्देशक नाना उपकरणों, दृश्य-रचना तथा प्रकाश-योजना द्वारा इस वातावरण का निर्माण करता है, पर संवादों और उनकी भाषाओं में भी उस प्रभाव के लिए आवश्यक और उसके अनुरूप ध्वनियाँ, शब्द और वाक्य-योजना तथा शैली होना ज़रूरी है। विशेषकर भिन्न देश-काल, तथा भावात्मक सघनता, तन्मयता और तनाव आदि प्रभाव-तत्त्व संवादों की रचना द्वारा बहुत बार बनते हैं और बनाए जा सकते हैं। किन्तु मूलतः इसके लिए अनुवादक का नाटकीय वातावरण के विषय में स्वयं संवेदनशील होना आवश्यक है, तभी वह इस तत्त्व को समझ और निर्मित कर सकेगा।

नाटक के अनुवाद की अन्य कठिनाइयों में हास-परिहास और व्यंग्य के भाषान्तरण भी हैं। बहुत-से शाब्दिक वाग्वैदग्ध्य का तो कोई अनुवाद हो ही नहीं सकता। फिर भी प्रहसनों तथा अन्य कामदी नाटकों का अनुवाद होता ही है। साधारण गम्भीर नाटक में भी नाटकीय संवाद सदा व्यंजना-प्रधान होते हैं और उनके लिए समुचित पर्याय और समानार्थी बिम्ब तथा आलम्बन अनुवादक को खोजने पड़ते हैं। ऐसे सभी प्रयत्नों में मूल लेखक के इच्छित नाटकीय तथा रंगमंचीय उद्देश्य और प्रभाव को प्रस्तुत करने का प्रयत्न अधिक वांछनीय है, शब्दशः अनुवाद इतना नहीं।

अभी तक सामान्य रूप से नाटकों के अनुवाद की मुख्य कठिनाइयों और विशेषताओं पर विचार किया गया है। पर नाटक-साहित्य के कुछेक ऐसे विशेष रूप भी हैं जिनके अनुवाद की इनके अतिरिक्त विशिष्ट समस्याएँ हैं, जैसे, काव्य-नाटकों तथा संस्कृत नाटकों के अनुवाद। विशेषकर शेक्सपियर, यूनानी नाटककारों, तथा रवीन्द्रनाथ के काव्य-नाटकों के अनुवाद में कई प्रकार की कठिनाइयाँ सामने आती रही हैं। शेक्सपियर के नाटक संसार की सभी भाषाओं में अनूदित हुए हैं। पूर्णतः पद्य में, पूर्णतः गद्य में तथा मिश्रित गद्य और पद्य में। सभी यूनानी नाटकों के अंग्रेज़ी तथा अन्य योरपीय भाषाओं में पद्यानुवाद हुए हैं। कई भारतीय भाषाओं में भी शेक्सपियर के सफल पद्यानुवाद हैं, पर रंगमंच पर सफलता प्रायः गद्यानुवादों को ही अधिक मिली है।

नाटक के अनुवाद के सम्बन्ध में ऊपर जिन विशेष आवश्यकताओं और बन्धनों का उल्लेख किया गया है उन्हें देखते हुए यह कहा जा सकता है कि साधारणतः काव्य-नाटकों का अनुवाद लययुक्त उदात्त गद्य में करना अधिक उपयोगी सिद्ध होगा। विशेषकर अ-भारतीय भाषाओं से भारतीय भाषाओं में अनुवाद के विषय में तो यह अत्यन्त ही आवश्यक है, क्योंकि साधारणतः उनके स्वर-संगीत, वाक्य और पद-रचना, छन्द-विधान तथा बिम्ब-योजना में इतना मौलिक अन्तर है कि नाटकीय तत्त्व के साथ इन सब बातों का निर्वाह लगभग असम्भव हो जाता है।

इसके अतिरिक्त जब तक भारतीय भाषाओं में, विशेषकर हिन्दी में, पर्याप्त संख्या में मौलिक काव्य-नाटकों की रचना द्वारा काव्य-नाटक की एक अधिक लचीली, अभिव्यंजनापूर्ण, सशक्त तथा समर्थ भाषा निर्मित नहीं हो जाती, तब तक अंग्रेज़ी से काव्य-नाटकों का पद्यानुवाद सफल होना बहुत ही कठिन है। कुछ समय पहले रेडियो के लिए कुछेक गेय रूपक तथा काव्य-नाटक लिखे गए थे, जिनसे इस दिशा में भाषा को कुछ शक्ति प्राप्त हुई। पर जब तक ऐसा प्रयत्न रंगमंच के लिए और भी व्यापक रूप में नहीं होता, तब तक काव्य-नाटक की भाषा इतनी अपर्याप्त, अक्षम और अनुपयुक्त रहेगी कि सफलता बड़ी सन्दिग्ध है।

पिछले सौ वर्षों में हिन्दी में शेक्सपियर के होनेवाले बेशुमार रूपान्तर और अनुवाद इस कठिनाई को रेखांकित करते हैं। ज़्यादातर तो अनुवाद नहीं, शेक्सपियर के नाटकों के कथानकों में मौजूद अति-नाटकीय प्रसंगों के और भी अतिरंजित प्रस्तुतीकरण मात्र हैं। अनेक अनुवाद इतने शाब्दिक और भ्रामक हैं कि वे विचारणीय ही नहीं हैं। पाँचवें-छठे दशकों में रांगेय राघव ने बहुत सारे नाटकों का अनुवाद बड़े यांत्रिक ढंग से फीके और निर्जीव गद्य में कर डाला। उन्हें पढ़कर शेक्सपियर की काव्यात्मकता अथवा सूक्ष्म नाटकीयता का कोई परिचय नहीं मिलता। छठे दशक में ही कवि हरिवंश राय बच्चन द्वारा तीन महान त्रासदियों के अनुवादों में पद्यात्मकता तो है, पर काव्य अधिकांश स्थलों में गायब है, फिर भाषा की नाटकीयता की तो बात ही क्या! अमृतराय का हैमलेट का गद्य-अनुवाद रांगेय राघव से बेहतर है, पर उसमें भी सपाट और बनावटी भाषा के कारण काव्यात्मकता और नाटकीयता में कमी हुई है।

इस दृष्टि से सबसे संवेदनशील रघुवीर सहाय द्वारा मैकबेथ का *बरनम वन* नाम से काव्यानुवाद है, जो ब. व. कारन्त के निर्देशन में राष्ट्रीय नाट्य विद्यालय की प्रस्तुति के लिए ही किया गया। इसमें बहुत-से स्थलों पर शेक्सपियर के काव्य की मानवीय अन्तर्दृष्टि का सम्प्रेषण हो सका है और भाषा में भी बहुत जगह नाटकीयता, लचीलापन और आवश्यक शक्ति, संगीतात्मकता और सूक्ष्मता है। पर अनुवाद में इस नाटक के अनेक अंश छोड़ दिए गए हैं, और कई जगह अर्थ और सन्दर्भ की पकड़ में भी पूरी सावधानी नहीं बरती गई है। भाषा में तथा अनुवाद के अन्य तत्त्वों के निर्वाह में एकरूपता नहीं है। इन प्रयासों के अनुभव से काव्य-नाटकों के अनुवाद की समस्याओं और कठिनाइयों को समझा जा सकता है।

वास्तव में, पद्यात्मकता काव्य-नाटक का एक ऐसा विशेष तत्त्व है जिसकी अनुवाद में रक्षा विशेष रूप से कठिन हो जाती है। वैसे भावों की काव्यात्मकता, अनुभूति तथा चरित्र संघात की काव्यात्मक उपलब्धि और उसकी अभिव्यक्ति के बिना तो कोई भी श्रेष्ठ नाटक नहीं बनता। भावों के काव्य का, जीवन के मूल उत्स और परस्पर मानवीय सम्बन्धों की सघन अनुभूति का, उद्‌घाटन ही श्रेष्ठ रंग-कार्य

का कर्तव्य और धर्म है। नाटक के किसी भी श्रेष्ठ अनुवादक को मूलतः यह पहचान होनी ही चाहिए, पर काव्य-नाटक के अनुवाद के लिए कुछेक शिल्पगत सूक्ष्मताओं का ज्ञान भी सम्भवतः अधिक अपेक्षित है।

जहाँ तक संस्कृत नाटकों के हिन्दी अनुवाद का प्रश्न है, उसमें कुछ अन्य प्रकार की प्राविधिक उलझनें हैं। संस्कृत नाटक की रंग-शैली पश्चिमी रंगमंच से प्रभावित आधुनिक नाट्य-पद्धति से बहुत भिन्न है। वे सर्वथा भिन्न प्रकार की सांस्कृतिक तथा बौद्धिक पृष्ठभूमिवाले दर्शकों के लिए रचे गए थे। अनुवादक को उस रंग-शैली और उसकी मौलिक मान्यताओं और रूढ़ियों से परिचय प्राप्त किए बिना उसके अनुवाद में हाथ न लगाना चाहिए। क्योंकि यह बात भी उतनी ही सत्य है कि संस्कृत नाटक रचे प्रदर्शन के लिए ही गए थे, काव्य के रूप में केवल पढ़े जाने के लिए नहीं। दुर्भाग्यवश, उनके अधिकांश उपलब्ध रूपान्तर रंगकर्मियों ने नहीं, साहित्यकारों ने भी नहीं, संस्कृत पंडितों ने किए हैं, जो भोंड़े शब्दार्थ-संग्रह और अन्वय से बहुत आगे नहीं जाते। इन महानुभावों को संस्कृत का ज्ञान चाहे जितना हो, सजीव हिन्दी भाषा का ज्ञान बड़ा स्वल्प ही रहा है। पर आज संस्कृत नाटकों के ऐसे वास्तविक सृजनात्मक और अभिनेय अनुवादों की बड़ी तीव्र और तात्कालिक आवश्यकता है जिनमें मूल रचना के काव्य और रंग-शिल्प के सौन्दर्य का यथासम्भव रूपान्तर प्रस्तुत किया जा सका हो।

इस कार्य में सबसे बड़ी कठिनाई संस्कृत नाटकों की अलंकार-बहुल बिम्ब-योजना और समास-प्रधान भाषा से उत्पन्न होती है। उसे अपेक्षाकृत सरल किन्तु काव्यात्मक, कल्पनामूलक गद्य में प्रस्तुत करने का प्रयत्न होना ज़रूरी है। संस्कृत नाटकों का अनुवाद कल्पनाप्रधान काव्य-नाटकों की भाँति ही हो सकता है, और अन्य काव्य-नाटकों की भाँति, तथा स्वयं मूल संस्कृत नाटकों की भाँति ही, उनके अनुवादों का प्रदर्शन भी शिक्षित और दीक्षित सहृदय सामाजिकों के लिए ही हो सकता है, साधारण प्रेक्षक-वर्ग के लिए नहीं। संस्कृत नाटक की मूल मान्यताएँ और उसका काव्यगत चमत्कार और वैचित्र्य निश्चित रूप में पर्याप्त सांस्कृतिक चेतना और संवेदनशीलता की अपेक्षा रखता है, और हर कोटि के दर्शक के लिए प्रस्तुत कर सकने के उद्‌देश्य से उसका सरलीकरण करके अथवा उनमें किसी प्रकार के परिवर्तन करके, उनके रूप को विकृत, भ्रष्ट और सस्ता बनाना अनावश्यक है। बहुत कुछ ठीक उसी प्रकार जैसे खजुराहो के मूर्ति-शिल्प का सांस्कृतिक महत्त्व शिक्षित और संस्कारी व्यक्ति के लिए है, साधारण दर्शक के लिए तो वे पत्थर पर खुदी हुई कामोत्तेजक आकृतियाँ और आसनों की तसवीरें-भर हैं। संस्कृत नाटकों के पद्यों का अनुवाद काव्यात्मक गद्य और पद्य दोनों में ही सम्भव है, यद्यपि कई बार प्रदर्शन को आवश्यकता के लिए उनका पद्यानुवाद ही ज़रूरी हो जाता है। मुख्य आवश्यकता इस बात की है कि विभिन्न पात्रों की अपनी-अपनी भाषा पात्रानुरूप

विविधता और विभिन्नता के साथ रूपान्तरित हो, और समूचे अनुवाद में एक विशिष्ट काव्यात्मक स्वर व्याप्त रहे जो उसे यथार्थवादी नाटक के स्तर पर उतरने से बचाए।

पन्द्रह-बीस वर्ष पहले तक सम्भवत: भारतेन्दु हरिश्चन्द्र द्वारा अनूदित *मुद्राराक्षस* और मोहन राकेश द्वारा अनूदित *मृच्छकटिक* ही सबसे उल्लेखनीय और उपयोगी थे। पर इस बीच संस्कृत नाटकों के और भी अनेक अनुवाद हुए हैं, जिनमें से कुछ मूल के काव्यात्मक सौन्दर्य की रक्षा करने के साथ-साथ प्रदर्शन के लिए भी उपयुक्त हैं, जैसे भारतभूषण अग्रवाल द्वारा भास के *उरुभंग,* ब. व. कारन्त द्वारा भास के ही *स्वप्नवासवदत्ता,* पंचानन पाठक द्वारा *मध्यम व्यायोग* के अनुवाद। बोधायन के *भगवदज्जुकम* और महेन्द्रविक्रम के *मत्तविलास* प्रहसनों के अनुवाद भी रंगकर्मियों के बीच लोकप्रिय हुए हैं। इस सिलसिले में हबीब तनवीर द्वारा कुछेक नाटकों के छत्तीसगढ़ी में अनुवाद का भी उल्लेख किया जा सकता है।

इस पूरे विवेचन में अनुवाद से मूलत: भाषान्तर द्वारा भाव और विचार तथा रचना-शिल्प के यथासम्भव अविकल सम्प्रेषण का अभिप्राय लिया गया है, देश-काल के अनुरूप परिवर्तन करके रूपान्तर का नहीं। यह एक विचारणीय प्रश्न है कि देश के ही विभिन्न क्षेत्रों के अथवा विशेषकर विदेशी नाटकों के अनुवाद में पात्रों के नामों, स्थानों और वातावरण आदि को अनुवाद की भाषा के क्षेत्र के अनुरूप परिवर्तित कर लेना चाहिए अथवा नहीं, जैसे भारतेन्दु ने शेक्सपियर के *मर्चेन्ट ऑफ़ वेनिस* का अनुवाद *दुर्लभ बन्धु* नाम से किया था। शेक्सपियर तथा मोलियर के बहुत-से नाटक इस प्रकार रूपान्तरित हुए हैं और उन्होंने भारतीय रंगमंच पर विभिन्न भाषाओं में बड़ी सफलता भी पाई है। पिछले वर्षों में बर्टोल्ट ब्रेख्त के अनेक नाटकों के तो देश की कई भाषाओं में रूपान्तर बेहद लोकप्रिय ही नहीं हुए हैं, उन्हें लगभग मौलिक नाटकों-जैसी स्वीकृति मिली है। मगर सामान्यत: इस पद्धति में मूल नाटकों के भावों, विचारों और शिल्प के सौन्दर्य की रक्षा कठिन हो जाती है। अकसर मूल के साथ पूरा न्याय नहीं हो पाता, ऐसे रूपान्तर प्राय: विदेशी नाटक की छाया अथवा उसकी फीकी अनुकृति मात्र रह जाते हैं। यह प्रश्न रंगमंच की अपनी आवश्यकताओं के साथ अधिक सम्बद्ध है, और नाटकों के अनुवाद की मूल भावनात्मक, विषय-वस्तुपरक तथा शिल्पगत आवश्यकताओं से उसे अलग ही रखना चाहिए।

वास्तव में देखा जाए तो, अनुवाद का सभी कार्य भाषागत जितना है उससे कहीं अधिक मूल रचना के भाव और विषय-वस्तु से सम्बन्धित है। किन्तु नाटक जैसी दोहरी सृजनात्मक विधा के क्षेत्र में तो वह बहुत बड़ी मात्रा में रंगमंच और नाटक के गहरे व्यावहारिक ज्ञान और अनुभव से सम्बन्धित कार्य है, विशुद्ध साहित्यिक अथवा भाषामूलक कार्य नहीं। हमारे बहुत-से साहित्यिक, और विशेषकर विश्वविद्यालयों के आचार्यगण, अपने अहंकार में नाटक के एक भिन्न अभिव्यक्ति माध्यम होने

के सत्य को नहीं देखते, और शास्त्रीय अथवा अन्य साहित्यिक रचनाओं की भाँति बोझिल और संस्कृतनिष्ठ भाषान्तर पर ज़ोर देते हैं। इसी कारण दुर्भाग्यवश अधिकांश प्रतिष्ठित अर्ध-सरकारी तथा कई व्यवसायी प्रकाशन संस्थाओं द्वारा प्रकाशित अनेक अनूदित नाटक प्राय: रंगमंच के किसी काम नहीं आते। उनसे न तो हिन्दी के रंगमंचोपयोगी नाटक साहित्य में कोई वृद्धि होती है, न रंगमंच के विकास में तथा अन्य मौलिक नाटक साहित्य की रचना में ही कोई सहायता मिलती है। यह सन्तोष की बात है कि पिछले दस-पन्द्रह वर्षों में हिन्दी के साहित्याचार्यों का यह अज्ञानमूलक हस्तक्षेप कम होता गया है, और अब नाटकों के अधिकांश अनुवाद प्रदर्शन की आवश्यकताओं को ध्यान में रखकर किसी-न-किसी रंगकर्मी द्वारा अथवा उसकी सहायता से ही किए जाते हैं।

नाट्य-प्रदर्शन के तत्त्व

कलात्मक अभिव्यक्ति के रूप में नाटक के स्वरूप को समझने के प्रयास में यह बात अभी तक बार-बार दोहराई गई है कि नाटक को प्रदर्शन से अलग नहीं किया जा सकता। और न केवल उसमें प्रस्तुत कथ्य और उसके रूप की प्रकृति प्रदर्शन की आवश्यकताओं, सीमाओं और विशेष सम्भावनाओं से निर्धारित होती है, बल्कि प्रदर्शन के द्वारा ही नाटक अपनी सम्पूर्ण अर्थवत्ता, सम्प्रेषण शक्ति और सृजनात्मक सार्थकता प्राप्त करता है। इस प्रकार नाटक का कोई भी विवेचन-विश्लेषण, उसकी उपलब्धियों, सम्भावनाओं और समस्याओं का कोई भी प्रस्तुतीकरण, नाट्य-प्रदर्शन के ऊपर विस्तार से विचार किए बिना पूरा नहीं हो सकता। किसी भी समय में, नाट्य-प्रदर्शन के साधनों का स्तर, उसकी प्रचलित पद्धतियाँ, शैलियाँ, उसमें मान्यता प्राप्त रूढ़ियाँ तथा व्यवहार, और रंगमंचीय जीवन की सामान्य परिस्थितियाँ—इन सबका तत्कालीन नाटक-लेखन पर बड़ा गहरा, व्यापक और प्राय: निर्धारक प्रभाव पड़ता है। जहाँ असाधारण मौलिकता सम्पन्न और प्रतिभावान नाटककार उपलब्ध परिस्थितियों का भरपूर उपयोग करने के साथ-साथ, उन्हें तोड़कर, बदलकर, नाटक-लेखन और प्रदर्शन के नए रूपों और शैलियों को जन्म देता है, प्रेरित करता है, अनिवार्य बना देता है, वहीं बहुत-से नाटककार पर्याप्त प्रतिभा होने पर भी अपने युग की रंगमंचीय परिस्थितियों से सीमित हो जाते हैं, और उनका महत्त्वपूर्ण सार्थक कथ्य, युग में स्वीकृत, मान्यता प्राप्त प्रदर्शन-पद्धतियों की सीमाओं के कारण, सम्पूर्ण सम्भावित कलात्मक शक्ति के साथ अभिव्यक्त नहीं हो पाता।

नाटक के विकास पर प्रदर्शन का यह प्रभाव आधुनिक भारतीय नाटक-लेखन पर स्पष्ट है। हमारे देश में नाटक-लेखन की दुर्बलता प्रदर्शन के साधनों और परिस्थितियों की अविकसित और अपर्याप्त अवस्था से घनिष्ठ रूप में सम्बद्ध है। हिन्दी नाटक तो ठीक से विकसित ही आधुनिक रंगमंच के अभाव के कारण न हो सका। भारतेन्दु ने जिस रंगमंचीय चेतना का प्रारम्भ किया था, उसे परवर्ती युग में पारसी कम्पनियों की व्यावसायिकता ने पूरी तरह ग्रस लिया और कलात्मक नाटक-लेखन की वह धारा आगे नहीं बढ़ सकी। स्वयं पारसी रंगमंच भी हिन्दी

क्षेत्र में बाहर से आयातित-आरोपित था, और जब बाद में चलचित्र के उदय के साथ क्रमशः उसका विघटन हुआ तो हिन्दी क्षेत्र में रंगमंचीय शून्य की सृष्टि हो गई।

पारसी रंगमंच ने स्वयं किसी उल्लेखनीय और महत्त्वपूर्ण नाटक रचना की प्रेरणा तो नहीं दी, पर एकमात्र रंगमंच होने के कारण वह पचास वर्ष से भी अधिक तक हिन्दी के नाटककारों की रंग-चेतना को प्रभावित करता रहा। जयशंकर प्रसाद के नाटक पारसी रंगमंच काल के अन्तिम दौर में लिखे गए, और उन पर पारसी रंगमंच की मूलभूत रूढ़ियों, पद्धतियों और शैलियों की बड़ी स्पष्ट छाप है। इसी कारण अपनी गहरी सांस्कृतिक चेतना, कलात्मक बोध और कथ्य की युगीन सार्थकता और प्रामाणिकता के बावजूद, उनके नाटकों का रूपबन्ध पारसी रंगमंच के ढाँचे के बाहर नहीं निकल पाता, और वे अपनी पूरी कलात्मक सार्थकता नहीं प्राप्त कर पाते। यह एक रोचक बात है कि प्रसाद के नाटकों में जितनी भी नाटकीयता, रंगमंचोपयुक्तता और रूपगत सार्थकता है, यह अधिकांश या तो सीधे पारसी रंगमंचीय व्यवहारों के उपयोग से आई है, या उनसे सचेष्ट रूप में बचने के प्रयत्नों द्वारा। साथ ही, उनकी रचनागत शिथिलता, अराजकता, घटनाप्रधानता आदि के स्रोत भी पारसी रंगमंच में ही हैं। यदि उनके सामने किसी और रंगमंच का रूप स्पष्ट होता, तो सम्भवतः उनके नाटकों में भी कहीं अधिक विश्वसनीयता, संगति और कलात्मक संयम की अभिव्यक्ति हो पाती।

प्रसाद के बाद का हिन्दी नाटक रंगमंच के अभाव में ही इतना रूपहीन और वैशिष्ट्यहीन रहा; और दूसरे महायुद्ध के काल में तथा उसके बाद, फिर से जब नाटक में नया दौर शुरू हुआ, तो अधिकाधिक यथार्थवादी रंग-चेतना से प्रभावित होते जाने के कारण उसका पूरा स्वरूप ही बदलता गया। बहुत समय तक हिन्दी नाटक निश्चित कला-रूप और अभिव्यक्ति-विधा की दृष्टि से यदि कोई अपना व्यक्तित्व या स्वरूप नहीं प्राप्त कर सका, तो उसका कारण हिन्दी रंगमंच की विशेष स्थिति ही थी।

आज़ादी के बाद एक-डेढ़ दशक तक सारी प्रगति के बावजूद, अधिकांश हिन्दी रंगमंच बड़े हलके और निचले स्तर पर शौक़िया रंगमंच ही बना रहा, जिस पर दिल बहलाव के लिए नाटक खेले जाते थे। ऐसी मंडलियाँ प्रदर्शन के लिए किसी गम्भीर या उलझे हुए नाटक को उठाने की कोशिश ही नहीं कर पातीं, या कभी करती भी हैं तो नाटक के साथ न्याय नहीं हो पाता। वे किसी नाटक के एक-दो से अधिक प्रदर्शन भी नहीं कर सकतीं, और बार-बार अभ्यास और विभिन्न प्रकार के दर्शक-वर्ग के सामने प्रस्तुत करने से प्राप्त निपुणता, सूक्ष्मता और सहजता प्रदर्शन में नहीं आती, और इस प्रकार नाटक की पूरी सम्भावनाएँ प्रकट नहीं हो पातीं। विधा के रूप में नाटक वैसे भी अधिक जटिल और परिश्रम-साध्य है, और उसमें सफलता के लिए लेखक का कई अभिव्यक्ति-विधाओं की ज़रूरतों और

सीमाओं से परिचित होना आवश्यक है। इसलिए बहुत-से गम्भीर लेखक नाटक की ओर जाने से झिझकते हैं। उस पर यदि प्रदर्शन की अनिश्चितता, अपर्याप्तता और स्तर सम्बन्धी आशंकाओं का भी सामना करना पड़े तो सार्थक नाटक-लेखन सहज ही सम्भव नहीं, अथवा हलके-फुलके ढंग के कामचलाऊ नाटकों के लिखे जाते रहने की ही अधिक सम्भावना है। नाट्य-प्रदर्शन की सम्भावना और परिस्थितियों से, उसके स्तर से, नाटक-लेखन मूलभूत रूप में प्रभावित होता है। श्रेष्ठ नाटक-लेखन के लिए प्रस्तुतीकरण के रूप और स्तर का विकसित तथा समृद्ध होना ज़रूरी है।

प्रदर्शन के विकास की इस समस्या के अनेक पक्ष हैं। उनमें से तीन बहुत-बुनियादी और महत्त्वपूर्ण हैं—निर्देशक, रंगशिल्प, और अभिनय। हमारे रंगमंच के सन्दर्भ में इन तीनों की मौजूदा स्थितियाँ एक विशेष चरण में हैं, जिन पर विचार करके हम अपने रंगमंच के विकास की कुछ मूलभूत समस्याओं का सन्धान पा सकते हैं।

निर्देशक

पहले निर्देशक को ही लें। निर्देशक यों तो पश्चिमी रंगमंच में भी एक नया ही तत्त्व है जिसे प्रकट हुए शायद अभी सौ वर्ष हुए हैं। फिर भी, आधुनिक पश्चिमी रंगमंच का सम्पूर्ण विकास निर्देशक के साथ जुड़ा हुआ है, विशेषकर मात्र मनोरंजन के प्रकार से आगे बढ़कर सुरुचिपूर्ण कलात्मक अभिव्यक्ति के रूप में रंगमंच की परिणति में निर्देशक का सबसे बड़ा योग है। निर्देशक ही वह केन्द्रीय सूत्र है जो नाट्य-प्रदर्शन के विभिन्न तत्त्वों को पिरोता है, और उनकी समग्रता को एक समन्वित बल्कि सर्वथा स्वतंत्र कला-रूप का दर्जा देता है। सार्थक प्रदर्शन में नाटक जिस रूप में दर्शक के पास पहुँचता है, वह बहुत कुछ निर्देशक के कला-बोध, सौन्दर्य-बोध और जीवन-बोध को ही सूचित करता है। निर्देशक ही यह निर्णय करता है कि नाटक के विभिन्न अर्थ-स्तरों में कौन-सा एक या कुछेक उसके प्रदर्शन के लिए, और उस प्रदर्शन के माध्यम से उसकी अपनी सृजनात्मक अभिव्यक्ति के लिए, प्रासंगिक, सार्थक और केन्द्रीय हैं। इसके बाद वही अभिनेताओं तक अपने उस बोध को सम्प्रेषित करके उन्हें इस कलात्मक साहस-यात्रा में साथ चलने के लिए आन्तरिक रूप में तैयार करता है; और फिर उनकी गतियों और रंगचर्या के संयोजन द्वारा, उनके भावाभिनय के संयोजन द्वारा, विभिन्न अभिनेताओं के पारस्परिक सम्बन्ध के विशेष प्रकार के सन्तुलन, नियमन और प्रक्षेपण द्वारा, उनके माध्यम से नाटक का अपना अभिप्रेत अर्थ-निर्णय अभिव्यंजित करता है। निर्देशक ही रंगशिल्प के अन्य तत्त्वों को—अभिनेताओं की मुखसज्जा, वेश-भूषा, दृश्यबन्ध, प्रकाश योजना और ध्वनि तथा संगीत-योजना को—भी अपनी पूर्व-कल्पित और नाटक के स्वीकृत

अर्थ-निर्णय से जुड़ी हुई अन्विति में बाँधता है, और इस प्रकार एक समग्र समन्वित प्रभाव दर्शक तक सम्प्रेषित करता है।

इस रूप में वह बहुत-से, अपनी-अपनी विधाओं में सृजनशील, कर्मियों के—नाटककार, अभिनेता, दृश्यांकनकार, वेशभूषाकार, प्रकाश-संयोजक और संगीत तथा ध्वनि-संयोजक के कृतित्व का केवल संगठनकर्ता ही नहीं होता, बल्कि उनकी रचनाशीलता को सम्पूर्ण क्षमता में सक्रिय करके, उनके विशेष प्रकार के सृजनशील संयोजन द्वारा, एक सर्वथा नई सृष्टि का रचयिता होता है। उसके अस्तित्व के बिना नाटक का प्रदर्शन सृजनात्मक कार्य और सृजनात्मक अनुभूति का वाहक पूरी तरह नहीं बन सकता। निस्सन्देह, उसके बिना भी नाटककार के कलात्मक चमत्कार का, उक्ति-वैचित्र्य का भाव संघात का आस्वाद मिल सकता है, अभिनेता की प्रतिभा, कुशलता और सृजन क्षमता का आस्वाद मिल सकता है, पर एक समन्वित कृति के रूप में प्रदर्शन द्वारा नाट्यानुभूति का आस्वाद मिलना असम्भव नहीं तो प्रायः कठिन अवश्य है।

स्पष्ट है, इस रूप में निर्देशक पूरे भारतीय रंगमंच में प्रायः नवागन्तुक ही है। वास्तव में, प्रायः सभी भाषाओं के रंगमंच में, पिछले दो-तीन दशकों में ही निर्देशक का महत्त्व बढ़ा है और प्रतिभाशाली निर्देशक सामने आए हैं। इसके पहले नाटककार, मुख्य अभिनेता अथवा मंडली के संचालक या व्यवस्थापक ही संयोजन-निर्देशन का काम किया करते थे। मगर जैसे-जैसे रंगमंचीय कार्य में विभिन्न दृश्य तत्त्वों के, अभिनय के, गति-विधान, दृश्यबन्ध, वेशभूषा, प्रकाश-योजना, पार्श्व-संगीत आदि के, उचित संयोजन पर ज़ोर दिया जाने लगा, और नाटक में कथ्य के अधिनिरूपण या इंटरप्रिटेशन को प्रमुखता मिली, वैसे-वैसे ही निर्देशक का अलग स्वतंत्र महत्त्व बढ़ने लगा। यहाँ तक कि अब अकसर किसी प्रदर्शन की पहचान और श्रेष्ठता उसके निर्देशक और उसकी प्रतिभा से निर्धारित होती है। बहुत बार दर्शक अमुक-अमुक नाटक या अभिनेता को देखने की बजाय किसी निर्देशक की कुशलता, कल्पनाशीलता और सृजनात्मकता को देखने जाते हैं।

हिन्दी के सन्दर्भ में इस स्थिति की तीव्रता कुछ अधिक ही रही। पारसी रंगमंच के ज़माने में तो नाटक-लेखक (जो कवि, शायर या मुंशी कहलाता था), प्रमुख अभिनेता या मंडली का संचालक ही नाटक के प्रदर्शन की देखभाल करता था। निर्देशन के नाम पर अभिनेता-मंडली को 'तालीम' देने का काम उसे करना होता था, बाक़ी परदे उठाने-गिराने और दृश्यों की सजावट के काम दूसरों के ज़िम्मे होते थे। किसी विशेष रूप में या स्तर पर, किसी प्रकार के समन्वय का काम न तो बहुत होता था, न आवश्यक ही माना जाता था। पारसी रंगमंच के विघटन के बाद, दूसरे महायुद्ध के दिनों में, और फिर आज़ादी के बाद, जब फिर से हिन्दी रंगमंच में जान आई तो थोड़े-बहुत हेर-फेर के साथ वही पुरानी प्रकार की परम्परा ही फिर

से चली। अधिकांशतः, अभिनेता अपना-अपना काम तैयार करते जो पूर्वाभ्यास में परस्पर-सम्बद्ध हो जाता। आवश्यकता पड़ने पर कोई एक अधिक अनुभवी अभिनेता, अथवा अधिकांशत: मंडली का संचालक या संगठनकर्ता, बाक़ी लोगों को संवाद बोलने का ढंग, लहजा, कुछ गतियाँ, कुछ रंगचर्या बता देता और नाटक 'खेल' दिया जाता।

मगर पिछले पन्द्रह-बीस बरस में हिन्दी रंगमच में निर्देशक की स्थिति एकदम बदल गई है, और अब उसकी भूमिका महत्त्वपूर्ण हो गई है। आज हिन्दी रंगमंच देश के विकसित रंगमंचों के समकक्ष इसीलिए पहुँच सका है कि उसे एक ख़ास ऐतिहासिक परिस्थिति के कारण देश के अलग-अलग नाट्य-केन्द्रों में अनेक प्रतिभाशाली निर्देशकों ने अपनी अभिव्यक्ति का माध्यम बनाया। यह एक दिलचस्प और ध्यान देने योग्य बात है कि हिन्दी के पास, रंगमंच की दृष्टि से आगे बढ़ी हुई और समृद्ध भाषाओं की तुलना में, न तो काफ़ी संख्या में अच्छे नाटककार और नाटक हैं, न अभिनेता हैं, और न दर्शक। मगर हिन्दी रंगमंच पर निर्देशक संख्या में अधिक तो हैं ही, प्रदर्शनों के स्तर और श्रेष्ठता की दृष्टि से भी वे बेहतर हैं। निर्देशकों की इस अधिकता के कारण ही हिन्दी में देश की तमाम भाषाओं से अच्छे नाटकों के अनुवादों की इतनी माँग बढ़ी, और फिर उसी के फलस्वरूप, बड़ी संख्या में विभिन्न भाषाओं के श्रेष्ठ नाटकों के प्रदर्शन करने के कारण, प्रस्तुतीकरण का स्तर इतना सूक्ष्म, विविधतापूर्ण और श्रेष्ठ हो सका। सम्भवत: देश की किसी भी अन्य भाषा की तुलना में हिन्दी का रंगमंच मुख्यत: निर्देशक का रंगमंच अधिक बन गया है।

इस स्थिति के अच्छे-बुरे कई तरह के परिणाम हुए हैं। सबसे पहले नाटक-लेखन को ही लें। अलग-अलग निर्देशकों ने अपनी रुचि और सृजनात्मक ज़रूरत से एक ही नाटक को अलग-अलग तरह से पेश किया है, जिससे उस नाटक की नई सम्भावनाएँ उजागर हो सकी हैं। मोहन राकेश के नाटक *आधे अधूरे* को श्यामानन्द जालान, सत्यदेव दुबे, ओम शिवपुरी, राजिन्दर नाथ और हाल ही में अमाल अल्लाना ने कथ्य के अलग-अलग पक्षों पर ज़ोर देकर प्रस्तुत किया है। किसी में पुरुष का पक्ष प्रबल दिखाई पड़ा है तो किसी में स्त्री का। किसी में वह एक विशेष परिवार के विशेष अनुभव के रूप में पेश हुआ है तो किसी में स्त्री-पुरुष सम्बन्धों की सामान्य नियति के रूप में। इसी तरह शैलीगत प्रयोगशीलता से भी इस नाटक का आस्वाद निर्देशक के साथ बदलता रहा है। इस प्रकार निर्देशक की उपस्थिति से नाटक के कथ्य को अधिक विस्तार और उसके विभिन्न पक्षों और आयामों को उभरने का ज़्यादा मौक़ा मिल सका है।

ज्ञानदेव अग्निहोत्री का नाटक *शुतुरमुर्ग* प्रतीक की सटीक नवीनता के बावजूद सतही और कमज़ोर नाटक लगता है। पर उसकी ऐसी कल्पनाशील शैलीबद्ध प्रस्तुति श्यामानन्द जालान ने की कि वह आज़ाद भारत के एक पूरे दौर पर बड़ा

तीखा और चुभनेवाला व्यंग्य बन गया, जिससे उस नाटक का महत्त्व बढ़ गया। धर्मवीर भारती के *अन्धा युग* को कई शैलियों में खेला गया है। इब्राहिम अलकाज़ी ने पहले उसे फ़िरोजशाह कोटला की दीवारों को पृष्ठभूमि बनाकर खेला था, फिर एक बार पुराने क़िले में एक खुला मंच बनाकर काबुकी शैली में खेला। पुराने क़िले में ही एम. के. रैना ने भी उसे प्रस्तुत किया। एक युवा निर्देशक रवि वास्वानी ने उसे आधुनिक वेशभूषा में खेला। बम्बई में सत्यदेव दुबे और उज्जैन में राजेन्द्र गुप्ता ने भी इसके प्रदर्शन किए हैं।

लिखे गए नाटकों के नए अर्थ उजागर करने के अलावा, नाटक-लेखन पर निर्देशक का एक बड़ा सीधा और गहरा प्रभाव पड़ा है। पिछले दिनों ऐसे नाटक लिखने की प्रवृत्ति बढ़ी है जिनमें निर्देशक को अपनी प्रतिभा तथा सूझ-बूझ दिखाने का ज़्यादा अवसर हो, जिनमें वह कई प्रकार से शैलीबद्धता के, विभिन्न नाटकीय रूढ़ियों और व्यवहारों के, प्रयोग कर सके। इस दबाव के कारण, एक ओर तो प्रकृतवादी जकड़न से मुक्त और अधिक निर्बन्ध नाटक लिखे गए हैं, जिनमें कल्पनाशीलता पर बल है, पारम्परिक पद्धतियों, विशेषकर संगीत का उपयोग किया गया है। मगर, दूसरी ओर, नाटक की रचना में सार्थक मानवीय अनुभव के गहरे समावेश के बजाय ऊपरी दिखावटी दार्शनिकता, तथा सूक्ष्म और जटिल शक्तिशाली मानवीय चरित्रों के बजाय इकहरे प्रतीक चरित्र रचे जाने की प्रवृत्ति बढ़ी है। यानी नाटक में तरह-तरह की शिल्पगत चमत्कारों और तरकीबों की भरमार होने लगी है जिसका लाभ निर्देशक को अधिक मिलता है, अभिनेता या दर्शक को उतना नहीं।

मगर निर्देशक का सबसे गहरा प्रभाव प्रदर्शन पर ही पड़ा है। समकालीन भारतीय तथा हिन्दी रंगमंच में निर्देशन की नई दिशा है एक ऐसी सहज कल्पनाशील प्रदर्शन-शैली की तलाश, जो आज के रंगमंच को इस देश की प्राचीन और मध्यकालीन परम्परा से जोड़ती हो। अनेक प्रदर्शनों में निर्देशकों ने देश के पारम्परिक और लोकमंच की शैलियों का समकालीन अनुभव को अभिव्यक्त करने के लिए उपयोग किया है। जैसे ब. व. कारन्त ने एक ओर *हयवदन* और जो कुमार स्वामी जैसे पारम्परिक मुहावरे में लिखे गए नाटक चुने, *अन्धेर नगरी* में संगीत और नृत्य समोकर खेला। दूसरी ओर, उन्होंने शेक्सपियर के *राजा लियर* और *मैकबेथ* जैसे विख्यात नाटकों को भी पारम्परिक शैली के सृजनात्मक उपयोग द्वारा एक नई अर्थवत्ता प्रदान की। हबीब तनवीर ने कई प्रदेशों के, विशेषकर मध्यप्रदेश के, लोक नाटकों की शैली में या तो नए नाटक लिखकर उन्हें उसी तरह खेला है, या फिर, जैसे *चरनदास चोर* में, एक राजस्थानी कथा को छत्तीसगढ़ी प्रहसन शैली में वहीं की भाषा में पेश किया है। वह समकालीन जीवन की स्थितियों को भी प्रतिध्वनित करता है, और फिर भी, व्यापक सम्प्रेषण की क्षमता होने के कारण, उसके बहुत बड़े जनसमुदाय तक पहुँचने की सम्भावना है। सार्थक कथ्य को लोकप्रिय स्तर तक लाने के लिए प्रदर्शन

की शैली में अनेक प्रकार-के प्रयोग निर्देशकों के कारण हुए हैं। इनके अलावा पूरे भारतीय रंगमंच के सन्दर्भ में कावालम नारायण पणिक्कर (मलयालम), रतन कुमार थियम (मणिपुरी), जब्बार पटेल और विजया मेहता (मराठी), शम्भु मित्र और अजितेश बन्द्योपाध्याय (बांग्ला) का योगदान बहुत महत्त्वपूर्ण है।

इन प्रदर्शनों और प्रयोगों की एक अन्य महत्त्वपूर्ण विशेषता है दर्शकों के साथ अधिक तादात्म्य और लगाव। अकसर निर्देशक ऐसी युक्तियों का सहारा लेते हैं जिससे नाटक का कार्य-व्यापार दर्शकों के बीच में से होता है। प्रेक्षागृह में अभिनेताओं की उपस्थिति, उनके प्रवेश-प्रस्थान, उनके जुलूस आदि के द्वारा निर्देशक दर्शकों को तटस्थ नहीं बना रहने देता, कार्य-व्यापार में घसीट लेता है, साझीदार बना लेता है। पिछले दिनों अनेक प्रदर्शनों में यह प्रवृत्ति दिखाई पड़ी है। यह भारतीय रंगमंच की एक पुरानी विशेषता है जिसे हम पश्चिम के यथार्थवादी रंगमंच की नक़ल में छोड़ बैठे थे। नए निर्देशक एक भारतीय शैली की तलाश में उस दृष्टि को फिर से अपना रहे हैं।

सारे देश में, और हिन्दी के रंगमंच में भी, निर्देशन का एक नया आयाम है एक समग्र या 'टोटल' रंगशैली की ओर रुझान। यानी हमारे रंगमंच में अब अपनी पुरानी परम्परा के अनुरूप ही संगीत, नृत्य, कविता, गीत, संवाद, अभिनय-सबको समन्वित करने की कोशिश बढ़ रही है। यही कारण है कि पिछले वर्षों में संगीत-प्रधान नाटकों या संगीतकों की संख्या बढ़ी है। राजिन्दरनाथ और इब्राहिम अलकाज़ी-जैसे निर्देशक भी अपने प्रदर्शनों में गीत और लयबद्धता का प्रयोग करने लगे हैं। *मिट्टी की गाड़ी, घासीराम कोतवाल, नाटक पोलमपुर का, महानिर्वाण* आदि नाटक इसके उदाहरण हैं।

पिछले दिनों निर्देशन की एक अन्य दिशा है रंगद्वारी यानी प्रोसीनियम मंच को छोड़कर खुले रंगमंच के इस्तेमाल का रुझान और दर्शकों को मंच के दो, तीन या चारों ओर बिठाकर प्रदर्शन करने की कोशिश। इस बात का बड़ा गहरा असर मंचसज्जा और अभिनय-शैली पर पड़ा है। इससे दृश्यसज्जा अधिक संकेतात्मक, सरल और सौन्दर्यमूलक हुई है, और अभिनय में अधिक सहजता तथा कलात्मकता आई है। ब. व. कारन्त, बंसी कौल, एम. के. रैना इस दिशा में विशेष रूप से प्रयोगशील रहे हैं। कुछ वर्ष पहले दिल्ली के अल्पवयसी रंगकर्मियों की संस्था रुचिका ने दो बार मुक्ताकाशी रंगमंच में दर्शकों को मंच पर बैठाया और प्रेक्षागृह की सीढ़ियों के धरातलों का प्रदर्शन के लिए इस्तेमाल किया। हमारे देश में नाट्य-प्रदर्शन के विकास के लिए निर्देशन के ये सब प्रयोग बहुत ही महत्त्वपूर्ण हैं।

इसमें कोई सन्देह नहीं कि निर्देशक ने रंगमंच को अधिक एकान्वित और व्यवस्थित बनाने की दिशा में बहुत योग दिया है। उसकी उपस्थिति के बिना गतिविधान में सौन्दर्यमूलक और चरित्र की मन:स्थितियों के अनुकूल संरचनाएँ सम्भव नहीं

होतीं। इसी तरह निर्देशक के बिना विभिन्न दृश्य-तत्त्वों का भी ऐसा सन्तुलन न बन पाता कि सबका मिलकर एक समग्र प्रभाव पड़े।

मगर इसका एक दूसरा पक्ष यह भी है कि निर्देशक अकसर नाटककार और विशेषकर अभिनेता को अपदस्थ कर देता है। इसका रंगमंच पर घातक प्रभाव पड़ने की आशंका रहती है, क्योंकि रंगमंच अन्तत: तो अभिनेता की कला है, उसी के माध्यम से नाटककार और निर्देशक दोनों की दृष्टि और कथ्य की अभिव्यक्ति होती है। अकसर जहाँ भी और जब भी नाटक और रंगमंच को लोकप्रियता मिलती है उसका मुख्य कारण अभिनेता ही होता है। लोग मुख्यत: अपने प्रिय अभिनेता को देखने ही बार-बार खिंचकर आते हैं। हिन्दी रंगमंच के मराठी और बांग्ला की तुलना में कम लोकप्रिय होने का एक कारण यह है कि यहाँ अभी ऊँचे दर्जे के लोकप्रिय अभिनेता नहीं उभर पाए हैं। इसलिए हिन्दी रंगमंच में अभिनेता के ऊपर निर्देशक के और अधिक हावी होने से रंगमंच के विघटित होने या कम-से-कम बेजान बने रहने का बड़ा डर है। निर्देशक आधुनिक रंगमंच का बेशक एक अत्यन्त महत्त्वपूर्ण घटक है, पर वास्तव में, एक सीमा के बाद निर्देशक का कोई स्वतंत्र अस्तित्व तभी रंग-कार्य में सहायक होता है जब वह नाटककार के कथ्य का निष्ठा से अधिनिरूपण करे और उस कथ्य को अभिव्यक्त और दर्शकों तक अधिक प्रभावी ढंग से सम्प्रेषित करने में अभिनेता की सहायता करे। यही उसकी वास्तविक सार्थकता है।

रंगशिल्प

निर्देशक के कार्य की स्वीकृति के साथ ही जुड़ा हुआ है रंगशिल्प की ओर बदलता हुआ दृष्टिकोण। पारसी रंगमंच और उसके अन्य प्रादेशिक रूपों के कारण रंगसज्जा हमारे यहाँ अतिरंजनाप्रधान, भड़कीली, चमत्कारमूलक होती रही है। उसमें साधनों की प्रचुरता तथा हैरत में डाल देनेवाले यांत्रिक प्रभावों के प्रति आकर्षण रहा है। जहाँ ये साधन अर्थाभाव के कारण सुलभ न होते, वहाँ उनके लिए ललक, और उनके अभाव से एक प्रकार की हीनता की भावना, नाटक खेलनेवालों के मन में रहती थी। साथ ही भड़कीली, दिखावटी रंगसज्जा प्राय: अपने-आप में एक साध्य समझी जाती थी, नाटक की भाव-वस्तु और कलात्मक आवश्यकता से प्राय: उसका कोई मेल या सम्बन्ध नहीं होता था। बहुत बार तो इन साधनों के अभाव में नाटक खेलना असम्भव समझा जाता था, क्योंकि उनके बिना दर्शकों के निराश होने की आशंका रहती थी। दूसरे महायुद्ध के दिनों में 'इप्टा' (जन नाट्य संघ) ने नाटक की विषयवस्तु और अभिनेताओं की क्षमता पर बल देकर, बिलकुल सादे काले परदे के सामने नाटक करके, यांत्रिक और दिखावटी सज्जा के मोह पर पहला तीव्र आघात किया। 'इप्टा' के नाटक उस सहज ही प्रकट साधनहीनता के बावजूद, और उसके

फलस्वरूप हर प्रकार के अलंकरण और तड़क-भड़क के अभाव में भी, बल्कि शायद उसके कारण ही, अपने कथ्य की तात्कालिकता, सार्थकता तथा गम्भीरता के बल पर प्रभावी हुए। इस प्रकार भारतीय रंगमंच में नाटक को, विशेषकर उसकी विषयवस्तु को, तथा अभिनेता को, फिर से प्रतिष्ठा मिली।

किन्तु इसी के साथ-साथ कथ्य के अनुरूप यथार्थवादी दृष्टि भी आई, जिसके फलस्वरूप बाद में क्रमशः रुचिविहीन, निर्जीव, यथार्थवादी रंगसज्जा पर बल दिया जाने लगा। हर नाटक में वही ड्राइंगरूम, या अन्य प्रकार के कमरे, वही फ़र्नीचर, वे ही रँगे हुए फलक (फ़्लैट), उनमें कटे हुए दरवाज़े-खिड़कियाँ इत्यादि। फ़िल्मों ने इस प्रकार की सज्जा को बढ़ावा दिया। अब नाटक में लिपटवाँ परदे का स्थान रँगे हुए फलकों ने ले लिया। कलकत्ते में, विशेषकर बांग्ला के व्यावसायिक रंगमंच पर, युद्धोत्तर काल में तरह-तरह के नए चमत्कार उत्पन्न करने के साधनों का, यांत्रिक उपायों का, आग्रह बढ़ा।

मनोरंजन के लिए, अथवा भावुकतापूर्ण छिछले ढंग के कथ्य को प्रस्तुत करने और चौंकाकर लोगों को आकर्षित करने के लिए, यह शायद पर्याप्त हो। पर गहराई में जाकर ज़िन्दगी को नाटक और प्रदर्शन की विषयवस्तु बनाने के लिए दृश्य-रचना में अधिक सूक्ष्म, संवेदनशील कल्पना की, सृजनात्मक दृष्टि की, आवश्यकता थी, नाटक के पात्रों को अधिक व्यंजनापूर्ण और गहरी सार्थकता से युक्त परिवेश देने की आवश्यकता थी, जो उनके सम्पूर्ण व्यक्तित्व और बाह्य के साथ उसके भौतिक तथा मानसिक सम्बन्धों को केवल सूचित या परिभाषित न करे, बल्कि उनकी परिणति को, कार्य-व्यापारमूलक नियति को, सूक्ष्मता के साथ अभिव्यंजित करे। इसके लिए यह आवश्यक हुआ कि दृश्यबन्ध एक ओर कार्यमूलक हो, अभिनेता की गतियों और चर्या के साथ सम्बद्ध और संयोजित हो, अतिरिक्त न हो, अलंकरण न हो। दूसरी ओर, वह नाटक के निर्देशक द्वारा स्वीकृत अर्थ-निर्णय के साथ समन्वित होकर एक समग्र सम्पूर्ण भाव-वस्तु का निर्माण करता हो, जिसका सम्प्रेषण ही पूरे प्रदर्शन आयोजन का उद्देश्य है। इसलिए दृश्यबन्ध का रूप, उसमें प्रयुक्त आकृतियाँ, रेखाएँ तथा पिंड, उसमें काम में आनेवाली सामग्री के रंग और ताने-बाने (टैक्सचर)—सभी का सुचिन्तित, सुकल्पित और समन्वित होना आवश्यक हो गया।

इसमें केवल दृश्यबन्ध ही नहीं, वेशभूषा, प्रकाश-योजना और ध्वनि तथा संगीत-योजना भी सम्मिलित थी। वस्त्रों का भड़कीला या मूल्यवान होना नहीं, बल्कि नाटक की भावदशा के अनुरूप और साथ ही युगानुकूल होना महत्त्वपूर्ण हो गया। प्रकाश का उपयोग नाटक के उठते-गिरते व्यापार को रेखांकित करने, बल देने, वातावरण की सृष्टि करने और छोटे-छोटे अन्तरिम तथा अन्तिम चरम-बिन्दुओं को निर्मित करने और दृष्टिकेन्द्र में स्थिर रखने के लिए महत्त्वपूर्ण समझा जाने लगा। इस प्रक्रिया में दृश्यबन्ध, वेशभूषा और प्रकाश योजना—तीनों आकारों, रेखाओं,

समूहों, रंगों, छायाओं और आलोक-पुंजों की एक समग्र समन्वित परिकल्पना में अन्तर्ग्रथित हो गए। रंगमंचीय प्रदर्शन मंच पर नाटक की पंक्तियों का साभिनय पाठ मात्र नहीं, बल्कि उसके साथ ही अन्य कई दृश्यमूलक माध्यमों और आयामों का समन्वित रूप हो गया।

इसी प्रकार ध्वनि और संगीत का उद्देश्य कुछ यथार्थवादी प्रभाव उत्पन्न करना अथवा गीतों की धुनें बनाना मात्र नहीं, बल्कि नाटक के समन्वित, समग्र प्रभाव को अधिक तीव्र और सघन करना हो गया। मंच पर अभिनेताओं के संवादों के साथ एक विशेष सुनियोजित सम्बन्ध में प्रयुक्त होकर, कभी संगति में कभी विषमता या विसंगति में, ध्वनि प्रभावों और पृष्ठभूमि के संगीत ने एक सर्वथा नवीन सार्थकता प्राप्त की। वास्तव में, पिछले वर्षों में देश के पारम्परिक नाट्यों में निर्देशकों तथा अन्य रंगकर्मियों की बढ़ती हुई रुचि और जानकारी के फलस्वरूप, संगीत और नृत्य का हमारे प्रदर्शनों के रंगशिल्प में एक विशेष और महत्त्वपूर्ण स्थान हो गया, जिसकी चर्चा अन्यत्र की गई है। इस प्रकार रंगशिल्प के विभिन्न तत्त्व आधुनिक नाट्य-प्रदर्शन में पूर्ववर्ती प्रदर्शनों से सर्वथा भिन्न सम्बन्ध में प्रस्तुत हुए, या उनका वैसा प्रस्तुत होना आवश्यक जान पड़ने लगा। यह नाट्य-प्रदर्शन के एक विशिष्ट कला-विधा के रूप में विकसित होने, और विशिष्ट सर्जक के रूप में निर्देशक के प्रकट होने का कारण भी था और परिणाम भी।

रंगशिल्प के बारे में इस नई दृष्टि के अनेक उदाहरण भारतीय और हिन्दी नाट्य-प्रदर्शनों से मिल सकते हैं। इनमें से कुछ का उल्लेख निर्देशक के बारे में विचार करते हुए किया जा चुका है। अब एक ओर इब्राहिम अलकाज़ी के, और उनके द्वारा नाट्य विद्यालय में प्रशिक्षित अनेक निर्देशकों के, प्रदर्शनों में दृश्यसज्जा अधिक सुरुचिपूर्ण, सौन्दर्यपरक और व्यवस्थित हुई है, जिसमें ब्योरों को प्रामाणिक और कार्यमूलक बनाने का आग्रह है। दूसरी ओर, अब आम तौर पर प्रदर्शनों में यथार्थवादी सज्जा की बजाय विभिन्न धरातलों, प्रतीकात्मक दरवाज़ों, खिड़कियों और अन्य दृश्य-खंडों का उपयोग होता है, या खाली मंच पर प्रकाश के द्वारा विभिन्न अभिनय स्थल सूचित कर दिए जाते हैं। पारम्परिक नाट्यों के प्रभाव के कारण, अभिनेताओं के समूहों या गतियों द्वारा भी अभिनय-स्थल की व्यंजना की गई है। *घासीराम कोतवाल* की प्रस्तुति में जब्बार पटेल ने मराठी में, और राजिन्दरनाथ ने हिन्दी में, अभिनेताओं की पंक्ति से दीवार, और बीच में से दो अभिनेताओं की गति से द्वार के खुलने को सूचित किया था।

इसी तरह कई प्रदर्शनों में अभिनटन द्वारा भी स्थान, द्वार तथा विभिन्न उपकरण आदि को बड़े प्रभावी ढंग से व्यंजित किया गया है। कारन्त ने *हयवदन* में पद्मिनी के भवन और उसके द्वार को अभिनटन द्वारा ही दिखाया था। बंसी कौल ने एक प्रदर्शन में दु:शासन द्वारा द्रौपदी की साड़ी उतारना और उसका बढ़ता जाना अभिनेताओं की

गतियों द्वारा बड़े कल्पनाशील ढंग से पेश किया था। हबीब तनवीर *चरनदास चोर* में अभिनटन द्वारा ही मंच के एक या अधिक क्षेत्रों में कई तरह के अभिनय स्थल तथा विभिन्न उपकरण सूचित करते हैं। पारम्परिक पद्धतियों के उपयोग के फलस्वरूप अनेक नाटकों में सूत्रधार, वाचक अथवा स्वयं पात्र द्वारा एक या अधिक स्थान की सूचना देने की युक्ति का भी उपयोग हुआ है।

इस प्रकार रंगशिल्प की दृष्टि से भारतीय और हिन्दी रंगमंच में कल्पनाशीलता और सूक्ष्मता पहले से बहुत बढ़ गई है, जिसके फलस्वरूप प्रदर्शन कहीं अधिक कौशलपूर्ण, कलात्मक, स्तरीय और प्रभावी हो सके हैं।

अभिनय

किन्तु प्रदर्शन का सबसे मूलभूत और महत्त्वपूर्ण तत्त्व है अभिनय। निर्देशक तथा रंगशिल्पी—सभी का प्रयास अन्तत: अभिनेता के सृजन कार्य को अधिक-से-अधिक सक्षम, अभिव्यंजनापूर्ण और प्रभावी बनाने के लिए ही होता है। अभिनेता ही नाटककार के साथ वह सर्वप्रमुख और केन्द्रीय सृजनशील घटक है जिसके कारण प्रदर्शन को एक प्रभावशाली और संश्लिष्ट कला-विधा का दर्जा मिलता है। प्रतिभावान, कुशल तथा कल्पनाशील अभिनेता के बिना, अन्य सारे तत्त्व चाहे जितने सक्षम और सशक्त हों, वे कोई सार्थक नाट्यानुभूति की, कलात्मक नाट्य-सृष्टि की, रचना नहीं कर सकते।

भारतीय रंगमंच के सन्दर्भ में अभिनय की स्थिति भी अन्य तत्त्वों से निर्धारित रही है। निस्सन्देह, हमारे देश में अभिनय प्रतिभा की कमी नहीं, बल्कि प्रत्येक प्रदेश में, प्रत्येक भाषाई रंगमंच में, उसकी पर्याप्त प्रचुरता है। देश के कोने-कोने में, प्रत्येक बड़े नगर और छोटे क़स्बे में, नाटक खेलने के शौक़ीन, उत्साही अभिनेता पर्याप्त संख्या में मौजूद हैं। अधिकांश प्रदेशों में व्यावसायिक रंगमंच के सर्वथा अथवा प्राय: अभाव में भी, देश-भर में स्कूलों, कॉलेजों, विश्वविद्यालयों में, तथा उनके बाहर भी, अव्यावसायिक शौक़ीन मंडलियाँ उत्साही अभिनेताओं के कारण ही चलती हैं। किन्तु स्वाभाविक जन्मजात अभिनय-वृत्ति और उत्साह-सम्भवत: केवल ये ही दो पूँजियाँ आज अधिकांश भारतीय अभिनेताओं के पास हैं। अन्यथा दीर्घकालीन जीवन्त परम्परा और प्रशिक्षण-समर्थ और कुशल अभिनय के ये दोनों ही स्रोत हमारे देश में इतनी अनिश्चित अवस्था में हैं कि अधिकांश मंडलियों का अभिनय प्रारम्भिक स्तर से ऊपर नहीं उठ पाता, और यदि बीच-बीच में उसकी कुछ उपलब्धि होती है तो वह केवल सहज उत्साह और गहरे लगाव के कारण ही।

अभिनय की परम्परा को ही लें, तो यह एकदम स्पष्ट है कि संस्कृत रंगमंच की अभिनय-पद्धतियों से हमारा सम्पर्क लगभग टूट गया है। उनके कुछ रूप

भरतनाट्यम, कुचिपुडि, कथकलि, ओडिसी आदि नृत्य-शैलियों में दिखाई पड़ते हैं। पर नृत्य से सम्बद्ध होने के कारण उन्हें सीखना मुश्किल है। लम्बे प्रशिक्षण की अपेक्षा तो रखता ही है। इन तथा अन्य कारणों से आधुनिक रंगमंच का उनसे कोई ख़ास सम्बन्ध नहीं है। संस्कृत नाटकों के अभिनय की एक अन्य पद्धति केरल के कुडियाट्टम में अवशिष्ट है। पर उससे भी, एक हद तक अपरिचय और उदासीनता के कारण और बहुत-कुछ एक भिन्न नाट्य-दृष्टि से जुड़े होने के कारण, आधुनिक नाटकों के अभिनय में उसका उपयोग बहुत कम सम्भव हो पाया है।

अभिनय की एक अन्य परम्परा देश के पारम्परिक या लोकनाट्यों में उपलब्ध है, जैसे यक्षगान, जात्रा, भवई, तमाशा, रासलीला, खयाल, साँग, माच, भाँडपथर-आदि में। इन नाट्यरूपों के कथानक अधिकांशत: पौराणिक, ऐतिहासिक अथवा लोककथाओं, आख्यानों इत्यादि के होते हैं जिनमें अधिकांश चरित्र परिचित ही होते हैं। इनका अभिनय भी एक प्रकार की शैलीबद्ध पद्धति से किया जाता है जिसमें मानसिक यथार्थवादिता या अन्त:संघर्ष दिखाने का आग्रह नहीं होता, बल्कि एक प्रकार की कल्पनाशील रूढ़िसम्मत अभिनय-भाषा द्वारा एक परिचित भावानुभूति का नया आस्वाद दर्शकों को कराया जाता है।

उन्नीसवीं शताब्दी के मध्य में जब नाटक और रंगमंच का प्रारम्भ हुआ, तो हमारी ये प्राचीन पद्धतियाँ किसी हद तक तो अपर्याप्त हो गईं, और कुछ एक नवीन पद्धति और शैली के आकर्षण के कारण उन्हें छोड़ दिया गया। फिर भी इन नाट्यों की अभिनय-पद्धतियों, रूढ़ियों और व्यवहारों का देश के विभिन्न भाषाई रंगमंचों पर पर्याप्त प्रभाव पड़ा, जो बहुत दिनों तक पारसी शैली की, तथा उसी जैसी देश की अन्य भाषाओं की, मंडलियों के प्रदर्शनों में प्रकट होता रहा। किन्तु क्रमश: पश्चिमी नाटकों के यथार्थवादी प्रभावों से, तथा अपनी विशिष्ट परिस्थितियों के दबाव और विकास के परिणामस्वरूप, देश के विभिन्न भागों में अभिनय की अलग-अलग शैलियाँ बन गईं। जहाँ यह रंगमंच व्यावसायिक स्तर पर अपेक्षाकृत स्थायी और सक्रिय रहा वहाँ अभिनय की ये शैलियाँ-पद्धतियाँ आज भी किसी-न-किसी रूप में मौजूद हैं, और किसी हद तक अभिनय की एक प्रचलित परिपाटी की सूचक हैं।

दूसरे महायुद्ध के दिनों से, विशेषकर उसके बाद से, कुछ तो गहरी यथार्थवादी प्रवृत्तियों के दबाव के कारण, और कुछ बड़े-बड़े नगरों में अंग्रेज़ी नाटकों के प्रदर्शनों के कारण, भारतीय भाषाओं के नाटकों में पुरानी शैलियों की कृत्रिमता, अतिरंजना, बाह्यपरकता आदि को छोड़कर, सहजता, स्वाभाविकता एवं आत्मीयता के साथ, भावना, चरित्र तथा व्यवहार के गहरे सत्य को, सहज यथार्थ रूप को अभिनय में लाने का प्रयास हुआ। पिछले दो-तीन दशकों में देश की लगभग सभी भाषाओं के रंगमंचों पर ये प्रवृत्तियाँ सक्रिय हुईं, चाहे वह व्यावसायिक मंडलियों में हो चाहे सर्वथा शौक़िया मंडलियों में। और इन प्रवृत्तियों के भी अलग-अलग भाषाओं में

अलग-अलग मिश्रण और साथ ही अलग-अलग रूप, चरण और स्तर दिखाई पड़ते हैं। बांग्ला, मराठी, कन्नड़, गुजराती और हिन्दी नाटकों के प्रदर्शन देखने से यह बात स्पष्ट हो जाती है। वास्तव में विभिन्न भाषाओं के रंगमंच पर अभिनय-शैलियों और पद्धतियों के विकास तथा मौजूदा रूपों का विस्तृत और गहराई से अध्ययन बड़ा रोचक और उपयोगी कार्य होगा।

बहरहाल, इतना स्पष्ट है कि हमारे रंगमंच पर अभिनय की परम्परा न तो बहुत पुष्ट हो सकी है और न बहुत विकसित ही। वह अधिकांशत: साधारण यथार्थवादी या भावुकतापूर्ण आवेगप्रधान नाटकों को प्रस्तुत करने में ही समर्थ हो पाती है। संयत, सन्तुलित और सूक्ष्म भावनाओं को अभिव्यक्त करने के लिए, अथवा आधुनिक जीवन की जटिलता, उलझन और तीव्र विसंगतियों को सम्प्रेषित करने के लिए, उपयुक्त और सक्षम अभिनय-पद्धतियों का विकास होना अभी बाक़ी है।

हिन्दी-भाषी प्रदेशों में, पारसी रंगमंच के विघटन के साथ, अभिनय की कोई शैली सामने नहीं रह गई; और उसके बाद नाटक-मंडलियों में अभिनय की पद्धति या तो उस पुरानी शैली से थोड़े-बहुत परिचित लोगों के निर्देश से, या समकालीन बांग्ला नाटकों की अभिनय-शैली के आधार पर, बनती रही। बहुत-से हिन्दी-भाषी नगरों में प्राय: शौक़िया नाटक-मंडलियाँ प्रारम्भ करने और चलाने का श्रेय बंगालियों को ही है। उन्हीं के अनुकरण में और बहुत बार तो उन्हीं के निर्देशन और संचालन में, हिन्दी नाटक भी खेले जाते रहे। फलस्वरूप, हिन्दी अव्यावसायिक नाटक-मंडलियों की अभिनय-शैली बांग्ला रंगमंच की अभिनय-शैलियों के साथ-साथ चलती रही। कालान्तर में फ़िल्मों का प्रभाव बड़ा नियामक हो गया; और फिर पारसी शैली तथा फ़िल्मों के मिले-जुले रूप पृथ्वी थिएटर्स का प्रभाव पड़ा, जिसने हिन्दी नाटकों में अभिनय का स्वरूप निर्धारित किया।

देश के अधिकांश भागों में, हिन्दी नाटकों में आज जो अभिनय का रूप है उसमें कोई शैली नहीं है, और न वह विभिन्न प्रकार के नाटकों और उनमें अभिव्यक्त संश्लिष्ट जटिल अनुभूतियों को मूर्त करने में ही बहुत समर्थ सिद्ध होता है। अधिकतर वह उत्साही अभिनेताओं के आत्मप्रदर्शन या दिल बहलाव के साधन के स्तर से बहुत आगे नहीं बढ़ पाता। प्राय: उसके पीछे कलात्मक चेतना का अभाव होता है, इसलिए किसी भी सृजनात्मक कर्मी के लिए आवश्यक अनुशासन और आत्मसंयम की भी कमी होती है। अभिनेता प्राय: अपने कार्य के बारे में गम्भीर भी नहीं होते और न ज़िम्मेदार ही। वे नियमित रूप से समय पर पूर्वाभ्यास में शामिल नहीं होते, अधिकांश मंडलियों में पूरे नाटक का एक साथ पूर्वाभ्यास एकाध बार से ज़्यादा कभी नहीं हो पाता। बहुत-से अभिनेता तो रंगमंच पर प्रदर्शन के समय ही 'जमा देने' या 'मार देने' में यक़ीन करते हैं। वे अपना पाठ कंठस्थ तक नहीं करते; निर्देशक की बताई हुई गतियों को याद नहीं रखते;

उन्हें मंच पर बदल देते हैं, इत्यादि। अपने शरीर और कंठ को अभिनयोपयुक्त बनाए रखने के लिए तो वे शायद ही कोई प्रयत्न या परिश्रम करते हों। अधिकांश नाटक एक-दो-चार बार से अधिक नहीं खेले जाते, इसलिए लगातार प्रदर्शन से प्राप्त अनुभव भी नहीं आ पाता।

इस प्रकार कुल मिलाकर अभिनय बाह्य, ऊपरी और सतही रह जाता है, और रोमांटिक, भावुकतापूर्ण अथवा अतिरंजित ही रहता है। घटनाओं, प्रसंगों और स्थितियों की गहराई में जाकर चरित्रों के व्यक्तित्व के विभिन्न स्तरों और परतों को उभारने के लिए, भावनाओं के विभिन्न सूक्ष्म रूपों और आयामों को प्रकट कर सकने के लिए, जहाँ एक ओर, किसी भी अन्य सृजनशील कर्मी की भाँति, जीवन के अनुभव की गहराई चाहिए, वहीं अभिनेता के अपने अभिनय-तंत्र—शरीर और कंठ—का अत्यन्त संवेदनशील, नियंत्रित और प्रबुद्ध होना भी आवश्यक है। पर हमारे रंगमंच की परिस्थितियों में यह अभी अत्यन्त ही दुर्लभ है। अधिकांश अभिनेता फ़िल्मी ढंग से 'सितारों' के आदर्श पर चलते हैं। फलस्वरूप, अभिनय में व्यक्तिप्रधानता रहती है, पारस्परिक संवाद, सामूहिकता, नहीं आने पाती। इसलिए प्रदर्शन साधारणतः प्रभावी होने पर भी कोई गहरा समन्वित प्रभाव नहीं छोड़ पाता।

इस प्रकार हमारे रंगमंच पर अभिनय का स्तर किसी गहरे और सूक्ष्म कला-बोध को अभिव्यक्त करने की दृष्टि से, कुल मिलाकर, अपर्याप्त ही है। इसके बावजूद, पिछले दो-तीन दशकों में उसको सक्षम और समर्थ बनाने के कई प्रयास हुए हैं। बांग्ला में शम्भु मित्र ने रवीन्द्रनाथ ठाकुर के नाटकों के लिए—विशेषकर *रक्तकरबी* और *राजा* के लिए—एक अधिक सूक्ष्म, रीतिबद्ध और अभिव्यंजनापूर्ण शैली विकसित की, तभी वे उन्हें उनकी पूरी सक्षमता और अर्थवत्ता में सम्प्रेषित कर सके। उनके प्रदर्शनों के पहले, बांग्ला रंगमंच की प्रचलित शैली में प्रस्तुत होने पर ये ही नाटक बड़े फीके और निर्जीव लगते थे। इसी तरह पिछले दिनों संस्कृत नाटकों के लिए उपयुक्त शैली की तलाश तथा पारम्परिक नाट्यों की पद्धतियों, विशेषकर अभिनटन, संगीत और नृत्य के प्रयोग के फलस्वरूप, एक नए तरह की अभिनय शैली विकसित हो रही है, जिसमें बाह्य अनुकरण की बजाय एक प्रकार के कल्पनाशील और शैलीबद्ध गति-विधान, रंगचर्या और रंग-भाषण पर अधिक बल है। बेशक, ये प्रयास अभी प्रारम्भिक चरण में ही हैं, पर उनमें एक मौलिक अभिनय-पद्धति की उत्तेजक सम्भावनाएँ मौजूद हैं।

स्तर की दृष्टि से भी पिछले दशकों में शम्भु मित्र, तृप्ति मित्र, श्रीराम लागू सुलभा देशपांडे, भक्ति बरवे आदि की प्रतिभा और क्षमता की तुलना शायद संसार के किसी भी देश के श्रेष्ठ अभिनेताओं से की जा सकती है। इनके अतिरिक्त बांग्ला में उत्पल दत्त, सविताव्रत दत्त, कुमार राय, अजितेश बैनर्जी, अरुण मुखर्जी, साँवली मित्र; मराठी में विजया मेहता, माधव वाटवे, मोहन आगाशे; हिन्दी में एस. एम. ज़हीर,

पंकज कपूर, के. के. रैना, अमरीश पुरी, मनोहर सिंह, उत्तरा बावकर, सुरेखा सीकरी आदि नए-पुराने अनेक अभिनेता हैं जिनका काम कई प्रकार से उल्लेखनीय है।

जहाँ तक अभिनय के प्रशिक्षण का प्रश्न है वह तो और अधिक निराशाजनक है। देश की विभिन्न भाषाओं में अभिनय के प्रशिक्षण के कोई स्तरीय और सार्थक केन्द्र नहीं हैं। बांग्ला में रवीन्द्र भारती तथा गुजराती में बड़ौदा विश्वविद्यालय में नाट्य-प्रशिक्षण के पाठ्यक्रम बहुत वर्षों से चले आते हैं और हाल ही में पंजाबी विश्वविद्यालय ने पटियाला में नाटक का एक विभाग खोला है। पर इन सबका स्तर प्रायः अत्यन्त ही निम्न और कल्पनाविहीन हाथों में है। और इसलिए उनका कोई उल्लेखनीय प्रभाव नहीं है। कुछ वर्ष से पंजाब विश्वविद्यालय, चंडीगढ़, कालीकट विश्वविद्यालय, त्रिचूर में भी नाटक विभाग हैं; लखनऊ में भारतेन्दु नाट्य अकादमी भी इस काम में लगी है। दिल्ली में राष्ट्रीय नाट्य विद्यालय में देश की सभी भाषाओं के छात्र लिये जाने की व्यवस्था है, यद्यपि उसमें नाट्य-प्रदर्शन केवल हिन्दी में होते हैं। ऐसी स्थिति में हिन्दी को छोड़कर अन्य भाषा बोलनेवाले छात्रों का अभिनय-सम्बन्धी प्रशिक्षण बहुत दूर तक नहीं जा सकता। हिन्दी-भाषी छात्र अवश्य कुछ सीख पाते हैं, पर उनकी भी कठिनाइयाँ हैं, जिसका कुछ विवेचन इस पुस्तक में अन्यत्र किया गया है। पर इतने बड़े और इतनी भाषाओंवाले देश में कहीं भी अभिनय प्रशिक्षण की समुचित व्यवस्था का अभाव भारतीय रंगमंच के विकास में, विशेषकर प्रदर्शन के स्तर की उन्नति में, कितनी बड़ी बाधा है, यह सहज ही समझा जा सकता है।

वास्तव में, इन सभी पक्षों और स्तरों पर एक साथ ही नई दिशाएँ खोजने और नई लीकें बनाने की बेचैनी है। निस्सन्देह, सब जगह इसकी गति एक-सी नहीं है और उसमें विकास की असमानता भी पर्याप्त है। पर एक समर्थ अभिव्यक्ति-विधा, और सृजनात्मक-कलात्मक कार्य के एक अत्यन्त संश्लिष्ट और सक्षम माध्यम के रूप में रंगमंच की स्थापना और स्वीकृति के लिए, एक हद तक इन विभिन्न पक्षों के विकास में सामंजस्य आवश्यक भी है और अनिवार्य भी। जैसे-जैसे यह सामंजस्य उत्पन्न होगा, वैसे-वैसे ही भारतीय रंगमंच अपना वास्तविक और ठीक-ठीक परिचय भी प्राप्त कर सकेगा, और समुदाय के सृजनात्मक कार्यकलाप का एक सार्थक साधन भी बन सकेगा।

रंगशाला

प्रदर्शन के इन मूलभूत आन्तरिक पक्षों के बाद हम उसके एक अन्य बड़े महत्त्वपूर्ण अंग, रंगशाला या प्रेक्षागृह के बारे में भी कुछ विचार कर सकते हैं, जहाँ नाटककार की कृति का अभिनेताओं तथा अन्य रंगशिल्पियों के माध्यम से दर्शक-वर्ग से साक्षात्कार होता है। प्रदर्शन के लिए किसी-न-किसी प्रकार का खुला या बन्द, स्थायी अथवा अस्थायी, छोटा या बड़ा, रंगभवन और उसमें एक मंच अथवा रंगस्थल सर्वथा आवश्यक है, जिसके बिना नाटक को जीवन्त रूप नहीं दिया जा सकता। और यह महत्त्वपूर्ण बात है कि संसार में कहीं भी नाटक और रंगमंच की चर्चा रंगशाला या रंगस्थल की चर्चा के बिना अधूरी ही रहती है, चाहे वह भरत का *नाट्यशास्त्र* हो अथवा प्राचीन यूनानी नाटक का विवेचन। वास्तव में, नाटक और अभिनय-प्रदर्शन का स्वरूप बहुत हद तक रंगशाला के स्वरूप से निर्धारित होता है। सभी तरह के नाटक सभी तरह की रंगशालाओं और उनके मंचों पर नहीं प्रस्तुत किए जा सकते, और नाटक-लेखन से लगाकर अभिनय और मंचीकरण की बेशुमार रूढ़ियाँ, पद्धतियाँ, कार्यविधियाँ रंगशाला और मंच के अनुसार बनती हैं और उनमें परिवर्तनों के साथ बदलती जाती हैं।

प्राचीन यूनानी नाटकों की रचना-शैली, उनके अभिनय का ढंग और उनके प्रदर्शन की बहुत-सी रूढ़ियाँ यूनान की विशाल, बीस हज़ार दर्शकों के स्थानवाली, प्रायः गोलाकार रंगशालाओं की, और उनके एक सिरे पर गोलाकार रंगस्थल की, उपज थीं। इसी प्रकार संस्कृत नाटकों में प्रयुक्त बहुत-सी कार्य-पद्धतियाँ उनके प्रेक्षागृह की परिकल्पना से जुड़ी हुई हैं। शेक्सपियर के नाटकों का रूपबन्ध बहुत कुछ उस युग की रंगशालाओं, विशेषकर ग्लोब थिएटर की बनावट से भी निर्धारित है, और योरप में परवर्ती नाटक और रंगमंच के विकास के साथ रंगशालाओं के निर्माण, आकार और रूप में निरन्तर परिवर्तन होते रहे हैं।

अपने ही देश के लोक नाटक एक विशेष प्रकार की रंगशाला या रंगस्थल के लिए उपयुक्त हैं; पारसी शैली के तथा उस जैसे ही अन्य भाषाओं के पौराणिक नाटक एक अन्य प्रकार की रंगशाला की अपेक्षा करते हैं; और आज के नाटकों का प्रदर्शन अनिवार्य रूप से कुछ भिन्न प्रकार की रंगशालाओं की माँग करता है।

यहाँ पश्चिम में रंगशालाओं के इतिहास अथवा उनके निर्माण के प्राविधिक विवेचन का उद्‌देश्य नहीं, किन्तु अपने देश में आज रंगशालाएँ या उनकी अनुपस्थिति किस हद तक और किस रूप में नाटक-लेखन और प्रदर्शन को, तथा इस प्रकार समस्त रंगमंचीय गतिविधि को, प्रभावित करती हैं, इस पर कुछ विचार करना आवश्यक जान पड़ता है।

हमारे देश में संस्कृत रंगमंच के किसी प्राचीन प्रेक्षागृह का कोई अवशेष नहीं मिलता, यद्यपि उनके विभिन्न प्रकारों के विस्तृत विवरण, माप-जोख और निर्माण-विधियाँ *नाट्यशास्त्र* में दी हुई हैं। मध्यप्रदेश की रायगढ़ पहाड़ी की सीताबेंगा और जोगीमारा गुफाओं के बारे में कहा जाता है कि वे प्राचीन रंगशाला का कोई प्रकार प्रस्तुत करती हैं, किन्तु सम्भवत: वे नृत्य, गान अथवा काव्यपाठ आदि के लिए प्रयुक्त होती थीं, नियमित नाट्य-प्रदर्शन के लिए नहीं।

केरल के अनेक मन्दिरों में रंगभवन अवश्य मिलते हैं जो कूत्तम्पलम कहलाते हैं। इनमें संस्कृत-मलयालम-मिश्रित नाट्यरूप कूडियाट्टम के प्रदर्शन होते हैं जिसका प्रारम्भ आठवीं-नवीं शताब्दी में होना माना जाता है। कूडियाट्टम में पुराने संस्कृत नाटक ही, विशेषकर भास के नाटक, एक विशेष शैली और पद्धति से खेले जाते हैं, जिसमें अभिनय के साथ-साथ नृत्य, गीत, काव्य सभी का समावेश है। इस दृष्टि से कूत्तम्पलम पूरी तरह नाटकों के काम में आनेवाली रंगशालाएँ हैं जिनमें *नाट्यशास्त्र* में बताए गए नाट्यमंडप की भी कुछ विशेषताएँ मिलती हैं। मंच वर्गाकार है, जिसके तीन या चारों ओर दर्शक बैठते हैं। एक ओर नेपथ्य की दीवार है जिसमें से अभिनेताओं के प्रवेश प्रस्थान के लिए दो द्वार हैं। सहज निरन्तर कार्य-व्यापार और दर्शकों के साथ समीपता तथा साझेदारी की दृष्टि से ये रंगशालाएँ बड़ी उपयुक्त हैं, और इस बात की ज़रूरत है कि समकालीन रंगशालाओं के निर्माण में इनकी विधियों और पद्धतियों को भी ध्यान में रखा जाए।

भारत का बाक़ी सारा मध्यकालीन रंगमंच नागर नहीं था। वह घुमन्तू टोलियों द्वारा ही चलता था, जो अपने प्रदर्शन ग्राम या क़स्बे के किसी भी खुले भाग में किया करती होंगी। इसलिए उनके लिए किसी तरह की रंगशालाएँ, बनाने की ज़रूरत ही नहीं पड़ी।

हमारे देश में नियमित रूप में रंगशालाओं का निर्माण उन्नीसवीं शताब्दी में आधुनिक ढंग के नाटकों का चलन होने पर शुरू हुआ। उस समय भारत के विभिन्न नगरों में पश्चिमी आपेराघरों जैसे प्रेक्षागृह बने। इनमें बीसवीं शताब्दी में फ़िल्मों के आने-होने तक नाटक होते रहे, पर फ़िल्मों के प्रारम्भ के साथ-साथ इनमें से अधिकांश सिनेमाघरों में परिवर्तित हो गए। तब से लगाकर पाँचवें दशक के अन्त तक कलकत्ते में चार-पाँच, बम्बई में दो-तीन और दक्षिण भारत में कहीं एक-दो को छोड़कर, सारे देश में कोई ऐसी रंगशालाएँ नहीं थीं जिनमें कोई नियमित मंडली

निरन्तर नाटक करती हो। बांग्ला के सिवाय अन्य सभी भाषाओं का रंगमंच बेघर रहा है। उनमें अधिकांश व्यावसायिक मंडलियाँ घुमन्तू रही हैं, जो जहाँ जातीं वहीं स्थानीय सिनेमाघर में, या शामियाना-पंडाल बनाकर, नाटक करती थीं। स्पष्ट है कि इन मंडलियों का उद्देश्य लोगों का मनोरंजन करके पैसा कमाना मात्र था, रंगशिल्प के विकास या कलात्मक स्तर की प्राप्ति की न तो उन्हें चिन्ता थी और न उन परिस्थितियों में वह सम्भव ही था। ये मंडलियाँ जब कभी सिनेमाघरों को नाटक के लिए किराए पर लेतीं, तो उन्हें भारी किराया देना पड़ता था। अव्यवसायी या शौक़िया मंडलियों के लिए भी कहीं कोई प्रेक्षागृह न थे। उनके नाटक स्कूल-कॉलेजों के अथवा अन्य संस्थाओं के सभा-भवनों में ही खेले जाते, जिनमें प्रदर्शन के लिए अधिकांशत: कोई सुविधा न होती। इन परिस्थितियों में नाट्य-प्रदर्शन का स्तर ऊँचा उठ सकना असम्भव ही था।

स्वाधीनता-प्राप्ति के बाद भी, जहाँ तक नियमित व्यवसायी स्तर पर नाटक-प्रदर्शन का प्रश्न है, इस स्थिति में कोई विशेष सुधार नहीं हुआ, और एकाध अपवाद को छोड़कर कहीं किसी व्यवसायी मंडली ने कोई रंगशाला नहीं बनाई। प्रारम्भिक वर्षों में अव्यवसायी अथवा अनियमित मंडलियों के उपयोग के लिए अवश्य प्रमुख नगरों में कुछेक प्रेक्षागृह बनाए गए, जिन्हें थोड़े-बहुत दिनों के लिए व्यवसायी मंडलियाँ भी किराए पर ले सकती हैं। पर मूलत: इनके किराए इतने अधिक रहे कि किसी व्यवसायी मंडली को उनमें प्रदर्शन करके अधिक बचत की आशा नहीं होती। इसलिए उनके बनने से नियमित मंडलियों की स्थापना को कोई विशेष प्रोत्साहन नहीं मिला।

इसके अतिरिक्त, इनमें से अधिकांश भवनों मे कोई-न-कोई दोष थे—किसी का रंगमंच चौड़ाई या गहराई में छोटा है, तो किसी में पार्श्व-स्थान इतना कम है कि अभिनेताओं के आने-जाने को जगह नहीं; किसी में शृंगारघर कम हैं या छोटे हैं या मंच से बहुत दूर बने हैं, तो किसी में प्रकाश-यंत्रों के लिए स्थान ठीक नहीं या ग़लत स्थल पर है—कई में तो बत्तियाँ लगाने के लिए भी समुचित और पर्याप्त स्थान नहीं। कुछ में ध्वनिता इतनी ख़राब है कि सामने पाँचवीं ही पंक्ति के बाद कुछ सुनाई नहीं पड़ता, तो कुछ में सीटों की दृष्टि-रेखा इतनी असन्तुलित है कि किनारे की दसियों सीटों से आधा रंगमंच कट जाता है; कुछ में सीटें इतनी अधिक हैं कि दर्शक-वर्ग से घनिष्ठता की अपेक्षा रखनेवाले नाटक उनमें नहीं दिखाए जा सकते, तो कुछ में इतनी कम हैं कि उनका किराया और भी भारी तथा महँगा पड़ता है। अधिकांश भवनों में वातानुकूलन नहीं है, जिसके कारण वर्ष-भर, विशेषकर गर्मी और बरसात के दिनों में, नाटक करना और देखना अभिनेताओं और दर्शकों दोनों के लिए अत्यन्त कष्टदायक होता है; उनमें पूर्वाभ्यास आदि के लिए अलग कोई स्थान आदि नहीं है। कुल मिलाकर, ये रंगभवन प्राय: साधारण मंचयुक्त प्रेक्षागृह मात्र हैं, उनमें किसी भी प्रकार का नवीन प्रयोगात्मक कार्य नहीं हो सकता। उनमें

चित्र-चौखटेवाले, रंगद्वारयुक्त प्रदर्शन ही किए जा सकते हैं, किसी प्रकार के उन्मुक्त, खुले और कल्पनामूलक प्रदर्शन की उनमें गुंजाइश प्राय: नहीं है।

इस स्थिति में कुछ सुधार रवीन्द्रनाथ ठाकुर की जन्म-शताब्दी के अवसर पर हर राज्य की राजधानी में बनाए गए रवीन्द्र रंगभवनों से हुआ। निस्सन्देह इन रंगभवनों ने देश के कम-से-कम प्रमुख नगरों में स्थानीय तथा बाहर से आनेवाली मंडलियों के लिए एक बड़े अभाव की किसी हद तक पूर्ति की। कुछेक अपवादों को छोड़कर साधारणत: ये रंगभवन अच्छे बने हैं, जिनमें रंगमंच-सम्बन्धी, प्रेक्षागृह-सम्बन्धी, बहुत-सी आवश्यकताओं का ध्यान रखा गया है। मगर इनकी देखभाल सरकारी विभागों के हाथ में है, जिसके फलस्वरूप इनमें सामान्यत: इतनी अव्यवस्था और लालफीताशाही का बोलबाला है कि इनकी उपयोगिता सीमित हो जाती है। अधिकांश में नियमित प्रदर्शनों की कोई योजना, प्रेरणा या कार्यक्रम नहीं है। कई बार उनका उपयोग राजनैतिक अथवा अन्य प्रकार के सम्मेलनों से लगाकर बारातें ठहराने तक के लिए किया जाता है। फलत: सक्रिय सुव्यवस्थित रंगभवनों के रूप में उनकी देखभाल नहीं होती। बहुत-से इतने गन्दे रहते हैं कि नाटक के लिए आनेवाली मंडली को पहले तो सफ़ाई का अभियान प्रारम्भ करना पड़ता है। फिर इन रंगभवनों की पूरी देखभाल किसी एक अधिकारी अथवा विभाग के पास नहीं होती—चाबियाँ एक के पास होती हैं, बिजली की देखभाल दूसरे के पास, उसके संयंत्रों का उपयोग तीसरे के पास, ध्वनिविस्तारक का नियंत्रण चौथे के पास, फ़र्नीचर तथा अन्य सामान का पाँचवें के पास, आदि-आदि। इनमें सबके किराए भी जितने सस्ते होने चाहिए थे उतने नहीं हैं, और उनकी व्यवस्था भी ऐसी सुलभ नहीं है जो स्थानीय मंडलियों को वहाँ नियमित रूप से प्रदर्शन करते रहने के लिए आकर्षित कर सके। इस प्रकार उनके निर्माण से सरकारी सम्पत्ति में तो वृद्धि हुई है, पर रंगमंच की जरूरतें सीमित रूप में ही पूरी हो सकी हैं। फिर भी इसमें तो सन्देह नहीं कि अधिकांश रवीन्द्र रंगभवन साल-भर घिरे रहते हैं, और उनके होने से उन नगरों में रंगमंचीय कार्य-कलाप का विस्तार हुआ है।

रवीन्द्र रंगभवनों के अलावा भी पिछले पन्द्रह-बीस बरस में कुछ नगरों में अन्य रंगशालाएँ बनी हैं, जिनमें कलकत्ते में कलामन्दिर और एकेडेमी ऑफ़ फ़ाइन आर्ट्स के प्रेक्षागृह; बम्बई में साहित्य संघ नाट्य मन्दिर, शिवाजी मन्दिर, दीनानाथ नाट्यगृह, पृथ्वी थिएटर; पूना में बाल गन्धर्व रंगमन्दिर, भरत नाट्य संशोधन मन्दिर; दिल्ली में कमानी प्रेक्षागृह, मावलंकर भवन, श्रीराम सेंटर, त्रिवेणी कला संगम का मुक्ताकाशी प्रेक्षागार, फ़ाइन आर्ट्स थिएटर, गांधी मेमोरियल हॉल; पटना में नृत्य कलामन्दिर, भोपाल के भारत भवन में बहिरंग और अन्तरंग, जबलपुर में शहीद भवन रंगशाला, आगरा में सूरस्मारक भवन, वाराणसी में नागरी नाटक मंडली की रंगशाला इत्यादि का नाम लिया जा सकता है। कलकत्ते में कुछ व्यवसायी मंडलियों की भी भली-

बुरी रंगशालाएँ बनी हैं जिनमें मुक्तांगन, शिशिर मंच, बिजन थिएटर, अहीन्द्र मंच आदि में नियमित रूप से नाटक होते रहते हैं। हाल ही में टाटा उद्योग समूह के एक न्यास द्वारा संचालित राष्ट्रीय संगीत नाट्य केन्द्र ने कई करोड़ रुपये की लागत से एक अत्याधुनिक रंग-भवन बनाया है जिसमें लगभग हर तरह की सुविधा का ध्यान रखा गया है। पर उसके अत्यधिक अभिजात चरित्र के कारण वहाँ नियमित रूप से नाटक होने की सम्भावना बहुत क्षीण है। इस प्रकार पहले के मुक़ाबले संख्या में इस तमाम वृद्धि के बावजूद, रंगशालाओं के अभाव की समस्या आज भी बहुत तीव्र है जो देश-भर में रंगमंच के समुचित विकास में एक बड़ी भारी बाधा बनी हुई है।

वास्तव में, यह समस्या रंगमंच के सामाजिक पक्ष के साथ जुड़ी हुई है। जब तक समाज में रंगमंच की आवश्यकता, सार्थकता और उपयोगिता की चेतना तीव्रतर न होगी तब तक इसका कोई समुचित समाधान नहीं हो सकता। नगरों और क़स्बों की नगरपालिकाओं की यह ज़िम्मेदारी है कि वे अपने क्षेत्र में कम-से-कम एक रंगभवन बनवाएँ और उसकी उसी रूप में देखभाल करें, अन्य कार्यों के लिए न लग जाने दें। स्थानीय नाटक-मंडलियों को इसके लिए व्यवस्थित रूप में आन्दोलन करना चाहिए और रंगभवन के निर्माण को नगर के हर राजनैतिक तथा सामाजिक दल के कार्यक्रम का अंग बनाए जाने पर ज़ोर देना चाहिए। इसी प्रकार का प्रयत्न नगरों के स्कूल-कॉलेजों में भी किया जा सकता है, जहाँ ऐसे भवन बनें, जो यदि सम्भव हो तो केवल नाट्य-प्रदर्शनों के लिए, अन्यथा कुछ अन्य प्रकार के सम्मेलनों आदि के लिए भी, काम में आ सकें। साधारणतः प्रत्येक स्कूल-कॉलेज में ऐसा एक बड़ा भवन होता है। उसे ही यदि सुनियोजित ढंग से, रंगशाला-निर्माण के जानकारों के परामर्श के अनुसार बनाया जाए, तो वह बहुत उपयोगी हो सकता है। इस समय जो ऐसे भवन स्कूलों-कॉलेजों अथवा अन्य संस्थाओं में मौजूद हैं, या जो अब भी बन रहे हैं, वे बहुत कल्पनाहीन ढंग से, बिना उचित परामर्श और समझ के, बन जाते हैं। फलस्वरूप, उनकी उपयोगिता बहुत सीमित हो जाती है, और वे रंगभवन के स्थानीय अभाव को कम करने में कोई योग नहीं दे पाते। नाटक-मंडलियों पर यह दायित्व है कि वे स्थानीय स्तर पर इस विषय में चेतना उत्पन्न करें, उसके लिए जागरूक रहकर निरन्तर प्रयत्न करें जिससे इस समस्या का कुछ हल निकले।

किन्तु सबसे बड़ा प्रयास कल्पनाशील ढंग से स्वयं नाटक-मंडलियाँ कर सकती हैं। इसका एक बहुत ही दिलचस्प उदाहरण बम्बई में थिएटर यूनिट के लिए उसके निर्देशक इब्राहिम अलकाज़ी ने प्रस्तुत किया था। लगभग दस हज़ार रुपये की लागत से उन्होंने बम्बई के अपने फ़्लैट के आठ मंज़िले भवन की छत पर एक मुक्ताकाशी रंगमंच बनाया था। उसमें काठ की सीढ़ियों पर कोई दो सौ दर्शकों के बैठने की व्यवस्था थी, प्रकाश व्यवस्था के लिए एक ऊँचा मचान था और अभिनय के लिए पर्याप्त क्षेत्र तो था ही। वहाँ उन्होंने अपने कई विख्यात प्रदर्शन किए जिसे

बहुत-से दर्शकों ने देखा और तारों भरे खुले आसमान के नीचे नाट्यानुभूति का एक सर्वथा नया ही आस्वाद प्राप्त किया। जब बम्बई-जैसी जगह में रंगशाला के अभाव का यह हल हो सकता है तो अन्य शहरों में जहाँ खुले स्थान के मिलने में इतनी कठिनाई नहीं होती, ऐसा कोई उपाय क्यों नहीं हो सकता? अलकाज़ी ने राष्ट्रीय नाट्य विद्यालय के निदेशक होने पर दिल्ली में भी रवीन्द्र भवन के मैदान में छात्रों के सहयोग से एक मुक्ताकाशी रंगमंच बहुत कम खर्च से बनाया, जहाँ विद्यालय के ही नहीं, दिल्ली के कुछ सबसे प्रभावशाली प्रदर्शन होते रहे हैं।

इसी तरह मेरठ में राष्ट्रीय नाट्य विद्यालय के भूतपूर्व छात्र, एक उत्साही नौजवान, सुरेन्द्र कौशिक ने भी अपने घर के अहाते की खाली जगह में छोटी-सी रंगशाला बनाने का प्रयास किया है। कलकत्ते में भी कुछेक प्रयत्न इस प्रकार के हुए हैं जो हर नगर में उद्योगी और कल्पनाशील नाटक-मंडलियों को प्रेरणा दे सकते हैं।

यहाँ मुक्ताकाशी रंगमंच के बारे में कुछ और चर्चा उपयोगी होगी। हमारे देश का रंगमंच जिस अवस्था में है, और बहुमुखी सामाजिक-आर्थिक विकास की जैसी तीव्र कठिनाइयाँ हर समुदाय के सामने हैं, उन्हें देखते हुए बड़ी-बड़ी रंगशालाओं या बन्द रंगभवनों के लिए साधन जुटाना बहुत आसान नहीं है। साथ ही उसमें जितना धन चाहिए उतना जुटाना न तो साधारणतः नाटक मंडली के बूते की बात होती है और न वह इसके लिए बहुत उपयोगी है, क्योंकि तब उसका ध्यान रंग-कार्य से हटकर अर्थ-संग्रह की ओर लग जाता है, जिसके फलस्वरूप अन्य अनेक प्रकार के झमेले खड़े होने लगते हैं। किन्तु सामान्य सुविधाओं युक्त मुक्ताकाशी रंगमंच और प्रेक्षागृह बनाना इतना व्यय-साध्य नहीं है और न उसके लिए साधन जुटाने अथवा उसकी देखभाल का कार्य ही इतना कठिन होगा। और उसमें कड़ी सर्दी और घनघोर बरसात के दिनों को छोड़कर बाक़ी समय वर्ष-भर प्रदर्शन किए जा सकते हैं। मगर ऐसी रंगशालाओं में बहुसंख्यक दर्शकों के लिए स्थान बनाने की कोशिश बहुत उपयोगी नहीं होती। कम खर्च पर छोटे दर्शक-वर्ग तक अधिक आत्मीयता और भाव-सघनता के साथ सम्प्रेषण करना अधिक सार्थक हो सकता है। मुक्ताकाशी रंगमंच इसकी सम्भावनाएँ प्रस्तुत करता है, जबकि बन्द रंगशालाओं को बड़े आकार की बनाने की प्रवृत्ति, कम-से-कम प्रारम्भ में, होना अनिवार्य है, जो कई बार अव्यवसायी मंडलियों के लिए बहुत सुविधाजनक नहीं होता, उसे दर्शकों से भरना और उसका व्यय भार उठाना कठिन हो जाता है। मुक्ताकाशी रंगशालाओं के लिए खँडहरों की, पहाड़ियों की, अथवा अन्य प्राकृतिक दृश्यों की पृष्ठभूमि बड़ी प्रभावी हो सकती है, और ऐसे किसी उपलब्ध वातावरण का उपयोग करने का प्रयास अवश्य करना चाहिए। विख्यात युवा निर्देशक और रंगशिल्पी बंसी कौल कई नगरों में अपने प्रदर्शन ऐसी अस्थायी मुक्ताकाशी रंगशालाओं में बड़े प्रभावी ढंग से करते रहे हैं।

मुक्ताकाशी रंगशालाओं के अलावा कुछ छोटे भवनों को भी नाटकों के लिए सुसज्जित किया जा सकता है। बम्बई में छबीलदास विद्यालय के छोटे भवन में पिछले दिनों अनेक कल्पनाशील प्रदर्शन किए गए जिससे छबीलदास भवन प्रयोगशील रंग-कार्य का महत्त्वपूर्ण केन्द्र बन गया। विख्यात नाटककार-निर्देशक बादल सरकार कलकत्ते में एक बड़े-से कमरे में, अपने प्रदर्शन करते हैं। इस प्रकार बड़ी ज़रूरत सूझ-बूझ और कल्पनाशीलता की है, धन की इतनी नहीं।

रंगशालाओं के निर्माण के सम्बन्ध में एक और चेतावनी अप्रासंगिक न होगी। प्राय: अधिकारियों तथा अन्य प्रमुख नागरिकों की प्रवृत्ति प्रेक्षागृहवाले अंश पर अधिक ध्यान देने और मंचवाले अंश की उपेक्षा करने की होती है। बहुत बार प्रेक्षागृह की सजावट और उसकी सुविधाओं पर इतना अधिक धन खर्च कर दिया जाता है कि मंच की पूरी आवश्यकताएँ भी नहीं जुट पातीं। मगर रंगशाला का सबसे महत्त्वपूर्ण अंश रंगपीठ ही है। वहीं उस मायालोक की सृष्टि होती है जिसके आकर्षण में दर्शक खिंचा आता है; और अगर उसके जादू में कशिश है तो दर्शक कुछ कष्ट उठाकर भी बैठा रहने को तैयार होता है। इसलिए उपलब्ध साधनों में से रंगमंच की अल्पतम अनिवार्य आवश्यकताओं पर पहले ध्यान देना आवश्यक है। इसके लिए नाटक-मंडलियों को पहल करके रंगशाला बनानेवाली संस्था के अधिकारियों को, निर्माणकर्ताओं को, काम शुरू करने से पहले ही समझाना होगा, अन्यथा रंगपीठ के निरन्तर उपेक्षित होने का भय है।

वास्तव में, रंगशाला ही किसी भी रंगमंचीय कार्य का केन्द्रस्थल है, और अन्तत: उस कार्य के स्वरूप, स्तर और सार्थकता को निर्धारित करती है। यदि वह निरा व्यावसायिक अड्डा नहीं है, तो उसे रंग-कार्य के विविध कलात्मक-सृजनात्मक तत्त्वों का प्रेरक प्रयोग-केन्द्र बनाना सम्भव है। वहाँ वह वातावरण निर्मित हो सकता है जो एक ओर रंग-कार्य को गहरी जीवनानुभूति की अभिव्यक्ति से, और दूसरी ओर समुदाय के कला-बोध और जीवन-बोध के व्यापक प्रयास से जोड़ता है। पश्चिमी देशों में आधुनिक रंगशालाएँ बदले हुए स्थापत्य और सौन्दर्य-बोध के साथ-साथ रंगमंच को नए-नए रूपों में समुदाय के जीवन से जोड़ने के प्रयोग-केन्द्र बन रही हैं। उनके निर्माण में शैलियों और उद्देश्यों की इतनी विविधता आती जा रही है कि एक ही रंगभवन में कई प्रकार के नाटकों का मंचीकरण हो सकता है—सीधे सामने दर्शकों को बैठाकर, मंच के दो, तीन या चार ओर दर्शकों को बैठाकर मंच को गोलाकार अथवा अन्य किसी रूप में रखकर, आदि।

इस प्रकार सर्वथा नए-नए रूपों में और नए-नए स्तरों पर अभिनेता और दर्शक-वर्ग के बीच सम्बन्ध बनता है जिससे नाटक की सम्प्रेषणीयता के नए आयाम खुलते हैं। रंगशाला और रंग-कार्य के प्रति अधिक कल्पनाशील और सृजनात्मक दृष्टि विकसित करके अभिनेता और दर्शक-वर्ग के बीच उस जड़ीभूत और औपचारिक

सम्बन्ध को बदला जा सकता है जो हमारे देश में सर्वत्र चित्र-चौखटा मंच के कारण बना हुआ है। हमारे अपने लोक रंगमंच की परम्पराएँ कहीं अधिक खुली, प्रवाहितापूर्ण और दर्शक-वर्ग के साथ गहरी निकटता की हैं। नाटक-मंडलियाँ यदि रंगशाला और रंगमंच की समस्याओं पर अधिक खुलेपन के साथ और रूढ़िमुक्त होकर विचार करें, तो वे न केवल रंगशाला के अभाव को किसी हद तक कम कर सकेंगी, बल्कि अपने रंग-कार्य को अधिक स्वतःस्फूर्त, जीवन्त तथा कल्पनाशील बना सकेंगी।

दर्शक-वर्ग

पिछले दो अध्यायों में प्रदर्शन के मूलत: आन्तरिक तत्त्वों की चर्चा की गई—उन पक्षों की जिनके सहारे प्रदर्शन तैयार होता है, रूपाकार ग्रहण करता है। किन्तु उसका एक अन्य, एक हद तक बाहरी, तत्त्व भी है—दर्शक-वर्ग। इस सम्पूर्ण विवेचन में ही बार-बार नाटक के साथ दर्शक-वर्ग के अभिन्न सम्बन्ध पर बल दिया जाता रहा है। यह कहा गया है कि सृजनात्मक विधा के रूप में रंग-कला की बुनियादी भिन्नता ही यह है कि वह जिसके लिए अभिप्रेत है, सम्प्रेषित है, वह उसकी सृजन-प्रक्रिया के दौरान ही सामूहिक रूप से उपस्थित रहता है। यह बात भी कही गई है कि दर्शक-वर्ग की इस उपस्थिति का नाटक और उसके प्रदर्शन—दोनों के रूप-निर्धारण में बड़ा योग होता है। इसी कारण नाटक का अधिक सामयिक, तात्कालिक होना आवश्यक है, और कई बार दर्शक-वर्ग की सीमाएँ नाटक और प्रदर्शन की सीमाएँ बन जाती हैं, जिन्हें तोड़ना असम्भव नहीं तो बहुत मुश्किल ज़रूर होता है। या फिर इस कठिनाई को दूर करने के लिए नाटककार, निर्देशक और अभिनेताओं को बड़े अप्रत्यक्ष, सूक्ष्म और बहुत बार जटिल उपाय अपनाने पड़ते हैं।

इस अध्याय में अब हम भारतीय, विशेषकर हिन्दी-भाषी दर्शक-वर्ग, उसके स्वरूप, उसकी रुचियों-अपेक्षाओं तथा इस सबसे नाटक-प्रदर्शन पर पड़नेवाले कुछ विशिष्ट प्रभावों पर विचार करेंगे।

दरअसल, यह रंगमंच का एक दिलचस्प अन्तर्विरोध है कि दर्शक-वर्ग नाट्य-कला में रचना का अनिवार्य तत्त्व होकर भी प्राय: उससे स्वतंत्र है। कोई अभिनय-प्रदर्शन दर्शक-वर्ग के बिना सम्भव नहीं—किसी भी कारण से दर्शक न जुट सकें तो खाली रंगशाला में नाटक नहीं हो सकता, फिर चाहे उसकी कितनी ही तैयारी क्यों न हो चुकी हो। नाट्य-सृष्टि के लिए दर्शक-वर्ग का होना, निस्सन्देह, सर्वथा अनिवार्य, मूलभूत और आत्यन्तिक है। किन्तु फिर भी उसके ऊपर नाट्य-स्रष्टा का ऐसा नियंत्रण नहीं, जैसा अभिनेताओं अथवा रंगशिल्प के अन्य तत्त्वों पर, अथवा अभिनेताओं का स्वयं अपने ऊपर होता है। वे इच्छानुसार न तो दर्शक-वर्ग को प्रदर्शन में मौजूद होने पर उसकी प्रतिक्रियाओं को निर्धारित या परिवर्तित कर सकते हैं। इस भाँति रंग-स्रष्टा तो अपने कार्य में दर्शक-वर्ग की मौजूदगी पर पूरी

तरह निर्भर है, पर उस मौजूदगी को सम्भव अथवा अपनी इच्छानुकूल बना सकना पूरी तरह उसके हाथ में नहीं।

यह ठीक है कि रंगकर्मी दर्शक-वर्ग को लाने के लिए अपने प्रदर्शन में तरह-तरह के आकर्षण पैदा कर सकता है, उसके लिए तरह-तरह की सुविधाएँ जुटा सकता है, और साथ ही किसी भी प्रकार के अनुकृतिमूलक प्रदर्शन की ओर मनुष्य के सहज रुझान की प्रवृत्ति का भी भरोसा कर सकता है। मगर ये सभी बातें इस सचाई को नहीं बदलतीं कि दर्शक-वर्ग की अपनी अलग स्वतंत्र सत्ता होती है और वह अनेक प्रकार के अन्य इतर प्रभावों, दबावों और आवश्यकताओं से परिचालित होता है। यह सदा अनिवार्य नहीं कि व्यक्तिगत और सामूहिक रूप से दर्शकों की प्रवृत्तियाँ और ज़रूरतें, उद्देश्य और अपेक्षाएँ सदा रंग-स्रष्टा के समान ही हों और एक ही समय पर और एक ही रूप में सामने आएँ। दर्शक समुदाय अपनी बौद्धिक, भावात्मक और सौन्दर्य-बोध-सम्बन्धी स्थितियों में रंग-स्रष्टा से, स्तर और काल दोनों की दृष्टियों से, इतना ऊपर या नीचे, आगे या पीछे, हो सकता है कि दोनों के बीच कोई सामान्य सूत्र बन सकना असम्भव नहीं तो अत्यन्त कठिन अवश्य हो जाए।

रंग-कार्य की दर्शक-वर्ग पर इस नितान्त निर्भरता और उसकी इस आपेक्षिक स्वतंत्रता के कारण ही रंगमंच हर जगह हर युग में सदा बड़े अनिश्चय और संकट में जीता आया है। किसी-न-किसी रूप में दर्शक-वर्ग की उपस्थिति को निश्चित बना सकने का प्रश्न हर समय रंगमंच के सामने रहा है। बहुत-कुछ शायद इस कारण भी रंग-कार्य या तो धार्मिक अनुष्ठान से जुड़ा रहा है या मात्र मनोरंजन से। और प्रायः ऐसा भी हुआ है कि वह एक अत्यन्त सीमित अभिजात प्रशिक्षित समुदाय का, 'सहृदय' वर्ग का, क्रिया-कलाप मात्र रह गया है। मनोरंजन से भिन्न विशुद्ध कलात्मक और सृजनात्मक विधा के रूप में रंग-कार्य को मान्यता या प्रतिष्ठा कुछ ही समय पूर्व मिली, और आज तक यह बहस संसार के रंग-जगत में चालू है कि रंगमंच मनोरंजन है, या कला, या दोनों—क्योंकि इस प्रश्न के उत्तर पर ही बहुत कुछ दर्शक-वर्ग की संख्या, प्रकृति और अपेक्षाएँ निर्भर करेंगी। यही कारण है कि विकसित-से-विकसित देश और रंगमंच में भी दर्शक-वर्ग की समस्या का आज तक कोई ठीक, निश्चित अथवा स्थायी समाधान नहीं हो पाया है, क्योंकि, शायद, ऐसा कोई समाधान सम्भव ही नहीं है। दर्शक-वर्ग की अनिवार्यता के दबाव के कारण ही रंगमंच या तो एक बड़े उद्योग का रूप धारण कर लेता है, जैसे अमरीका में ब्रॉडवे के रंगमंच पर, और फिर उसी रूप में वह चलता-चलाया जाता है; या *माउस्ट्रैप* जैसा जासूसी रोमांचक नाटक लन्दन में लगातार दसियों साल तक चलता रहता है; या फिर विभिन्न प्रकार के मनोवैज्ञानिक, सामाजिक, राजनैतिक फ़ॉर्मूलों पर ऐसे नाटक खेले जाते हैं जिनमें मनोरंजन के लिए, अथवा कर्तव्य भाव से, दर्शक निरन्तर एकत्र होते रहें।

किन्तु यह रंगमंच का एक अन्य अन्तर्विरोध है कि दर्शक-वर्ग को जुटाने के इतने सब उपायों के बावजूद केवल उसी के सहारे रंग-कार्य चलाना प्रायः असम्भव हो जाता है। अकसर उसे जीवित और सक्रिय रखने के लिए, अधिकांश देशों में, सार्वजनिक अथवा सामुदायिक आश्रय आवश्यक होता है, चाहे फिर वह सीधा अनुदान हो, राजकीय संरक्षण हो, अथवा बड़े-बड़े उद्योग संस्थानों, मज़दूर संघों के खर्च-खाते के सहारे टिकटों की बिक्री हो। यही नहीं, जिस दर्शक-वर्ग के बिना रंगमंच का काम नहीं चलता, उसी से रंगकर्मी कभी-कभी घबरा उठता है, उसके-दबाव से, उसकी माँगों से, उसके व्यवहार से, संत्रस्त होकर भागना चाहता है। जो भी हो, दर्शक-वर्ग के साथ किसी-न-किसी प्रकार से सम्बन्ध निर्धारित किए बिना रंग-कार्य सम्भव नहीं।

दर्शक-वर्ग और रंग-कार्य के बीच सम्बन्ध की यह सामान्य चर्चा इसलिए ज़रूरी है कि अपने रंगमंच में दर्शक-वर्ग के प्रश्न को हम उसके ठीक परिप्रेक्ष्य में रखकर देख सकें, और उसकी विशेषताओं को पहचानने के साथ-साथ रंग-कार्य में उसके सामान्य स्वरूप को भी ध्यान में रख सकें। इसमें कोई सन्देह नहीं कि हमारे, विशेषकर हिन्दी रंगमंच के सन्दर्भ में दर्शक-वर्ग की कुछ विशेष स्थितियाँ हैं जिन पर किसी भी गम्भीर रंगकर्मी को ध्यान देना चाहिए। इसमें से भी कुछ स्थितियाँ ऐसी हैं जो समस्त भारतीय रंगमंच के लिए सामान्य रूप से मौजूद हैं। किन्तु साथ ही कुछ ऐसी भी हैं ही जो हिन्दी रंगमंच के सामने हैं और यह आवश्यक है कि विचारशील हिन्दी रंगकर्मी उनसे यथासम्भव शीघ्र साक्षात्कार करें।

मोटे तौर पर, हिन्दी रंगमंच के सम्भाव्य दर्शक-वर्ग को दो सुस्पष्ट श्रेणियों में रखा जा सकता है—देहाती और शहरी। हमारे देश की नब्बे फ़ीसदी जनता देहातों में ही रहती है। इसलिए, यद्यपि आज के रंग-कार्य में लगे हुए और उसकी समस्याओं पर विचार करने वाले लोग शहरी ही हैं, फिर भी दर्शक-वर्ग के विषय में कोई भी चर्चा देहाती जन-समुदाय पर ध्यान दिए बिना बहुत ही सीमित, संकीर्ण और अधूरी ही रहेगी। इसके अतिरिक्त देहातों के रंगमंच और उनके दर्शकों की कुछ स्थितियाँ न केवल शहरी रंगमंच जैसी हैं, बल्कि उनकी समझ शहरी रंगमंच के परिप्रेक्ष्य को अधिक स्पष्ट करने में सहायक हो सकती है। इसलिए पहले देहाती रंगमंच और उसके दर्शक-वर्ग पर एक सरसरी नज़र डालें।

इस बारे में सबसे पहली महत्त्वपूर्ण बात तो यह है कि हमारे देहातों का अपना अलग पारम्परिक रंगमंच जहाँ भी अभी मौजूद है, वहाँ वह अत्यन्त लोकप्रिय और सक्रिय है। उदाहरण के लिए, स्वाँग या नौटंकी को लीजिए, जो हिन्दी क्षेत्र का प्रमुख पारम्परिक नाट्य-रूप है। नौटंकी की बहुत-सी व्यावसायिक या अर्द्ध-व्यावसायिक मंडलियाँ आज भी मौजूद हैं और उनमें से कुछ तो सम्पन्न भी हैं। नौटंकी की कुछ गायिका-अभिनेत्रियों को डेढ़ से दो हज़ार रुपये माहवार तक वेतन मिलता

है और उनका प्रदर्शन देखने के लिए, जो घंटों, कभी-कभी सारी रात, चलता है, दस-दस, बीस-बीस हज़ार लोग तक इकट्ठे होते हैं। इन कलाकारों और दर्शकों के बीच बड़ा गहरा तादात्म्य हैं, और बहुत-से स्वाँग अभिनेताओं की भाँति दर्शकों को भी पूरे-के-पूरे याद होते हैं, जो अपने सुपरिचित प्रसंगों को देखने के और अपनी प्रिय धुनों को बार-बार सुनने के लिए सदा तैयार रहते हैं। प्रदर्शन का आयोजन अधिकांशत: किसी व्यक्ति, स्कूल या अन्य संस्था द्वारा किया जाता है, और उसी पर अकेले, या सामूहिक रूप से, मंडली को एक निश्चित रक़म देने तथा उसके आने-जाने और ठहरने-खाने के खर्च का भी प्रबन्ध करने की ज़िम्मेदारी होती है। दर्शकों के ऊपर प्राय: कोई शुल्क या टिकट की बाध्यता नहीं होती। पर उनमें से बहुतेरे अलग-अलग अभिनेता-अभिनेत्रियों से अथवा सम्पूर्ण प्रदर्शन से, प्रसन्न होकर अपनी इच्छा से कुछ-न-कुछ भेंट करते हैं। कई मंडलियाँ, विशेषकर शहरों और क़स्बों में, बहुत मामूली टिकट लगाकर भी प्रदर्शन करती हैं, और उनमें से कुछ की इतनी लोकप्रियता है कि प्रदर्शन-स्थान में जगह मिलना मुश्किल होता है।

किन्तु यह बात भी सच है कि इस असाधारण लोकप्रियता का आधार मूलत: मनोरंजन ही है और मनोरंजन के बेहतर और अधिक सुगम साधन उपलब्ध होने पर यह लोकप्रियता कम होना अनिवार्य है। दरअसल, यह देहाती रंगमंच और उसका यह दर्शक-वर्ग अब तेज़ी से विघटित होने लगा है। शिक्षा का प्रसार, औद्योगीकरण, रोज़गार की खोज में शहरों की ओर भागने की प्रवृत्ति और फ़िल्मों का बढ़ता हुआ आकर्षण—ये सब ऐसे तत्त्व हैं, जिनका प्रभाव रोका नहीं जा सकता। ये हमारे पारम्परिक नाट्यों के रूप को तो भ्रष्ट, विकृत, परिवर्तित और विघटित करते ही हैं, देहाती दर्शक-वर्ग को भी अपने सुपरिचित और प्रिय रंगमंच से उदासीन और अन्तत: विमुख करते जाते हैं। हिन्दी क्षेत्र का विशाल देहाती जन-समुदाय क्रमश: रंगमंचीय रिक्तता की ओर बढ़ रहा है, जिसे, अगर समय रहते कोई उपाय नहीं किया गया तो, सस्ती फ़िल्में ही भरेंगी।

यह बात इसलिए और भी महत्त्वपूर्ण है कि इन देहातों का युवा समुदाय बड़ी संख्या में शिक्षा और रोज़गार के लिए शहरों में भी आता है। शहरों के श्रमजीवियों, छोटे दुकानदारों, बाबुओं, शिक्षकों तथा छात्रों, छोटे वकीलों, डॉक्टरों का बड़ा अंश देहातों से आए लोगों का होता है, जो शहरों में रहकर भी देर तक, कई स्तरों और रूपों में, अपने देहाती संस्कार बनाए रखते हैं। शहर में आकर इस समुदाय का सम्बन्ध अपने रंगमंच से तो प्राय: टूट जाता है, पर शहरी रंगमंच से कोई सम्पर्क नहीं बनता। नाट्यानुभूति के नाम पर इसका परिचय एकमात्र बम्बइया फ़िल्मों से ही होता है, और वे ही उसकी रुचियों, अपेक्षाओं और आदर्शों को निर्धारित करती हैं। स्पष्ट है कि संस्कार के रूप में इस देहाती और अर्ध-देहाती जन-समुदाय का रंग-बोध ऐसे संगीत-नृत्य-प्रधान प्रदर्शनों से बना होता है जिनमें देश के ऐसे अति-

परिचित पौराणिक और लोकवार्ता के कथानकों और पात्रों का बोलबाला है, जो एक भावुकतापूर्ण या वीरतापूर्ण अथवा नैतिक-सामाजिक सन्देशयुक्त काल्पनिक जगत तैयार करते हैं।

यह जन-समुदाय सहज ही किसी भी बाह्य घटना-प्रवाह के साथ, अथवा जो कुछ भी दृश्य हो उसके साथ, तादात्म्य स्थापित कर पाता है। वह प्रदर्शन में एक प्रकार के 'काव्य न्याय' की अपेक्षा करता है कि यथासम्भव बुराई के लिए दंड और भलाई के लिए पुरस्कार इसी जीवन में मिल जाए। उसकी यह दृष्टि पारम्परिक तो है ही, कहीं-न-कहीं हमारे देहातों और क़स्बों की मौजूदा जीवन-व्यवस्था के अनुरूप भी है। और यद्यपि तेज़ी से बदलती आर्थिक-सामाजिक-सांस्कृतिक परिस्थितियों के कारण निस्सन्देह उसमें दरारें पड़ने लगी हैं, पर वे अभी इतनी बड़ी नहीं कि कोई मूलभूत या व्यापक परिवर्तन उत्पन्न कर सकें। बहरहाल, इस दृष्टि का एक अंश जिस सामाजिक और मानसिक जड़ता, पिछड़ेपन और गतानुगतिकता का परिणाम और सूचक है, बम्बइया फ़िल्में उसका लाभ उठाती हैं, और इस जन-समुदाय को उससे उबारने और अधिक गहरा, संश्लिष्ट और बदलता हुआ जीवन-बोध देने की बजाय, उसी को गहरा और मज़बूत करती हैं। सम्भावना के रूप में यह देहाती तथा अर्द्ध-देहाती जन-समुदाय हिन्दी रंगमंच का भी दर्शक-वर्ग है। पर इसके मौजूदा रंग-बोध और उसकी सामाजिक-सांस्कृतिक परिस्थितियों पर विचार करें तो यह स्पष्ट है कि जीवन की गहरी चेतना देने के लिए नितान्त भिन्न स्तर पर रंग-कार्य आवश्यक है।

अब हम आज के बाक़ी शहरी जन-समुदाय पर विचार कर सकते हैं। इसी के कुछ समूह आम तौर पर हमारे आधुनिक नाटकों को देखने आते हैं। इसमें कॉलेजों-विश्वविद्यालयों के अध्यापक तथा छात्र, बुद्धिजीवी, उच्च मध्यवर्गीय व्यापारी तथा कारख़ानेदार, सरकारी तथा निजी कार्यालयों में काम करनेवाले अफ़सर तथा अन्य नौकरीपेशा लोग, इंजीनियर, बड़े वकील, बैरिस्टर, डॉक्टर, सैनिक अधिकारी, राजनीतिक कार्यकर्ता, आदि-आदि आते हैं। महानगरों में कुछ विदेशी तथा अन्य भाषा-भाषी लोग भी शामिल किए जा सकते हैं। किन्तु यह शहरी समुदाय भी हिन्दी रंगमंच की दृष्टि से कई सुस्पष्ट स्तरों में बँटा हुआ है।

सामान्यत:, इसके एक अंश में तो देश की भाषाओं और उसमें होनेवाली गतिविधि के प्रति स्पष्ट उपेक्षा और तिरस्कार का अथवा अधिक-से-अधिक कृपा का भाव है। यह विदेशी संस्कृति से प्रभावित और उसी को आदर्श माननेवाला वर्ग है। इसके निकट रंगमंच या 'थिएटर' शाम को मिलने-जुलने का, सामाजिक सम्पर्कों का, महत्त्वपूर्ण व्यक्तियों को देखने और उनके बीच देखे जाने का प्रमुख साधन है। वह कुछ ऐसा कार्य है, जो 'सुसंस्कृत' समाज में उचित और हैसियतदारी का सूचक है, किसी गहरी आन्तरिक तृप्ति का एक रूप नहीं। जहाँ हमारे देहाती तथा देहातों से अभी तक सम्बद्ध शहरी जन-समुदाय का रंग-बोध और जीवन-बोध

अत्यधिक सरल, पारम्परिक और सतही है, वहाँ इस समुदाय का रंग-बोध विदेशी, फ़ैशनपरस्त, आडम्बरपूर्ण और खोखला है। इसकी हिन्दी या भारतीय रंगमंच और उसके विकास में कोई रुचि नहीं है। पर यह आज भी हमारे समाज का सबसे प्रभावशाली वर्ग है, जो हमारे सामाजिक जीवन-व्यवहार के मानक बनाता है। उसका ढोंग और आडम्बर और खोखलापन हमारे जीवन के हर पक्ष को प्रभावित कर रहा है, जिसका हमारे सांस्कृतिक, कलात्मक जीवन और मूल्यों पर व्यापक और नियामक प्रभाव पड़ता है।

शहरी शिक्षित समुदाय का दूसरा समूह वह है, जो हिन्दी नाटक करता, देखता, और देखना चाहता तो है, पर जो उससे सिर्फ़ मनोरंजन चाहता है, हिन्दी फ़िल्मोंवाले अनुभव को ही सजीव रंगमंच पर पाना चाहता है। नाटक के माध्यम से अपने लिए किसी महत्त्वपूर्ण उपलब्धि, जीवन के किसी गहरे सत्य से साक्षात्कार, किसी सार्थक अनुभव की खोज में उसकी दिलचस्पी नहीं। यह वही समुदाय है, जो गुलशन नन्दा और प्यारेलाल आवारा के उपन्यास और सनसनीपूर्ण कथा-साहित्य की पत्रिकाएँ पढ़ता है। देश की मौजूदा अर्थव्यवस्था में तेज़ी से धनी बननेवालों में से वे लोग जो संस्कारों अथवा परिस्थितियों के कारण अंग्रेज़ियत में नहीं रँग सके हैं, वे सभी इसी कोटि में आते हैं।

इस भाँति यह स्पष्ट है कि अब शहरी जन-समुदाय का भी एक बहुत ही छोटा अंश ऐसा बच गया, जो रंगमंच से सचमुच प्यार करता है, जो उसे बड़ी महत्त्वपूर्ण अभिव्यक्ति समझता है और उससे ऐसा कुछ पाने को उत्सुक है, जो उसे कोई अन्य कला-रूप नहीं दे सकता। वास्तव में, मौजूदा स्थिति में रंगमंच का सच्चा और टिकाऊ और गम्भीर दर्शक यही है, जो उसके लिए कुछ त्याग भी कर सकता है और करता है, उसे जीवित रखने के लिए उत्सुक है। निस्सन्देह यह आकार में बहुत ही छोटा है, पर सबसे मूल्यवान है। बोध के स्तर पर यह दर्शक-वर्ग सहज ही सन्तुष्ट नहीं होता। वह, एक ओर, रंग-कार्य का थोड़ा-बहुत जानकार होने के साथ-साथ उसे सम्मान और आदर की दृष्टि से देखता है, तो उसका आलोचक भी है, और उससे सार्थक अभिव्यक्ति के ऊँचे-से-ऊँचे मानक स्थापित करने की अपेक्षा रखता है। हमारी कोशिश इसी दर्शक-वर्ग को पाने, उससे गहरा सम्बन्ध जोड़ने और उसका अधिक-से-अधिक विस्तार करने की है।

हिन्दी-भाषी जन-समुदाय के विभिन्न स्तरों की पहचान के इस प्रयास से कई बातें उभरकर सामने आती हैं। हिन्दी रंगमंच के सम्भाव्य दर्शक-वर्ग में कुल मिलाकर सामाजिक-आर्थिक स्थिति के स्तरों की, शिक्षा की, संस्कारों की, रुचियों की, नाटक के प्रति दृष्टिकोण और उससे अपेक्षाओं की, इतनी भयावह विविधता है कि ऐसा सामान्य नाट्यरूप मिलना बड़ा कठिन है जिसके सभी दर्शक हो सकें। ऐसा सामान्य सूत्र तुरन्त नहीं दीख पड़ता, जो सभी को बाँधता हो। दीर्घकालीन

विदेशी शासन और भाषा ने भारतीय जीवन के विभिन्न स्तरों को, एक अत्यन्त सतही छिछली सामान्यता को छोड़कर, मूलत: परस्पर असम्बद्ध कर दिया है। उनके बीच सामान्य भाव-भूमि अथवा पारस्परिक सम्पर्क का अभाव है। स्वाधीनता-प्राप्ति के बाद यह प्रक्रिया तीव्रतर ही हुई है, घटी नहीं। फलस्वरूप, बुद्धिजीवियों, सृजनशील व्यक्तियों और जन-साधारण के बीच कोई सम्प्रेषण, कोई आदान-प्रदान, कोई सार्थक सम्बन्ध नहीं बचा है। रंगमंच-जैसी सामुदायिक और समाज-आश्रित कला-विधा के लिए इससे अधिक घातक स्थिति दूसरी नहीं हो सकती। आज समाज के हर स्तर के लिए अपना अलग प्रकार का रंगमंच चाहिए, ऐसा कोई रंगमंच नहीं जो किसी-न-किसी रूप में सबके लिए गम्य हो, सबके मन को स्पर्श कर सके। और यह प्रश्न मात्रा का नहीं गुण का है, क्योंकि प्रत्येक स्तर का जीवन-बोध भिन्न है, सौन्दर्य-बोध भिन्न है, रंग-बोध भिन्न है।

इस बात की झलक हिन्दी क्षेत्र की मौजूदा रंगमंचीय स्थिति में स्पष्ट है। पन्द्रह-बीस वर्ष पहले तक सक्रिय कलकत्ते की मूनलाइट कम्पनी या पृथ्वी थिएटर्स जैसी नियमित व्यवसायी मंडलियों के लिए दर्शकों की कभी कमी नहीं रही और उनके प्रदर्शनों में सदा भीड़ रहती थी—ठीक वैसे ही जैसे आज भी नौटंकी या रासलीला के प्रदर्शनों में भीड़ की या उससे सम्पूर्ण तादात्म्य कर सकनेवाले दर्शकों की कमी नहीं होती। कुछ-कुछ अव्यावसायिक स्तर पर दिल्ली के श्री आर्ट्स क्लब या कलकत्ते के अदाकार की है। सम्भवत: हिन्दी क्षेत्र में ऐसी अन्य मंडलियाँ भी होंगी। इन्हें भी दर्शकों की कमी नहीं होती, अथवा प्रारम्भ में हो भी तो शीघ्र ही नहीं रहती। ये प्राय: फ़िल्मों की ही भाँति सहज-सुबोध फ़ॉर्मूले के नाटक प्रस्तुत करती हैं, जिनमें उचित मात्रा में हास्य-व्यंग्य, रोमांस और सामाजिक सन्देश—सभी कुछ मौजूद रहता है। ऐसी मंडलियाँ देश के हर क्षेत्र में और हर भाषा में मौजूद हैं। बांग्ला और मराठी के व्यावसायिक थिएटर इसके जीते-जागते प्रमाण हैं। बम्बई में गुजराती में आदी मर्ज़बान के नाटक-प्रदर्शन भी इसी प्रकार के होते हैं और वे भी बेहद लोकप्रिय हैं। दिल्ली में ही सप्रू हाउस में होनेवाले पंजाबी नाटक भी इसी कोटि के हैं, जिनके टिकट एक ज़माने में 'काले बाज़ार' में बिकते थे। किसी के पास साधन, विशेषकर धन हो तो हिन्दी में इस स्तर पर व्यावसायिक मंडलियाँ भी सहज ही बनाई जा सकती हैं, जो कम-से-कम दर्शकों के अभाव में कभी न मरेंगी, बल्कि कोई ताज्जुब नहीं कि बांग्ला के व्यवसायी थिएटरों की भाँति एक-एक नाटक के सैकड़ों प्रदर्शन करने में सफल हो जाएँ।

इसी प्रकार हर नगर की बहुसंख्यक शौक़िया मंडलियाँ भी हैं, जो साल भर में एक-दो नाटकों के एक-दो प्रदर्शन करती रहती हैं। यदि इनके सदस्य साधन-सम्पन्न हुए तो, चाहे प्रदर्शन किसी भी स्तर का हो, पर्याप्त दर्शक सप्रयास टिकट-बिक्री (पुश सेल) द्वारा अथवा आमंत्रण द्वारा जुटा लिये जाते हैं। ऐसी बहुत-सी मंडलियाँ

प्राय: स्मारिका के लिए बहुत सारे विज्ञापन जमा करने में भी सफल हो जाती हैं। वास्तव में, उनकी समस्या दर्शक-वर्ग होती ही नहीं, किसी तरह अपना प्रदर्शन का शौक़ पूरा कर पाना ही उद्देश्य होता है! क्योंकि यदि दर्शक हों भी तो वे दो-तीन से अधिक प्रदर्शन करने की स्थिति में ही नहीं होतीं, बल्कि करना नहीं चाहतीं, क्योंकि सदस्यों को अभिनय और उसके द्वारा आत्मप्रदर्शन से मिलनेवाली उत्तेजना और नवीनता पहले ही प्रदर्शन में प्राप्त हो चुकी होती है। इस कारण कई बार तो ऐसी मंडलियों के अच्छे प्रदर्शन भी एक-दो बार दिखाए जाने के बाद सदा के लिए मर जाते हैं। इस कोटि के रंगमंच के लिए दर्शक-वर्ग का निरन्तर अधिकाधिक संख्या में सुलभ हो सकना कोई अर्थ नहीं रखता। वैसे भी जो केवल शौक़ के लिए नाटक करते हैं, जिनके लिए रंग-कार्य अन्य 'सामाजिक कार्य-कलाप' के एवज में है, उनके लिए दर्शक-वर्ग मिलने न मिलने को लेकर परेशान होना आवश्यक नहीं।

इस प्रकार अब अन्त में केवल वही रंगमंच रह गया, या वे ही दल और रंगकर्मी रह गए, जिनके लिए नाटक खेलना एक गम्भीर और महत्त्वपूर्ण कार्य है, जो नाटक और उसके प्रदर्शन के माध्यम से अपने जीवन का अर्थ खोजते हैं, अपने-आपको पहचानना चाहते हैं, और बाक़ी जगत से अपने तथा अन्य सम्बन्धों की असलियत समझना चाहते हैं। उनके लिए रंग-कार्य सबसे बड़ी और सार्थक ज़िम्मेदारी का कार्य है, निरा तमाशा नहीं। ये लोग अपनी इस ज़िम्मेदारी को पूरा करने और अपनी इस तलाश को सम्भव बनाने के लिए ही नहीं, दूसरों को उसमें सहभागी बनाने के लिए भी, दर्शकों को आवश्यक समझते हैं। ऐसी मंडलियाँ अव्यवसायी भी हो सकती हैं, और, रंगमंच को जीवन का सर्वप्रमुख कार्य बनाकर आजीविका के लिए भी उस पर निर्भर होने के अर्थ में, व्यवसायी भी हो सकती हैं।

इन मंडलियों के लिए दर्शक-वर्ग की समस्या कई रूपों में है। एक, इन्हें विशेष प्रकार के, गम्भीर, मानवीय सार्थकता की खोज करनेवाले नाटकों के लिए दर्शक-वर्ग चाहिए। (यहाँ यह स्पष्ट कर देना शायद आवश्यक है कि गम्भीर नाटकों का अर्थ केवल दुखान्त या करुण त्रासदी नाटकों से ही नहीं है, सुखान्त या कामेदी नाटक भी उतने ही सार्थक, महत्त्वपूर्ण और गम्भीर हो सकते हैं और होते हैं। मुख्य प्रश्न नाटक के प्रकार या शैली का नहीं, उसमें प्रस्तुत प्रसंग की मानवीय सार्थकता और उसकी रूपगत अन्विति और कलात्मकता का है।) दो, अपने नाटक के मात्र एक-दो प्रदर्शन से उन्हें सन्तोष नहीं होता। उन्हें पर्याप्त संख्या में दर्शक चाहिए, जिससे अपने विशेष जीवन-बोध में वे अधिक-से-अधिक व्यक्तियों को सहभागी बना सकें। तीन, इन्हें निरन्तर एक के बाद एक नाटक के लिए लगातार दर्शक-वर्ग चाहिए, ताकि यथार्थ के अथक अन्वेषण के इस रोमांचक अभियान में एक प्रकार की पारस्परिकता और निरन्तरता स्थापित हो सके। चार, इसीलिए इन्हें ऐसे दर्शक चाहिए जो स्वयं संवेदनशील हों और जिन्हें कहीं-न-कहीं स्वयं भी, चाहे जितने

अचेतन रूप में, ज़िन्दगी के अर्थ की तलाश हो। और इन मंडलियों का काम दो घंटे के लिए हँसने-हँसाने अथवा सस्ती भावुकता और उद्‌देश्यपरकता के फ़ॉर्मूलों से सन्तुष्ट होनेवाले दर्शकों से नहीं चलता।

हिन्दी-भाषी जन-समुदाय अथवा हिन्दी रंगमंच के सम्भाग्य दर्शक-वर्ग के विभिन्न स्तरों को पहचानने की कोशिश में पहले ही हम उस दर्शक-वर्ग का उल्लेख कर चुके हैं, जो इन आवश्यकताओं को पूरा करता है। गम्भीर रंगमंच की सारी कोशिश इसी दर्शक-वर्ग को पाने की, उससे गहन सम्बन्ध जोड़ने की, और उसका विस्तार करने की है, अथवा होनी चाहिए। निस्सन्देह, जैसा कि कहा जा चुका है, यह दर्शक-वर्ग सचमुच बहुत सीमित और अल्प है, किन्तु यह हमारे देश की, विशेषकर हिन्दी-भाषी क्षेत्र की सम्पूर्ण सांस्कृतिक-सामाजिक स्थिति में ही निहित है। सार्थक महत्त्वपूर्ण सृजनात्मक कार्य के लिए श्रोताओं, पाठकों या दर्शकों का समुदाय साधारणत: किसी जगह किसी युग में बहुत बड़ा नहीं होता। पर आज हम विशेष रूप से न केवल अपने पिछले इतिहास के अनेक अवरोधकारी तत्त्वों का बोझा ढो रहे हैं, बल्कि सामाजिक-सांस्कृतिक विकास के ऐसे दौर से गुज़र रहे हैं, जिसमें प्रबुद्ध, संवेदनशील, गम्भीर दर्शक-समुदाय का विस्तार बहुत आसानी से नहीं हो सकता।

कम-से-कम यह केवल रंगमंच की समस्या नहीं, एक बड़ी व्यापक सामाजिक-सांस्कृतिक परिस्थिति का अंग है, जिसे बदलने के लिए कई स्तरों पर एक साथ बुनियादी परिवर्तन और उथल-पुथल आवश्यक है। अपने क्षेत्र में गम्भीर रंगकर्मी को यह संघर्ष दो स्तरों पर एक साथ करना है—दर्शक-वर्ग का निर्माण भी और उसका संस्कार भी। जिस समाज का बहुभाग जन-समुदाय अभी तक दीर्घकालीन जड़ता-संकीर्णता में जकड़ा हो, और जिसका नेतृत्व विदेशी और उधार ली हुई छद्‌म संस्कृति तथा ढोंग और आडम्बर से आक्रान्त हो, उसमें बड़ी संख्या में प्रबुद्ध दर्शक-वर्ग के सहज निर्माण की आशा करना भ्रामक ही है। वास्तव में, प्रश्न केवल रंगमंच के दर्शक-वर्ग की प्रबुद्धता का नहीं, जन-जीवन में व्यापक रूप से, और अनेक स्तरों पर, प्रबुद्धता का है। उस व्यापक परिप्रेक्ष्य से काटकर हम रंगमंच के दर्शक-वर्ग की समस्या नहीं सुलझा सकते।

किन्तु यही वह बिन्दु है, जहाँ आज का रंगकर्मी सबसे अधिक दुविधा और असमंजस का सामना करता है और अपने-आपको अनेक प्रकार के दबावों और प्रभावों के आमने-सामने पाता है। जैसे, यह तर्क कि रंगमंच का दर्शक-वर्ग चाहे जैसे पैदा तो पहले हो, उसको प्रबुद्धता की बात बाद में देख ली जाएगी। पर यह व्यर्थ का दिग्भ्रम है। सप्रू हाउस के पंजाबी नाटकों का प्रेमी दर्शक-वर्ग कभी सहज ही राष्ट्रीय नाट्य विद्यालय रंगमंडल के नाटकों का विश्वसनीय दर्शक-वर्ग नहीं बन सकेगा। उसको प्रबुद्ध बनाना नए दर्शकों को आकर्षित करने से कहीं अधिक जटिल

और कठिन है। इसी प्रकार गम्भीर नाटक-मंडली को यह निर्मम सत्य स्वीकार कर ही लेना होगा कि फ़िल्मों-जैसी अथवा कैबरे या शयन कक्ष में अर्धनग्न स्त्री-देह दिखानेवाले व्यवसायी रंगमंच-जैसी सफलता उसे कभी नहीं मिल सकेगी। वैसी सफलता और लोकप्रियता के नुस्ख़े, उपाय और साधन सभी कुछ भिन्न हैं, जिनका प्रबुद्धता से कोई लेना-देना नहीं।

मोटे तौर पर, गम्भीर और सार्थक कलात्मक रंगमंच की यह नियति ही है कि वह केवल दर्शकों के बल पर आत्मनिर्भर नहीं हो सकता। किसी-न-किसी रूप में समुदाय का अतिरिक्त विशेष सहयोग और संरक्षण पाए बिना उसका अस्तित्व सदा संकटग्रस्त रहेगा। इसलिए उसे आँख मीचकर चाहे जिस उपाय से दर्शक-समुदाय के विस्तार की मृग-मरीचिका की ओर नहीं भागना चाहिए। उसे भी, निश्चय ही, दर्शकों की अनिवार्य आवश्यकता है, और अधिक-से-अधिक दर्शकों की आवश्यकता है। पर उन्हें चाहे जिस शर्त पर पाने की कोशिश या छटपटाहट घातक है, बल्कि एक हद तक अपनी ही शर्तों पर उन्हें पाने का प्रयास करना होगा। दूसरे शब्दों में, जैसा पहले कहा गया, कलात्मक रंगमंच को अपने दर्शक-वर्ग का निर्माण और संस्कार एक साथ ही करना होगा। इसके सिवाय और कोई चारा नहीं। यह दर्शक-वर्ग की अवज्ञा करना नहीं, बल्कि स्पष्टतः, यह समझ लेना है कि वास्तव में हमारा दर्शक-वर्ग कौन है, कैसा है, और हम उसे किस प्रकार पा सकते हैं।

हिन्दी रंगमंच के सन्दर्भ में—जो एक प्रकार से संसार के सभी देशों के, विशेषकर प्रायः सभी भारतीय भाषाओं के, रंगमंचों का सन्दर्भ भी है—एक बार इस स्थिति को ठीक-ठीक समझ लेने के बाद, सम्भवतः, इस प्रश्न का सामना अधिक व्यावहारिक और ठोस स्तर पर भी किया जा सकता है कि हमारा रंगमंच कैसे अपने लिए उपयुक्त दर्शक-वर्ग प्राप्त करे। जैसे, दर्शक-वर्ग को आकर्षित करने के लिए रंग-सृष्टि के स्तर को गिराने के बजाय गम्भीर मंडली को अपना कार्य अधिक निष्ठा और लगन के साथ और कहीं अधिक नियमितता के साथ करना होगा। सफलता के लिए संवेदनशीलता, सार्थक दृष्टि और सुरुचि को त्याग देने की बजाय इनके सम्प्रेषण के कठिनतर कार्य से जूझना होगा। इसी बात को यों भी कह सकते हैं कि सिर्फ़ दिल-बहलाव के लिए नाटक खेलने की बजाय सचमुच किसी गहरी और तीव्र आन्तरिक प्रेरणा से नाटक खेलना होगा। मंडली का संगठनात्मक रूप चाहे जो हो, पर जब तक उसका कार्य शौक़िया स्तर से हटकर गहरे स्तर पर नहीं होगा, जब तक उसमें पेशेवर रंगकर्मी की कुशलता, निपुणता और परिपूर्णता नहीं होगी, तब तक वह न तो अपने दर्शक-समुदाय का विस्तार कर सकेगी और न उसे टिकाए रख सकेगी।

वास्तव में, दर्शक-वर्ग के विस्तार और संस्कार की समस्या बहुत बड़ी हद तक स्वयं रंगकर्मियों के निजी मानसिक संस्कार और आत्मान्वेषण की, उनकी अपनी

प्रबुद्धता की समस्या है। हमारे रंगकर्मी को सस्ती लोकप्रियता के नुस्ख़े-तलाश करने की बजाय यह समझना होगा कि भारतीय मानस के साथ गहराई में जाकर तादात्म्य स्थापित कैसे हो, और रंगमंच सुविधा तथा साधन-सम्पन्न उच्चवर्गीय शौक़ीनों के कार्य-कलाप तथा मनोरंजन की स्थिति से निकलकर व्यापक जन-समुदाय के मर्म का स्पर्श कैसे करे, कैसे उसके यथार्थ जीवन-संघर्ष के विभिन्न रूपों और स्तरों को, उसके सुख-दुख, आशा-आकांक्षाओं को, उसकी हालत को, रंगमंच पर मूर्त करे।

आज भी हमारा रंगकर्मी प्राय: गम्भीर और सूक्ष्म तथा संवेदनशील होने का प्रयास करते ही तुरन्त कोई-न-कोई विदेशी भंगिमा अपना लेता है, जो उसे भारतीय जीवन के भाव-जगत और व्यवहार-रूपों से और भी दूर ले जाती है। उस उधार ली हुई बौद्धिकता और आधुनिकता के मायाजाल से मुक्ति पाना बहुत आवश्यक है, तभी हम सस्ती युक्तियाँ अपनाए बिना भी अपने देश के जन-समुदाय के प्रत्येक स्तर को छू सकेंगे। रूप और शिल्प के स्तर पर, नाटक प्रदर्शन के यथार्थवादी ढाँचे को तोड़कर उसमें अधिक कल्पनामूलक तत्त्वों का समावेश, तड़क-भड़क और मंचन सम्बन्धी तिकड़मों की बजाय शिल्पगत सहजता और सरलता की प्रतिष्ठा, और प्रदर्शन में निहित कथ्य की मानवीय सार्थकता की खोज और उसके सम्प्रेषण का कष्टसाध्य प्रयास—ये तत्त्व ही हमारे रंगमंच को सामाजिक महत्त्व के साथ-साथ आवश्यक विस्तार और स्थिरता दे सकते हैं। गम्भीर रंगमंच के लिए और कोई रास्ता नहीं है।

अन्त में, स्वत: सिद्ध होने पर भी यह बात दोहराना आवश्यक है कि दर्शक-वर्ग की वास्तविक समस्या गम्भीर रंगमंच के ही सामने है, लोकप्रियता के पीछे भागनेवाले रंगमंच के सामने नहीं। दूसरी ओर, सामाजिक और व्यक्तिगत दोनों ही दृष्टियों से सार्थक रंग-कार्य गम्भीर मंडलियों का ही है। संसार में हर जगह, हर युग में रंगमंच को आगे ले जाने का कार्य ऐसी मंडलियाँ ही करती रही हैं, जो सस्ती लोकप्रियता के चक्कर में न पड़कर रंगमंच के माध्यम से जीवन की सार्थक अनुभूति को अधिक-से-अधिक प्रभावी ढंग से प्रस्तुत और सम्प्रेषित करने के सृजनात्मक प्रयास से उलझती रहीं। हम भी अधिक-से-अधिक दर्शक जुटाने की समस्या को इस व्यापक सन्दर्भ में ही ठीक से समझ सकते हैं और शायद सुलझा सकते हैं।

संस्कृत नाट्य-परम्परा की प्रासंगिकता

नाटक और प्रदर्शन के पक्षों की जो चर्चा अभी तक की गई, वह रंग-कार्य के सामान्य तत्त्वों को लेकर थी—ऐसी बातों के बारे में थी जो कहीं भी किसी भी तरह के नाटक को समझने और प्रस्तुत करने के लिए ज़रूरी होती हैं, या उसे प्रभावित करती हैं। पर भारतीय नाट्यकर्मी को जिस रंग-परिवेश में काम करना होता है वह कई तरह की अन्तर्धाराओं से मिलकर बना है, जो उसकी समझ और काम दोनों को कई स्तरों पर और कई रूपों में प्रभावित करती रहती हैं। वह एक साथ ही संस्कृत की प्राचीन शास्त्रीय, क्षेत्रीय भाषाओं की मध्यकालीन लोकानुगामी, और दो-ढाई हज़ार वर्ष की पश्चिमी नाट्य-परम्पराओं के दबाव का सामना या अनुभव करता है, और अपने काम में उसे कई प्रकार से इनकी अलग-अलग ज़रूरतों और सीमाओं को समझना और उनसे समझौता करना पड़ता है। पिछले तीस-पैंतीस वर्षों में इन दबावों के अपने अलग-अलग और पारस्परिक सम्बन्ध-मूलक कई चरण रहे हैं, और अपने देश के रंग-कार्य पर विचार करने के लिए इन तीनों अन्तर्धाराओं के रूप और प्रभाव को समझना ज़रूरी है। इस और अगले अध्यायों में इन पर कुछ विस्तार से विचार किया जाएगा।

सबसे पहले संस्कृत की पुरानी शास्त्रीय नाट्य-परम्परा को ही लें। यह तो स्पष्ट ही है कि आज के रंगकर्मी के लिए यह चाहे जितनी मूल्यवान हो, उसे अपने रंग-कार्य में जीवन्त रूप में समाविष्ट कर सकना बहुत आसान नहीं है। संस्कृत नाटक आज से सर्वथा भिन्न सामाजिक-सांस्कृतिक परिवेश में, एक सर्वथा भिन्न, आज प्राय: अपरिचित विस्मृत, रंग-दृष्टि को लेकर लिखे गए थे। उनकी रचना-शैली, और उसमें निहित नाट्य-रूढ़ियाँ तथा नाटकीय उद्देश्य, इस युग के लिए भिन्न ही नहीं, कई तरह से सर्वथा अपरिचित प्रकार के हैं। इसी भाँति उनका दर्शक-वर्ग भी विशिष्ट और भिन्न श्रेणी का, और आज से सर्वथा अलग-ढंग की अपेक्षाओंवाला था। इन कारणों से संस्कृत नाटकों के कलात्मक प्रदर्शन के लिए, उनमें निहित रंगमंच को पुनर्जीवित करने के लिए, या संस्कृत नाट्य-परम्परा का आज के सृजनात्मक रंग-कार्य में इस्तेमाल करने के लिए, मुख्य समस्या, एक स्तर पर, विशद जानकारी की है, तो दूसरे स्तर पर, अत्यन्त सूक्ष्म, संवेदनशील तथा सूझ-बूझवाली रंगदृष्टि

की भी है—ऐसी दृष्टि कि जो आज के रंगमंच और दर्शक-वर्ग को भी पहचानती हो, और साथ ही मूल शैली की रंगमंचीय सार्थकता के प्रति आस्थावान भी हो।

वास्तव में, आधुनिक भारतीय रंगमंच के लिए संस्कृत नाटक साहित्य, *नाट्यशास्त्र* तथा प्राचीन प्रदर्शन-पद्धति—तीनों का ही महत्त्व अद्वितीय और अनन्य है, फिर आज उसे अपने लिए सार्थक और जीवन्त बना सकने में कितनी ही कठिनाइयाँ और उलझनें क्यों न हों। यह हमारे देश के सांस्कृतिक जीवन के अन्तर्विरोध की ही एक अभिव्यक्ति है कि हमारे अधिकांश रंगकर्मियों और नाटक-प्रेमियों को संस्कृत नाटक बहुत दिनों तक निरर्थक और उपेक्षणीय लगते रहे, और बहुतों को आज भी लगते हैं, जबकि पश्चिमी देशों के कई कल्पनाशील रंगचिन्तक और रंगस्रष्टा, अपने रंगमंच को जीवन्त और अभिव्यंजनापूर्ण बनाने के लिए, प्राच्य और भारतीय रंगमंच की ओर उन्मुख हो रहे हैं।

यह निर्विवाद है कि संस्कृत नाटकों में एक अत्यन्त उच्च सृजनात्मक स्तर की नाट्य-कृतियों का भंडार है, केवल साहित्य की ही दृष्टि से नहीं, रंगमंच पर प्रस्तुत करने के उपयुक्त आलेखों की दृष्टि से भी। *अभिज्ञान शाकुन्तल, विक्रमोर्वशी, मृच्छकटिक, स्वप्नवासवदत्ता, उरुभंग, मध्यम व्यायोग, अविमारक, प्रतिमा, मुद्राराक्षस, उत्तर रामचरित, रत्नावली, भवद्ज्जुकम,* आदि नाटक विषयगत विविधता और रोचकता के लिए, जीवन के सूक्ष्म अवलोकन के लिए, वातावरण की विशिष्टता के लिए, और शैलीगत नवीनता के लिए, बड़ा व्यापक क्षेत्र प्रस्तुत करते हैं। उनमें वह काव्य-तत्त्व पर्याप्त मात्रा में है जो नाटक को नीरसता से निकालकर जीवन की गहराई में स्थापित करता है। उनमें इतने प्रकार के इतने अधिक अभिनेय पात्र हैं जो किसी भी क्षमतावान अभिनेता के किए आकर्षण का भी कारण हो सकते हैं और चुनौती का भी। उनको मंच पर रूपायित करने का प्रयास उसके लिए गतानुगतिकता और तुच्छता से निकलकर एक कल्पनाशील संसार की सृष्टि का प्रयास सिद्ध होगा, जिसमें उसकी अभिनय प्रतिभा को अभिव्यक्ति के महत्त्वपूर्ण अवसर मिल सकेंगे, क्योंकि अन्ततः ये नाटक अभिनेता को ही प्रधानता देते हैं, और अपने सम्पूर्ण प्रस्फुटन के लिए अभिनय प्रतिभा पर ही निर्भर हैं। इनमें प्रस्तुत भावों एवं स्थितियों में, और सम्पूर्ण कार्य-व्यापार में, एक प्रकार की उन्मुक्तता और तरलता है, जो कल्पनाशील अभिनय-संयोजन की माँग करती है; संगीत और नृत्य अथवा नृत्यात्मक गतियों के साथ नाट्य का, अभिनय का, ऐसा समन्वय है जो किसी भी निर्देशक को अपनी कल्पनाशीलता और उपज के भरपूर उपयोग का अवसर देता है। रंगसज्जा की दृष्टि से भी उनका परिवेश अत्यन्त ही सूक्ष्म कलाबोध और सुरुचिपूर्ण दृश्यात्मक कल्पनाशीलता की अपेक्षा रखता है।

किन्तु इस सबके बाद भी यदि ये नाटक सहज ही रंगमंच पर जीवन्त नहीं हो पाते तो उसका कारण क्या है? एक तो यही कि हम उन्हें या तो *नाट्यशास्त्र* में

लिखे हुए नियमों को कट्टर, शाब्दिक, शास्त्रीय और प्राय: रंग कल्पनाहीन ढंग से लागू करके प्रस्तुत करना चाहते हैं, या पश्चिम की यथार्थवादी अथवा प्रयोगवादी रंग-शैलियों के आधार पर। किन्तु ये दोनों ही रवैये मूलत: अपर्याप्त और भ्रामक हैं।

सबसे पहली बात तो यह है कि वे एक विशेष सामाजिक स्थिति की, सांस्कृतिक परिवेश और जीवनदृष्टि की, उपज हैं। उस पूरे सांस्कृतिक-मानसिक परिवेश को गहराई से समझे बिना इन नाटकों की आत्मा तक नहीं पहुँचा जा सकता। उनका आधार दो विरोधी स्थितियों का पारस्परिक संघर्ष नहीं, बल्कि एक समग्र स्थिति के, अपनी आन्तरिक गति के फलस्वरूप, एक सन्तुलन की अवस्था में पहुँचने की अवधारणा है। जीवन को केवल संघर्ष के रूप में ही देखना क्यों अनिवार्य है? संस्कृत नाटककार अपने जीवन के बोध को जिस स्तर पर स्थापित करता है, वहाँ संघर्ष और उसकी चरम विस्फोटक परिणति का प्रश्न अवान्तर है। जीवन में संघर्ष है, हांता है; पर केवल उसी के माध्यम से, केवल उसी के सन्दर्भ में, अनुभव को रखना नाटक के लिए अनिवार्य क्यों माना जाए? एक सर्वथा भिन्न स्तर पर भी मानव-सम्बन्धों के पारस्परिक संघात और उसकी गति को, व्यापार को, प्रस्तुत किया जा सकता है। पश्चिमी नाटक से भिन्न, संस्कृत नाटक के इस उद्देश्य को, और उसी के अनुरूप विकसित किए गए शिल्प को, समझकर इन नाटकों के केन्द्रीय कार्य-व्यापार और उनकी गति, उनकी जटिलता तथा संश्लिष्टता और उनसे जुड़े हुए उसके नाट्य-रूप को, ग्रहण किया जा सकता है। उस विशिष्ट जीवन-दृष्टि और सौन्दर्य-बोध से विच्छिन्न करके उन पर आधुनिक यथार्थवादी अथवा प्रयोगवादी दृष्टियों का आरोप अविवेकपूर्ण ही नहीं है, उनके कारण ही इन नाटकों का अपना विशिष्ट रंग-सौन्दर्य और नाट्यरूप पकड़ में नहीं आता।

दूसरी महत्त्वपूर्ण बात यह है कि संस्कृत नाटक 'सहृदय' के लिए, एक विशेष प्रकार से प्रशिक्षित और संवेदनशील दर्शक-वर्ग के लिए अभिप्रेत थे। उनके पूरे आस्वाद के लिए किसी हद तक दर्शक में भी उसी प्रकार की पहले से तैयारी आवश्यक है जैसी भारतीय शास्त्रीय संगीत या नृत्यों के आस्वादन के लिए आवश्यक होती है। दूसरे शब्दों में, बड़े सामूहिक प्रदर्शनों के बजाय पहले वे प्रबुद्ध दर्शक-वर्ग में घनिष्ठता और आत्मीयतापूर्ण प्रदर्शन के लिए अधिक उपयुक्त हैं। एक बार उनको जीवन्त रूप में प्रस्तुत करने की परिपाटी चल पड़ने पर उनके दर्शक-वर्ग का विस्तार निस्सन्देह हो सकता है।

संस्कृत नाटकों के प्रदर्शन में भी कई स्तरों की कठिनाइयाँ हैं। सबसे पहले तो यही कि उन्हें संस्कृत में किया जाए या किसी आधुनिक भाषा में अनुवाद करके? बेशक, इन नाटकों का सौन्दर्य उनकी भाषा के साथ गहरा जुड़ा हुआ है, और उसका पूरा और वास्तविक आस्वाद मूल संस्कृत में प्रदर्शन द्वारा ही मिल सकता है। मगर, दूसरी ओर नाटक-जैसी सामूहिक अभिव्यक्ति ऐसी भाषा में कभी सार्थक

नहीं हो सकती जो किसी की मातृभाषा नहीं है, जिसमें अभिनेता या दर्शक-वर्ग अपना दैनन्दिन जीवन नहीं जीता। ऐसे प्रयत्न में किसी सार्थक भावाभिव्यक्ति और भावानुभूति का प्रश्न ही नहीं उठता और सम्पूर्ण प्रयास के एक संग्रहालयी अचरज मात्र बनने की आशंका ही अधिक रहती है।

हमारे आज के समाज में ऐसे लोग मिलना प्रायः असम्भव नहीं तो बहुत ही कठिन अवश्य है जो संस्कृत को सहज ही बोल सकते हों, और अच्छे निपुण और-सूक्ष्म दृष्टि सम्पन्न अभिनेता भी हों। यही कारण है कि पिछले दशकों में संस्कृत नाटकों को संस्कृत में ही करने के लगभग सभी प्रयास पुनरुत्थानवादी अथवा प्राच्य विद्या के पंडितों के प्रयास मात्र रह जाते हैं, जिनका सृजनशील रंग अभिव्यक्ति से कोई सम्बन्ध नहीं होता। बहरहाल, अगर इन नाटकों का देश के व्यापक रंग-जीवन, रंगकर्मियों और दर्शक-वर्गों पर कोई उल्लेखनीय प्रभाव अभिप्रेत हो, तो वह उनके आधुनिक भारतीय भाषाओं में अनुवादों के प्रदर्शन से ही सम्भव है।

मगर इनके अनुवाद की समस्या भी कम उलझी हुई नहीं है। आज भी प्रमुख नाटकों तक के अभिनयोपयोगी अनुवाद किसी भाषा में उपलब्ध नहीं हैं। हिन्दी-भाषी रंगमंच के लिए यह कठिनाई और भी तीव्र है। हिन्दी में उपलब्ध अधिकांश अनुवाद या तो निरे शब्दार्थ मात्र हैं या बेहद पंडिताऊ, बोलचाल की अथवा नाटकीय, अभिनयोपयुक्त भाषा से कोसों दूर। किसी हद तक भारतेन्दु के *मुद्राराक्षस,* मोहन राकेश के *मृच्छकटिक,* भारतभूषण अग्रवाल के *उरुभंग,* और राष्ट्रीय नाट्य विद्यालय में किए गए *भगवद्ज्जुकम, स्वप्नवासवदत्ता* और *मध्यम व्यायोग* ही रंगमंच के उपयुक्त अनुवाद हैं, यद्यपि पिछले वर्षों में संस्कृत नाटक में रंगकर्मियों की दिलचस्पी बढ़ने के फलस्वरूप कुछ अन्य नाटकों के भी अनुवाद हुए हैं। मगर इन सभी में अनुवाद की भाषा की मूल के काव्य-सौन्दर्य को अभिव्यक्त करने में सक्षमता तथा अभिनय के लिए उपयुक्तता के बीच तनाव बना रहता है।

इसके विपरीत हबीब तनवीर या क़ुदसिया ज़ैदी द्वारा किए गए उर्दू या तथाकथित हिन्दुस्तानी अनुवादों में, संस्कृत नाटकों की सामाजिक-सांस्कृतिक पृष्ठभूमि से गहरा परिचय तथा किसी हद तक तादात्म्य न होने के कारण, एक भिन्न प्रकार की आत्यन्तिक कठिनाई है। उनकी भाषा कम-से-कम हिन्दी-भाषी पाठक या दर्शक के मन में मुस्लिम अथवा मुस्लिम प्रभावों से परिपूर्ण संस्कृति से जुड़ी होने से अकसर अपनी भाव-सम्बद्धता खो देती है, और बहुत बार तो वह उन विशेष सूक्ष्मताओं को अभिव्यक्त ही नहीं कर पाती जो मुस्लिम संस्कृति में नहीं थीं, और जिनके लिए भारत-भर में प्रायः संस्कृत उद्गम के शब्द और पर्याय ही अनिवार्य हैं। इन अनुवादों में एक प्रकार की बनावट, सतहीपन और तीव्र सरलीकरण का आभास बना रहता है, जिससे अनूदित संस्कृत नाटकों का काव्य, उनकी प्रगीतात्मक तरलता, और उनका विशिष्ट वातावरण नष्ट हो जाता है।

संस्कृत नाटकों के उपयोगी अनुवाद रंग-कार्य से जुड़े हुए लोगों के द्वारा अथवा उनके सक्रिय सहयोग से ही किए जा सकते हैं। साथ ही, अनुवादक को न केवल संस्कृत भाषा और नाट्य-रूढ़ियों की जानकारी, बल्कि स्वयं अपनी भाषा में काव्य-भाषा की व्यंजना-शक्ति और उसके नाटकीय संयोजन की समझ होना आवश्यक है, जिससे वह संवादों के बहुस्तरीय संयोजन को अनुवाद में भी सुरक्षित रख सके। संस्कृत नाटकों के मूल संवाद एक साथ ही साधारण बोलचाल, काव्यात्मक पाठ, सस्वर पाठ और गेय पद का उपयोग करते हैं, गद्य, पद्य और गीत का उपयोग करते हैं। यथासम्भव अनुवाद में भी यह वैचित्र्य आवश्यक है।

इनके प्रदर्शन की मुख्य समस्या एक उपयुक्त शैली की खोज की है, जिसके आधार पर अभिनय—यानी रंग-भाषण, गति-विधान, चर्या, भावाभिव्यक्ति आदि—दृश्य सज्जा, वेशभूषा, गीत, संगीत, नृत्य आदि के लिए एक विशेष रीतिबद्धता का रूप निर्धारित हो सके, मंच पर देश-काल को प्रस्तुत करने की, प्रवेश-प्रस्थान की, अथवा 'नाट्यति', 'परिक्रामति' जैसी या जनान्तिक, अपवारित, आकाशभाषित जैसी संस्कृत रंगमंच की विविध रूढ़ियों को एक सूत्र में, एक अन्विति में, बाँध सके।

ऊपर संस्कृत नाटक की भाषा में गद्य, पद्य तथा गीत के समावेश का ज़िक्र किया गया। अभिनय के स्तर पर इन विविध रूपों के अलग-अलग प्रयोग की सार्थकता अभिनेता के मन में स्पष्ट होना आवश्यक है; साथ ही, उसका अभिनय की भाषा पर पूरा अधिकार होना, संवादों के काव्यात्मक अर्थों और व्यंजनाओं के प्रति संवेदनशील और उनको अभिव्यक्त करने के लिए प्रशिक्षित होना भी आवश्यक है। तभी वह उनका निहित काव्य, उनका बिम्ब-प्रधान स्वरूप सम्प्रेषित कर सकेगा। इसी प्रकार की कठिनाई रवीन्द्रनाथ ठाकुर के नाटकों में संवादों को बोलने में हुआ करती थी और उनकी आन्तरिक लय तथा उसकी सार्थकता को न पकड़ने पाने के कारण अधिकांश बांग्ला अभिनेता उनको ठीक से बोल न पाते थे। वे या तो बनावटी हो जाते या निर्जीव सुनाई पड़ते। शम्भु मित्र और बहुरूपी के अभिनेताओं ने बड़े धैर्य और परिश्रम से इस कठिनाई को दूर किया और अब उनके प्रदर्शनों में वे संवाद अपनी समस्त चित्रमयता, काव्यात्मकता और संश्लिष्टता के साथ ही इतने मार्मिक और प्रभावी सुनाई पड़ते हैं। संस्कृत नाटकों के संवादों के प्रस्तुतीकरण में भी इसी प्रकार की कल्पनाशीलता की आवश्यकता है।

इसी प्रकार गतियों में भी साधारण दैनन्दिन चाल, लयबद्ध गति और नृत्य-मूलक गतियों का सुचिन्तित संयोजन चाहिए। *नाट्यशास्त्र* में वर्णित सभी करण, अंगहार और चालियाँ आदि नाटकोपयोगी नहीं हैं, अधिकांश तो केवल नृत्य के लिए उपयुक्त हैं। वास्तव में, उनके आधार पर एक नया गति-विधान इन नाटकों के आधुनिक प्रस्तुतीकरण के लिए विकसित करना आवश्यक है। सम्भवतः यही बात विभिन्न हस्तकों तथा अन्य मुद्राओं के बारे में भी कही जा सकती है। पर सबसे

महत्त्वपूर्ण बात है कि वाक्, गति और मुद्रा का यह संयोजन अन्ततः अभिनेता के सम्पूर्ण व्यक्तित्व द्वारा मूल भाव-स्थिति के सम्प्रेषित होने के लिए है। इस समस्त रीतिबद्धता के माध्यम से, और उसकी सहायता लेकर, अभिनेता को चरित्रों की स्थितियों तथा भावदशाओं को, उनके व्यक्तित्वों को, उनके पारस्परिक सम्बन्धों को, विश्वसनीय रूप में अभिव्यक्त करना है। रीतिबद्धता साध्य नहीं है, साधन है, और यह हर प्रकार की रीतिबद्धता के बारे में सही है। पश्चिमी शैलियों में, जैसे ब्रेख्त की शैली में, रीतिबद्धता के साथ-साथ अभिनेता को अपनी भावाभिव्यक्ति को इस प्रकार से संयोजित करना पड़ता है कि नाटक की और पात्र की भावदशा अधिकतम, बल्कि सम्पूर्ण विश्वसनीयता के साथ सम्प्रेषित हो जाए। संस्कृत नाटकों में भी रीतिबद्धता के साथ पात्रगत स्थितियों और भाव-दशाओं के विश्वसनीय प्रक्षेपण आवश्यक हैं। तभी नाटक का भाव सम्प्रेषित हो सकेगा और रीतिबद्धता उस सम्प्रेषण में सहायक हो सकेगी।

ज़ाहिर है कि अभिनेता के इन प्रयत्नों को कल्पनाशील रंगसज्जा, प्रकाश-व्यवस्था, ध्वनि संयोजन और कई बार विशिष्ट रूपसज्जा द्वारा तीव्रतर और सम्पुष्ट करना होगा। यथार्थवादी अभिनय-स्थलों अथवा दृश्यों की रचना के बजाय दृश्य-परिवर्तन या प्रमुख पात्रों के प्रवेश में पटी का उपयोग, मंच पर चक्कर लगाकर दूरी या स्थान परिवर्तन का सम्प्रेषण, स्थानों, उपकरणों या स्थितियों का अभिनटन आदि अनेक पद्धतियों से संस्कृत नाटक के प्रदर्शन को कल्पनाशील बनाया जा सकता है, और उसकी आत्मा एवं मूलभूत सौन्दर्य-दृष्टि की रक्षा तथा पुनः सृष्टि की जा सकती है।

यह स्पष्ट है कि इस कार्य के लिए अनुवादक, निर्देशक, अभिनेता-मंडली, तथा रंगशिल्पियों का अत्यन्त निष्ठा और परिश्रमपूर्वक सहयोग, पूर्ण-अन्वेषण तथा कल्पनाशील चिन्तन तो आवश्यक है ही, विशेषकर अभिनेताओं का सुनिश्चित प्रशिक्षण अत्यन्त ही आवश्यक है। इस समृद्ध किन्तु विस्मृतप्राय परम्परा के अन्तरंग में पैठकर उसके उपयुक्त अपने अभिनय-तंत्र को प्रशिक्षित किए बिना उसका पुनरुद्धार और पुनः सर्जन सम्भव नहीं है। यह कार्य चतुराई का या किसी युक्ति-समूह के कौशलपूर्वक लागू करने का नहीं, परिश्रमपूर्वक अपने-आपको उसके अनुरूप ढालने का है, जिसमें समय, साधन और धीरज सभी पर्याप्त मात्रा में आवश्यक हैं। कोई संवेदनशील रंगमंडल यदि आवश्यक साधन जुटाकर इसे नियमित रूप से कर सके तो वह आधुनिक भारतीय रंगमंच को समृद्ध तो करेगा ही, सम्भवतः उसे एक अधिक सार्थक और फलदायी दिशा भी दे सकेगा।

भारतीय रंगमंच के विकास की दृष्टि से यह कुछ सन्तोष की बात है कि पिछले दशक में संस्कृत रंगमंच में हमारे रंगकर्मी की रुचि बढ़ी है और कई प्रकार से संस्कृत नाटकों की प्रस्तुतियाँ समकालीन रंग-कार्य की सबसे सृजनात्मक और उत्तेजक

दिशाओं को सूचित करती हैं। वास्तव में, कई प्रकार से पिछले तीस-पैंतीस वर्ष में संस्कृत नाटक और रंगमंच में रुचि के विकास का लेखा-जोखा, उस आत्म-संघर्ष का लेखा-जोखा है जो भारतीय रंगमंच पश्चिम की जड़ीभूत, पतनशील, यथार्थवादी जकड़ से मुक्त होने और अपनी अलग स्पष्ट सृजनात्मक पहचान बनाने के लिए कर रहा है। यहाँ उस पर एक सरसरी नज़र डालना उपयोगी होगा।

1954 में संगीत नाटक अकादमी द्वारा संयोजित प्रथम राष्ट्रीय नाटक-महोत्सव का प्रारम्भ बम्बई की ब्राह्मण सभा के संस्कृत में *अभिज्ञान शाकुन्तल* से ही हुआ था। यह प्रस्तुति, अपने ढंग से रोचक और आकर्षक होने के बावजूद, संस्कृत नाटक के बजाय पारम्परिक मराठी नाटक का आस्वाद देती थी। उसमें न तो कोई उल्लेखनीय प्रदर्शनमूलक नवीनता थी, न संस्कृत नाटक और रंगमंच के अपने निजी विशेष रूप और शैली को पहचानने, उसका अन्वेषण करने, या उसे फिर से रचने की कोई कोशिश थी। ब्राह्मण सभा तथा देश में प्राच्य विद्या या संस्कृत साहित्य के अध्ययन से सम्बद्ध अन्य संस्थान अथवा विश्वविद्यालयों के विभाग इस प्रकार के प्रयास बहुत पहले से करते रहे थे, पर उनका समकालीन रंग-जीवन से बहुत कम सम्बन्ध था।

संस्कृत नाटक की ओर सृजनात्मक प्रेरणा से उन्मुख होनेवालों में, विशेष कर हिन्दी-भाषी क्षेत्र में, हम दिल्ली के हिन्दुस्तानी थिएटर का नाम सबसे पहले ले सकते हैं। इस संस्थान और इसके संचालकों ने संस्कृत नाटकों के प्रदर्शन को अपने परम उद्देश्य के रूप में स्वीकार किया था। उनका कहना था कि भारतीय नाटकों में केवल संस्कृत नाटक ही कल्पना की ऐसी उड़ान और चरित्रों का ऐसा-बहुविध रूप प्रस्तुत करते हैं, जिसमें अभिनेता, निर्देशक तथा दर्शक-वर्ग सभी के लिए कुछ चुनौती मौजूद है। इस संस्था ने छठे-सातवें दशकों में मोनिका मिश्र के निर्देशन में *शकुन्तला*, हबीब तनवीर के निर्देशन में *मिट्टी की गाड़ी*, और शमा ज़ैदी तथा एम. एस. सथ्यु के निर्देशन में *मुद्राराक्षस* का प्रदर्शन किया। इन सभी प्रदर्शनों में कुछ दिलचस्प बातें होने पर भी, वे इस बात के बड़े ज्वलन्त उदाहरण थे कि संस्कृत नाटकों को कैसे नहीं करना चाहिए।

इन सभी नाटकों की पहली समस्या तो अनुवाद की ही थी, जिसकी कुछ सीमाओं का ज़िक्र पहले किया जा चुका है। दूसरे, इनके प्रदर्शनों में सबसे खटकनेवाली बात इन नाटकों के सांस्कृतिक परिवेश से गहरे आत्मीय परिचय के अभाव की थी। भावदशाओं की सूक्ष्मता, उनके पीछे स्वीकृत रूढ़ियाँ और मान्यताएँ, उनको नियमित करनेवाला सौन्दर्य-बोध, रस-सम्बन्धी साहित्यिक-सैद्धान्तिक दृष्टि, विभिन्न चरित्रों का अंशत: रूढ़ि-सम्मत अंशत: स्वत:स्फूर्त व्यक्तित्व, उनके सम्बन्धों के सामाजिक सूत्र, आदि-आदि, अनेक महत्त्वपूर्ण पक्षों पर इन प्रदर्शनों में कोई ध्यान नहीं दिया जा सका था। एक मोटे उदाहरण के तौर पर, हिन्दुस्तानी थिएटर की

मिट्टी की गाड़ी प्रस्तुति में वसन्त सेना अपने सम्पूर्ण व्यक्तित्व में एक बाज़ारू औरत लगती थी, गणिका नहीं। गणिका की अवधारणा और उसके पीछे जटिल सामाजिक सम्बन्धों की स्थिति का *मिट्टी की गाड़ी* में इतना अधिक सरलीकरण हो गया था कि वह फूहड़ और अशिक्षित लगता था। *शकुन्तला* के प्रदर्शन में शकुन्तला का व्यक्तित्व और आचरण तो किसी भी निर्देशक और अभिनेत्री के लिए चुनौती है। उसके अधिकांश रूपायनों में वह या तो एकदम बनावटी लगती है या सस्ती भावुकता से ग्रस्त लड़की। उसका चरित्र कैसे सूक्ष्म और सुकुमार भाव-सन्तुलन पर स्थित है, इसे ग्रहण करने के लिए साधारण से कुछ अधिक संवेदनशीलता और अध्यवसाय चाहिए। हिन्दुस्तानी थिएटर द्वारा संस्कृत नाटकों के प्रस्तुतीकरण में वह सूक्ष्म समझ नहीं थी।

दूसरी ओर, उनके निर्देशक इतना समझते थे कि वे यथार्थवादी नाटक नहीं हैं। फलस्वरूप, उनके अयथार्थवादी स्वरूप को अभिव्यक्त करने के लिए उन्होंने पश्चिमी, मुख्यतया ब्रेख्त की, प्रचलित पद्धतियाँ अपनाईं। हबीब तनवीर ने *मिट्टी की गाड़ी* की उस प्रस्तुति को एक 'नई नौटंकी' कहा और उसमें बहुत-सी लोक-संगीत की धुनें भरीं, एक विशेष प्रकार से रीतिबद्ध गतियों का प्रयोग किया, प्रारम्भ में सूत्रधार को ओवरकोट और पाइप लेकर मंच पर प्रस्तुत किया (यह भूमिका स्वयं हबीब ने की थी)। इस प्रकार *मृच्छकटिक* की कहानी पर आधारित एक नया रंगारंग दिलचस्प तमाशा तो हो सका, पर संस्कृत नाटक का उसमें कहीं पता न था—न चरित्रों की परिकल्पना और उनके मंचीय रूपायन में, न उनकी गतियों और व्यवहारों में, न नाटक के सांस्कृतिक परिवेश में, और न उनकी विशिष्ट सौन्दर्य-दृष्टि में। इसी तरह *मुद्राराक्षस* भी कुल मिलाकर एक दिलचस्प ब्रेख्तीय अभ्यासिका-भर था, संस्कृत नाटक नहीं, और *शकुन्तला* तो कुछ भी नहीं था। हबीब तनवीर ने बाद में नया थिएटर नाम से एक और मंडली बनाई जिसमें, विशेष रूप से छत्तीसगढ़ी बोली में वहाँ के अभिनेताओं के साथ, फिर से पहले *मिट्टी की गाड़ी* और बाद में *उत्तर रामचरित* के प्रदर्शन तैयार किए। *मिट्टी की गाड़ी* की नई प्रस्तुति में पहली बार के प्रदर्शन के कई अटपटे प्रयोग नहीं थे और वह अधिक सहज तथा कलात्मक लगती थी।

संस्कृत नाटक को जीवन्त रंगमंचीय कृति के रूप में प्रस्तुत करने का कुछ प्रमाण, चाहे जितने अपर्याप्त और अधूरे रूप में सही, सातवें दशक के अन्त में, शान्ता गांधी के निर्देशन में राष्ट्रीय नाट्य विद्यालय के छात्रों द्वारा प्रस्तुत *मध्यम व्यायोग* में मिला। बहुत-सी सीमाओं और कठिनाइयों के बावजूद, शान्ता गांधी ने गतियों के संयोजन, संवादों के पाठ, उच्चार और गायन, तथा अभिनय को रूपायन में आधुनिक नाटक की विश्वसनीयता के साथ कुछ नाट्यशास्त्रीय रूढ़ियों और पद्धतियों को समन्वित किया। फलस्वरूप, पात्र सजीव लगे और उनमें एक ऐसी

अयथार्थता भी रही जो उन्हें एक भिन्न प्रकार के सांस्कृतिक रंगमंचीय वातावरण में प्रतिष्ठित करती थी। पूर्वरंग के विशेष संयोजन द्वारा वे ऐसे वातावरण का निर्माण कर सकीं जो अयथार्थ तो था, पर अपने भीतर एक विश्वसनीय लोक, चाहे वह केवल कल्पनालोक ही सही, को जीवन्त रूप में साकार करता था। संगीत का भी उपयोग वर्णनात्मक न होकर व्यंजनापूर्ण था। निस्सन्देह प्रदर्शन निर्दोष न था, और उसे पूरी तरह विश्वसनीय तथा कलात्मक बनाने के लिए और अधिक साधन, समय तथा कल्पनाशील प्रयास आवश्यक था। पर फिर भी उसने यह सम्भावना तीव्रता से स्पष्ट कर दी कि संस्कृत नाटक हमारे आज के रंगमंच के जीवन्त अंग बन सकते हैं, और उनका प्रदर्शन संवेदनशील, विदग्ध दर्शकों को एक विशिष्ट प्रकार की नाट्यानुभूति सुलभ कर सकता है।

दरअसल, संस्कृत नाटक और रंगमंच के अधिक कल्पनाशील और सृजनात्मक अन्वेषण का काम आठवें दशक में होना शुरू हुआ, जिसमें बहुत-सा योग उज्जैन में होनेवाले वार्षिक कालिदास समारोह का भी है। यों तो कालिदास समारोह 1957 से ही हर वर्ष होता था, पर 1978 तक उसके ऊपर संस्कृतज्ञों, प्राच्य-विद्या-विशारदों और अन्य सांस्कृतिक पुनरुद्धारवादियों का बोलबाला था, रंगकर्मियों का उससे कोई सम्बन्ध न था। वहाँ प्रदर्शन भी प्राय: गतानुगतिक प्रकार के, संस्कृत में ही होते थे, किसी अन्य भारतीय भाषा में नहीं। 1973 में मध्यप्रदेश कला परिषद की पहल पर उसकी योजना और कार्यक्रम में व्यापक परिवर्तन हुए और वह देश के जीवन्त रंगकर्म से जुड़ गया। तबसे अब तक शान्ता गांधी, इब्राहिम अलकाज़ी, हबीब तनवीर, विजया मेहता, कावालम नारायण पणिक्कर, ब. व. कारन्त, एम. के. रैना, श्यामानन्द जालान, रतनकुमार थियम, कमलेशदत्त त्रिपाठी आदि देश के विख्यात तथा कई अन्य नए निर्देशकों द्वारा, विभिन्न शैलियों में, संस्कृत के अलावा अन्य विभिन्न भाषाओं में, प्रशिक्षित और अनुभवी अभिनेताओं और शिल्पियों के साथ, अनेक संस्कृत नाटक प्रस्तुत किए जा चुके हैं। ये या तो विशेष रूप से उस महोत्सव के लिए ही तैयार किए गए, या इन निर्देशकों ने अपने सामान्य कार्यक्रम के अन्तर्गत तैयार करके समारोह में प्रस्तुत किए।

इनके अलावा बंगाल में नांदीकार ने रुद्रप्रसाद सेनगुप्त के निर्देशन में बांग्ला में *मुद्राराक्षस* किया, जिसमें विख्यात अभिनेता-निर्देशक शम्भु मित्र ने चाणक्य की भूमिका की। हाल ही में एक अन्य विख्यात बांग्ला मंडली बहुरूपी ने कुमार राय के निर्देशन में *मृच्छकटिक* खेला।

इनमें सबसे अधिक कल्पनाशील, सूझबूझ-भरी और सृजनात्मक दृष्टि से, उत्तेजक प्रस्तुति थी कावालम नारायण पणिक्कर द्वारा संस्कृत में ही भास के *मध्यम व्यायोग* की। उसमें कूडियाट्टम तथा केरल के अन्य पारम्परिक नाट्यों की रूढ़ियों, पद्धतियों का, विशेषकर संवाद-कथन, गति तथा चर्या आदि में, बड़ा

प्रभावकारी उपयोग किया गया था और सारा प्रदर्शन संस्कृत नाटक को एक अविस्मरणीय आधुनिक नाट्यानुभव के रूप में प्रस्तुत करता था।

ऐसी ही अत्यन्त कल्पनाशील प्रस्तुति है मणिपुर के युवा निर्देशक रतनकुमार थियम द्वारा मणिपुरी में भास के *उरुभंग* की। इसमें मणिपुर की लोक तथा आदिवासी कलाओं की पद्धतियों का और भी गहरा, व्यापक मगर रचा हुआ प्रयोग था जिससे पूरे प्रदर्शन में बड़ी जीवन्तता आ गई थी।

इस बीच मध्यप्रदेश संस्कृति विभाग द्वारा उज्जैन में कालिदास अकादमी की स्थापना संस्कृत नाटक और रंगमंच के अन्वेषण, प्रयोग और बहुमुखी उत्थान की दिशा में सबसे महत्त्वपूर्ण क़दम है। अकादेमी ने हाल ही में कालिदास के नाटक *विक्रमोर्वशीयम्* के केवल चतुर्थ अंक के ही तीन निर्देशकों द्वारा प्रयोग आयोजित किए। ये निर्देशक थे कावालम नारायण पणिक्कर, रतनकुमार थियम और कमलेशदत्त त्रिपाठी। इस आयोजन में एक ही नाटक के तीन एक-दूसरे से एकदम भिन्न, किन्तु अत्यन्त सक्षम कलात्मक रूप देखने को मिले। यह एक अपूर्व नाट्यानुभव था। साथ ही, उससे संस्कृत नाटक और रंगमंच की अपार कलात्मक सम्भावनाओं के द्वार खुले। कालिदास अकादमी *नाट्यशास्त्र* के विधान के अनुरूप एक नाट्यमंडप भी बनवा रही है जहाँ संस्कृत नाटकों के प्रयोग-परीक्षण और अध्ययन के लिए हर सम्भव सुविधा मौजूद रहेगी।

इसमें कोई सन्देह नहीं कि ऐसे सभी प्रयास न सिर्फ़ संस्कृत नाटकों को आज के दर्शकों के लिए सुगम और मूल्यवान बनाते हैं, साथ ही उनसे समकालीन रंगकर्म को एक नई दृष्टि और दिशा भी मिलती है। एक गहरे अर्थ में, संस्कृत नाटकों के ये प्रयोग समकालीन रंगकर्म को ऐसी कलात्मक विशिष्टता और सार्थकता दे रहे हैं जिससे हमारे देश की रंग-प्रतिभा को अपने सही और पूरे उभार का अवसर मिल सकेगा।

पारम्परिक नाट्य

संस्कृत नाटक के साथ, हमारे रंग-जीवन का एक अन्य अत्यन्त महत्त्वपूर्ण तत्त्व है पारम्परिक नाट्य, जो इस देश की रंग-परम्परा की एक मूलभूत कड़ी है, और विभिन्न प्रकार से मध्यकालीन नाट्य-रूपों में प्रवाहित होनेवाली संस्कृत नाट्य-परम्परा का ही वर्तमान रूप है। बल्कि कई दृष्टियों से उसमें संस्कृत रंगमंच से कहीं अधिक विविधता जान पड़ती है। सबसे बड़ी बात यह है कि जहाँ इक्का-दुक्का अपवादों के सिवाय संस्कृत नाट्य-परम्परा का कोई प्रत्यक्ष अवशेष आज मौजूद नहीं, वहाँ पारम्परिक नाट्य-रूप आज भी जीवित हैं, और हमारे देश के लोक जीवन, विशेषकर ग्रामीण जीवन से जुड़े हुए हैं, भले ही उनकी जीवन्तता के कई स्तर दिखाई पड़ते हों। इसीलिए किसी भी गम्भीर भारतीय रंगकर्मी के लिए बहुत दिनों तक पारम्परिक नाट्यों की उपेक्षा करना सम्भव नहीं, और कभी-न-कभी किसी-न-किसी रूप में शहरी रंगकर्मी को उनके साथ अपना सम्बन्ध बनाना ही पड़ता है।

अन्य कारणों के अलावा, जिनमें से कुछ का ज़िक्र हम आगे करेंगे, इस कारण भी पिछले दो दशक में कई प्रकार से पारम्परिक नाट्यों के साथ हमारे देश के रंगकर्म का रिश्ता जुड़ा है, यहाँ तक कि पिछले एक दशक में समकालीन भारतीय रंगमंच पर होनेवाले मौलिक, सार्थक और उत्तेजक रंग-कार्य का नाटक, तथा अभिनय-प्रदर्शन में, बहुत बड़ा हिस्सा वही है जो किसी-न-किसी स्तर पर पारम्परिक नाट्य-दृष्टि, पद्धतियों या शैलियों से प्रभावित है। नाटक लेखन में विजय तेंडुलकर का *घासीराम कोतवाल,* सतीश आलेकर का *महानिर्वाण,* गिरीश कारनाड का *हयवदन,* चन्द्रशेखर कम्बार का *जोकुमार स्वामी,* मणि मधुकर का *रसगन्धर्व,* सर्वेश्वर दयाल सक्सेना का *बकरी,* अरुण मुखर्जी का *मारीच संवाद,* कावालम नारायण पाणिक्कर का *अबनवन कटम्बा*—सभी पारम्परिक नाट्यों की पद्धतियों, रूढ़ियों, युक्तियों, बुनावट का इस्तेमाल करते हैं, जिनमें यथार्थ-अयथार्थ, लौकिक-अलौकिक के मिश्रण और फैंटेसी तथा आनुष्ठानिक क्रियाओं (रिचुअल) के अलावा, काव्य, गीत, पूर्वरंग, सूत्रधार, वाचक, आदि पारम्परिक रंग-व्यवहारों का प्रयोग है। प्रदर्शन और अभिनय में तो एक नई भारतीय रंग-शैली ही रूप ले रही है, जो संगीत, नृत्य, देश-काल की रूढ़िमूलक अभिव्यक्ति, वस्तुओं और स्थानों

के अभिनटन, मुखौटे तथा अन्य कई प्रकार की रीतिबद्धता द्वारा पारम्परिक नाट्यों के नए सृजनात्मक प्रयोग पर आधारित है। यह ब. व. कारन्त, जब्बार पटेल, सतीश आलेकर, रतनकुमार थियम, कावालम नारायण पणिक्कर, बंसी कौल, हबीब तनवीर आदि की प्रस्तुतियों में दिखाई पड़ता है। यहाँ तक कि पिछले दिनों कारन्त द्वारा यक्षगान पर आधारित शैली में *बरनम वन (मैकबेथ)*, बंसी कौल द्वारा नौटंकी शैली में *आला अफ़सर (इंस्पेक्टर जनरल)* और *लोमड़खान (वालपोने)* या विजया मेहता, अजितेश बन्द्योपाध्याय, एम. के. रैना तथा दूसरे निर्देशकों द्वारा ब्रेख्त के कई नाटकों के मराठी, बांग्ला, पंजाबी, हिन्दी आदि भाषाओं के प्रदर्शनों में पश्चिमी नाटकों को भी एक नया आस्वाद दिया जा सका है।

महत्त्वपूर्ण बात यह है कि इन सभी प्रयोगों में पारम्परिक नाट्यों की रूढ़ियों-पद्धतियों का इस्तेमाल किसी चालू फ़ैशन या अन्धे परम्परा-प्रेम के कारण नहीं, बल्कि एक सृजनात्मक भावबोध (सेंसिबिलिटी) और कलात्मक विवेक पर आधारित है। वह ऐसे रचनाकारों द्वारा किया गया है जो अपने आज के जीवन-अनुभव और बोध को अधिक-से-अधिक प्रभावी और प्रासंगिक रूप में अभिव्यक्त करना चाहते हैं। इसमें कोई सन्देह नहीं कि इस नए रुझान से, प्रारम्भिक प्रयासों की अनेक सीमाओं के बावजूद, लगभग डेढ़-दो सौ वर्ष बाद फिर भारतीय रंगमंच के अपने अलग स्वरूप की पहचान बननी शुरू हो गई है।

इसके अलावा स्थान-स्थान पर न केवल प्रादेशिक नाट्यों के पुनरुत्थान और पुनरुद्धार के प्रयत्न दिखाई पड़ते हैं, बल्कि अखिल भारतीय स्तर पर भी इस देश की समस्त नाट्य-परम्परा को एक साथ देखने, उस पर विचार करने, और उसके मूल्यांकन के प्रयत्न होने लगे हैं। किन्तु वास्तव में पारम्परिक नाट्य में इस बढ़ती हुई रुचि और उसके महत्त्व के कई पक्ष हैं जिन पर गम्भीरतापूर्वक विचार करना और समस्या के विभिन्न आयामों को समझना आवश्यक है।

भारत-जैसे कृषि-सभ्यता-प्रधान देश में यह तो अनिवार्य है कि हमारी सृजनात्मक गतिविधि के बहुत से अंगों के सूत्र लोक जीवन में हों, और इसका प्रभाव जाने-अनजाने हमारे चिन्तन, संस्कार और कार्यों पर पड़ता रहता हो। विशेष रूप से, हमारी सांस्कृतिक परम्परा का एक बड़ा भारी अंश लोक संस्कृति से सम्बद्ध है। इसके प्रमाण हम अपने अनगिनत रीति-रिवाजों, आचार-व्यवहार, पर्वों-त्योहारों, समारोहों आदि में तो पाते ही हैं, संगीत, नृत्य, चित्र, साहित्य आदि सृजनात्मक अभिव्यक्ति-विधाओं में भी उनके योग को स्वीकार करने को बाध्य होते हैं। आज हमारे देश की लगभग सभी कलात्मक अभिव्यक्तियों में लोक परम्परा के महत्त्व की स्वीकृति और क्रमशः बढ़ती हुई छाप स्पष्ट है।

इसीलिए हमारा नाटक और रंगमंच भी उससे अछूता नहीं रह सकता था। पर इस देश में रंगमंच और नाटक के विकास की विशेष परिस्थितियों के कारण लोक

या पारम्परिक नाट्य का हमारी नाट्य-परम्परा में ऐसा स्थान है जो एक प्रकार से सर्वथा अभूतपूर्व है। संस्कृत साहित्य और नाटक के स्वर्ण-युग के बाद सामाजिक-ऐतिहासिक कारणों से हमारे रंगमंच ने अचानक ही मोड़ लिया और वह साहित्य-कला की विकासमान और प्रतिष्ठित नागर धारा से कटकर, नागरिक जीवन और शिक्षित कलाप्रेमी दर्शक-वर्ग तथा संरक्षकों से कटकर, विभिन्न प्रदेशों के लोक जीवन में, देहातों में, सीमित हो गया। इस प्रकार लगभग आठवीं-नवीं शताब्दी से लगाकर अठारहवीं-उन्नीसवीं शताब्दी तक, हज़ार-बारह सौ वर्ष, हमारा रंगमंच अलग-अलग भाषा-क्षेत्रों के ग्रामीण अंचलों में लोकानुरंजन के माध्यम के रूप में ही जीवित रहा। देश के विभिन्न भागों और भाषाओं में होनेवाले सांस्कृतिक-कलात्मक तथा साहित्यिक आन्दोलनों और परिवर्तनों का, विशेषकर भक्ति आन्दोलन का, इस रंगमंच पर बहुत गहरा प्रभाव पड़ा, और उसके फलस्वरूप कई नए नाट्य-रूपों ने जन्म लिया। पर फिर भी उसका सम्बन्ध अन्य कलाओं की भाँति शहरों से न जुड़कर लोक जीवन से ही बना रहा।

दूसरी ओर, लोक जीवन में बचे रहनेवाले इस रंगमंच ने न केवल इस विशाल भू-भाग में रंगमंचीय निरन्तरता बनाए रखी, बल्कि संस्कृत रंगमंच तथा सहज-स्वाभाविक स्थानीय लोकनाट्य की परम्पराओं के एक मिश्रित-समन्वित रूप को सदियों तक अक्षुण्ण रखा। इसी कारण आज जब हम अपनी नाट्य-परम्परा पर विचार करने बैठते हैं तो, *नाट्यशास्त्र* तथा अन्य प्राचीन सिद्धान्त-ग्रन्थों तथा नाटकों के अतिरिक्त, विभिन्न प्रदेशों के पारम्परिक नाट्य ही सबसे प्रामाणिक, विश्वसनीय और जीवन्त स्रोत सिद्ध होते हैं।

परम्परा का प्रश्न किसी भी कला-सर्जन के लिए मौलिक महत्त्व का प्रश्न है, और निरे मनोरंजन के स्तर से ऊपर उठते ही प्रत्येक कलात्मक अभिव्यक्ति के लिए परम्परा के साथ अपने-आपको किसी-न-किसी रूप में, चाहे विरोधी रूप में ही सही, सम्बद्ध करना आवश्यक अनुभव होने लगता है। हमारे देश में रंगमंच के क्षेत्र में यह विशेष रूप से तीव्र है, क्योंकि रंगमंच का जो नया उत्थान आज से सौ-दो सौ वर्ष पूर्व हुआ, वह बहुत-कुछ बाह्य परिस्थितियों के कारण, ऊपर से आरोपित, विदेशी अनुकरण में, हुआ, मूलतः हमारे अपने रंगमंच की आन्तरिक गति और विकास के फलस्वरूप नहीं। इसलिए आज जब हम अपने रंगमंच को अपने सामाजिक विकास की धारा के साथ, इस देश के मनुष्य के साथ जोड़ना और उसी की अभिव्यक्ति बनाना चाहते हैं, तो उन सूत्रों की खोज और परख आवश्यक हो गई है जो आधुनिक रंगमंच को उसके अतीत से सम्बद्ध कर सकें और परम्परा का अविच्छिन्न अंग बना सकें।

हमारे देश के अधिकांश भागों में आज शहरी रंगमंच अव्यवसायी और अनियमित है। कुछेक प्रदेशों की इनी-गिनी व्यवसायी मंडलियों को छोड़कर बाक़ी अधिकांश गतिविधि अव्यवसायी संगठनों और शौक़िया मंडलियों अथवा विद्यार्थियों

द्वारा होती है, और प्रायः इन प्रदर्शनों के लिए पर्याप्त दर्शक नहीं जुटते। इन दलों को अपने प्रदर्शन सफल बनाने के लिए बड़े प्रयत्न करने पड़ते हैं, फिर भी उनका दर्शक-वर्ग से गहरा अटूट सम्बन्ध नहीं स्थापित हो पाता। दूसरी ओर, देश-भर में आज भी लोकनाट्यों के ऐसे दल हैं जो बड़े लोकप्रिय हैं, जो चाहे आर्थिक दृष्टि से पूरी तरह सफल होते हों या न होते हों, पर अपने विशेष दर्शक-वर्ग में उनकी बड़ी माँग रहती है। जन-साधारण के जीवन में आज भी इन नाट्यों का स्थान है, चाहे फिर औद्योगीकरण के फलस्वरूप, देहाती जीवन में क्रमशः होनेवाले परिवर्तनों के फलस्वरूप, और फ़िल्म आदि के प्रभाव के कारण, इन मंडलियों की अवस्था कितनी ही जर्जर और साधनहीन क्यों न होती जाती हो। शहरी रंगकर्मी को लोकनाट्यों की इस लोकप्रियता के मूल कारणों पर विचार करना चाहिए, ताकि वह उन तत्त्वों को ठीक से समझ सके जो किसी कला को अपने उद्दिष्ट जन-समुदाय के साथ, अपने प्रेक्षक वर्ग के साथ, इस प्रकार सम्बद्ध करते हैं।

पारम्परिक नाट्यों की ओर ध्यान आकर्षित होने का एक और भी कारण है। विदेशी रंगमंच के प्रभाव में इस सदी के पूर्वार्द्ध में, और उसके बाद भी, हमारे देश में धीरे-धीरे यथार्थवादी अनुकरणात्मक रंगशैली को प्रधानता मिलती गई और चरित्र, अभिनय और परिवेश को स्वाभाविक तथा यथावत रूप में रंगमंच पर उतारने के प्रयत्न हुए। विशेषकर इसलिए भी कि कई कारणों से देश के उस प्रारम्भिक रंगमंच पर पौराणिक-धार्मिक कथाओं और कृत्रिम, अस्वाभाविक, अतिरंजित अभिनय आदि का बोलबाला रहा। किन्तु पिछले दशकों के अनवरत प्रयत्नों के बाद भी न तो हमारे देश में ही पूर्णतः यथार्थवादी रंगमंच कहीं भली-भाँति स्थापित हो पाया, और न विदेशों में ही, जहाँ से प्रेरणा पाकर हमारे नाटककार और रंगकर्मी अपना रंगमंच बनाना चाहते थे, यथार्थवादी पद्धति का इतना महत्त्व रह गया। पिछले पचास-साठ वर्षों में तो पश्चिमी रंगमंच फिर से कल्पनामूलक, नृत्य-गीत प्रधान, काव्यपरक रंगमंच की ओर अधिकाधिक उन्मुख हो गया है। रंगमंच पर बाह्य परिवेश और आचरण की यथावत अनुकृति के स्थान पर अनुभूति की समग्रता और तीव्रता तथा उसकी कल्पनाप्रधान प्रस्तुति पर अधिक बल दिया जाने लगा है। पश्चिमी नाटककार और निर्देशक आज चीन, जापान और भारत की प्राचीन परम्परागत नाट्य शैलियों से प्रेरणा ग्रहण कर रहे हैं। ऐसी स्थिति में विदेशों से सीखकर आने वाले रंगकर्मी भी, अथवा विदेशी नाट्य-साहित्य से अनुप्राणित और प्रभावित नाट्यकार और नाट्यप्रेमी भी, अपने देश के रंगमंच में उन्हीं तत्त्वों को महत्त्व देना चाहते हैं, जो मूलतः हमारी प्राचीन और मध्यकालीन नाट्य-परम्परा में, संस्कृत रंगमंच और पारम्परिक नाट्यों में, सहज स्वाभाविक रूप में पहले से ही मौजूद हैं।

यह ठीक है कि आज 'लोक कला' के पुनरुद्धार और उसकी चर्चा का फ़ैशन है और हमारे कुछ रंगकर्मी, सर्वथा बाह्य और अवान्तर प्रेरणाओं के फलस्वरूप

भी, पश्चिम की नवीनतम प्रवृत्तियों के अनुकरण में ही, लोकनाट्य में रुचि लेते हैं, उसके विषय में उत्सुकता प्रदर्शित करते हैं, और अपने प्रयत्नों में उनकी नक़ल करना चाहते हैं। अनेक शहरी रंगकर्मियों की पारम्परिक नाट्यों में इस अत्यधिक रुचि के पीछे, बहुत बार वैसी ही प्रदर्शनप्रियता, अन्धानुकरण और कृत्रिमता है, जैसी राजधानी में मनसा वाचा कर्मणा विदेशी संस्कारों में, और शरीरत: नवीनतम विदेशी प्रसाधन सामग्री में, रँगी बहुत-सी भारतीय आधुनिकाएँ आदिवासी स्त्रियों-जैसी चोली पहनकर जो पीठ पर पूरी तरह, और सामने भी बहुत-कुछ, खुली हुई होती है, 'लोक कला' से अपने प्रेम का प्रदर्शन करती हैं। मगर साथ ही, जैसा इस अध्याय के प्रारम्भ में ही कहा गया, अनेक प्रतिभाशाली सृजनशील रंगकर्मी भी आज पारम्परिक नाट्यों की ओर उन्मुख हैं, जिससे भारतीय रंगकर्म को एक नई दिशा मिल रही है। महत्त्वपूर्ण बात यह है कि, चाहे विदेशी नाटक और रंगमंच की अधुनातन प्रवृत्तियों के अनुशीलन की प्रेरणा से ही सही, देश की नाट्य-परम्परा की ओर हमारे जागरूक और गम्भीर रंगकर्मियों की दृष्टि जा रही है। इसीलिए इस परम्परा का समुचित अध्ययन और विवेचन अपेक्षित है, जिससे नाटककार, अभिनेता, निर्देशक और अन्य रंगशिल्पी अपने-अपने कार्य में पारम्परिक नाट्यों की विभिन्न विशेषताओं के उपयोग, समन्वय और उनके आधार पर नए प्रयोगों की सम्भावना का अन्वेषण कर सकें।

इसके अतिरिक्त पारम्परिक नाट्यों के अध्ययन का एक और भी पक्ष है—देश के प्राचीन महत्त्वपूर्ण कला-रूपों के पुनरुद्धार और पुनरुज्जीवन का। स्वाधीनता के पहले तक हम अपने देश की कला-सम्पदा के प्रति मूलत: उदासीन ही रहे। और आज भले ही दूसरे छोर पर पहुँचकर हमारे अतिरिक्त रूप से पुनरुत्थानवादी दृष्टिकोण अपनाने की आशंका हो, फिर भी यह सर्वथा उचित और स्वाभाविक है कि अपने जीवन में सदियों से प्रतिष्ठित और सक्रिय सांस्कृतिक तत्त्वों के समुचित रक्षण और विकास पर अब हम ध्यान दें। यह तो निर्विवाद है कि हमारी सांस्कृतिक सम्पदा का बहुत-सा अंश दीर्घकालीन उपेक्षा और तिरस्कार के कारण आज बहुत कुछ टूटी-फूटी स्थिति में है; और उसमें सामाजिक-आर्थिक-राजनैतिक परिस्थितियों के परिणामस्वरूप ऐसे बहुत से परिवर्तन होते रहे हैं जो सभी विकास और गति तथा जीवन्तता के सूचक नहीं हैं।

पिछले युग में हमारी लोक कलाओं के बहुत-से रूपों में तरह-तरह की विकृतियाँ आ गई हैं, शहरी जीवन और फ़िल्म-जैसे मनोरंजन के सस्ते साधनों के प्रभाव से उनका सहज-सौन्दर्य नष्ट होता जा रहा है, उनकी स्वत:स्फूर्तता, सरलता और सुरुचि का स्थान कुरूपता, नग्नता, उत्तेजकता आदि ले रही हैं। दूसरी ओर, पारम्परिक नाट्य जिन सामाजिक परिस्थितियों और संगठन की उपज थे, उनमें व्यापक परिवर्तन होने के कारण उनका समाज में वह अनिवार्य स्थान नहीं रह गया। उनके संरक्षक

धनी ज़मींदार, राजे-रजवाड़े अब इस स्थिति में नहीं रह गए कि ऐसी मंडलियों का भरण-पोषण कर सकें या उन्हें आश्रय दे सकें। इसलिए अब यदि इन कला-रूपों को जीवित रखना है तो यह समाज, राज्य अथवा राष्ट्र के सहयोग बिना सम्भव नहीं।

हर राज्य में इस बात के कुछ-न-कुछ सरकारी प्रयत्न हुए भी हैं कि अन्य कला-सम्पदा की भाँति लोकनाट्यों की भी किसी प्रकार रक्षा की जाए, उनको नया जीवनदान दिया जाए। अपने-आप में ये प्रयत्न अवांछनीय भी नहीं, पर उनकी दो सीमाएँ हैं। एक तो वे पर्याप्त नहीं हैं और उनसे स्थिति में वास्तविक अन्तर नहीं पड़ता, चाहे सरकारी अधिकारी उनसे कितना ही सन्तोष क्यों न अनुभव कर लेते हों। कुल मिलाकर, वे एक प्रकार के राजकीय अनुदान बाँटने के बहाने बनकर रह जाते हैं, जिनके फलस्वरूप उनसे बहुत बार सच्चे कलाकारों और दलों की बजाय मौसमी मंडलियों का पेट भरता है। दूसरी ओर, इस कार्य में लगे अधिकारी, व्यापक कला-दृष्टि और सामाजिक प्रगति की समझ के अभाव में, या तो सभी कुछ बचा रखने के लिए प्रयत्नशील होते हैं, या उसमें इतने सुधार कर डालना चाहते हैं कि असली रूप पहचानना ही असम्भव हो जाता है। दोनों ही स्थितियों में पुनरुद्धार अथवा रक्षा के बजाय विकृति और निराशा ही हाथ लगती है। वास्तव में, यह कार्य उतना आसान नहीं जितना ऊपर से लगता है, क्योंकि किसी नाट्य-रूप की रक्षा पुरातत्त्व विभाग में उपलब्ध शिलाखंडों, ध्वंसावशेषों को संग्रहालय में लाकर रख देने जैसा नहीं है। जीवन्त मानवीय माध्यम द्वारा अभिव्यक्त कला के संरक्षण की समस्याएँ सर्वथा भिन्न स्तर की और अत्यधिक जटिल हैं। इसलिए पारम्परिक नाट्यों के पुनरुद्धार और रक्षा के प्रश्न पर भी बड़ी गम्भीरता से विचार करने की ज़िम्मेदारी देश के रंगकर्मियों और कलाप्रेमियों की ही है।

इस प्रकार पारम्परिक नाट्यों के आधुनिक सृजनशील रंग-कार्य के साथ सम्बन्ध के तीन स्तर हो सकते हैं—एक, अपने देश की तथा प्रत्येक भाषा की मध्यकालीन नाट्य-परम्परा को समझने और उसके आज के रंग-कार्य में सृजनशील उपयोग के लिए; दो, अपने-आप में महत्त्वपूर्ण और सशक्त तथा प्रभावी स्वतंत्र नाट्य-पद्धतियों के रूप में उनकी आधुनिक जीवन में प्रतिष्ठा के लिए; और तीन, एक ऐतिहासिक महत्त्व की सांस्कृतिक सम्पत्ति की रक्षा के लिए। निस्सन्देह ये तीनों ही स्तर एक-दूसरे से मौलिक रूप में सम्बद्ध हैं। इस सन्दर्भ में अब अपने देश के कुछेक महत्त्वपूर्ण पारम्परिक नाट्यों की चर्चा की जा सकती है।

ऊपर यह कहा गया कि संस्कृत नाटक के ह्रास के बाद हमारे देश में रंगकर्म ने विभिन्न भाषा-क्षेत्रों में अलग-अलग रूप लिये जिनको समग्र रूप में हम मध्य-कालीन नाट्य-परम्परा कह सकते हैं। हज़ार-बारह सौ वर्ष की इस लम्बी अवधि में देश के विभिन्न भागों में नाटक और रंगमंच का ठीक-ठीक रूप क्या रहा, इसका कोई प्रामाणिक इतिहास अथवा वर्णन नहीं मिलता, न अन्यत्र विविध रचनाओं में

ही अभी तक ऐसे विवरण मिल सके हैं जिनके आधार पर किसी भी प्रदेश में इस परम्परा का कोई विश्वसनीय और विस्तृत इतिहास तैयार किया जा सके। पिछले दिनों में जो कुछ सामग्री इधर-उधर उपलब्ध हुई है, अथवा विभिन्न अनुसन्धानकर्ताओं ने संकलित की है, उससे कुछेक भाषा-क्षेत्रों के कतिपय नाट्य-रूपों की, अधिक-से-अधिक दो-तीन सौ वर्षों की, थोड़ी-बहुत जानकारी मिलती है। उसके आधार पर सामान्य निष्कर्ष निकालना सम्भवत: बहुत ठीक न हो। शायद इतना कहा जा सकता है कि वर्तमान पारम्परिक अथवा लोकनाट्य उस मध्यकालीन नाट्य-परम्परा के ही विकसित, विघटित अथवा उससे निकले हुए रूप हैं।

किन्तु वास्तव में, अन्य सामाजिक, आर्थिक तथा सांस्कृतिक पक्षों की भाँति, नाटक के क्षेत्र में भी हमारे इस विशाल देश के विभिन्न प्रदेशों की स्थिति एक-सी नहीं है, न विकास की गति में, न उपलब्धि की श्रेष्ठता में। इस प्रकार देश-भर में आज हम जात्रा, नौटंकी, भगत, स्वाँग, सॉन्ग, नक़ल, खयाल, माच, भवई, तमाशा, दशावतार, वीथिनाटक, बुर्रकथा, कुचिपुडी तेरुकूत्तु, यक्षगान, अंकिया नाट, भांडपथर, करियाला, रासलीला, रामलीला, जैसे विभिन्न स्तर के नाट्य पाते हैं। इनमें एक ओर जात्रा-जैसे प्रकार हैं जो आधुनिक परिस्थितियों के अनुरूप परिवर्तित और समृद्ध होते रहे हैं, और जिनके नाटकीय और रंगमंचीय रूप में आधुनिक नाटकों और रंगमंच का इतना प्रभाव आ गया है कि अब उन्हें पारम्परिक नाट्य कहना भी शायद सही न हो। दूसरी ओर, रामलीला-जैसे प्रकार है जिनमें नाटकीयता बहुत क्षीण है, और जो सामाजिक-धार्मिक समारोह या मेले, तथा चौकियों और झाँकियों के जुलूस मात्र रह गए हैं, और गतानुगतिकता से जकड़े हुए हैं। किन्तु विकास, परिवर्तन तथा नाटकीयता के विभिन्न स्तरों के बावजूद, इन समस्त नाट्यों में निस्सन्देह कुछेक बातें ऐसी सामान्य हैं जो उन्हें एक सूत्र में बाँधती हैं, सम्मिलित रूप में उन्हें एक अस्मिता भी प्रदान करती हैं, और उन्हें किसी प्राचीन परम्परा से जोड़ती भी हैं।

इन सभी नाट्य-रूपों की विषय-वस्तु और कथानक, एक ओर तो, मुख्यत: पौराणिक, धार्मिक, ऐतिहासिक अथवा लोकवार्ता के स्रोतों से प्राप्त हैं; और दूसरी ओर, अपने-अपने क्षेत्र की तात्कालिक सामाजिक परिस्थितियों से सम्बन्धित हैं। सामान्यत:, पारम्परिक रंगमंच के नाटक रामायण, महाभारत और भागवत तथा अन्य पुराणों के ही विभिन्न प्रसंगों और कथाओं पर आधारित हैं। वे इस देश के लोक मानस की सामान्य संस्कारगत धारणाओं और विश्वासों से ही सम्बन्धित रहे हैं। उनमें नवीनता पर इतना बल नहीं जितना सुपरिचित प्रसंगों को बार-बार प्रस्तुन करके अनुरंजन के साथ-साथ एक सामान्य सामूहिक भावानुभूति में सहभागी हो सकने पर।

साधारणत: इन नाटकों में संस्कृत नाटकों की कई कथागत, रचनागत अथवा रूपगत रूढ़ियों का निर्वाह मिलता है। बहुत-से नाटकों में कथा का विकास उसी

प्रसंग से सम्बन्धित संस्कृत नाटक-जैसा ही है। पात्रों की परिकल्पना, संख्या तथा उनकी चारित्रिक विशेषताएँ भी वैसी ही हैं। अधिकांश नाटकों में विदूषक अथवा उससे मिलता-जुलता कोई पात्र मौजूद होता है। बहुत-से नाटकों में प्रारम्भ में नांदी-पाठ या मंगलाचरण, गणेश-वन्दना और अन्त में भरत वाक्य का प्रयोग मिलता है। हर नाट्य में किसी-न-किसी रूप में सूत्रधार भी होता है, यद्यपि संस्कृत नाटक से भिन्न वह अकसर शुरू से आख़िर तक नाटक में मौजूद रहता है, और नाटक के घटना सूत्र को जोड़ता चलता है। इस पात्र के नाम भी अलग-अलग हो गए हैं।

रंग-रचना की दृष्टि से भी अधिकांश पारम्परिक नाट्यों में बहुत-सी बातें समान हैं। जैसे, ये सभी नाटक खुले रंगमंच पर होते हैं जिसमें चार या तीन ओर दर्शक बैठते हैं; मंच पर परदों का प्रयोग नहीं होता, कोई दृश्य-योजना नहीं होती और न बहुत-से उपकरण ही; स्थान-परिवर्तन पात्रों द्वारा मंच पर एक ओर से दूसरी ओर अथवा वृत्ताकार चक्कर काटकर सूचित किया जाता है; काल-परिवर्तन की सूचना या तो आवश्यक ही नहीं होती या वह रंगा, भागवत या सूत्रधार द्वारा दे दी जाती है; स्त्री-पात्रों का अभिनय भी पुरुष ही करते हैं, सारे पात्र प्रायः रंगमंच पर ही बैठे रहते हैं, और अपनी-अपनी बारी आने पर उठकर अपनी बात कहते हैं और फिर बैठ जाते हैं; जिस समय उनका काम नहीं होता उस समय वे आपस में बातचीत करने से लगाकर बीड़ी पीने तक कुछ भी करते रहते हैं; इत्यादि-इत्यादि।

इन सबसे अधिक महत्त्वपूर्ण सामान्य विशेषता है उनमें गीत, संगीत और नृत्य का प्रयोग। मूलतः ये सारे-के-सारे नाट्य-रूप इतने संगीतात्मक हैं कि कभी-कभी और कुछ-कुछ तो एकदम संगीत नाटक या संगीतक कहला सकते हैं। प्रारम्भ से अन्त तक मंच पर बैठे हुए वादक प्रत्येक पारम्परिक नाट्य के अनिवार्य अंग हैं। नृत्य की गतियों का भी न्यूनाधिक प्रयोग प्रत्येक नाट्य में पाया जाता है। संगीत और नृत्य का यह महत्त्व परवर्ती संस्कृत नाट्य-परम्परा का विस्तार ही है, जो साधारण दर्शक-वर्ग में उसे अधिक-से-अधिक लोकप्रिय बनाने के उद्देश्य से हुआ होगा। संगीत-नृत्य जहाँ एक ओर नाटकीय प्रभाव को बढ़ाने में सहायक हो सकते हैं, वहीं वे नाटक की कथावस्तु और रचना की शिथिलता को ढकने के साधन भी हैं। पारम्परिक नाट्य में संगीत-नृत्य की ऐसी बहुलता अनवरत और सार्वभौमिक रूप से चली आने का एक यह कारण भी निस्सन्देह है ही।

देश के विभिन्न भागों के पारम्परिक नाट्यों में ये सामान्य विशेषताएँ आज भी न्यूनाधिक मात्रा में मौजूद हैं, यद्यपि धीरे-धीरे इस नाटक और रंगमंच के कलात्मक स्वरूप, प्रभाव और सम्भावना में परिवर्तन भी हुए हैं। उदाहरण के लिए, जात्रा आज अपने प्राचीन संगीत-प्रधान रूप को त्यागकर लगभग पूरी तरह गद्य-नाटक बन गई है। वह इस समय शहरी बांग्ला नाटक का ही देहातों के लिए एक सुलभ और लोकप्रिय रूप है। कलकत्ते के शहरी व्यवसायी रंगमंच के अधिकांश नाटककार

अपने बहुत से नाटकों के दो पाठ लिखते हैं—एक शहरी रंगमंच के लिए और दूसरा जात्रा के लिए। इसलिए आज जात्रा-नाटकों की विषयवस्तु, कथानक, इत्यादि बहुत कुछ शहरी नाटक जैसे ही हैं, केवल उनमें बहुत बार शब्द-जाल अधिक होता है, और अतिनाटकीयता तथा बाह्य कार्य-व्यापार तथा घटनाओं की प्रधानता तथा अतिशयोक्तिपूर्ण भावप्रवणता आदि पर अधिक बल रहता है। संवाद अधिकांश अस्वाभाविक अथवा आलंकारिक गद्य में होते हैं। बीच-बीच में गीत भी होते हैं, जिनका मूल कथा से अनिवार्य-अपरिहार्य या आत्यन्तिक सम्बन्ध होना सदा आवश्यक नहीं माना जाता। इसी प्रकार बहुत-से जात्रा प्रदर्शनों में नृत्य भी होते हैं, जिन पर आजकल प्राय: शहरी फ़िल्मी या तथाकथित 'ओरियंटल' नृत्यों का प्रभाव होता है। पर यह सहज ही कल्पना की जा सकती है कि किसी समय ये नृत्य लोक या शास्त्रीय शैलियों से सम्बद्ध रहे होंगे। अभिनय में बहुत-से दलों में स्त्रियाँ भी भाग लेने लगी हैं।

जात्रा प्रदर्शन की अन्य कई विशेषताएँ अब भी हैं, पर मूलत: जात्रा आज बंगाल में अत्यन्त ही समृद्ध और सुसंगठित भ्रमणशील व्यावसायिक रंगमंच है जिसमें शहरी रंगमंच के तत्त्वों की प्रधानता है। जात्रा-दलों के मुख्य कार्यालय कलकत्ते में ही हैं जहाँ से वे आमंत्रण पर, अथवा अपने-आप, बंगाल के हर शहर और देहात में जाया करते हैं। अपनी भावना, स्वरूप और परिस्थिति, किसी भी दृष्टि से जात्रा अब पूरी तरह पारम्परिक नाट्य नहीं है, चाहे उसमें जात्रा नामक प्राचीन लोकनाट्य के कितने ही तत्त्व क्यों न मौजूद हों। ऐतिहासिक कारणों और परिस्थितियों से अब वह एक स्वतंत्र अर्द्ध-नागरिक नाट्य प्रकार बनता जा रहा है, जिसमें जात्रा की बहुत-सी सरलताओं और विशेषताओं का बनता जा रहा है, जिसमें जात्रा की बहुत-सी सरलताओं और विशेषताओं का व्यावसायिक तथा अन्य सुविधाओं के लिए प्रयोग होता है।

उत्तर प्रदेश और बिहार में प्रचलित स्वाँग और नौटंकी की वर्तमान स्थिति कुछ और ही प्रकार की है। किसी हद तक वह भी शहरों और देहातों में अत्यन्त लोकप्रिय है और उसकी बहुत-सी व्यवसायी मंडलियाँ मौजूद हैं। पर उनकी हालत बहुत अच्छी नहीं है। अपनी लोकप्रियता के लिए उन्हें बहुत-से ऐसे उपाय अपनाने पड़ते हैं जो न सुरुचिपूर्ण हैं, न स्वस्थ। जैसे, पिछले दिनों बहुत-सी तवायफ़ें नौटंकी मंडलियों में शामिल हो गई हैं और कई मंडलियाँ अपने इन 'सितारों' के कारण ही लोकप्रिय हैं। इसके साथ-साथ ही उनके प्रदर्शन में बाज़ारूपन और सस्ती उत्तेजनापूर्ण बातें बढ़ती जा रही हैं। स्वाँग और नौटंकी अभी तक पूर्णत: संगीतपरक नाटक हैं, पर उनमें फ़िल्मी धुनों और संगीत की फ़िल्मी पद्धति, सस्ते नृत्य आदि का प्रयोग दिनोंदिन बढ़ रहा है।

हिन्दी में स्वाँग और नौटंकी नाटक लाखों की संख्या में छपे और बिके हैं! और अब भी बिकते हैं। विशेषकर नत्थाराम के स्वाँग और श्रीकृष्ण पहलवान

की नौटंकियाँ तो बहुत ही लोकप्रिय हुई हैं। पर अब धीरे-धीरे इन नाटकों का, विशेषकर नए लिखे जानेवाले नाटकों का, रचना-स्तर गिरता जाता है। स्वाँग और नौटंकी मंडलियाँ, यहाँ तक कि अव्यावसायिक भगत की मंडलियाँ भी, अब अपने प्रदर्शन में तरह-तरह के उपकरणों का, परदों का, 'सीनरी' का, प्रयोग करने लगी हैं, उनकी वेशभूषा में सुरुचि और कलात्मकता का स्थान तड़क-भड़क ने ले लिया है। इस प्रकार कलात्मक और सांगठनिक दोनों दृष्टि से, नौटंकी, स्वाँग, भगत आदि हिन्दी-भाषी क्षेत्र के नाट्य प्रकार बड़ी शोचनीय स्थिति में हैं, और उनका कलात्मक स्वरूप ऐसी दिशा में अग्रसर और ऐसे प्रभावों से नियमित हो रहा है कि उनके बारे में बड़ी आशंका होती है।

गुजरात के भवई, राजस्थान के खयाल और मध्यप्रदेश में मालवा के माच और हरियाणा के साँग नाटक केवल देहातों में ही सीमित रह गए हैं। उनका वर्तमान रूप नहीं के बराबर व्यावसायिक है, और वे कृषि से अवकाश के समय किसानों अथवा खेत-मज़दूरों की अथवा किसी जाति-विशेष की मौसमी गतिविधि से अधिक नहीं हैं। उनके नाटकीय स्वरूप में विशेष परिवर्तन नहीं हुआ है। पर इस ठहराव के कारण उनकी पकड़ और लोकप्रियता घटती जाती है।

ये सभी मूलत: संगीत-नाटक ही हैं, यद्यपि इन सभी में बीच-बीच में गद्य का प्रयोग भी होता है। भवई और माच में गद्य का प्रयोग कुछ अधिक और बड़े नाटकीय ढंग से होता है। नृत्य की सरल गतियों और चरण-विन्यास का भी इन सब में बड़ा आत्यन्तिक और नाटकीय प्रयोग है। इनके कथानक पुराने पौराणिक हैं, अथवा लोककथाओं पर आधारित हैं। किन्तु दीर्घकालीन उपेक्षा और संरक्षण के अभाव में, एक ओर तो, इनके अंच्छे जानकार बहुत कम होते जा रहे हैं, और साथ ही, अब इनमें उपेक्षागत विकृतियाँ और बाह्य प्रभावों के मिश्रण का प्रभाव दिखाई पड़ने लगा है, और सूक्ष्मताएँ कम होती जाती हैं। सुदूर देहाती अंचलों से बाहर इन्हें लाना कष्टसाध्य है, और इनकी अपनी कोई ऐसी आन्तरिक गति नहीं है जो इन्हें, आगे विकसित करना तो दूर, जीवित भी रख सके। गुजरात सरकार की भवई मंडलियों को सहायता देने की कुछ योजना है, पर उसका कोई ख़ास प्रभाव अभी नज़र नहीं आता। बड़े पैमाने पर संस्थागत संरक्षण ही शायद इन्हें किसी प्रकार के व्यावहारिक रूप में बचा सके।

महाराष्ट्र का तमाशा भी मूलत: संगीत नाटक है, पर उसमें गद्य संवादों का, बड़ी वाक्‌पटुता और चुटीलेपन के साथ, हास्य और व्यंग्यपूर्ण सामाजिक-राजनैतिक टिप्पणी के लिए, प्रयोग होता है। उसके कथानक पूरी तरह लौकिक हैं, पर प्रदर्शन के दो हिस्से होते हैं—एक प्रारम्भिक रीतिपरक गण-गौलन और दूसरा कथानकमूलक वेश। वह शायद अकेला नाट्य-रूप है जिसमें शुरू से ही स्त्रियाँ भाग लेती आई हैं, और उनके जीवन्ततापूर्ण चटपटे नृत्य इसे और भी आकर्षक बनाते हैं।

तमाशा पिछले दशकों में कई कारणों से सर्वथा नए प्रकार से जीवित हुआ। राजनैतिक तथा अपेक्षाकृत अधिक सांस्कृतिक संरक्षण के फलस्वरूप तमाशा के इस नवीन पुनरुत्थान में व्यावसायिकता इतने भोंड़े रूप में नहीं है। राज्य सरकार तथा अन्य संस्थाओं द्वारा तमाशा के समारोह प्रति वर्ष होने लगे हैं, पूना में तो तमाशा का एक नियमित रंगमंच रोज़ टिकट लगाकर प्रदर्शन करता है। इस प्रकार मनोरंजन के एक लोकप्रिय रूप के नाते इसे मान्यता मिल रही है। साथ ही उसमें नई विषय-वस्तु का प्रवेश और प्रयोग हो रहा है, जिसमें तमाशा के परम्परागत तथा आधुनिक शिक्षित दोनों प्रकार के कलाकार भाग ले रहे हैं। इसलिए यह असम्भव नहीं कि धीरे-धीरे जन-साधारण के नियमित नाट्य प्रकार के रूप में तमाशा फिर से जम जाए।

कश्मीर का भाँडपथर और हिमाचल प्रदेश का करियाला भी लौकिक नाट्य-रूप हैं, जिनमें गीत, संगीत, नृत्य और गद्य संवादों का प्रयोग तो है ही, पर हास्य-व्यंग्य और सामाजिक या व्यक्तिगत बुराइयों पर टिप्पणी भी होती है। ये भी पहाड़ी इलाक़ों के देहातों तक सीमित हैं, और लोकप्रियता के बावजूद धीरे-धीरे उनका प्रचार भी कम होता जा रहा है। इनके रूप की कलात्मकता और सहजता भी दूसरे प्रभावों और दबावों से कम होती जा रही है।

उत्तर प्रदेश का रासलीला और आसाम का अंकिया नाट अपने विशिष्ट धार्मिक पक्ष के कारण अपने मौलिक रूप को बचाने में अपेक्षाकृत अधिक सफल रहे हैं। पर उसी हद तक उनका प्रचार भी सीमित है, और देश या अपने प्रदेश के रंग-जीवन पर प्रभाव भी। दूसरी ओर, इनमें संगीत, नृत्य और काव्य के विशेष प्रकार के प्रयोग, नाटकीय भाषण, अनोखेपन, और, विशेषकर अंकिया नाट्य में, प्रदर्शन पद्धतियों की आकर्षक, सम्भावनापूर्ण विशेषताएँ इन्हें अपने आप में, और समकालीन रंगकर्म के लिए भी, बहुत ही महत्त्वपूर्ण और मूल्यवान बनाती हैं।

कर्नाटक के यक्षगान से पिछले वर्षों में भारतीय दर्शक, विशेषकर रंगकर्मी, अधिक परिचित हुए हैं, और उसकी प्रदर्शन-पद्धति की विशेषताओं, ख़ासकर नाटकीय नृत्य-गतियों और अत्यन्त मनोहारी वेशभूषा आदि ने बहुत प्रभावित किया है। फलस्वरूप, एक ओर, उसके पुनरुद्धार और संरक्षण के भी कई प्रकार के प्रयास हुए हैं, दूसरी ओर, आधुनिक रंगकर्म में उसकी पद्धतियों-व्यवहारों का कलात्मक प्रयोग भी किया गया है।

देश के कई अन्य नाट्य प्रकार, विशेषकर दक्षिण भारत में, तमिलनाडु के तेरुकूत्त और भागवत मेल, आन्ध्र प्रदेश के कुचिपुडि और वीथिनाटकम, केरल के कूडियाट्टम और चाविट्टुनाटकम, अपने रूप में अभी तक प्राचीनतापरक अधिक हैं। उनकी कथा-वस्तु अधिकांशत: पौराणिक-धार्मिक ही है। इस कारण वे बहुत-कुछ देहाती अंचलों में अपने परम्परागत रूप में ही अधिक प्रचलित हैं, यद्यपि उनमें भी कई प्रकार के

परिवर्तन हो रहे हैं। जब तक इन नाट्य-रूपों को आधुनिक जीवन के साथ अधिक गहन और आत्यन्तिक रीति से, सृजनात्मक दृष्टि से, सम्बद्ध करने के उपाय स्पष्ट न होंगे तब तक उनके भावी विकास की दिशा या सम्भावना भी अनिश्चित ही रहेगी।

देश के पारम्परिक नाट्यों की वर्तमान स्थिति की इस सरसरी चर्चा से कुछ सामान्य निष्कर्ष स्पष्ट होते हैं, जिन्हें सामने रखकर इनके भविष्य और आधुनिक रंगमंच के साथ उनके सम्बन्ध पर विचार किया जा सकता है। (1) कुछ नाट्य ऐसे हैं जो ऐतिहासिक-सांस्कृतिक कारणों से अपने एक विशेष आधुनिक विकास की दिशा ले चुके हैं, तथा एक आत्मनिर्भर मनोरंजन-व्यवसाय के रूप में प्रतिष्ठित और सक्रिय हैं। उनकी अपनी पारम्परिक और सुनिश्चित रूपगत और कलात्मक विशेषताएँ तथा सीमाएँ हैं जो बदल रही हैं, यद्यपि पूरी तरह नष्ट नहीं हुई हैं। उनके प्रदर्शन नगरों या देहातों में सहज ही देखने को सुलभ हैं। (2) कुछ नाट्य, व्यावसायिक संगठन और कलात्मक रूप, दोनों दृष्टियों से, विकृत और जर्जर हो रहे हैं, और उनका दोनों ही दृष्टियों से उद्धार आवश्यक और उपयोगी होने पर भी अत्यन्त दुष्कर और कष्टसाध्य कार्य है। (3) अनेक नाट्य ऐसे भी हैं जिनके कलात्मक रूप में बहुत अधिक परिवर्तन नहीं हुआ है, क्योंकि वे उपेक्षित अथवा अत्यन्त सीमित क्षेत्र में सक्रिय रहे हैं। किन्तु धीरे-धीरे मनोरंजन के नवीन और आकर्षक साधनों के प्रभाव में उनकी लोकप्रियता, प्रचार और जानकारी तक समाप्त हुई जा रही है। (4) कुछ नाट्य-रूप राज्य अथवा नवीन सांस्कृतिक धाराओं का सहयोग और समर्थन मिलने से एक नई नाट्य-विधा के रूप में धीरे-धीरे स्थापित हो रहे हैं। इस पूरी स्थिति को ध्यान में रखते हुए यह प्रश्न गम्भीरतापूर्वक विचारणीय है कि आधुनिक रंग-जीवन में इन परम्परागत नाट्यों का क्या और कैसा स्थान और योग हो सकता है।

पारम्परिक नाट्य के स्वरूप, ऐतिहासिक विकास और वर्तमान स्थिति के इस अवलोकन के आधार पर इतना तो सहज ही कहा जा सकता है कि हमारे देश की यह परम्परा बहुत ही विविधतापूर्ण और समृद्ध है। उसमें, एक ओर तो संस्कृत नाटक तथा रंगमंच के बहुत-से तत्त्व अवशिष्ट हैं; दूसरी ओर, सदियों से उसने देश के लोक-जीवन की नाट्य-चेतना और रुचि को अपने भीतर समाविष्ट रखा है और जन-साधारण का मनोरंजन किया है। उसके भीतर नाटक-रचना और रंग-क्रिया की ऐसी बहुत-सी पद्धतियाँ, रूढ़ियाँ और मान्यताएँ हैं जो मूलत: कभी पुरानी नहीं पड़तीं, और जिनसे किसी भी देश और काल का रंगकर्मी प्रेरणा ले सकता है, बहुत कुछ सीख सकता है। कम-से-कम अपने रंगमंच को नई गहराई का आयाम प्रदान करने और साथ ही देश के जन-साधारण की रंग-चेतना से सम्बद्ध करने में ये नाट्य बहुत सहायक हो सकते हैं।

वास्तव में, सृजनशील और सक्रिय रंगकर्मी के लिए देश के पारम्परिक नाट्यों का यह महत्त्व बहुत ही बड़ा है, और उससे संवेदनशील सम्पर्क से आज

के शहरी रंगमंच की बहुत-सी जड़ता, निष्प्राणता और यांत्रिकता को तोड़कर उसमें कल्पनाशीलता और गहराई के समावेश के बहुत-से उपाय सूझ सकते हैं, जैसा कि किसी हद तक पिछले वर्षों में हुआ भी है। पारम्परिक रंगमंच की उन्मुक्तता, चित्रण, रंग-रचना तथा दृश्य-विधान में बाह्य यथार्थपरकता के स्थान पर दर्शकों की कल्पनाशीलता पर बल रहता है; अभिनेता और दर्शक-वर्ग के बीच अधिक घनिष्ठ और सीधा सम्बन्ध रहता है; संगीत और नृत्य का अत्यन्त नाटकीय उपयोग और सूत्रधार तथा अन्य अ-यथार्थवादी विधियों द्वारा नाट्य-व्यापार पर टिप्पणी होती है; और साथ ही, नाटक को जीवन की गहरी मौलिक मान्यताओं और मूल्यों से जोड़ सकने की गुंजाइश है। ये सभी ऐसे पक्ष हैं जिनके बड़े उपयोगी सूत्र रंगकर्मी को इन नाट्यों में प्राप्त हो सकते हैं; उनके लिए विदेशी पथ-प्रदर्शकों का मुँह जोहना आवश्यक न रहेगा। सम्भवत: इससे नाटक-लेखन की भी नई दिशाओं का सूत्रपात हो और नई सक्रियता और सप्राणता हमारे देश के नाटक-साहित्य में आए।

इस सम्बन्ध में यह बात विशेष रूप से बार-बार सामने आती रही है कि इन नाट्यों के प्रदर्शन व्यावसायिक स्तर पर स्वयं उनके अपने प्रदेश के विभिन्न नगरों में, तथा अन्य प्रदेशों में भी, आयोजित हों। जिन नाट्यों की नियमित व्यवसायी मंडलियाँ मौजूद हैं, उनके प्रदर्शन तो उनके क्षेत्र में देखे जा सकते हैं, और साथ ही देश के विभिन्न भागों में भी आयोजित किए जा सकते हैं। किन्तु यह सुविधा मूलत: ऐसे नाट्यों के बारे में ही हो सकती है जिनका व्यावसायिक संगठन इस प्रकार का है कि न केवल उनके कार्यक्रम जगह-जगह होते ही रहते हैं, बल्कि उन्हें आमंत्रित करके दूसरे स्थानों पर ले जाया सकता है। किन्तु दूसरी ओर, कुछ नाट्यों, जैसे जात्रा के रूप पर शहरी नाटक का प्रभाव इतना अधिक है कि कुछेक ऊपरी बातों को छोड़कर उनका परम्परामूलक महत्त्व अब नगण्य हो गया है। ठेठ प्राचीन प्रकार के जात्रा-नाटक तो अब आसानी से देखने को मिल ही नहीं सकते। कुछ नाट्यों का मौजूदा रूप इतना विकृत है कि उस रूप में उनका प्रचार बढ़ाना न तो सम्भव है, न उचित। अनेक अन्य नाट्य इतने सीमित हैं कि उनके प्रदर्शन बहुत कम सम्भव हो पाते हैं।

वास्तव में, अपने प्रकृत रूप में पारम्परिक नाट्य इतने भिन्न प्रकार के दर्शक-वर्ग, कलात्मक रुचि और मान्यताओं से सम्बद्ध हैं कि शहरी दर्शकों के सामने उन्हें प्रदर्शित करने में कई तरह की कठिनाइयाँ हैं। कई कारणों से ऐसे प्रयत्न अकसर बहुत सफल नहीं होते। यदि किसी नाट्य को उसके मौजूदा उपलब्ध रूप में शहरी दर्शक-वर्ग के सामने प्रस्तुत किया जाए, तो अपने अनगढ़पन या भदेसपन के कारण, वे साधारण दर्शक-वर्ग में लोकप्रिय नहीं हो पाते और उनका आकर्षण कुछेक शिल्प-प्रेमियों तक सीमित रहना है। दूसरी ओर, यदि उनके नाटकों में संशोधन करके, या कोई नया नाटक उन्हें देकर, तथा उसके प्रदर्शन में परिवर्तन

करके, प्रस्तुत किया जाए, तो वे स्वयं बहुत ही अटपटा और अस्वाभाविक अनुभव करते हैं, और उनकी सारी सहजता, तल्लीनता, विश्वसनीयता तथा स्वाभाविकता चली जाती है। साथ ही, नाट्य-रूप का मूल सौन्दर्य प्रकट नहीं हो पाता, इसलिए अन्ततः शहरी दर्शकों को रुचिकर नहीं लगता। इस भाँति अपने सहज स्वाभाविक दर्शक-वर्ग से बाहर इन नाट्यों का प्रदर्शन बहुत सफल और उपयोगी नहीं हो पाता।

इसी प्रकार उनका मूलभूत कलात्मक सौन्दर्य बनाए रखकर उनमें परिवर्तन तथा संशोधन का काम भी बहुत दूर तक सफल नहीं होता। क्योंकि किसी भी कला-रूप का स्वाभाविक विकास भीतर से, अपनी आन्तरिक प्रेरणा से, अपनी आवश्यकताओं के अनुरूप ही हो सकता है, बाह्य दबाव से नहीं। जात्रा का आधुनिक रूप इसका प्रमाण है। आज वह परम्परा-प्रेमी दर्शकों को चाहे जितना अवांछनीय लगे, पर उसने धीरे-धीरे एक ऐसा रूप ले लिया है जिसको बाहर से बदलना सम्भव नहीं। ऐसी निजी आन्तरिक प्रेरणा के अभाव में देश के अन्य नाट्य-रूपों को कोई गति नहीं दी जा सकती। उनमें सुरुचिपूर्ण और वास्तविक परिवर्तन के दो ही उपाय हो सकते हैं कि या तो इन नाट्यों के पारम्परिक कर्मियों में कुछ ऐसे नई कलात्मक चेतनावाले लोग पैदा हों, या कुछ जागरूक शिक्षित नाट्यप्रेमी पूरा समय लगाकर इन नाट्य प्रकारों के शिल्प को पूरी तरह सीखें, उनमें डूबें और उनकी रचना और शिल्प की आत्मा से परिचित होकर फिर उन्हें नए ढंग से, संस्कार करके, प्रस्तुत करें। यह समय-सापेक्ष और परिश्रम-साध्य कार्य है जिसके लिए पर्याप्त संख्या में उत्साही कलाकार और आर्थिक सुविधाएँ आवश्यक हैं। किसी कला-रूप का नव-संस्कार या तो अपनी स्वाभाविक गति से हो सकता है, या ऐसे ही अनन्य और व्यापक प्रयत्न द्वारा। सरकारी ढंग के या अधूरे प्रयत्नों से विकृति ही अधिक आती है, प्राण प्रतिष्ठा नहीं होती।

वास्तव में, पारम्परिक कलाओं के अन्य रूपों की भाँति, नाट्य के संरक्षण का प्रयत्न भी संस्थामूलक ही हो सकता है। आवश्यकता इस बात की है कि कोई एक ऐसा संस्थान, अथवा देश के अलग-अलग भागों में कई संस्थान, स्थापित किए जाएँ, जहाँ इन नाट्य-रूपों के उपलब्ध श्रेष्ठ विशेषज्ञ नवोदित कलाकारों को नाट्य-विशेष के शिल्प में प्रशिक्षित करें, और फिर उनके द्वारा आधुनिक जीवन के उपयुक्त नए नाटकों की रचना और प्रदर्शन सम्बन्धी प्रयोग हो सकें। साथ ही, उपलब्ध मंडलियों के विभिन्न प्रदर्शनों की, उनके वर्तमान रूप में ही, फ़िल्में और टेप बड़े पैमाने पर तैयार किए जाएँ, उनकी वेशभूषा तथा रूपसज्जा के विभिन्न प्रामाणिक उपकरण संगृहीत हों, पारम्परिक और लोक नाटकों की छपी या हस्तलिखित प्रतियाँ एकत्र की जाएँ। ऐसे व्यापक प्रयत्नों और उपायों के बाद ही ऐसी परिस्थितियाँ तैयार हो सकती हैं जिनमें इन नाट्यों से हमारे नए कलाकार समुचित लाभ उठा सकें। यदि स्वतंत्र अथवा स्वायत्त सांस्कृतिक संस्थाएँ ऐसा अन्वेषण, अनुसन्धान और पुनरुद्धार

का कार्य हाथ में लें तो सचमुच बहुत उत्तम हो, पर इसकी सम्भावना बहुत कम है। इसलिए स्पष्ट है, ऐसा प्रयत्न राजकीय प्रोत्साहन के बिना आज के युग में बड़ा दुष्कर है। वास्तव में, हमारे वर्तमान कलात्मक नव-जागरण की समस्याएँ इतनी विस्तृत और व्यापक हैं कि ऊपरी उपचार से लाभ के बजाय हानि की सम्भावना ही अधिक है।

व्यक्तिगत रूप में विभिन्न कलाकर्मी पारम्परिक नाट्य का यथासम्भव गहन अध्ययन करें और उनकी विभिन्न विशेषताओं का अपने नाटकों की, रंगमंच की, दृश्य-विधान की, अथवा सम्पूर्ण प्रदर्शन की, परिकल्पना और रचना में प्रयोग करें, यह एक अलग प्रश्न है। निस्सन्देह उनके प्रयत्नों के परिणाम उनकी निजी सृजन-क्षमता, कल्पनाशीलता, ग्रहण-शक्ति तथा कला-संस्कारों पर निर्भर करेंगे। उससे जो कुछ बने-बिगड़ेगा, वह स्वयं उनका ही। पर जहाँ स्वयं लोक कलाकारों के प्रशिक्षण, सुधार अथवा संस्कार का प्रश्न हो, वहाँ काम बड़े महत्त्वपूर्ण उत्तरदायित्व और समझदारी का है। केवल उत्साह, सदाशयता या आदर्शवादिता से प्रायः ऐसे क्षेत्रों में बड़े घातक परिणाम होते देखे गए हैं। इसका प्रमाण फ़िल्मी और राजनीतिक पार्टियों के प्रचारात्मक गीतों में, लोक संगीत की धुनों के अन्धाधुन्ध दुरुपयोग में देखा जा सकता है। लोरी और भजनों की धुनों में क्रान्तिकारी सन्देश अथवा प्यार की बातें, विलम्बित लय में बँधे उदासी भरे स्वरों की तेज़ और तीखी उत्तेजक लय में बन्दिशें, अथवा ऐसे ही प्रयोग तत्काल चाहे जितने प्रभावपूर्ण हों, अन्ततः उनसे लोक संगीत की सूक्ष्मता और स्वाभाविकता क्रमशः नष्ट होती जाती है, और फिर उसका यथार्थ कलात्मक उपयोग करने की सम्भावना नहीं बचती। पारम्परिक नाट्य का भी, केवल चमत्कार पैदा करने के लिए, अथवा तात्कालिक व्यावसायिक सफलता की दृष्टि से, ऐसा प्रयोग असम्भव नहीं। पर किसी संवेदनशील समझदार रंगकर्मी को ऐसा करने में झिझकना चाहिए।

हमें परम्परा का दास नहीं बनना है, पर साथ ही हमें उसके साथ मनमानी करने का भी कोई अधिकार नहीं। आधुनिक कला-रचना में परम्परा के सृजनात्मक समावेश के लिए उसके प्रति अधिक गम्भीर और संस्कारपरक दृष्टिकोण की आवश्यकता है। प्रत्येक परम्परागत पद्धति, रीति अथवा दृष्टिकोण में कुछ अंश ऐसा होता है जिसकी सार्थकता समाप्त हो चुकी है, और जिसे जिलाने या फिर से लादने का चाहे जितना प्रयत्न किया जाए वह सफल नहीं होता, केवल अवांछनीय पुनरुत्थानवादी विकृति को प्रश्रय दे सकता है। कुछ अंश ऐसा भी होता है जो काल-प्रभाव में क्रमशः संचित विकृतियों से, जन-जीवन की निम्नस्तरीय धारणाओं और प्रवृत्तियों से, उपजता है। बहुत बार अपने अहंकारवश लोक कला या किसी भी परम्परागत तत्त्व का उद्धार करने की होड़ में हम इन विकृतियों को, कुरूपताओं को, कुसंस्कारों को, जाने-अनजाने उभार देते हैं। स्पष्ट ही, अपनी तात्कालिक सफलता के बावजूद,

यह बड़ा अहितकर सिद्ध होता है, जो परम्परा को भी भ्रष्ट करता है, और आधुनिक कला-प्रयोग और कला-बोध को भी। वास्तव में पुनरुद्धार और नव-संस्कार उस स्वस्थ और सजीव अंश का करना आवश्यक है जो प्राय: सहज ही नहीं सूझता, पर जो सृजनशीलता और मानव-मूल्यों के बुनियादी सिद्धान्तों से अभिन्न रूप में जुड़ा होता है। सूक्ष्म अन्तर्दृष्टि और संस्कार द्वारा उसे पहचानकर ही हम न केवल उस परम्परा को आगे बढ़ा सकते हैं, बल्कि अपने युग के सृजन कार्य को भी एक महत्त्वपूर्ण आयाम और गहराई दे सकते हैं। रंगमंच के विकास के मौजूदा दौर में हमें पारम्परिक नाट्य की ओर उन्मुख होने की जितनी आवश्यकता है, उतनी ही उसके प्रति एक स्वस्थ और दायित्वपूर्ण दृष्टिकोण अपनाने की भी है। तभी हम अपने प्रयत्नों को सार्थक और महत्त्वपूर्ण बनाने में सफल हो सकेंगे।

पश्चिमी नाटकों का प्रदर्शन

संस्कृत रंगमंच और पारम्परिक नाट्यों की स्थिति के बारे में विचार के बाद अब अपने रंग-परिवेश की तीसरी अन्तर्धारा, पश्चिमी रंग-परम्परा की भी कुछ चर्चा की जा सकती है। पश्चिमी नाटक और रंगमंच ने भारतीय रंगदृष्टि और रंगकर्म को पिछले डेढ़-दो सौ वर्ष में इतने स्तरों पर, इतने व्यापक रूप में, प्रभावित किया है कि उसके सभी सूत्रों का विश्लेषण तो एक स्वतंत्र पुस्तक का विषय है। यहाँ हम समकालीन नाटक-लेखन और प्रदर्शन में पश्चिमी रंग-परम्परा के विभिन्न तत्त्वों की सार्थकता, उनकी सीमाओं, या उनके कारण समकालीन रंग-कार्य में होनेवाली आन्तरिक रुकावटों का भी विश्लेषण नहीं करेंगे।

मगर आज संसार का कोई भी स्वतंत्र, सक्षम और जीवन्त रंगमंच पश्चिमी नाटकों और उनके लिए लगातार रची जानेवाली प्रदर्शन-शैलियों के प्रति उदासीन नहीं रह सकता। उनके प्रति कोई-न-कोई आत्मसंगत दृष्टि अपनाना आवश्यक है। भारतीय रंगमंच के अपने विशेष ऐतिहासिक सन्दर्भ में तो पश्चिमी नाटकों की एक विशेष स्थिति है, उनके अंग्रेज़ी में, या भारतीय भाषाओं में, अनुवाद या रूपान्तर लगातार हमारे रंग-जीवन के विशेष अंग रहे हैं। इसलिए उनके प्रदर्शन के बारे में कुछ विस्तार से विवेचन हमारे रंगमंच की एक बुनियादी ज़रूरत ही है। इस अध्याय में इसी पक्ष पर कुछ विचार किया जाएगा।

सबसे पहली बात तो यह है कि आज भी देश की हर भाषा में पश्चिमी नाटक बड़ी संख्या में लगातार खेले जाते हैं। ऐसा कई कारणों से है—हमारे सामाजिक-आर्थिक-सांस्कृतिक जीवन और रंगमंच पर गहरा पश्चिमी प्रभाव, भारतीय भाषाओं में नाटक-साहित्य की क्षीणता, विशेषकर अच्छे नाटकों की कमी, पश्चिमी नाटक-साहित्य की बहुमुखी विविधता, समृद्धि और सशक्तता, आदि। इस सबके बावजूद, यह बात भी शायद बहुत लोग मानेंगे कि आज भी पश्चिमी नाटक भारतीय रंगमंच पर बहुत सहज रूप में नहीं खप पाते—करनेवालों का या देखनेवालों का, उनके साथ पूरा तादात्म्य नहीं स्थापित हो पाता। सच बात यह है कि पश्चिमी नाटकों के हमारे रंगमंच पर प्रदर्शन में कई प्रकार की कठिनाइयाँ हैं जिनको गहराई में समझना ज़रूरी है।

पश्चिमी नाटकों के प्रदर्शन का एक रूप तो हमारे देश का अंग्रेज़ी रंगमंच है। देश के सभी महानगरों में ऐसे अव्यवसायी दल हैं जो अंग्रेज़ी में पश्चिमी नाटक करते हैं। बल्कि कई जगह तो आज़ादी के बाद के दशक में रंगमंचीय गतिविधि को महत्त्वपूर्ण कार्य का दर्जा दिलाने और कलात्मक अभिव्यक्ति के रूप में प्रतिष्ठित कराने का श्रेय अंग्रेज़ी रंगमंच को दिया जा सकता है। अंग्रेज़ी में नाटक करने और देखनेवाला समाज का सम्भ्रान्त उच्च वर्ग ही होता था और किसी हद तक आज भी है। इसलिए उनका रंग-कार्य, एक ओर, सामाजिक सम्पर्क और परस्पर मिलने-जुलने का साधन बनता था; दूसरी ओर, उसे आवारा और सिरफिरे लोगों के शौक़ की बजाय उपयोगी और शिक्षित सभ्य लोगों के उपयुक्त कार्य का दर्जा भी प्राप्त था।

इसके साथ ही अंग्रेज़ी में संसार-भर के उत्कृष्ट नाटक सुलभ होते हैं, और बहुत बार उनके प्रदर्शन में समाज के सुशिक्षित, सुरुचिसम्पन्न कलाप्रेमी भी भाग लेते रहे हैं। इस कारण, विशेषकर स्थानीय भाषा के रंगमंच के विकास के अभाव में, अंग्रेज़ी नाटकों के प्रदर्शन अपेक्षया अधिक कलात्मक और सार्थक नाट्यानुभूति के माध्यम बन पाते थे, और बहुत बार उनका स्तर भी ऊँचा होता था। अंग्रेज़ी नाटकों के माध्यम से नाटक-लेखन और रंगमंच के क्षेत्रों में विश्व-भर की नवीनतम प्रवृत्तियों, प्रयोगों और कलात्मक सूझ-बूझ का प्रभाव, चाहे जितने ही अनुकरणात्मक और उतरे हुए रूप में सही, महानगरों के रंगप्रेमियों तक पहुँचता था। बम्बई, दिल्ली, कलकत्ता, मद्रास जैसे नगरों की कई मंडलियों ने, और उनके कुछ कल्पनाशील प्रतिभावान निर्देशकों-अभिनेताओं ने, भारतीय भाषाओं के रंगमंच के आगे नए परिप्रेक्ष्य और कलात्मक स्तर रखने में भी उल्लेखनीय योग दिया। कई भारतीय भाषाओं के रंगमंच के कई वर्तमान उल्लेखनीय निर्देशक, अभिनेता, बल्कि कुछेक नाटककार तक प्रारम्भ में अंग्रेज़ी रंगमंच से सम्बद्ध रहे और वहीं से अनेक नए विचारों, आदर्शों और प्रतिमानों को आत्मसात करके बाद में भाषाई रंगमंच में आगे आए।

किन्तु अंग्रेज़ी के ये प्रदर्शन एक समय चाहे जितने कलात्मक और प्रेरणादायी रहे हों, वे भारतीय रंगमंचीय कार्यकलाप का एक अत्यन्त ही सीमित, कृत्रिम और अवास्तव पक्ष ही हो सकते थे। रंगमंच स्वभाव से ही सामुदायिक क्रिया है जो सर्जकों और प्रेक्षकों को गहराई में जाकर तभी एक-दूसरे से सम्बद्ध कर सकती है जब वह उनकी मातृभाषा में हो, ऐसी भाषा में हो जिसमें वे सामान्यत: अपनी ज़िन्दगी जीते और गहरे से गहरा अनुभव प्राप्त एवं परिभाषित करते हैं और दूसरों को सम्प्रेषित करते हैं। ज़ाहिर है, अंग्रेज़ी वह भाषा हमारे देश के लिए नहीं है, चाहे समाज के कुछेक अंशों और व्यक्तियों का कितना ही अधिक पश्चिमीकरण क्यों न हो चुका हो।

भारतीय जीवन पर अंग्रेज़ी में लिखे गए नाटक नहीं के बराबर ही हैं, यद्यपि पिछले वर्षों में अनेक भारतीय नाटकों का अंग्रेज़ी में अनुवाद और प्रकाशन हुआ है, और महानगरों की कुछ अंग्रेज़ी मंडलियों द्वारा वे कभी-कभी खेले भी गए हैं।

पर कुल मिलाकर अंग्रेज़ी भाषा का रंगमंच हमारे जीवन के साथ किसी गहरे स्तर पर जुड़ नहीं पाता और न उस रूप में प्रभावित कर सकता है। बल्कि साधारणत: तो अंग्रेज़ी रंगमंच हमारे समाज के सत्ता, अधिकार और सुविधाप्राप्त वर्ग का, जन-जीवन से कटे हुए, बल्कि उसे तुच्छ समझनेवाले वर्ग का, फ़ैशनेबल कार्य-कलाप ही होता है, जो वह वर्ग अपने मनोरंजन के लिए, सामाजिक सम्पर्कों के लिए करता है। प्राय: वह सामाजिक सीढ़ियाँ चढ़ने और अन्य कार्यो का साधन मात्र होता है, किसी गहरे और महत्त्वपूर्ण अर्थ में कलात्मक अभिव्यक्ति, कलात्मक सम्प्रेषण और सामुदायिक आत्म-साक्षात्कार का प्रयास नहीं। इसलिए अंग्रेज़ी के माध्यम से पश्चिमी नाटकों का भारतीय रंगमंच के साथ रिश्ता न तो बहुत गहरा हो सकता है, और न बहुत सार्थक तथा मूल्यवान ही। भारतीय रंगमंच में उनके प्रदर्शन की सार्थकता अथवा निरर्थकता का विवेचन प्रादेशिक भाषाओं के रंगमंच के सन्दर्भ में ही करना आवश्यक है।

अपनी भाषा में विदेशी नाटक करने के साथ एक प्रश्न मूल रूप में जुड़ा हुआ है—अविकल अनुवाद करना चाहिए अथवा भारतीय रूपान्तर? इस प्रसंग में यह प्रश्न निरन्तर उठता है, जिसका स्पष्ट ही कोई सामान्य सार्विक नियम न तो सम्भव है और न उचित। कुछेक नाटकों का कथ्य और परिवेश सम्भवत: इतना व्यापक होता है कि उनकी आत्मा और रूप को तोड़े-मरोड़े बिना उनका भारतीय रूपान्तर किया जा सकता है, जबकि कुछ नाटकों की जड़ें अपने परिवेश में इतनी गहरी होती हैं कि उनका अनुवाद तक कठिन हो जाता है, रूपान्तर की तो बात क्या। पिछले सौ-डेढ़ सौ वर्षों में रूपान्तर या अनुवाद की यह उलझन भारतीय रंगमंच में हमें लगातार दिखाई पड़ती है।

पश्चिमी प्रेरणा से आधुनिक रंगमंच के प्रारम्भ के दिनों में शेक्सपियर के नाटकों के बेशुमार रूपान्तर लगभग सभी भारतीय भाषाओं में हमारे रंगमंच पर प्रस्तुत किए गए। बहुत-से नाटकों के तो कई-कई रूपान्तर हुए और खेले गए। पर साधारणत: रूपान्तर करनेवालों ने उन नाटकों के घटना बहुल कथानकों, प्रबल भावावेगपूर्ण कार्य-व्यापार, और उसके माध्यम से अतिनाटकीय प्रस्तुति की सम्भावना पर ही ध्यान दिया, उनका काव्य तथा मानव-भावनाओं का अत्यन्त सूक्ष्म अन्वेषण उपेक्षित ही रहा। फिर भी शेक्सपियर के बहुस्तरीय पात्रों को उस रंगमंच पर भी उतारने की कोशिश हुई, क्योंकि वे किसी भी प्रतिभावान अभिनेता के लिए बड़ी भारी सम्भावनाएँ और अवसर प्रस्तुत करते थे, और हमारा उस युग का वह रंगमंच प्रधानत: अभिनेता का ही रंगमंच था। किन्तु कुल मिलाकर शेक्सपियर के नाटकों के गहरे मानवीय तथा कलात्मक पक्ष का समुचित अनुभव हमारा उस समय का रंगमंच उन रूपान्तरों द्वारा नहीं कर पाया। और अब प्रवृत्ति शेक्सपियर को अविकल अनुवाद में प्रस्तुत करने की ही अधिक है।

आज़ादी के बाद के वर्षों में, देश की सभी भाषाओं में अतिरंजनाप्रधान प्रदर्शन शैली के रंगमंच के विघटित होने से, शेक्सपियर के नाटक खेला जाना लगभग बन्द ही हो गया। पर जहाँ भी वे खेले गए, उनके अविकल अनुवाद ही प्रस्तुत किए गए। इसमें बांग्ला में उत्पल दत्त और हिन्दी में इब्राहिम अलकाज़ी की प्रस्तुतियाँ उल्लेखनीय हैं। यद्यपि इनमें जिन अनुवादों का उपयोग हुआ वे शेक्सपियर के अप्रतिम काव्य की आत्मा और भाषागत सौन्दर्य को पकड़ने की दृष्टि से बहुत अच्छे या सफल नहीं थे, पर प्रस्तुतियों में इन नाटकों के गहरे मानवीय कथ्य को संयम, कलात्मकता तथा कसावट के साथ सम्प्रेषित करने की कोशिश की गई।

हाल ही में ब. व. कारन्त ने शेक्सपियर के *मैकबेथ* को एक सर्वथा भिन्न रंगमंचीय मुहावरे में पेश किया, जिसमें यक्षगान शैली की अनेक पद्धतियों का, संगीत और नृत्य-गतियों का उपयोग था। इसके लिए एक नया हिन्दी पद्यानुवाद रघुवीर सहाय ने किया जो अब तक के अन्य सभी अनुवादों से अधिक सूक्ष्म और संवेदनशील ही नहीं था, उसमें पहली बार शेक्सपियर के काव्य, भाषा की लय और चारित्रिक विशिष्टता के साथ-साथ रंगमंचीयता को निभाने की कोशिश थी। कई प्रकार की सीमाओं के बावजूद, सम्भवत: इस प्रदर्शन में पहली बार शेक्सपियर एक वास्तविक कल्पनाशील और अपनी विशेष भारतीय शैली और संवेदना में मंच पर खेला गया।

इसके पहले प्रसिद्ध बांग्ला मंडली बहुरूपी ने *राजा अयदीपाउस (ईडिपस रैक्स)* के प्रदर्शन में एक भारतीय शैली के अन्वेषण का प्रयास किया था, जिसका अनुवाद और निर्देशन शम्भु मित्र का था। इस प्रदर्शन में शम्भु मित्र ने *राजा ईडिपस* को, पश्चिमी निर्देशकों और अभिनेताओं के शैक्षिक, अथवा उनके विशिष्ट सांस्कृतिक, दृष्टिकोण से भिन्न, कुछ इस रूप में प्रस्तुत किया कि ईडिपस का मानवीय पक्ष, चाहे एक असाधारण विशेष व्यक्ति के रूप में ही सही, उभरकर सामने आया, उसका मिथकीय, अर्द्ध-कर्मकांडीय तथा धार्मिक रूप नहीं। इसके लिए अन्य बातों के अतिरिक्त अभिनय शैली में शम्भु मित्र ने जात्रा की कुछ रूढ़ियों और युक्तियों का उपयोग किया, जिनसे ईडिपस का अति-मानवीय के बजाय मानवीय व्यक्तित्व अधिक प्रतिष्ठित हुआ। कोरस को भी शुष्क निर्वैयक्तिक की बजाय वैयक्तिक और निर्वैयक्तिक दोनों रूप देने से इसी मानवीय पक्ष की पुष्टि हुई। इस प्रकार कई दृष्टियों से ईडिपस का यह प्रदर्शन भारतीय दर्शक-वर्ग के लिए अधिक अर्थवान और समीप हो सका। पर बहुत-से रंगकर्मियों को, विशेषकर केवल पश्चिमी या यूनानी नाटक की परम्पराओं से परिचित या उसके अन्धभक्त लोगों को, यह रुचिकर नहीं हुआ। वे पश्चिमी नाटक को पश्चिमी ढंग के उसी मुहावरे में देखना चाहते थे और उस नाटक में भारतीय जीवन और रंगमंच के लिए सार्थकता की इस खोज से वे निराश, खिन्न और क्षुब्ध हुए। इसे उन्होंने शम्भु मित्र की असफलता और सीमा

समझा तथा कहा, जिस तरह कारन्त द्वारा पारम्परिक पद्धतियों से प्रस्तुत *बरनम वन (मैकबेथ)* को समझा और कहा गया।

इसी तरह मोलियर के नाटक भी भारतीय रंगमंच पर बहुत लोकप्रिय रहे हैं। इन नाटकों में अनेक पात्र इतने सामान्य अथवा 'टाइप' हैं कि वे बहुत हद तक भारतीय परिस्थितियों में खप जाते हैं, यद्यपि कई बार जिन सामाजिक-सांस्कृतिक सम्बन्धों और प्रतिक्रियाओं पर उन नाटकों का कार्य-व्यापार, उनका हास्य और व्यंग्य, तथा उनकी मूल मानवीय करुणा, आधारित है, वे रूपान्तरों में पूरी तरह विश्वसनीय नहीं रह पातीं। इस प्रकार केवल स्थूल परिस्थिति बची रहती है, सारी सूक्ष्मताएँ ग़ायब हो जाती हैं। यह बात कमोबेश *कंजूस, बिच्छू, बीबियों का मदरसा, मिर्ज़ा शोहरत* आदि सभी के लिए सही है, जो भारतीय रूपान्तरों में बड़े सफल और लोकप्रिय हुए हैं।

अन्य नाटककारों में इब्सन के नाटक, विशेषकर *ए डॉल्स हाउस* और *एन एनिमी ऑफ़ द पीपुल* के रूपान्तर अनेक भारतीय भाषाओं में खेले जाते रहे हैं और अकसर सफल भी होते हैं। बहुरूपी ने इन दोनों नाटकों के रूपान्तर *पुतुल खैला* और *दशचक्र* नाम से प्रदर्शित किए हैं। निस्सन्देह, इन रूपान्तरों में ऐसा सूक्ष्म कलाबोध और मूल नाटक की आत्मा के साथ ऐसा गहरा तादात्म्य स्थापित हो पाया कि मूल के सभी संवादों तक को ज्यों-का-त्यों रखा जा सका, और फिर भी एक विश्वसनीय भारतीय परिवेश और उसमें अपनी नियति से जूझते हुए इंसानों का प्रामाणिक लगनेवाला चित्र उभरा। बल्कि एक हद तक इब्सन के दोनों नाटकों के एक नए ही अर्थ से, उनकी तीव्र समसामयिक सार्थकता से, साक्षात्कार हुआ—*पुतुल खैला* स्त्री-पुरुष सम्बन्धों के सच्चे ईमानदार आधार का अन्वेषण बन गया और *दशचक्र* में हर सामाजिक व्यवस्था में अन्तर्निर्मित निहित स्वार्थों और पाखंड तथा आत्मछल के निर्मम उद्‌घाटन का प्रमाण मिला। यह इन नाटकों की विशिष्ट भाव-वस्तु और इस मंडली के कार्य के पीछे गहरी कल्पनाशील और संवेदनशीलता का ही परिणाम है, जो साधारणत: बहुत कठिन होता है।

वातावरण की अयथार्थता आधुनिक नाटकों के रूपान्तरों में ज़्यादा तीव्रता से महसूस होती है। जैसे, राष्ट्रीय नाट्य विद्यालय द्वारा प्रस्तुत कामू के नाटक *क्रॉस पर्पज़ेज़* के उर्दू रूपान्तर *सपने* में पात्रों के व्यक्तित्व और उनकी बाह्य तथा आभ्यन्तरिक प्रतिक्रियाओं में असंगति इतनी स्पष्ट थी कि मूल की भाव-तीव्रता रूपान्तर में आरोपित अतिनाटकीयता मात्र जान पड़ती थी। *वेटिंग फ़ॉर गोदो (बैकेट), केयरटेकर (पिंटर), नो ऐक्ज़िट* तथा *मैन विदाउट शैडोज़ (सार्त्र)* आदि नाटकों का परिवेश, भाव-संघर्ष और चरित्र-संयोजन कुछ ऐसा है कि उनके रूपान्तर की कोशिश बेकार है।

इसके विपरीत बर्नार्ड शॉ के *पिगमेलियन* का उर्दू रूपान्तर *आज़र का ख़्वाब* सामान्य कृत्रिमता और अविश्वसनीयता के बावजूद बहुत लोकप्रिय हुआ। और

उसका मराठी में पु. ल. देशपांडे द्वारा अनुपम भारतीय रूपान्तर *ती फुलराणी* तो इतना सटीक था कि एक पल को भी विदेशी नहीं लगता था। इससे यह निष्कर्ष निकालना बहुत संगत नहीं होगा कि सुखान्तकों का रूपान्तर अधिक सहज है। अमरीका के ब्रौडवे और लंदन के वेस्ट एंड में लोकप्रिय अनेक या अधिकांश सुखान्तकों के मराठी-गुजराती में भारतीयकरण थोड़ा-बहुत मनोरंजन भले ही करते हों, पर मूलत: बनावटी और सतही लगते हैं, उनसे किसी भी प्रकार की कलात्मक अनुभूति नहीं होती।

पिछले दशक में बर्टोल्ट ब्रेख्त के नाटकों के भारतीय रूपान्तर एक सर्वथा भिन्न कारण से हमारे रंगमंच पर सहज और सफल हुए हैं। *कॉकेशियन चौक सर्किल* का मराठी *(अजब न्याय वर्तुलाचा)* और पंजाबी *(पराई कुख)* रूपान्तर जितना प्रभावी और स्वाभाविक हुआ, उतना उसका उर्दू अनुवाद *(खड़िया का घेरा)* नहीं। इसी तरह *थ्री पेनी आपेरा* का बांग्ला *(तीन पयशार पाला)* और मराठी *(तीन पैशाचा तमाशा)* रूपान्तर उसके उर्दू अनुवाद तीन टके का स्वाँग से ज़्यादा असरदार था। यही बात *पुंटिला ऐंड हिज़ मास्टर मत्ती* के हिन्दी रूपान्तर *चोपड़ा कमाल नौकर जमाल* के बारे में सही है। इन सबकी सफलता का रहस्य इनके रूपान्तर और प्रस्तुति में भारतीय पारम्परिक नाट्यों के बड़े कल्पनाशील प्रयोग में है जो ब्रेख्त की नाट्य-दृष्टि और शैली के बहुत अनुकूल पड़ता है। पारम्परिक नाट्यों की पद्धतियाँ यों भी कहीं अधिक जीवन्त और आकर्षक हैं, जो भारतीय मानस को सहज ही आकर्षित करती हैं और उनसे जुड़कर विदेशी नाटक भी अपने लगने लगते हैं।

ब. व. कारन्त द्वारा *मैकबेथ* के प्रदर्शन में पारम्परिक भारतीय पद्धतियों के सृजनात्मक इस्तेमाल से पैदा होनेवाली कलात्मकता का ज़िक्र पहले किया गया। इसी तरह की उपलब्धि बंसी कौल द्वारा गोगोल के *इंसपेक्टर जनरल* के रूपान्तर आला अफ़सर की नौटंकी शैली में और बेन जॉनसन के *वालपोनि* के रूपान्तर *लोमड़ख़ान* की भवई शैली में प्रस्तुतियों में हुई। इनमें *आला अफ़सर* का मुद्राराक्षस द्वारा रूपान्तर आलेख के रूप में भी बहुत सूझ-बूझ के साथ हुआ है, जबकि *लोमड़खान* का रूपान्तर बहुत कमज़ोर और कच्चा है। चुने हुए विदेशी नाटकों को पारम्परिक नाट्य-शैलियों के मुहावरे में भारतीय रंगमंच पर प्रस्तुत करने की यह नई दृष्टि दो भिन्न रंग-संस्कृतियों के बीच एक नए ढंग के सृजनात्मक सम्बन्ध और आदान-प्रदान का रास्ता खोलती है।

निस्सन्देह किसी भी भाषा का कोई भी जीवन्त रंगमंच इतना संकीर्ण नहीं हो सकता कि देश-विदेश के श्रेष्ठ नाटकों को अपनी प्रदर्शन सूची से बहिष्कृत रखे। एक स्तर पर पहुँचकर और सम्भवत: उस स्तर पर पहुँचने तथा उससे आगे जाने के लिए, समर्थ रंगकर्मी को युग की समस्त सार्थक नाट्याभिव्यक्ति का, चाहे वह किसी देश और भाषा की हो, अन्वेषण और उसके माध्यम से अपने-आपसे

साक्षात्कार आवश्यक हो जाता है। पर ऐसा साक्षात्कार अपने निजी व्यक्तित्व की पहचान और उसके प्रति तीव्र सजगता के बिना नहीं हो सकता। ऐसी पहचान के बिना किसी समृद्ध प्रभाव से अभिभूत होकर उसके अनुकरण में पड़ जाने की बड़ी आशंका रहती है।

कुछ समय पहले हमारे देश की कुछ भाषाओं में योरप और अमरीका के अग्रगामी (अवाँ गार्द), विशेषकर विसंगतिवादी (ऐब्सर्ड) नाटकों के अनुवादों के प्रदर्शनों की भरमार होने लगी। इससे न केवल इसकी आशंका बढ़ी कि इनके प्रदर्शन करनेवाले साधारण दर्शक-वर्ग से कटकर एक आत्मप्रशंसक और श्रेष्ठता-भाव से आक्रान्त फ़ैशनपरस्त संकीर्ण गुट बन जाएँ, बल्कि इससे रंगमंच के ऊपर कृत्रिम विदेशी वातावरण और अधिक बढ़ने का ख़तरा भी पैदा हुआ। विशेषकर दिल्ली में, हिन्दी के कुछ नए प्रशिक्षित नाट्यकर्मी इन नाटकों से इस तरह प्रभावित हुए कि उन्हें कोई भारतीय नाटक अच्छा ही नहीं लगता था। मगर अधिकांशतः इन आधुनिक पश्चिमी नाटकों का प्रदर्शन इन रंगकर्मियों की किसी मूलभूत बौद्धिक और भावगत अनुभूति की अभिव्यक्ति न होकर एक प्रकार का हीनतापूर्ण अनुकरण मात्र था, जिससे न रंगमंच का कोई भला हो सकता था, न उनके अपने रंग-व्यक्तित्व का। बहुत-से भारतीय नाटकों के साथ-साथ एक-दो ऐसे भी नाटकों का प्रदर्शन तो शायद सार्थक हो सकता है, पर केवल इन्हीं, इसी प्रकार के, अथवा अन्य पश्चिमी नाटकों पर आग्रह, अन्ततः मंडली और उसके सृजनशील कर्मियों को एक प्रकार की बंध्यता की ओर ले जाएगा, क्योंकि इस तरह वे अपने देश और समुदाय के परिवेश और उसके बौद्धिक तथा मानसिक जगत से कट जाएँगे।

विदेशी नाटकों के अनुवादों के प्रदर्शन में एक शिल्पगत कठिनाई भी है। उसमें प्रस्तुत पात्रों के व्यक्तित्व से, उनके सामाजिक, सांस्कृतिक तथा मानसिक जगत से, साधारणतः भारतीय निर्देशक और अभिनेता का केवल दूर से ही, किताबों के द्वारा, परिचय होता है। मूल में वे एक निश्चित सांस्कृतिक-मानसिक परिवेश से उपजे होते हैं, और किसी विशेष नाट्य-परम्परा की अपनी रूढ़ियों से निर्धारित हुए होते हैं। उस सबसे संवेदनशील परिचय के बिना भारतीय रंगमंच पर उनका प्रस्तुतीकरण बड़ा सामान्यीकृत अथवा सतही, बाह्य और बनावटी ही हो सकता है। भारतीय रंगकर्मी के—अभिनेता या निर्देशक के—पास अकसर इतने साधन नहीं होते कि वह सूक्ष्म और गहरे अध्ययन द्वारा यह परिचय प्राप्त कर सके। बहुत-से रंगकर्मी इतने परिश्रमी, अध्यवसायी और आन्तरिक सत्य की उपलब्धि के लिए इतने बेचैन भी नहीं होते कि उसको प्राप्त करने के लिए आवश्यक प्रयास करें। फलतः, उनका ध्यान ऊपरी टीम-टाम और एक प्रकार की रंगीय तड़क-भड़क और सत्य के गौण पक्षों पर केन्द्रित होने लगता है, पश्चिमी नाटकों में अन्तर्निहित गहरे नाट्यानुभव को प्राप्त और सम्प्रेषित करने पर नहीं।

इन सब बातों के परिप्रेक्ष्य में यह प्रश्न बड़ा सार्थक और तात्कालिक हो जाता है कि हम पश्चिमी नाटकों का प्रदर्शन किसी विदेशी शैली या पद्धति की हूबहू पुनरावृत्ति के लिए करते हैं या उस प्रदर्शन के माध्यम से अपने लिए कोई सार्थक अनुभूति का अन्वेषण करते हैं। वास्तव में, पश्चिमी नाटक का प्रदर्शन : दो स्तरों पर दोहरी चुनौती रंगकर्मी के सामने प्रस्तुत करता है। एक ओर, उस नाटक के अन्तरंग सत्य और बाह्य रूपगत तथा रंगमंचीय विशिष्टता का यथा-सम्भव सूक्ष्म और निश्चित अन्वेषण और निर्धारण आवश्यक होता है। दूसरी ओर, उसके प्रस्तुतीकरण के माध्यम से उसकी, अपने लिए और अपने दर्शक-वर्ग के लिए, बाह्य तथा अन्तरंग सार्थकता और विश्वसनीयता की सृष्टि भी करनी पड़ती है। यह निस्सन्देह कठिन काम है, और श्रेष्ठ तथा प्रसिद्ध पश्चिमी नाटकों को चाहे जैसे अथवा किसी प्रसिद्ध पश्चिमी प्रदर्शन के अनुकरण में खेल देने से कहीं अधिक जटिल तथा विवेकसाध्य है।

वास्तव में, पश्चिमी नाटकों का प्रदर्शन आज के गम्भीर रंगमंच के लिए आवश्यक तो बहुत है, पर उसको केवल वही रंगमंडली तथा वे ही रंगकर्मी ठीक से कर सकते हैं जो अपने देश के नाट्य-मर्म से परिचित हों, और उसे मूर्त करने की क्षमता रखते हों। अन्यथा इस बात का बड़ा भारी ख़तरा है कि ऊपरी पश्चिम-मोह तथा फ़ैशनपरस्ती में पड़कर एक प्रकार की बनावट ही हाथ लगे; तथा समुदाय के भावजगत और रंग संस्कार को गहराई और संवेदनशीलता देने के बजाय, हम स्वयं ही उससे कटकर अलग हो जाएँ। हमारा आधुनिक रंगमंच पश्चिम से इतना प्रभावित होने पर भी, पश्चिमी नाटकों का प्रदर्शन आज हमारे सार्थक रंग-कार्य के लिए तभी मूल्यवान हो सकता है, जब हम पश्चिमी नाटकों और समस्त रंगमंचीय पद्धतियों, व्यवहारों और शैलियों को, एक ओर, अपने विशिष्ट जीवन-अनुभव से, और दूसरी ओर, अपनी रंग-परम्परा की विशिष्ट आवश्यकताओं से, सम्बद्ध करके देख सकें और उसका उपयोग कर सकें।

रंगमंचीय संगठन का रूप

अभी तक हम रंग-कार्य के आन्तरिक तत्त्वों, उसके कुछ विशिष्ट प्रकारों, तथा उनकी सृजनात्मक-कलात्मक आवश्यकताओं पर विचार करते रहे हैं। अपने रंग-जीवन के इस पक्ष की अभी तक कोई सीधी चर्चा नहीं की गई कि हमारे देश में रंगमंचीय संगठन कितनी अनियमित, अव्यवस्थित और अराजक स्थिति में है, जिसके कारण अधिकांश सृजनात्मक प्रश्न प्राय: अवास्तव और बेमानी हो जाते हैं। निस्सन्देह इस स्थिति का प्रासंगिक उल्लेख पिछले विवेचन के विभिन्न सन्दर्भों में होता रहा है, पर अब उसका अधिक विस्तृत और बहुविध विश्लेषण करना उचित होगा, जिससे अपने रंग-कार्य के अधिक व्यावहारिक पक्षों के रूप और मूलाधारों को ठीक से तथा स्पष्टत: समझा जा सके।

यह प्राय: कहा गया है कि किसी भी देश अथवा भाषा के रंगमंच का विकास इसी बात से नापा जा सकता है कि उसमें नियमित रूप से सक्रिय और सम्पन्न पेशेवर रंगमंच है अथवा नहीं। इसमें कोई सन्देह नहीं कि जब तक रंगमंच अन्यान्य सांस्कृतिक सुविधाओं और अभिव्यक्तियों की भाँति हमारे जीवन का आवश्यक और अनिवार्य अंग नहीं बन जाता, जब तक समाज के सभी स्तर के लोग किसी-न-किसी अवसर पर सहज ही और अनिवार्य रूप में रंगमंच के द्वारा अपनी सांस्कृतिक आवश्यकताओं की पूर्ति नहीं करने लगते, तब तक वह सचमुच किसी स्थायी आधार पर नहीं टिक सकता।

रंगमंच ऐसा कला-माध्यम है जिसके लिए न केवल आश्रय के रूप में सामूहिक और सामाजिक सहयोग की आवश्यकता होती है, बल्कि जो सामाजिक और सामूहिक प्रयत्न के बिना सक्रिय और विकसित ही नहीं हो सकता। कलाकृति का उपभोक्ताओं के साथ ऐसा अनिवार्य सम्बन्ध रंगमंच के अतिरिक्त और कहीं नहीं। इसीलिए रंगमंच के विकास में भी सामूहिक-सामाजिक स्वीकृति बहुत ही आवश्यक है। साथ ही, इस स्वीकृति के लिए केवल व्यक्तिगत, छिटपुट अथवा शौक़िया गतिविधि ही पर्याप्त नहीं है। उसके लिए रंगमंच का व्यापक और नियमित सांस्कृतिक अभिव्यक्ति के रूप में सामाजिक जीवन से जुड़ना अनिवार्य है। अपनी सम्पूर्ण सार्थकता प्राप्त करने के लिए रंगमंच को भी फ़िल्म की भाँति ही जीवन का

अनिवार्य अंग, मनोरंजन और सांस्कृतिक अभिव्यक्ति का एक महत्त्वपूर्ण साधन बनना होगा। यह सही है कि फ़िल्म-जैसी व्यापकता और प्रसार रंगमंच के लिए सम्भव नहीं, फिर भी फ़िल्म की भाँति ही हमारे जीवन में अनिवार्य हुए बिना रंगमंच भी सफल नहीं हो सकता।

इसीलिए संसार के अन्य देशों की भाँति हमारे देश में भी रंगमंच के विकास की दिशा उसके नियमित तथा पेशेवर या व्यवसायी रूप में स्थापित होने की दिशा है। यही नहीं, केवल अवकाश के समय की गतिविधि के रूप में अब रंगमंच को बहुत समय तक और बहुत दूर तक आगे नहीं ले जाया जा सकता। इसी कारण हर जगह ऐसी नाटक-मंडलियाँ मौजूद हैं, अथवा बन रही हैं, जो रंगमंच को अपने जीवन के मुख्य कार्य के रूप में भी, कलात्मक अभिव्यक्ति के साथ-साथ जीविका के रूप में भी, स्वीकार करने को प्रस्तुत हैं। ऐसी मंडलियों को वर्ष चार-छह बार एक-दो नाटक खेलकर सन्तोष नहीं होता, और उनकी यह इच्छा रहती है कि अथक परिश्रम द्वारा तैयार किए हुए अपने नाटक बार-बार अधिकाधिक दर्शकों को दिखा सकें। किन्तु प्राय:, बहुत-सी आवश्यक सुविधाओं और परिस्थितियों के अभाव में, उनकी यह इच्छा पूरी होना असम्भव हो जाता है।

उदाहरण के लिए, देश के अधिकांश स्थानों में ऐसी रंगशालाएँ ही नहीं जहाँ कोई दल नियमित रूप से सप्ताह में दो-तीन बार नाटक दिखाता रहे। कहीं-कहीं कुछेक रंगभवन हैं भी, पर उनका किराया इतना अधिक है, जिसे कोई नाटक-मंडली न तो बर्दाश्त कर सकती है, न इतनी बड़ी आर्थिक जोखिम उठाने का साहस कर सकती है। नियमित और निरन्तर प्रदर्शनों के अभाव में इस बात का अनुमान भी नहीं हो पाता कि ऐसे प्रदर्शनों से कितनी आय हो सकती है, और क्या उसके आधार पर किसी मंडली के अधिकांश सदस्य जीविका के अन्य उपाय छोड़कर अपना सारा समय रगमंच को ही देने का निश्चय कर सकते हैं।

वास्तव में, हमारे देश के रंगमंच के सामने आज यह एक बड़ी दुविधा की स्थिति है। इसमें कोई सन्देह नहीं कि देश के प्रत्येक नगर में थोड़े-बहुत रंगमंच के ऐसे उत्साही प्रेमी और कार्यकर्ता मिल जाएँगे जो नाटक को अपने जीवन का मुख्य कार्य बनाना चाहते हैं। बहुत-से स्थानों पर ऐसी सुव्यवस्थित और अनुभव प्राप्त तथा निपुण अव्यवसायी नाटक-मंडलियाँ भी हैं जो अपनी वर्तमान स्थिति से, अपने कार्य के मौसमी, शौक़िया और अनियमित रूप से, सन्तुष्ट नहीं हैं। उन्हें अच्छे नाटकों और नाटककारों की खोज है, वे रंगमंच को अपने जीवन की अनुभूति और समझ की अभिव्यक्ति का प्रमुख माध्यम समझती हैं, और उसे अपने जीवन का लक्ष्य, आदर्श और पेशा--सभी कुछ बनाने को तैयार हैं। किन्तु फिर भी आज देश में, एक-दो क्षेत्रों को छोड़कर, कहीं भी नई पेशेवर मंडलियाँ बनाने का कार्य सम्भव नहीं हो पाता। इस दिशा में पिछले दिनों अगर कोई प्रयत्न हुए भी हैं, तो

वे सभी धीरे-धीरे बिखर गए हैं और किसी को भी उल्लेखनीय सफलता नहीं प्राप्त हो सकी है। इसलिए यदि सचमुच कोई स्थायी और नियमित, पेशेवर रंगमंच हमारे देश में स्थापित होता है तो उसकी विभिन्न आवश्यकताओं और कठिनाइयों को गम्भीरतापूर्वक समझना आवश्यक है। उसके बिना केवल उत्साह और दौड़-धूप के आधार पर हमारे सारे प्रयत्न भविष्य में अन्ततः निष्फल ही होते रहेंगे।

आज हमारे देश में नियमित रंगमंच की स्थापना के दो पहलू हैं—एक तो, स्वयं रंगमंच के कार्यकर्ताओं, कलाकारों आदि की अपनी निजी आन्तरिक तैयारी और तत्परता; और, दूसरे, बाह्य परिस्थितियों की अनुकूलता तथा उन्हें अनुकूल बना सकने की सम्भावना। यहाँ इन दोनों ही पहलुओं पर कुछ विस्तार से विचार करना उपयोगी होगा।

ऊपर यह कहा गया है कि एक नियमित पेशे के रूप में रंगमंच को चलाने के लिए उसके लिए प्रेम और उत्साह-भर पर्याप्त नहीं है। इसका कारण यह है कि वास्तव में अव्यवसायी और पेशेवर रंगमंच के संगठन और संयोजन में बड़ा मौलिक और महत्त्वपूर्ण अन्तर है। पेशे के रूप में चलनेवाले रंगमंच के प्रति ठीक वैसे ही दृष्टिकोण और व्यवहार से काम नहीं चल सकता जैसा शौक़िया नाटक-मंडलियों में प्रायः पाया जाता है। ग़ैर-ज़िम्मेदारी और अनुशासनहीनता, अनियमितता तथा शिथिलता, गम्भीरता का अभाव, कला के स्थान पर आत्म-विज्ञापन और आत्म-प्रदर्शन को प्रधानता देना, आदि शौक़िया रंगमंच की ऐसी प्रवृत्तियाँ हैं जिन्हें लेकर पेशेवर रंगमंच का संगठन लगभग असम्भव है। आज की परिस्थितियों में पेशेवर नाटक-मंडली के सदस्यों में रंगमंच के प्रति वैसा ही समर्पण का भाव होना आवश्यक है जैसा किसी उच्च उद्देश्य अथवा आन्दोलन के प्रति होता है। क्योंकि इस समय चाहे नाटक-मंडलियाँ स्वयं अपने आप ही पेशेवर रूप ग्रहण करें, अथवा कोई कलाप्रेमी व्यवसायी रंगमंच की स्थापना के प्रति प्रवृत्त हो, उससे प्राप्त आर्थिक सुविधाएँ और आय इतनी नहीं हो सकती कि वह सदस्यों को पूरी तरह सन्तुष्ट कर सके।

प्रारम्भिक स्थिति में पेशेवर रंगमंच बहुत कुछ सदस्यों के, विशेषकर अभिनेता-निर्देशक तथा अन्य रंगशिल्पियों के, निःस्वार्थ कार्य और कला-प्रेम के ऊपर ही चल सकता है। प्रारम्भ में, रंगमंच से सम्बद्ध सभी व्यक्तियों को अनिवार्य रूप से अपने कार्य से मिलनेवाले कलात्मक और आत्माभिव्यक्ति के सन्तोष को ही प्रधानता देनी होगी और उसके साथ-साथ आजीविका के रूप में जो कुछ सामान्य आय हो जाए उसे पर्याप्त मानना होगा। निस्सन्देह, धीरे-धीरे दल-विशेष के संगठित, समृद्ध और लोकप्रिय होने पर यह स्थिति अवश्य आ सकती है कि उसके प्रदर्शन निरन्तर और नियमित रूप से होने लगें और उनकी आय से वह अपने सदस्यों को समुचित पारिश्रमिक अथवा वेतन दे सके। फिर भी यह वेतन अथवा पारिश्रमिक बहुत दिनों तक बहुत आकर्षक अथवा प्रचुर नहीं हो सकता। वह मूलतः एक कलाप्रेमी व्यक्ति

के लिए आत्म-सन्तोष के साथ-साथ जीविका भी चलाने का उपाय-भर हो सकता है। इसलिए अनिवार्य रूप से पेशेवर रंगमंच की स्थापना के लिए नाटक अथवा रंगमंच के ऐसे प्रेमियों की आवश्यकता होगी, जो इस कार्य को अपने जीवन का उद्‌देश्य और आदर्श मानते हों, जो उसके लिए अपनी सुख-सुविधाओं और जीवन की अन्य आवश्यकताओं का किसी हद तक त्याग कर सकते हों। ऐसे दृष्टिकोण के बिना रंगमंच चलाना सम्भव नहीं, कम-से-कम प्रारम्भ में नियमित पेशेवर संस्था के रूप में तो किसी भी प्रकार सम्भव नहीं।

रंगमंच के कार्य में इस स्वार्थ-त्याग की भावना के अतिरिक्त तीव्र आत्मानुशासन की भी बड़ी आवश्यकता होती है। पेशेवर रूप में संगठित होने पर भी रंगमंच मूलत: कलात्मक अभिव्यक्ति का कार्य है। उसको केवल आजीविका के साधन की भाँति निर्वैयक्तिक भाव से तटस्थ होकर नहीं देखा जा सकता। किसी नए कार्यालय, कारख़ाने अथवा अन्य धन्धे में काम करनेवाला व्यक्ति अपने कार्य के साथ मूलत: निर्वैयक्तिक सम्बन्ध ही बनाता है, या कम-से-कम बना सकता है—जीवन-यापन की एक आवश्यक अनिवार्य परिस्थिति के रूप में। उसके लिए सम्भव है कि वह अपनी गहरी और नितान्त आत्मीय आवश्यकताओं और प्रवृत्तियों को अपने धन्धे से अलग रखे और धन्धे को उनसे अधिक महत्त्व नहीं दे। ज़रूरत पड़ने पर वह धन्धे को छोड़, अपनी नई आवश्यकताओं और गतिविधियों में अपने-आपको संलग्न करके, उनसे कहीं अधिक आत्म-सन्तोष पा सकता है। किन्तु कलाकार के लिए यह सम्भव नहीं। कला के साथ उसका सम्बन्ध निर्वैयक्तिक हो ही नहीं सकता।

साधारणत: कोई भी कलाकार अथवा रचनाकार अपने माध्यम अथवा कला के अनुशीलन को अपने जीवन की सर्वोपरि गतिविधि मानता है और उसे सबसे अधिक महत्त्व देता है। प्राय: उसकी इस गतिविधि के साथ किसी अन्य व्यक्ति का कोई सम्पर्क नहीं होता; जो कुछ वह करता है उसमें सम्पूर्ण रूप से केवल वही डूबता है, और अपनी अभिव्यक्ति की सम्पूर्ण सफलता में उसे अपने ही व्यक्तित्व की गहरी सार्थकता और चरितार्थता की अनुभूति होती है। किन्तु रंगमंच ऐसा कला-माध्यम है, जिसमें बहुत-से व्यक्तियों का सहयोग आवश्यक है, और जिसका मूल संगठनकर्ता एक भिन्न व्यक्ति, अथवा एक व्यापारी मालिक जैसा ग़ैर-कलाकार व्यक्ति होने की सम्भावना है। फलस्वरूप, रंगमंच में कलाकार के लिए अपने कार्य के साथ वैसा सम्बन्ध बनाए रखना प्राय: कठिन हो जाता है जैसा अन्य कला-माध्यमों में स्वाभाविक है; और यह आशंका रहती है कि रंगमंच के विभिन्न रचनाकार और शिल्पी अपने काम को निर्वैयक्तिक भाव से देखें, और अभिव्यक्ति की समग्रता और रचना की सम्पूर्णता के ऊपर ध्यान देने के बजाय केवल अपने ही सीमित कार्य को प्रधानता देने लगें, अथवा नौकरी के लिए आवश्यक समय और उद्योग पूरा करके अपने कर्तव्य की इतिश्री समझें।

दूसरे शब्दों में, यह असम्भव नहीं कि पेशेवर रंगमंच के कलाकार अपने कार्य के प्रति वही दृष्टिकोण अपना लें जो किसी भी कार्यालय अथवा कारख़ाने का कर्मचारी अपनाता है। रंगमंच यदि पूरी तरह सिर्फ़ पेशा ही हो तो यह दृष्टिकोण इतना घातक न भी रहे। किन्तु, एक तो, रंगमंच पूर्ण रूप से पेशा है नहीं; और दूसरे, हमारे देश में तो उसकी स्थापना ऐसी परिस्थितियों में होती है जिनमें यह दृष्टिकोण अपनाकर किसी भी प्रकार उसको सफल नहीं बनाया जा सकता। इसलिए पेशेवर रंगमंच की स्थापना और उसके विकास तथा सफलता के लिए यह अनिवार्य रूप से आवश्यक है कि दल विशेष के सदस्य अपने कार्य को मुख्यत: कलात्मक और रचनामूलक मानें और उससे होनेवाली आय अथवा आर्थिक प्राप्ति को एक गौण स्थान दें। इस प्रकार के दृष्टिकोण के बिना हमारे देश की वर्तमान परिस्थितियों में पेशेवर रंगमंच का विकास बहुत दुष्कर है।

पेशेवर रंगमंच की सफलता की अन्य आन्तरिक परिस्थितियों में कलाकारों का अपना प्रशिक्षण भी है। शौक़िया अव्यवसायी मंडली में अभिनेता, निर्देशक तथा अन्य शिल्पी अपनी निपुणता को बढ़ाने की ओर विशेष ध्यान नहीं देते, बल्कि बहुत बार तो वे अपने को परम निपुण ही समझते हैं। प्राय: वे न तो नाटक-साहित्य का अध्ययन करते हैं, न अभिनय कला और रंगमंच के अन्य पक्षों से सम्बन्धित समुचित ज्ञान प्राप्त करने में प्रयत्नशील होते हैं। अपनी थोड़ी-बहुत स्वाभाविक जन्मजात क्षमता अथवा प्रतिभा के प्रदर्शन और उसकी अनुशंसा और स्वीकृति से उन्हें सन्तोष मिल जाता है। किन्तु किसी कला को पेशेवर स्तर पर तब तक स्वीकृति नहीं मिल सकती जब तक कलाकार अपने कला-कर्म की गहराइयों में न उतरें, जीवन के पर्यवेक्षण और अनुभूति को निरन्तर अभ्यास और प्रशिक्षण द्वारा परिपुष्ट न करें। अभिव्यक्ति की प्रौढ़ता ऐसे गम्भीर दृष्टिकोण के बिना सम्भव नहीं।

हमारे देश में रंगमंच के सभी कलाकारों को अपने भीतर अपनी कला के प्रति इतनी जागरूक प्रवृत्ति विकसित करनी होगी, तभी उनके कार्य का स्तर एक स्वतंत्र सामाजिक गतिविधि की मान्यता प्राप्त कर सकेगा, और 'शौक़िया' की कोटि से निकल पाना उनके लिए सम्भव हो सकेगा। इस आन्तरिक तैयारी के बिना इन कलाकारों में वह दृढ़ता और सामर्थ्य न आ सकेगी जो किसी पेशेवर मंडली में एक ही नाटक को बार-बार, सर्वदा नवीन उत्साह और रचनात्मक तीव्रता के साथ, प्रस्तुत करने के लिए नितान्त आवश्यक है। किसी नाटक में एक या दो बार सामान्यत: प्रभावशाली अभिनय कर सकना एक बात है, और किसी चरित्र को बीसियों बार एक-सी, बल्कि उत्तरोत्तर श्रेष्ठतर, कलात्मक और भावनात्मक सचाई के साथ परिस्फुट करना और बनाए रखना बहुत ही भिन्न और दुष्कर दायित्व है। सफल पेशेवर रंगमंच अपने सभी कलाकारों से ऐसी निष्ठा और आत्म-प्रशिक्षण की अपेक्षा रखता है।

पेशेवर रंगमंच के विकास का दूसरा पहलू बाह्य परिस्थितियों की अनुकूलता का है। ये बाह्य परिस्थितियाँ मूलत: क्या हैं? रंगशालाओं के अभाव की बात ऊपर कही जा चुकी है। यह एक इतनी बड़ी बाधा है जिसे दूर कर सकना बहुत ही कठिन हो जाता है। उदाहरण के लिए, कलकत्ते की विख्यात नाटक-मंडली बहुरूपी को ही लीजिए। बीस-पच्चीस वर्ष तक उसके देशव्यापी प्रदर्शनों से यह तो स्पष्ट था कि कर्मनिष्ठा, कलात्मक प्रतिभा और लगन की दृष्टि से यह मंडली न केवल देश-भर में बेजोड़ थी, बल्कि पेशेवर मंडली बनने के लिए सर्वथा उपयुक्त भी थी। उसके प्रतिभाशाली निर्देशक और अभिनेता शम्भु मित्र तथा उनके सभी सहयोगी रंगमंच और नाटक को ही अपने जीवन का सबसे महत्त्वपूर्ण कर्म मानते थे और अपने अन्य सारे कार्य छोड़कर रंगमंच को अपनाने को प्रस्तुत ही नहीं, आतुर थे। एक प्रकार से अपनी इसी निष्ठा के द्वारा, अपनी समस्त निजी सुविधाओं और आवश्यकताओं के प्रति उपेक्षा और अपने त्याग के द्वारा ही, इस मंडली के सदस्य रंगमंचीय श्रेष्ठता और कलात्मक निर्भीकता तथा साहस का इतना ऊँचा स्तर स्थापित कर सके थे।

किन्तु एक सीमा के बाद, आगे विकास करने के लिए इस मंडली को अपनी निजी रंगशाला की ज़रूरत थी, जहाँ यह अपने प्रदर्शन नियमित रूप से निरन्तर कर सकती। पर उसके लिए अपनी रंगशाला कैसे बने? कलकत्ते में रंगशाला बनाने के लिए पर्याप्त आर्थिक तथा अन्य साधन चाहिए, संगठन चाहिए, दौड़-धूप चाहिए। अब यदि बहुरूपी मंडली और उसके सदस्य रंगशाला के लिए केवल अर्थ-संग्रह में ही जुट पड़ते तो फिर मंडली के कलात्मक कार्य और उसके स्तर का क्या होता? और यदि यह न किया जाए तो रंगशाला कैसे निर्मित होती और बहुरूपी किस प्रकार पेशेवर नाटक-मंडली बनती?

अन्तत: यह नहीं हो पाया और यह मंडली, अपनी दृष्टि और कार्य-स्तर में पूरी तरह पेशेवर होने के बावजूद, अपने संगठन में कभी पेशेवर न बन पाई और फिर क्रमश: उसका विघटन भी होने लगा। वास्तव में, यह रंगमंचीय कार्य का मौलिक अन्तर्विरोध है, क्योंकि नाट्य-क्रिया कला तो है, पर उसके सम्पन्न होने के लिए बड़े व्यवस्थित संगठन और बड़ी मात्रा में धन की आवश्यकता होती है। विशेष रूप से इतनी अधिक मात्रा में धन कहाँ से प्राप्त हो? स्पष्ट ही इसके दो उपाय हो सकते हैं—या तो किसी-न-किसी प्रकार राजकीय सहायता, अनुदान और संरक्षण मिले, या कला-प्रेमी धनी अथवा व्यवसायी अकेले या मिलकर रंगमंच चलाएँ, जैसे फ़िल्म उद्योग चलता है, अथवा जैसे देश के विभिन्न भागों में मौजूदा व्यवसायी रंगमंच चलता है।

जहाँ तक राजकीय सहायता का प्रश्न है, वह किसी-न-किसी रूप में रंगमंच को मिलना आवश्यक ही है। नगर निगमों और नगरपालिकाओं अथवा राज्यकोष से नियमित संरक्षण मिले बिना कोई कलात्मक रंगमंच केवल अपने

ही बूते पर भली-भाँति नहीं जी सकता। और हमारे देश में तो उसकी स्थापना का भी प्रश्न है, जो राजकीय सहायता के बिना बहुत ही कठिन जान पड़ता है। इसीलिए रंगशालाओं के निर्माण के लिए, और पेशेवर ढंग से मंडलियाँ चलाने के लिए, केन्द्रीय और राज्य सरकारों की योजनाएँ होना बहुत ज़रूरी है। पर केवल सरकारी अनुदान के सहारे भी रंगमंच की स्थापना अथवा विकास का स्वप्न देखना बड़ा घातक है।

किसी भी कलात्मक प्रयत्न के लिए सरकारी सहायता तभी उपयोगी सिद्ध हो सकती है जब वह पर्याप्त और नियमित ही नहीं, उस प्रयत्न की स्वतंत्रता पर कोई रोक न लगाती हो। यह देखा गया है कि सरकारी अनुदान से चलनेवाले कलात्मक प्रयास प्राय: बड़ी अवांछनीय विकृतियों के शिकार हो जाते हैं, उनकी आत्मनिर्भरता, कलात्मक जागरूकता और रचनात्मक क्षमता अन्तहीन नियमों और प्रतिबन्धों की श्रृंखलाओं में जकड़कर निर्जीव हो जाती है, और अन्त में वे एक विशेष प्रकार की महन्तगीरी और कलात्मक भ्रष्टाचार के क्षेत्र बन जाते हैं। इसलिए जहाँ एक ओर, राजकीय सहायता आवश्यक और उचित है, वहीं, दूसरी ओर, उसे पानेवाले कलाकारों के भीतर अपनी निजस्व जागरूकता और सामर्थ्य इतनी अधिक और प्रबल होना भी आवश्यक है कि राजकीय सहायता के बोझ को वे सँभाल सकें और उसके पहले ही धक्के में उनके पैर न उखड़ जाएँ।

रंगमंच के लिए आवश्यक धन की प्राप्ति का दूसरा स्रोत हो सकता है व्यापारी वर्ग। पर एक तो, रंगमंच ऐसा लाभदायक व्यवसाय नहीं कि सहज ही कोई व्यापारी इस ओर झुके। धनी और शौक़ीन व्यापारियों के लिए फ़िल्म कहीं अधिक रंगीन, आकर्षक और सम्भाव्य आर्थिक लाभ का क्षेत्र है। उसकी तुलना में किसी भी दृष्टि से रंगमंच में क्या धरा है? और फिर, यदि कोई व्यापारी अकेला अथवा कुछ लोगों के साथ मिलकर रंगमंच की ओर ध्यान दे भी, तो उसका प्रभाव सदा शुभ ही होगा, इसकी आशा बहुत ही कम है। व्यापारी मूलत: अपने आर्थिक लाभ की प्रेरणा से चलेगा, कलात्मक आवश्यकता के लिए नहीं। उसके संरक्षण और नियंत्रण में बननेवाली मंडली पूरी तरह व्यापारी मनोवृत्तिवाली होगी और वह उसी ओर बढ़ेगी जिस ओर फ़िल्म कम्पनियाँ चली गई हैं।

संसार के सभी देशों में पूरी तरह व्यापारियों के हाथ में पड़ा हुआ रंगमंच भयंकर कलात्मक वंध्यता और निर्जीवता का शिकार है और प्राय: सस्ते, उत्तेजक और घटिया नाटकों को ही प्रोत्साहन देता है। हमारे देश में भी यह आशंका काल्पनिक नहीं है। जहाँ-जहाँ भी व्यवसायी अथवा व्यवसाय-बुद्धिवाले लोगों ने रंगमंच स्थापित करने और चलाने का प्रयत्न किया है, वहीं उन्होंने सबसे पहले कला के सिद्धान्तों की हत्या करके तथाकथित लोकप्रिय और पैसा कमाऊ नाटकों और उनके वैसे ही चटक-मटक से भरपूर सस्ते प्रदर्शनों पर बल दिया है। यह दूसरी बात है कि

बहुत-सी सस्ती घटिया फ़िल्मों की भाँति ऐसे नाटक भी सफल न हो पाए और ऐसी व्यापारी-मंडलियाँ शुरू होने के पहले ही बैठ गईं।

ऐसे व्यवसायियों में कुछ लोग एक और भी अवांछनीय मनोवृत्ति अपने साथ लाते हैं। रंगमंच-जैसे 'सांस्कृतिक' कार्य में भाग लेने से आजकल बड़े-बड़े अधिकारियों और राजनीतिक नेताओं से सहज सम्पर्क स्थापित होने की बड़ी सम्भावना हो गई है। यह 'सम्पर्क-स्थापन' आज के व्यापार का बड़ा महत्त्वपूर्ण अंग है और बहुत-से व्यवसायी केवल इसी दृष्टि से रंगमंच की ओर झुकते हैं; विज्ञापन, आकर्षक साथ-संगति, तथा 'मनोरंजन' की अन्य सुविधाएँ तो हैं ही। यह सहज ही कल्पना की जा सकती है कि ऐसे लोगों से रंगमंच का कितना बड़ा अहित होता है या हो सकता है। इस प्रकार, धन के लिए पूरी तरह सिर्फ़ व्यापारी वर्ग पर निर्भर होने से भी रंगमंच की समस्याएँ सुलझती नहीं।

इन सब बातों के सन्दर्भ में यदि हम अपने देश के वर्तमान पेशेवर या व्यापारी रंगमंच पर एक दृष्टि डालें तो बहुत-सी बातें हमारे सामने स्पष्ट हो जाएँगी। इस सिलसिले में सबसे पहले तो यह भ्रम दूर करना आवश्यक है कि हमारे देश में पेशेवर रंगमंच है ही नहीं, और आज उसकी स्थापना एक सर्वथा नवीन और अभूतपूर्व कार्य होगा। वास्तविकता यह है कि हमारे देश के बहुत-से भागों में आज भी पेशेवर रंगमंच मौजूद हैं और सक्रिय हैं, भले ही उसका स्वरूप कलात्मक कम और पैसा कमाऊ अधिक हो।

असल में, उन्नीसवीं शताब्दी के उत्तरार्द्ध में अंग्रेज़ी संस्कृति के प्रभाव में पेशेवर और व्यापारी रंगमंच देश के विभिन्न क्षेत्रों में स्थापित हुआ और विभिन्न स्तरों की संगठनात्मक तथा कलात्मक निपुणता और सामर्थ्यवाली नाटक-मंडलियाँ देश-भर में चल निकलीं। ऐसी मंडलियाँ अपनी कच्ची-पक्की सफलता-असफलता के साथ लगातार सक्रिय रही हैं और आज भी सक्रिय हैं। जहाँ अनुकूल परिस्थितियाँ मिलीं वहाँ वह व्यवसायी रंगमंच फला-फूला भी, और उसने कई उल्लेखनीय सफलताएँ भी प्राप्त कीं। जहाँ ये परिस्थितियाँ नहीं मिलीं, वहाँ वह बेघरबार होकर पथभ्रष्ट हुआ और मिट गया। ये नाटक-मंडलियाँ प्रारम्भ में, स्पष्ट ही, विदेशी प्रेरणा से, विदेशी संस्कृति के प्रभाव में, पश्चिमी शिक्षा प्राप्त व्यक्तियों के प्रोत्साहन से, योरपीय नाटकों के अनुकरण में, बनी थीं। पर धीरे-धीरे उन्होंने देश की पुरानी नाट्य-परम्पराओं के साथ भी थोड़ा-बहुत नाता जोड़ा। यहाँ तक कि कुछ क्षेत्रों में हमारे नाटक और रंगमंच का रूप तत्कालीन योरपीय नाटक से एकदम भिन्न हो गया, यद्यपि उसमें बहुत-से विदेशी तत्त्व भी बने रहे और स्थानीय परिस्थितियों में पनपते भी रहे।

इस शताब्दी के चौथे दशक में, विशेषकर बोलती फ़िल्मों के आविर्भाव के बाद, इस रंगमंच का हर प्रदेश में बड़ी तेज़ी से ह्रास हुआ। उसके लिए बनाए गए रंगभवन सिनेमाघर बन गए, उसके व्यवसायी मालिकों ने फ़िल्म कंपनियाँ खोल लीं

और उसके अभिनेता-अभिनेत्री तथा अन्य शिल्पी फ़िल्मों में जा डटे। जो कुछेक लोग रंगमंच छोड़कर नहीं गए, वे भी अपनी कला के और आर्थिक परिस्थितियों के स्तर को क्रमशः बिगड़ते जाने से न बचा सके। फलस्वरूप, दूसरे महायुद्ध के काल में तथा उसके तुरन्त बाद, फ़िल्मों के प्रहार से बचा-खुचा रंगमंच या तो एकदम सस्ते, उत्तेजक और घटिया मनोरंजन का साधन बन गया या लगभग मिट गया। छठे दशक के मध्य या अन्त तक, मोटे तौर पर, हमारे देश में पेशेवर या व्यापारी रंगमंच की संक्षेप में यही स्थिति थी, यद्यपि इसके भी अनेक स्तर देश के विभिन्न भागों में मिलते थे।

पिछले पन्द्रह-बीस बरस में एक तरह के रंगमंचीय नव-जागरण के फलस्वरूप देश के अलग-अलग क्षेत्रों में रंगमंच की विशेष परिस्थितियों के अनुसार, पेशेवर या व्यापारी रंगमंच की हालत में बदलाव आया—उसकी आर्थिक तथा संगठनात्मक स्थिति में, उसके नाटकों की विषयवस्तु, रूप, शैली और कलात्मक स्तर, सभी में व्यापक परिवर्तन हुए। जहाँ पेशेवर रंगमंच की परम्परा कमज़ोर या अनियमित रही थी, वहाँ उसकी स्थापना के लिए कई प्रकार की सफल-असफल कोशिशें होने लगीं। इस परिवर्तन की दिशा और उसकी विशेषताओं को समझने के लिए कुछ प्रमुख क्षेत्रों के पेशेवर या व्यापारी रंगमंच की कुछ विस्तार से चर्चा करना उपयोगी होगा।

पिछले सौ-डेढ़ सौ वर्षों में अंग्रेज़ी शासन की स्थापना और विस्तार की विशेष परिस्थितियों के फलस्वरूप, और कुछ अन्य आन्तरिक आर्थिक, सामाजिक, सांस्कृतिक परिस्थितियों के कारण, हमारे यहाँ, कम-से-कम उत्तर भारत में, सबसे गतिशील और सक्रिय पेशेवर या व्यापारी रंगमंच बांग्ला, मराठी, और किसी हद तक गुजराती का, तथा पारसी कम्पनियों द्वारा चलाया गया उर्दू-हिन्दी का, तथा दक्षिण में कन्नड़ और तमिल का रहा है। नए दौर में इन सभी क्षेत्रों में व्यापारी रंगमंच ने अपनी-अपनी अलग शक्ल अख़्तियार की है जिसे यहाँ किसी हद तक रेखांकित किया जा सकता है।

हमारे देश में सबसे प्रतिष्ठित और विकसित व्यवसायी रंगमंच बांग्ला का रहा है, जिसकी स्थापना, विकास और महत्त्वपूर्ण उपलब्धियों में गिरीश चन्द्र घोष, योगेश चौधरी, दुर्गादास बनर्जी, शिशिर कुमार भादुड़ी, अहीन्द्र चौधरी, मनोरंजन भट्टाचार्य जैसे बहुत-से प्रतिभासम्पन्न, कल्पनाशील और निष्ठावान रंगकर्मियों ने योग दिया है। देश के अन्य सभी भाषाओं के रंगमंचों से भिन्न, बांग्ला का पेशेवर रंगमंच कलकत्ते में ही, रंगशालाओं के इर्द-गिर्द, उन्हीं को केन्द्र बनाकर, बना और बढ़ा, और उसकी यह विशिष्टता आज भी है।

किसी ज़माने में, विशेषकर दूसरे महायुद्ध के पहले तक, बांग्ला का यह रंगमंच बहुत सफल और समृद्ध था—आर्थिक दृष्टि से इतना नहीं, जितना अपनी निष्ठा,

गम्भीरता और कलात्मक रुझान की दृष्टि से। उस समय हर रंगशाला की अपनी अलग मंडली होती थी जिसके नियमित स्थायी सदस्य अभिनेता, निर्देशक आदि होते थे। ये मंडलियाँ नियमित पूर्वाभ्यास करती थीं और एक साथ कई महत्त्वपूर्ण नाटकों को तैयार करके उन्हें थोड़े-थोड़े दिनों के अन्तर से दिखाती रहती थीं। ये विभिन्न नाटक अभिनेताओं के लिए सचमुच ऐसे चरित्र प्रस्तुत करते थे जिनमें वे अपनी क्षमता का सम्पूर्ण प्रदर्शन कर सकें, और अलग-अलग अभिनेता इन नाटकों के विभिन्न पात्रों का अभिनय करने के लिए प्रसिद्ध हो जाते थे।

इन नाटकों के बार-बार प्रदर्शित होते रहने के कारण दर्शक भी इन विभिन्न अभिनेताओं को उनकी सर्वप्रिय और सर्वश्रेष्ठ भूमिकाओं में देखने के लिए लालायित रहते थे। जब भी कभी किसी विशेष कारणवश कोई भी नया अभिनेता वह भूमिका करता, तो उसमें लोगों को दोनों के अभिनयों में तुलना करने और विभिन्न व्यक्तियों और शैलियों के अपने-अपने महत्त्व को समझने का अवसर मिलता था। इसीलिए इन नाट्य-प्रदर्शनों का अपना एक शिक्षित और समझदार प्रेक्षक वर्ग बन जाता था, जो बार-बार उन नाटकों को देखता था, और इन दर्शकों के मतामत के आधार पर अन्य नाटक-प्रेमी भी आकर्षित होकर नाटक देखने आते थे।

इन परिस्थितियों में यह अनिवार्य था कि हर नाटक-मंडली अपने प्रदर्शन को विशिष्ट और अनुपम बनाने के लिए यथासम्भव प्रयत्न करे। एक ही मंडली के सदस्य होने के कारण जहाँ विभिन्न अभिनेताओं-अभिनेत्रियों और अन्य शिल्पियों में कलह, झगड़ा, ईर्ष्या, द्वेष तथा अन्य प्रकार की कठिनाइयाँ उपस्थित होती थीं, वहीं समूचे कार्य के प्रति उनके मन में आत्मीयता का तथा कलाकारोचित भाव भी रहता था। वे पूरे मन से अपने कार्य के साथ संलग्न होते थे और नाटकों में अभिनय करना आनुषंगिक अथवा गौण कार्य नहीं मानते थे। अपने कार्य के साथ इस गहरे आत्मीय तथा भावात्मक सम्बन्ध के कारण ही उस समय की व्यवसायी नाटक-मंडलियाँ बंगाल के रंगमंच को वैसा उच्च स्तर प्रदान कर सकीं।

किन्तु धीरे-धीरे, कई प्रकार के कारणों और परिस्थितियों से, बंगाल के रंगमंच ने नया रूप लिया। छठे दशक के अन्त, बल्कि सातवें के मध्य तक कलकत्ते में चार रंगशालाएँ चलती थीं और पिछले दस-पन्द्रह वर्ष में यह संख्या बारह-तेरह हो गई। सभी प्रति सप्ताह नियमित रूप से चार या पाँच प्रदर्शन करती हैं, पर इनमें से अधिकांश मंडलियाँ बिलकुल भिन्न प्रकार की हैं। वे वास्तव में मंडलियाँ हैं ही नहीं। बंगाल के इस व्यापारी रंगमंच का संगठन बहुत कुछ फ़िल्मों-जैसा हो गया है। अर्थात, रंगशाला का मालिक या पट्टेदार कोई एक नाटक चुनता है और उसके प्रदर्शन के लिए पहले एक निर्देशक और फिर निर्देशक की सलाह से अभिनेताओं और अभिनेत्रियों को एक प्रकार के अनुबन्ध पर रख लेता है। इन कलाकारों के साथ उसका केवल इतना ही क़रार होता है कि वे निर्दिष्ट समय पर, निश्चित काल

के लिए रिहर्सल करने आएँगे, नाटक तैयार होने पर प्रदर्शन में आते रहेंगे, तथा फिर जितने दिन तक प्रदर्शन चलेगा उसमें कार्य करते रहेंगे।

चूँकि यह पूरे समय का काम नहीं होता, इसलिए इन कलाकारों को अधिकार रहता है कि सप्ताह में जो दिन खाली हों, अथवा जिस समय रिहर्सल नहीं हो उस समय में वे चाहे जो अन्य कार्य करें। सम्भवत: एक शर्त रहती है कि इस बीच वे किसी अन्य नाटक में तो भाग नहीं लेंगे, पर चाहें तो अपना सारा बाक़ी समय फ़िल्मों में अभिनय तथा अन्य काम करने में लगा सकते हैं, और लगाते हैं। बल्कि इन नाटकों के अधिकांश अभिनेता फ़िल्मों के ही लोग होते हैं जहाँ से उन्हें रंगमंच की अपेक्षा कहीं अधिक अर्थ-ख्याति-लाभ होता है। इसलिए रंगमंच पर वे अपने कार्य को प्राथमिक महत्त्व नहीं देते। फिर, इस प्रकार थोड़े-से पूर्वाभ्यास से तैयार किया हुआ नाटक, यदि आर्थिक दृष्टि से सफल और लोकप्रिय हुआ तो, कभी-कभी दो-तीन साल तक चलता रहता है। इसलिए प्रारम्भिक दिनों के बाद कलाकार अपने काम को बहुत कुछ यांत्रिक ढंग से करने-दुहराने लगते हैं, और उसमें कोई विशेष परिवर्तन, सुधार या उन्नति की न तो उन्हें आवश्यकता ही अनुभव होती है, और न यह सम्भव ही हो पाता है।

यहाँ ध्यान देने की बात यह है कि इस व्यवस्था से रंगशाला के मालिकों या पट्टेदारों को आर्थिक लाभ बहुत है। इसीलिए युद्ध के पहले और तुरन्त बाद थिएटर की हालत जैसी डाँवाडोल थी वैसी अब नहीं है। मगर, दूसरी ओर, इन प्रदर्शनों का उद्देश्य अब किसी-न-किसी प्रकार अधिक लोगों का मनोरंजन करना मात्र रह गया है। एक प्रकार से उनकी सारी होड़ जैसे फ़िल्मों के साथ है, और आज रंगमंच भी फ़िल्म की भाँति मनोरंजन का व्यापार ही हो गया है। एक ही नाटक महीनों क्या वर्षों तक चलते रहने के कारण उसके प्रदर्शन में एक प्रकार की जड़ता और निष्प्राणता आ जाती है। प्रदर्शन के साथ संलग्न कलाकारों के मन में अपने कार्य के प्रति वह आत्मीय और कलात्मक अभिव्यक्ति का भाव नहीं रह जाता जो पहले होता था। अलग-अलग कलाकारों के व्यक्तित्वों का विभिन्न नाटकों के विभिन्न पात्रों में उभर सकना सम्भव नहीं रहता। फलस्वरूप, अभिनय और प्रदर्शन की विकृति और खोखली मान्यताएँ स्थापित होती हैं। प्रामाणिकता के स्थान पर चमत्कार पर, उत्तेजक या सनसनीखेज स्थितियों पर बल दिया जाने लगता है। प्रदर्शन में कोई शैली अथवा शिल्पगत समग्रता नहीं रहती। नई नाट्य-विधियों को लेकर किसी प्रकार के प्रयोग अथवा विकास की नई दिशाएँ स्थापित करने का तो प्रश्न ही नहीं उठता।

यही कारण है पिछले दस-पन्द्रह वर्ष में बांग्ला का व्यापारी रंगमंच धीरे-धीरे बहुत ही हलके और सस्ते स्तर पर उतर आया है, जिसमें कैबरे, शयनकक्ष के दृश्यों और सेक्स तथा हिंसा या क्रूरता की स्थितियों का बोलबाला है। व्यापारिक दृष्टि से अत्यधिक समृद्ध और सफल होकर भी वह कलात्मक और वस्तुगत

दृष्टि से अत्यधिक दरिद्र और अकिंचन है। उसका केवल संगठन ही फ़िल्मी ढंग का-सा है, साधनों और प्रदर्शन का स्तर नहीं, ये सब आज भी उतने ही पिछड़े हुए और विश्रृंखल हैं। हमारे देश में पिछले सौ-पचास साल से चले आते हुए अनेक कल-कारख़ानों की भाँति न उनकी अपनी कोई पहचान है, और न कोई उपलब्धि ही है।

इस परिस्थिति ने बांग्ला नाटक की रचना और प्रदर्शन-कला—दोनों के ही स्तर को और इनसे सम्बन्धित मूल्यों को विकृत कर दिया है। किसी समय बांग्ला का पेशेवर रंगमंच देश-भर के रंगप्रेमियों का आदर्श होता था। उसके कलात्मक स्तर और सौन्दर्य से, तथा उसकी वस्तुगत सप्राणता और शिल्पगत सम्पूर्णता से, देश के अन्य भागों के, तथा विशेषकर बंगाल के, शौक़िया अव्यवसायी दल प्रेरणा प्राप्त करते थे। यही कारण था कि उस ज़माने में किसी नाटक के पेशेवर रंगमंच पर प्रदर्शित होते ही बंगाल-भर में धूम मच जाती थी, छपी हुई पुस्तकों की सैकड़ों प्रतियाँ बिकती थीं और छोटे-बड़े नगर-गाँव के नाट्य-प्रेमी उसे अपने-अपने साधनों के अनुरूप अपने-अपने स्थानों पर खेलते थे। इसी प्रकार प्रदर्शन की शिल्पगत विशेषताएँ और अभिनय की विधियों का अध्ययन करने के लिए लोग बंगाल के विभिन्न क्षेत्रों से आकर उन नाटकों को देखते थे और फिर लौटकर अपने यहाँ उसी शैली में अभिनय और प्रदर्शन करने का यत्न करते थे। इसलिए धीरे-धीरे प्रदर्शन और अभिनय की एक शैली का भी निर्माण बंगाल में व्यवसायी रंगमंच के माध्यम से हुआ था। बांग्ला रंगमंच के आधुनिक रूप ने यह स्थिति लगभग समाप्त कर दी है।

इसीलिए इस दौर में, विशेषकर पिछले दो-ढाई दशकों में, रंगमंच के विकास और कलात्मक सौन्दर्य का स्तर और उसके मूल्य व्यापारी रंगमंच में नहीं, उच्चस्तरीय गम्भीर अव्यवसायी रंग-मंडलियों के प्रदर्शनों में विकसित हुए। अपनी आन्तरिक असंगतियों के कारण बांग्ला व्यापारी रंगमंच जैसी यांत्रिकता, गतानुगतिकता और निष्प्राणता के रूप में जा गिरा है, उससे बाहर निकलने का रास्ता ऐसे कलाकारों, निर्देशकों और अभिनेताओं ने प्रस्तुत किया जो रंगमंच को अपने जीवन की अनुभूति और कलात्मक बोध को अभिव्यक्त करने का माध्यम बनाकर, सम्पूर्ण निष्ठा और एकाग्रता के साथ, उसके लिए सब कुछ अर्पित करने के लिए कटिबद्ध रहे।

इन रंग-मंडलियों के पास साधनों का घोर अभाव रहा है। उनके पास रंगशालाएँ नहीं थीं, इसलिए न केवल उन्हें अपनी रिहर्सल किसी सदस्य के घर छोटे-छोटे कमरों में करनी पड़ती थी, बल्कि अपने प्रदर्शन भी इधर-उधर सभा भवनों में अथवा छुट्टी के दिन सवेरे सिनेमाघरों में, अथवा कहीं पंडालों में करके सन्तुष्ट होना पड़ता था। ऐसे प्रदर्शनों में साधारण से कहीं अधिक खर्चा होता था, और फिर भी एक नियमित रंगशाला की-सी सुविधा और सहजता प्राप्त नहीं हो पाती थी। यह

भी स्वाभाविक ही था कि ऐसे प्रदर्शनों की संख्या अधिक नहीं होती, न हो सकती थी, जिसके कारण ये रंग-मंडलियाँ न तो अपने प्रदर्शनों के लिए उपयुक्त स्थान, सामग्री और साधन ही जुटा पाती थीं और न अपने मुख्य अभिनेताओं तक को कोई ऐसी सुविधा या आर्थिक सहायता दे पाती थीं जिससे वे निर्द्वन्द्व होकर कार्य करते रहें। मगर इन सब कठिनाइयों और असुविधाओं के बावजूद, ये सब रंग-मंडलियाँ रंगमंच के प्रति इतनी निष्ठा से कार्य करती रहीं कि उन्होंने बांग्ला ही नहीं, कई दृष्टियों से समूचे देश के रंगमंच को नई दिशा, नई आशा, तथा प्रदर्शन का एक नया स्तर प्रदान किया।

इन मंडलियों की सफलता से आशंकित होकर रंगशालाओं के व्यापारी मालिक इन कलात्मक मंडलियों को अपना प्रतिद्वन्द्वी मानते थे और उन्हें तोड़ने या उनकी प्रगति को रोकने का यथासम्भव प्रयत्न करते थे। साथ ही, वे इन मंडलियों के प्रतिभावान कलाकारों की लोकप्रियता देखकर उन्हें अपने नाटकों में काम करने के लिए आमंत्रित भी करने लगे—केवल अभिनेता-अभिनेत्रियों को ही नहीं, निर्देशकों और अन्य रंगशिल्पियों को भी। किसी हद तक इससे उन व्यापारी-मंडलियों का कार्य-स्तर कुछ ऊपर उठा।

इसका एक नतीजा यह हुआ कि कुछ मंडलियों ने साधन जुटाकर मौजूदा रंगशालाओं में, कुछ को पट्टे पर लेकर, या कुछ नए भवनों-स्थानों को रंगशाला का रूप देकर, वहाँ व्यवस्थित ढंग से पूर्वाभ्यास तथा नियमित प्रदर्शन करने की कोशिश की। इसकी शुरुआत सातवें दशक के मध्य में उत्पल दत्त के लिटिल थिएटर ग्रुप ने मिनर्वा थिएटर को लेकर की थी, जो किसी-न-किसी रूप में, लिटिल थिएटर ग्रुप में फूट पड़ने के बावजूद, अभी तक चलता है। इसी बीच रवीन्द्र सदन के अलावा एकेडेमी ऑफ़ फ़ाइन आर्ट्स, मुक्तांगन, शिशिर मंच, विजन मंच आदि कई नई रंगशालाएँ भी सुलभ हो गईं जहाँ अलग-अलग दिनों में अलग-अलग मंडलियाँ नियमित रूप से नाटक करती हैं।

इस तरह से अब कुछ नए ढंग की पेशेवर मंडलियाँ भी मैदान में हैं, जिनका दृष्टिकोण, नाटकों का चयन, अभिनय और प्रदर्शन की पद्धति, मंडली और संगठन और उसका आर्थिक संयोजन—सभी कुछ पुराने व्यवसायी रंगमंच से भिन्न है। किन्तु पुराने ढंग का बांग्ला व्यवसायी रंगमंच व्यापार ही अधिक है, कला कम, और उसके स्वामियों को न तो किसी प्रकार के प्रयोग में रुचि है, न नए और साहसपूर्ण विचारों में, और न कलात्मक मूल्यों में। क्योंकि जब तक मौजूदा नाटकों और उनके प्रदर्शनों से पर्याप्त धनोपार्जन हो रहा है तब तक इन सब वस्तुओं की आवश्यकता भी क्या है?

मराठी में व्यवसायी रंगमंच की परम्परा कुछ दूसरे प्रकार की रही है। बांग्ला रंगमंच शौक़ीन ज़मींदारों अथवा धनी रईसों की पहल, प्रेरणा और सक्रियता से

और उन्हीं के संरक्षण से शुरू और विकसित हुआ था। गिरीश चन्द्र घोष द्वारा उसे नियमित, व्यवस्थित तथा टिकटों की बिक्री द्वारा साधारण दर्शकों के लिए सुलभ बनाने की कोशिश के बावजूद, उसमें बहुत समय तक अभिजातवर्गीय शौक़ीनों की प्रमुखता बनी रही।

उसके विपरीत, मराठी रंगमंच प्रारम्भिक सामन्ती संरक्षण के बाद, मुख्यत: मध्यवर्गीय नाटक-प्रेमियों, कलाकारों, सामाजिक-राजनैतिक नेताओं-कार्यकर्ताओं की पहल और लगन से आगे बढ़ा। दूसरे, मराठी मंडलियाँ शुरू से घुमन्तू रहीं, वे हमेशा ही छोटे-बड़े नगरों में घूम-घूमकर, पंडालों में, या बाद में सिनेमाघरों में भी, प्रदर्शन करती रही हैं। उनका काम, बांग्ला रंगमंच की तरह, किसी एक केन्द्र में, स्थायी रंगशालाओं के इर्द-गिर्द, सीमित नहीं रहा। इसके फलस्वरूप, मराठी-भाषी जन-साधारण में नाटक और रंगमंच से प्रेम बड़ा गहरा और सर्वव्यापी रहा है।

मगर किसी हद तक इसी केन्द्रविहीनता के कारण ही, आज़ादी के बाद मराठी व्यवसायी रंगमंच को फिर से सक्रिय और समर्थ होने में बांग्ला रंगमंच की अपेक्षा ज़्यादा देर लगी। छठे दशक के अन्त, बल्कि सातवें के मध्य तक, मराठी का व्यवसायी रंगमंच टूटी-फूटी हालत में ही था। तभी एक तरह की नई परिपाटी चली, जिसे ठेकेदारी प्रथा कह सकते हैं। नियमित और अच्छी मंडलियों के अभाव में कुछ व्यवसायी व्यक्ति पुरानी मंडलियों के प्रसिद्ध अभिनेताओं को किसी लोकप्रिय नाटक के कुछ प्रदर्शनों के लिए ठेके पर इकट्ठा करके, प्रदर्शन की व्यवस्था करके प्रदर्शन करने लगे। पर यह अत्यन्त ही अनियमित और अनिश्चित था, जिसके सहारे किसी अभिनेता के लिए अपनी जीविका चलाना मुश्किल था। इसलिए अधिकांश पुराने अभिनेता भी या तो दयनीय आर्थिक स्थिति में दिन गुज़ारते रहे, या उन्होंने दूसरे धन्धों में लगने की कोशिश की। इन प्रदर्शनों का स्वरूप भी पुराने ढंग का और स्तर निम्न ही था, उसमें किसी नव-जागरण का बीज न था। नाटक-लेखन और प्रदर्शन की नई दृष्टियों या प्रवृत्तियों से भी उसका कोई सम्बन्ध न था। उस दौर में केवल एम. जी. रांगणेकर की मंडली नाट्य निकेतन ही थोड़े-बहुत आधुनिक नाटक करती थी, पर उसका स्तर भी, नाटक और प्रदर्शन दोनों ही दृष्टियों से, बहुत साधारण और मूलत: पुराने ढंग का ही था।

किन्तु मराठी-भाषी समाज के गहरे और उत्कट नाट्य-प्रेम का यह ज्वलन्त प्रमाण है कि इस स्थिति में जल्दी ही परिवर्तन हुआ और नई व्यवसायी मंडलियाँ बनने लगीं। पिछले दस-बारह वर्ष में मराठी व्यवसायी रंगमंच न केवल अत्यधिक नियमित और व्यापक हो गया है, बल्कि कई प्रकार से वही देश का सबसे सक्रिय और जीवन्त व्यवसायी रंगमंच है। आज भी इन व्यवसायी मंडलियों की अपनी कोई निजी या स्थायी रंगशाला नहीं है, और मूलत: उनका रूप घुमन्तू ही है। पर इस बीच बम्बई में अनेक तथा महाराष्ट्र के कुछ अन्य नगरों में एकाधिक रंगशालाएँ

बन जाने के कारण, ये मंडलियाँ उनमें लगातार प्रदर्शन करती रहती हैं। अकसर इन रंगशालाओं में एक ही दिन में दो-तीन या चार तक प्रदर्शन होते हैं—कभी एक ही नाटक के, कभी एक ही मंडली के एकाधिक नाटक के, और कई बार अलग-अलग मंडलियों के अलग-अलग नाटकों के।

आज मराठी में किसी भी मंडली द्वारा एक ही नाटक के सौ-दो सौ से लगाकर हज़ार-पन्द्रह सौ प्रदर्शन तक हो जाना आम बात है। बल्कि सामान्यत: मराठी मंडलियाँ नाटक उठाते समय यही योजना बनाती हैं कि कम-से-कम सौ प्रदर्शन—वे ज़रूर कर सकें, भले ही नाटक असफल हो जाए और उन्हें चार-छह, दस-बीस या चालीस-पचास प्रदर्शनों के बाद ही बन्द करना पड़े।

मराठी के व्यावसायिक रंगमंच की व्यापक लोकप्रियता और गहरी जड़ों का कुछ अन्दाज़ा इस बात से भी लग सकता है कि उसके कई नाटककार, अभिनेता, निर्देशक, रंगशिल्पी अपनी आजीविका के लिए पूरी तरह इसी पर निर्भर हैं। बल्कि वसन्त कानेटकर या मधुकर तोरडमल जैसे नाटककार तो अपनी विश्वविद्यालयी नौकरियाँ छोड़कर पूर्णकालिक नाटककार ही बन गए हैं। कहा जाता है कि मराठी के नाटककारों और अभिनेताओं को प्रत्येक प्रदर्शन के लिए पचास से लगाकर ढाई सौ रुपये तक मिल जाते हैं।

इस सन्दर्भ में यह बात भी महत्त्वपूर्ण है कि अब मराठी में शौक़िया या अव्यवसायी रंग-कार्य को बहुत प्रमुखता नहीं दी जाती और मराठी का सारा नहीं तो अधिकांश उल्लेखनीय रंग-कार्य व्यवसायी मंडलियों द्वारा ही होता है, तथा अधिकांश शौक़िया रंगकर्मी अन्तत: नियमित व्यवसायी रंगमंच से जुड़ने की आकांक्षा और आशा से ही काम करते हैं। इस मामले में मराठी रंगमंच बांग्ला रंगमंच से एकदम भिन्न है। जैसा पहले कहा जा चुका है, बांग्ला रंगमंच का अधिकांश महत्त्वपूर्ण और उल्लेखनीय कार्य अव्यवसायी या अर्द्ध-व्यवसायी रंगकर्मियों द्वारा ही किया जाता रहा है और आज भी किया जाता है।

मराठी रंगमंच की इस विशेष स्थिति के, उसकी व्यापक लोकप्रियता और प्रभावशीलता के कई कारण और स्तर हैं। सम्भवत:, एक कारण यह है कि मराठी में कोई भी ऐसा प्रतिभावान नाटककार, अभिनेता या निर्देशक नहीं है जो व्यवसायी मंच के लिए पूरी तरह नहीं तो कुछ-न-कुछ कार्य नियमित और निश्चित रूप से न करता हो। इसके बिना मराठी रंगकर्मी के लिए अपनी विशिष्ट पहचान बनाना भी सम्भव नहीं होता। विजय तेंडुलकर, सतीश आलेकर, रत्नाकर मतकरी जैसे नाटककार; श्रीराम लागू, सुलभा देशपांडे, रोहिणी हत्तंगड़ी, अरविन्द देशपांडे, अमोल पालेकर जैसे अभिनेता; विजया मेहता जैसी अभिनेत्री-निर्देशक; जब्बार पटेल और जयदेव हत्तंगड़ी जैसे निर्देशक अव्यवसायी या प्रयोगशील रंग-कार्य अथवा फ़िल्मों में काम के साथ मराठी के नियमित व्यवसायी रंगमंच पर काम करते रहना

ज़रूरी समझते हैं। यही कारण है कि *संध्याछाया, हिमालय की छाया, नटसम्राट* या *उध्वस्त धर्मशाला* जैसे नाटक व्यवसायी रंगमंच पर खेले जा सके हैं।

मराठी नाटकों में विषयवस्तु की विविधता और समकालीन प्रासंगिकता है, भले ही उनमें सूक्ष्मता, कलात्मकता और कल्पनाशीलता की कमी हो। उनकी लोकप्रियता का एक अन्य स्रोत है संगीत। पुराने दौर की भाँति आज भी मराठी में संगीत नाटकों का चलन है जो अपने ढंग से दर्शक-वर्ग को आकर्षित करते हैं। इसी तरह बांग्ला की भाँति ही मराठी के पेशेवर रंगमंच पर भी पिछले दिनों नग्नता और कामुकतापूर्ण नाटकों और प्रदर्शनों का प्रचार बढ़ा है। कुछ मंडलियाँ, नाटककार और अभिनेता तो केवल सेक्स के चटखारे-भरे नाटक ही करते हैं। शायद व्यवसायी रंगमंच के एक अंश के केवल पैसा-कमाऊ पेशा बन जाने की नियति अनिवार्य ही है और समाजवादी देशों को छोड़कर संसार के बहुत कम ही रंगमंच इसके अपवाद हैं। कुल मिलाकर, मराठी में व्यवसायी रंगमंच का एक दिलचस्प स्वरूप पिछले दशक में विकसित और स्थापित हो सका है।

बांग्ला की तुलना में गुजराती का व्यवसायी रंगमंच तो पन्द्रह-बीस वर्ष पहले तक और भी भोंड़ा, कलाहीन और निचले स्तर का था। बम्बई में भाँगवाड़ी की रंगशाला में प्रस्तुत होनेवाले नाटक कुरुचि और घटियापन में फ़िल्मों से बाज़ी लगाते थे। सस्ता बनावटी अभिनय, रुचिहीन यथार्थवादी दृश्य-योजना, ऊपर उठनेवाले परदों पर अंकित पृष्ठभूमि, हैरत भरे 'ट्रिक सीन', फूहड़ तथा सस्ती भावुकता-भरे गाने और अश्लीलप्राय हास्य—सभी कुछ न सिर्फ़ पचास-सौ साल पुराना रहा है, बल्कि मनोरंजन का सस्ते से सस्ता उपाय प्रस्तुत करता था, और उसी के लिए विकृत रुचि को विकृततर बनाने का साधन था। यह सब देखने के लिए यह रंगशाला भी निरन्तर खचाखच भरी रहती थी। गुजराती में इससे बेहतर तथा अधिक आधुनिक और कलात्मक व्यवसायी मंडली चलाने के प्रयास बहुत दिनों तक असफल ही होते रहे।

पिछले दस-पन्द्रह वर्ष में कुछेक घुमन्तू या अर्द्ध-व्यावसायिक मंडलियाँ गुजराती में सक्रिय हुई हैं। ये अधिकतर विदेशी हास्य नाटकों के रूपान्तर या देशी, विशेषकर मराठी सुखान्तकों के अनुवाद, या कुछ रहस्य-रोमांच से भरे नाटक ही करती हैं। किसी हद तक इंडियन नेशनल थिएटर की गुजराती शाखा, जो अर्द्ध-व्यावसायिक स्तर पर काम करती है, इसका अपवाद है। वह कभी-कभी अपेक्षाकृत अधिक कलात्मक और गम्भीर नाटक भी प्रस्तुत करती है।

उत्तर भारत के अन्य क्षेत्रों में, उड़ीसा में कुछ समय पहले तक पुराने ढंग की दो-तीन व्यवसायी मंडलियाँ थीं, पर अब वे भी प्रायः निष्क्रिय हो गई हैं। असम या पंजाब में कोई नियमित व्यवसायी मंडली नहीं है।

दक्षिण भारत में कन्नड़, तेलुगु और मलयालम भाषाओं का रंगमंच भी घुमन्तू मंडलियों का ही रहा है। इनमें कन्नड़ मंडलियाँ इस शताब्दी के मध्य तक अपेक्षाकृत

अधिक व्यवस्थित और सम्पन्न थीं। पर कलात्मक स्तर की दृष्टि से उनके नाटक, उनका अभिनय, उनका रंगशिल्प—सब कुछ रानी विक्टोरिया के युग के घटिया से घटिया पश्चिमी रंगमंच जैसा ही था। यह दूसरी बात है कि उनके प्रदर्शनों को देखनेवालों की कमी नहीं थी और फ़िल्मों के अलावा वे ही लोगों के मनोरंजन के साधन थे। संगीत नाटक अकादमी पुरस्कार प्राप्त गुब्बी वीरन्ना की नाटक कम्पनी अपने चमत्कारपूर्ण प्रदर्शनों के लिए, अपनी साधनसम्पन्नता के लिए, विख्यात थी। पर वह भी कुछ वर्ष पहले बन्द हो गई। अब 1984 में उसका शतवार्षिकी समारोह होनेवाला है और तब उसे नए रूप में नए ढंग से चलाने की योजना है। ब. व. कारन्त भी कर्नाटक में कोई नया रंगमंडल बनाने की बात सोचते रहे हैं। पर यह सब कब तक और कितना हो पाएगा, कहना कठिन है। इस समय कर्नाटक में कोई अन्य उल्लेखनीय नियमित व्यवसायी मंडली सक्रिय नहीं है।

तमिल-भाषी क्षेत्र में कुछ वर्ष पहले तक नवाब राजमाणिकम और टी. के. षणमुगम की मंडलियाँ थीं। ये लोकप्रिय अवश्य थीं और पुराने ढंग के पौराणिक, ऐतिहासिक अथवा भावुकतापूर्ण तथा रोमांटिक सामाजिक नाटक करती रहती थीं। इनके प्रदर्शनों में तड़क-भड़क, चमत्कार और टीम-टाम का ही बोलबाला था। एक नाटक में पचास तक दृश्य और गीत हो सकते थे और सारा रंगशिल्प कलात्मक से अधिक सनसनीपूर्ण ही होता था। पर वे भी बन्द हो गईं। सातवें दशक में सहस्रनामम की मंडली सेवा स्टेज सक्रिय रही जो अपेक्षाकृत अधिक संयमित थी। पर वह भी न चल सकी। पिछले दिनों एक नए ढंग की पेशेवर मंडलियाँ सक्रिय हो गई हैं जो फ़िल्म अभिनेताओं और फ़िल्मों-जैसे कथानकों को नाटकों के रूप में प्रस्तुत करती हैं। ये तमिलनाडु में विभिन्न सांस्कृतिक सभाओं के आर्थिक संरक्षण से चलती हैं, बहुत कुछ उसी तरह जैसे वितरकों (डिस्ट्रीब्यूटर्स) के आर्थिक सहयोग से फ़िल्में बनती और चलती हैं। किन्तु ये मंडलियाँ मुख्यतः फ़िल्मी सितारों के ऊपर ही निर्भर हैं और उन्हीं के शौक़िया या जनसम्पर्कीय कार्य-कलाप का विस्तार मात्र हैं। इसमें एकमात्र अपवाद शायद व्यंग्यकार चो की नाटक मंडली है जो अपने शाब्दिक चमत्कार और राजनैतिक-सामाजिक व्यंग्यपूर्ण नाटकों के कारण लोकप्रिय है।

अन्य भाषाओं के व्यवसायी रंगमंच के इस संक्षिप्त सर्वेक्षण के बाद अब हिन्दी-भाषी क्षेत्र में व्यवसायी रंगमंच की स्थिति और समस्याओं की चर्चा की जा सकती है। इस मामले में हिन्दी क्षेत्र की स्थिति देश के दूसरे क्षेत्रों से एकदम भिन्न और बड़ी विचित्र रही है। हिन्दी क्षेत्र का कोई अपना निजी व्यवसायी रंगमंच कभी नहीं बन सका। हिन्दी-उर्दू में व्यवसायी स्तर पर नाटक दिखानेवाली पारसी मंडलियाँ अधिकांश बम्बई या फिर कुछ कलकत्ते की थीं। जो एक-दो हिन्दी क्षेत्र में बनी थीं वे चल नहीं सकीं। यह बात आकस्मिक नहीं है कि उसी ढंग की जो

दो अन्तिम व्यवस्थित व्यवसायी मंडलियाँ स्वाधीनता के बाद भी चलती रहीं, वे भी हिन्दी क्षेत्र में नहीं थीं। मूनलाइट थिएट्रिकल कम्पनी कलकत्ते में थी, और पृथ्वी थिएटर बम्बई में। ये दोनों भी सातवें दशक में बन्द हो गईं।

छठे-सातवें दशक में हिन्दी रंगमंच का जो उभार हुआ, वह मुख्यतः महानगरों में, कलकत्ता और बम्बई के अलावा दिल्ली में हुआ। छठे दशक में ही दिल्ली में व्यवसायी रंगमंडल बनाने की जो एक-दो कोशिशें हुईं—हिन्दुस्तानी थिएटर, और दिल्ली प्ले हाउस कम्पनी—वे शुरू होने के पहले ही ख़त्म हो गईं।

इन असफलताओं के बावजूद यह कोशिश सातवें दशक में भी जारी रही। विशेषकर हबीब तनवीर ने छत्तीसगढ़ी अभिनेताओं के साथ एक अर्द्ध-व्यावसायिक-सा दल बनाया जो गिरता-पड़ता चलता ही रहा और फिर सातवें दशक के शुरू में, विशेषकर उनके संसद सदस्य बनने के बाद, उसमें कुछ अधिक स्थिरता आ सकी। आठवें दशक के मध्य से राष्ट्रीय नाट्य विद्यालय का रंगमंडल भी पूरी तरह गठित होकर चलने लगा। अब तक वह दिल्ली रंग-दृश्य का एक महत्त्वपूर्ण अंग बन चुका है। यद्यपि अभी उसके प्रदर्शन नियमित रूप में या योजनाबद्ध ढंग से नहीं हो पाते, फिर भी उन प्रदर्शनों ने हिन्दी रंगमंच का एक ऊँचा स्तर क़ायम किया है। इससे हिन्दी रंगमंच के इतिहास का एक नया अध्याय खुला है, बल्कि भारतीय रंगमंच में हिन्दी रंग-कार्य को एक अभूतपूर्व और नई प्रतिष्ठा हासिल हो सकी है।

दो बरस पहले श्रीराम कला संस्कृति केन्द्र ने भी एक रंगमंडल शुरू किया है। पर एक तो, इसमें सदस्यों की संख्या बहुत कम है; दूसरे, अभी तक इसके स्वरूप या कार्य की दिशा में कोई स्पष्टता नहीं आ सकी है। इसके अतिरिक्त दिल्ली में दिल्ली आर्ट थिएटर और लिटिल थिएटर ग्रुप की भी अपनी-अपनी अर्द्ध-व्यावसायिक मंडलियाँ हैं जो किसी हद तक हिन्दी रंगमंच को एक नियमित स्वरूप देने में हाथ बँटाती हैं।

किन्तु हिन्दी रंगजगत की सबसे अधिक सम्भावनापूर्ण और उत्साहवर्धक घटना है पिछले वर्ष से भोपाल में ब. व. कारन्त के निर्देशन में मध्यप्रदेश रंगमंडल का गठन। हिन्दी रंग-आन्दोलन के आधुनिक दौर में हिन्दी के अपने ही क्षेत्र में यह सबसे पहली सुव्यवस्थित और गम्भीर शुरुआत है। यदि यह प्रयास किसी अप्रत्याशित कारण से पथभ्रष्ट या बन्द न हुआ, तो निश्चय ही इसके द्वारा हिन्दी का अपना निजी, अपनी जड़ों से जुड़ा, और परम्परा को आगे विकसित करता हुआ, रंगमंच निर्मित होगा, जो अन्ततः विशाल हिन्दी क्षेत्र के अन्य केन्द्रों के लिए भी प्रेरणास्रोत बन सकेगा। सबसे महत्त्वपूर्ण बात यह है कि यहाँ अंग्रेज़ियत-पसन्द और सतही आधुनिकतावादी दबावों के बिना हिन्दी भाषा की अपनी सृजनात्मक, नाटकीय शक्ति और सम्भावना का अन्वेषण और विकास किया जा सकेगा।

हिन्दी क्षेत्र में नए ढंग के इन रंगमंडलों की एक विशेषता यह भी है कि इन पर कोई व्यापारिक दबाव नहीं है, भले ही इनके साधन सीमित हों। इसलिए इन्हें अपना अस्तित्व बचाए रखने के लिए या पैसा कमाने के लिए कलात्मक और वैचारिक मूल्यों के मामले में किसी तरह का समझौता करने की ज़रूरत नहीं होगी। इस प्रकार इस बात की पूरी आशा की जा सकती है कि हिन्दी का व्यवसायी रंगमंच कलात्मक सार्थकता के एक नए रास्ते पर चल सकेगा।

देश के समस्त व्यवसायी रंगमंच के इस विहंगावलोकन से कई बातें ज़ाहिर होती हैं। एक ओर तो यह रंगमंच अलग-अलग स्तरों पर हमारे देश में नाटक की परम्परा और उसमें साधारण दर्शक की रुचि के स्तर को सूचित करता है। दूसरी ओर, यह भी ज़ाहिर है कि अधिकांश क्षेत्रों में एक नए ढंग के विकासशील पेशेवर रंगमंच की स्थापना बहुत ही तात्कालिक और ज़रूरी काम है।

वास्तव में, सुरुचिपूर्ण, कलात्मक तथा साथ ही आधुनिक जीवन और आधुनिक दर्शक-वर्ग से घनिष्ठ रूप से सम्बद्ध व्यवसायी रंगमंच की स्थापना दोहरे दायित्व का काम है। एक ओर तो, हमारे रंगकर्मियों के भीतर ऐसी तीव्रता और कहीं अधिक सुस्पष्ट चेतना की आवश्यकता है कि रंगमंच आत्म-प्रदर्शन का नहीं, जीवन की गहरी-से-गहरी और सूक्ष्म-से-सूक्ष्म अनुभूति के सम्प्रेषण का, और सामूहिक उपलब्धि का, अत्यधिक बहुमुखी और बहुस्तरीय माध्यम है। उस माध्यम के समुचित उपयोग के लिए रंगकर्मियों में सूक्ष्म संवेदनशीलता और कला-बोध का होना ही पर्याप्त नहीं, यह भी आवश्यक है कि वे एक समुदाय के जीवन को स्थूल और सूक्ष्म यथार्थ रूप में मूर्त कर सकें जो निस्सन्देह कठोर साधना से ही सम्भव हो सकता है।

दूसरी ओर, रंगमंच न केवल अपनी कलात्मक अवतारणा के लिए, बल्कि अपने भौतिक अस्तित्व और विकास के लिए भी पूर्ण रूप से समुदाय पर निर्भर है। एक सुसंस्कृत और जाग्रत समुदाय ही कलात्मक, सुरुचिपूर्ण और जीवन्त रंगमंच का पालन कर सकता है। प्रशिक्षित और कला-सजग दर्शक-वर्ग के बिना रंगमंच का स्तर नहीं उठ सकता। रंगमंच के क्षेत्र में, जहाँ दर्शक-वर्ग के स्तर को अपरिवर्तनशील मानकर अपने-आपको उसी के अनुकूल ढाल लेने की, समूह के विकारग्रस्त और असंस्कृत पक्ष का रंजन करने को अपना ध्येय बना लेने की, आशंका है, वहीं इस बात का भय भी कम नहीं कि हम अपनी कला-चेतना की अहम्मन्यता में दर्शक को बिलकुल भुला दें, उसकी उपेक्षा अथवा अवज्ञा करें। दोनों ही स्थितियों में रंगमंच अन्ततः निर्जीवता और कलाहीनता के अन्धकूप की ओर बढ़ता है।

इसीलिए आज जो रंगकर्मी और रंगमंच के प्रेमी हमारे देश की किसी भी भाषा में कलात्मक पेशेवर रंगमंच के उदय और विकास के अभिलाषी हैं, उन्हें रंगमंच के दोनों स्तरों पर, कलाकार और दर्शक दोनों के प्रशिक्षण के लिए, सक्रिय होना पड़ेगा। इसीलिए सम्भवतः मौजूदा स्थिति में अधिक आवश्यकता अर्द्ध-व्यवसायी

मंडलियों अथवा व्यवसायी रंगमंडलों की स्थापना की है, जो अपनी गम्भीरता और लगन से अपनी कला के साधनों को विकसित तथा परिपुष्ट कर सकें और साथ ही अपने प्रदर्शनों द्वारा एक ऐसा दर्शक-वर्ग भी तैयार कर सकें जो सहज ही प्रसन्न न होता हो, जो श्रेष्ठ-से-श्रेष्ठ रंग-रचना की अपेक्षा और माँग भी करे, और उस श्रेष्ठता को पहचान भी सके। तभी यह सम्भव होगा कि धीरे-धीरे वे बाह्य तथा आन्तरिक परिस्थितियाँ निर्मित हो सकें जिनमें वास्तविक पेशेवर रंगमंच जन्म लेता, पनपता है। और तभी यह भी सम्भव है कि हमारा रंगमंच ऐसा हो कि वह समुदाय के सांस्कृतिक जीवन को अभिव्यक्त भी करे और उसे समृद्ध बनाने में अपना पूरा-पूरा योग भी दे।

नाट्य-प्रशिक्षण

नाटक और उसके प्रदर्शन के विविध पक्षों का जिस रूप में अभी तक विवेचन किया गया है उसमें एक हद तक निहित भी है, और इंगित भी, कि चाहे यह शौक़ के तौर पर ही सही, नाटक के कलात्मक प्रदर्शन के लिए किसी-न-किसी प्रकार का प्रशिक्षण आवश्यक है। वास्तव में, हमारे देश में नाटक और रंगमंच के नीचे स्तर का एक कारण यह भी था कि उसे विशुद्ध मनोरंजन का काम समझा जाता रहा, जिसके लिए केवल शौक़ चाहिए, कोई तैयारी, अध्ययन या प्रशिक्षण आवश्यक नहीं। निस्सन्देह इस धारणा के ठोस कारण थे, पर फिर भी वह दुर्भाग्यपूर्ण तो है ही। विशेषकर इसलिए भी कि वह अधिकांश क्षेत्रों में आज तक मौजूद है, और बहुत-से रंगकर्मी प्रशिक्षण को सन्देह की दृष्टि से देखते हैं, और प्राय: प्रशिक्षण प्राप्त या उसके आकांक्षी रंगकर्मियों की हँसी उड़ाते हैं। किन्तु रंग-कार्य में सचमुच विविध प्रकार की ऐसी जानकारी, समझ, और उस पर आधारित सूझ, अपेक्षित है जो नियमित प्रशिक्षण के बिना सामान्यत: प्राय: असम्भव है। और यह सिर्फ़ रंगशिल्प के लिए ही नहीं, अभिनय के लिए भी सही है। अभिनेता की कलात्मक-सृजनात्मक अभिव्यक्ति का यंत्र—उसका शरीर और कंठ—जटिल स्थितियों और भावदशाओं को बिना पूर्व-चिन्तन और पूर्व नियोजित तैयारी के सम्प्रेषित नहीं कर सकता, चाहे वह तैयारी विभिन्न नाटकों में किसी कुशल निर्देशक के नीचे लगातार अनुभव द्वारा प्राप्त की जाए, चाहे किसी केन्द्र में प्रशिक्षण द्वारा। एक प्रकार से ऐसा प्रशिक्षण और अभ्यास प्राय: प्रत्येक कला में आवश्यक और अनिवार्य माना जाता है—संगीत, नृत्य, मूर्ति, स्थापत्य, चित्र आदि कलात्मक विधाओं में तो, अपवादों के अतिरिक्त, प्रशिक्षण के बिना किसी उल्लेखनीय कार्य की कल्पना ही असम्भव है। फिर रंगकला में तो इनमें से कई कलाओं का सृजनात्मक समन्वय होता है, इसलिए उसमें तो प्रशिक्षण एक सर्वथा मूलभूत और अनिवार्य आवश्यकता है।

यही कारण है कि हमारे देश में स्वाधीनता प्राप्ति के बाद जब रंगमंच में नए जागरण का सूत्रपात हुआ तो बहुत-से विचारवान रंगकर्मियों ने प्रशिक्षण की सुविधाओं की कमी और आवश्यकता को अनुभव किया और इसके लिए माँग भी होने लगी। किन्तु हमारे देश के समकालीन सामाजिक तथा सांस्कृतिक जीवन और उसकी

प्रगति का यह मूलभूत अन्तर्विरोध है कि बहुत-सी सुविधाओं की आवश्यकता और उनके जुटाने के लिए बुनियादी परिस्थितियों की अनुपस्थिति अपनी पूरी तीव्रता और अनिवार्यता से एक साथ सामने आती है, और एक दुश्चक्र तुरन्त उत्पन्न हो जाता है कि आवश्यकताओं को पूरा किए बिना बुनियादी परिस्थितियाँ सुलभ नहीं हो सकतीं, और बुनियादी परिस्थितियाँ उत्पन्न किए बिना आवश्यकताएँ पूरी नहीं हो सकतीं।

रंगमंच के सन्दर्भ में यह दुश्चक्र बड़ी नाटकीयता के साथ सक्रिय हुआ। हमारे देश में रंगमंच बहुत उन्नत अवस्था में नहीं है। अधिकांश क्षेत्रों में तो नियमित प्रदर्शन करनेवाली नाटक-मंडलियाँ हैं ही नहीं, और जो हैं वे प्राय: बड़ी कठिनाई से जीवित रह पाती हैं। ऐसी स्थिति में समुदाय के अत्यन्त सीमित साधनों का उपयोग पहले नाटक-मंडलियाँ स्थापित करने के लिए किया जाए या प्रशिक्षण-केन्द्र स्थापित करने के लिए? देश के विभिन्न भागों में सक्रिय नाट्य-मंडलियों के बिना प्रशिक्षण-केन्द्रों की स्थापना का विचार गाड़ी में पीछे की ओर बैल जोतने के बराबर है, अथवा अस्पताल खोले बिना चिकित्साशास्त्र के प्रशिक्षण की योजना बनाने जैसा है। इसलिए भारतीय रंगमंच के क्षेत्र में प्राथमिकता सक्रिय नाटक-मंडलियों की स्थापना की ही हो सकती है, प्रशिक्षण के लिए बहुत बाद में।

यह कठिनाई इसलिए और भी तीव्र हो जाती है कि देश के विभिन्न भाषा-क्षेत्रों में रंगमंच के विकास की बड़ी असमानता है। फलस्वरूप, रंगमंचीय आवश्यकताओं में भी अन्तर है, और यह अनिवार्य है कि विभिन्न भाषाई क्षेत्रों में अलग-अलग प्रशिक्षण-केन्द्रों की स्थापना पर बल दिया जाए, जो क्षेत्र-विशेष की आवश्यकताओं के अनुरूप हों। सारे देश के लिए कोई सामान्य प्रशिक्षण-केन्द्र स्थापित करने से इन विभिन्न क्षेत्रों की विशेष आवश्यकताओं और परिस्थितियों की उपेक्षा होने का डर है और ऐसे केन्द्र बहुत उपयोगी नहीं हो सकते। देश-भर के लिए सामान्य केन्द्र स्थापित करने में कुछ और भी मूलभूत तथा प्राय: दुर्गम बाधाएँ और असुविधाएँ हैं जिन पर कुछ बाद में विचार किया जाएगा। पर अलग-अलग भाषा-क्षेत्रों में अलग-अलग प्रशिक्षण-केन्द्र स्थापित करने में भी कुछ बड़ी बुनियादी समस्याएँ सामने आती हैं जिन पर नज़र डालना ज़रूरी है।

सबसे बड़ी समस्या तो अधिकांश क्षेत्रों में नियमित सक्रिय रंगमंच के अभाव की ही है। इस रिक्त में रंग-कार्य का प्रशिक्षण कैसे हो? नाट्य-प्रशिक्षण मूलत: व्यावहारिक कार्य है, निरा सैद्धान्तिक नहीं। और जीवन्त व्यावहारिक अनुभव के बिना कोरे किताबी ज्ञान से कोई लाभ नहीं। परिवेश में सक्रिय और सृजनशील नियमित रंगमंच के बिना केवल कक्षाओं में छात्र न केवल अधिक ज्ञान नहीं पा सकते, बल्कि पूरा प्रशिक्षण एकांगी, अयथार्थ और मार्गभ्रष्ट रहता है। ऐसे रंगमंच के बिना प्रशिक्षण के प्रसंग में छात्रों द्वारा किए गए नाट्य-प्रदर्शन भी एक शून्य में लटके रह जाते हैं, वे किसी व्यापक जीवन्त कार्य-कलाप से, किसी सामाजिक

क्रिया से नहीं जुड़ पाते। इसी बात को दूसरे शब्दों में इस प्रकार भी कह सकते हैं कि प्रशिक्षण के बाद छात्र कैसे अपने प्रशिक्षण का उपयोग करें? और फिर इन मंडलियों को नाट्य-प्रदर्शन के लिए आवश्यक साधन कहाँ से मिलें? तो फिर क्या ये प्रशिक्षित रंगकर्मी सब मौजूदा अव्यवसायी मंडलियों में शामिल हो जाएँ? मगर इनमें से किसी भी स्थिति में प्रशिक्षण का समुचित उपयोग बहुत आसान न होगा, जिसके फलस्वरूप प्रशिक्षण से प्राप्त सन्तोष की बजाय अपनी क्षमता का उपयोग न कर सकने से निराशा ही अधिक हाथ लगेगी। प्रशिक्षण की पूरी सार्थकता तभी हो सकती है जब प्रशिक्षित रंगकर्मी अपनी योग्यता और प्रतिभा को कार्यान्वित करने का अवसर पा सकें।

इसका एक सीमित निराकरण इस बात में ही हो सकता है कि देश की मौजूदा रंगमंचीय स्थिति में प्रशिक्षण-केन्द्र के साथ ही एक रंगमंडल भी बनाया जाए जिसमें उत्तीर्ण छात्रों में से कुछेक नियमित रूप से स्थान पा सकें। कई दृष्टियों से यह रंगमंडल उस भाषा-क्षेत्र में रंगमंचीय गतिविधि के सार्थक और सक्रिय प्रारम्भ का सूत्रपात कर सकता है, नए-नए प्रयोगों और साहसपूर्ण कार्य का केन्द्र बन सकता है, अन्य मंडलियों के लिए कार्य के मानदंड स्थापित कर सकता है, और पूरे वातावरण को गतिशील बना सकता है। दूसरी ओर, प्रशिक्षण से ऐसा कोई रंगमंडल अनिवार्य रूप में जोड़ लेने में भी कई ख़तरे हैं। एक तो यही कि आर्थिक तथा अन्य साधनों की समस्या बढ़ जाती है—रंगमंडल को चलाने के लिए पर्याप्त धन चाहिए। किन्तु, सम्भवतः, इसे प्रशिक्षण-केन्द्र के लिए अनिवार्यतः आवश्यक व्यय मानकर स्वीकार किया जा सके। पर इससे भी बड़ा ख़तरा यह है कि रंगमंडल बनने से प्रशिक्षण का कार्य गौण और रंगमंडल के प्रदर्शनों के अधीन हो जाए तथा उसी की आवश्यकताओं द्वारा ही निर्धारित होने लगे। फिर, प्रशिक्षण-केन्द्र का एक रंगमंडल बनाने से भी सारे छात्रों की समस्या तो नहीं सुलझती। उसमें हर वर्ष सभी उत्तीर्ण प्रशिक्षणार्थियों को तो भरती किया न जा सकेगा और बाक़ी लोगों के लिए अपने प्रशिक्षण का सार्थक उपयोग करने की कठिनाई बनी ही रहेगी।

इसी प्रकार योग्य प्रशिक्षकों तथा प्रशिक्षण-सामग्री के अभाव की समस्याएँ भी कम तीव्र नहीं हैं। जिन भाषा-क्षेत्रों में थोड़ा-बहुत सक्रिय रंगमंच है, वहाँ तो यह सम्भव है कि कुछ अनुभवी अभिनेता या रंगशिल्पी प्रशिक्षण के लिए मिल जाएँ, यद्यपि अधिकांशतः उनका ज्ञान व्यावहारिक होता है, उसे व्यवस्थित ढंग से दूसरों को सिखा सकना उनके लिए बहुत आसान नहीं होता। इसके अतिरिक्त, सारे देश के रंगमंच के विशेष सन्दर्भ में, उनमें से अधिकांश की दृष्टि बड़ी सीमित, संकुचित और पिछड़ी हुई ही होती है। वे एक घिसे-पिटे ढर्रे पर काम करने के अभ्यस्त होते हैं और उनसे यह आशा करना उचित नहीं कि वे नए प्रशिक्षणार्थी की कल्पनाशक्ति

को जाग्रत करेंगे, या उसे नई दृष्टि से सोचने और कार्य करने के लिए प्रेरित कर सकेंगे। बल्कि बहुत बार तो वे नई दृष्टि-को, नए कल्पनाशील कार्य को, तिरस्कार और सन्देह की दृष्टि से ही देखते हैं। उनमें से अच्छे विश्वसनीय प्रशिक्षक मिलना बहुत आसान नहीं होता।

पर जिन भाषा-क्षेत्रों में रंगमंच कमज़ोर हालत में है, वहाँ तो पहली आवश्यकता प्रशिक्षकों के प्रशिक्षण की होगी, और वहाँ इस स्थिति में निहित दुश्चक्र पूरी तीव्रता से सक्रिय हो जाएगा—जीवन्त नियमित रंगमंच के बिना, योग्य अनुभवी प्रशिक्षकों के बिना, प्रशिक्षण कार्य कैसे प्रारम्भ किया जाए अथवा चले, और प्रशिक्षित व्यक्तियों के बिना कैसे कल्पनाशील, कलात्मक और सार्थक रंगमंच का निर्माण हो तथा प्रतिभावान, योग्य तथा अनुभवी रंगकर्मी प्रकट हों जो अन्य नए उत्साही रंगकर्मियों को प्रशिक्षित कर सकें? किसी हद तक इस दुश्चक्र से कोई छुटकारा नहीं है, और अपने सामाजिक-आर्थिक-सांस्कृतिक जीवन की अन्य स्थितियों की भाँति यहाँ भी दोनों स्तरों पर, दोनों प्रकार का, कार्य एक साथ किया जाना है, दुश्चक्र से घबराकर हथियार डाल देने से काम नहीं चल सकता। पाठ्य-सामग्री तथा प्रशिक्षण सम्बन्धी अन्य आवश्यकताओं का हल भी बहुत कुछ यही है। प्रशिक्षण यदि हमारे रंगमंच के विकास के लिए, उसके स्तर को उठाने के लिए, उसमें लगे हुए लोगों की शक्ति और साधनों का अपव्यय बचाने के लिए, अनिवार्य रूप से आवश्यक है, तो उसे प्रारम्भ करके ही उससे सम्बन्धित समस्याओं का हल खोजा जा सकता है, सभी समस्याओं के हल हो जाने और सभी साधनों के सुलभ हो जाने की प्रतीक्षा करके नहीं।

इस प्रकार की अपेक्षया बाह्य और साधनों से सम्बन्धित समस्याओं से अधिक कठिन और बुनियादी प्रश्न उस दृष्टि का है जो प्रशिक्षण के कार्य में अपनानी चाहिए। भारतीय रंगकर्मी का प्रशिक्षण किस आधार पर हो? उसे क्या सिखाया जाए, कैसे सिखाया जाए? हमारे प्रशिक्षण-केन्द्रों का पाठ्यक्रम क्या विभिन्न पश्चिमी देशों के नाट्य-प्रशिक्षण-केन्द्रों के अनुकरण में तैयार किया जाए? अभिनय में कौन-सी पद्धतियाँ सिखाई जाएँ—स्तानिस्लावस्की की, ब्रेख्त की या कोई अन्य, या सभी? और भारतीय पद्धतियाँ—नाट्यशास्त्र पर, या कथकलि, कुचिपूडि जैसी नृत्य-पद्धतियों पर, अथवा विविध पारम्परिक नाट्यों पर आधारित? मूलत: कैसी प्रदर्शन-शैली पर आग्रह हो—यथार्थवादी, पश्चिमी प्रयोगवादी ढंग की, प्राचीन भारतीय, अथवा कोई अन्य नवीन आधुनिक? लक्ष्य अथवा उद्देश्य तथा पद्धति या पद्धतियों का प्रश्न प्रशिक्षण के आयोजन में आधारभूत है, और यह अन्तत: रंगमंच के क्षेत्र में हमारे लक्ष्य, विकास की दिशा और जीवनदृष्टि से जुड़ा हुआ है। एक अन्य स्तर पर वह उपलब्ध नाटकों और विभिन्न क्षेत्रों में प्रचलित नाट्य-प्रकारों अथवा रंगमंचीय प्रवृत्तियों से भी जुड़ा हुआ है। इस सम्बन्ध में दृष्टिकोण स्पष्ट और निर्धारित किए

बिना प्रशिक्षण-कार्य के आयोजन के सर्वथा अप्रत्याशित और प्रतिकूल परिणाम हो सकते हैं।

एक प्रकार से, हमारे रंगमंच को देखते हुए, आदर्श स्थिति तो शायद यह हो कि पश्चिमी और भारतीय सभी शैलियों और पद्धतियों का उपयोग किया जाए, और प्रशिक्षार्थी को यह सुविधा हो कि वह सभी को सीखे और फिर अपनी रुचि, प्रवृत्ति और परिस्थिति के अनुकूल चाहे जिसका व्यवहार करे। पर यह स्थिति प्राय: काल्पनिक है। प्राचीन तथा पारम्परिक भारतीय पद्धतियाँ इतनी विशिष्ट और स्वत: सम्पूर्ण हैं कि साधारणत: उन्हें किसी अन्य पद्धति के साथ मिलाया नहीं जा सकता; कई बातों में वे पश्चिमी शैलियों के सर्वथा प्रतिकूल भी हैं और किसी प्रशिक्षार्थी को एक ही समय में दोनों का अभ्यास कराना कठिन है; और इसमें इतना अधिक समय लगेगा कि वह न व्यावहारिक होगा, न उपयोगी। इसके अतिरिक्त केवल प्राचीन अथवा पारम्परिक भारतीय पद्धतियों के प्रशिक्षण से सभी प्रकार के आधुनिक नाटकों के अभिनय-प्रदर्शन में कितनी सहायता मिलेगी, यह भी सन्दिग्ध है। आधुनिक भारतीय नाटकों का रूप, कम-से-कम अभी तो, पश्चिमी प्रभाव से आक्रान्त है और उनके प्रदर्शन के लिए पाश्चात्य पद्धतियों का उपयोग, या कम-से-कम अच्छी जानकारी अनिवार्य है।

दूसरी ओर, केवल पाश्चात्य प्रशिक्षण और अभिनय-पद्धतियों के उपयोग से प्रशिक्षार्थी की दृष्टि में विदेशीपन, पश्चिमीपन, और भी बढ़ेगा ही। वह अन्तत: अपने परिवेश और जीवन तथा उसकी समस्याओं से और भी कट जाएगा तथा उनके सृजनात्मक प्रक्षेपण में कृत्रिमता और उच्चवर्गीय अयथार्थता बढ़ेगी। इस प्रकार देश की जड़ों में गहरी गुँथी हुई पारम्परिक चिन्तन, भावन, और अभिव्यक्ति की पद्धतियों से उसका परिचय और लगाव कम ही होगा, बल्कि उनके प्रति एक प्रकार का तिरस्कार, अवज्ञा और उपेक्षा का भाव उसके भीतर उत्पन्न होगा। हमारी सम्पूर्ण शिक्षा-पद्धति ऐसा करती रही है और इसीलिए देश की आवश्यकताओं के अनुरूप न होकर, मौलिक चिन्तन और प्रतिभा को प्रेरणा देने और पुष्ट करने के बजाय, देश के युवजन को परोपजीवी, आडम्बरपूर्ण और इस प्रकार अपने परिवेश से विलग, कुंठित और व्यर्थ बनाती रही है। उपयोगितामूलक शिक्षा के क्षेत्र में जब यह स्थिति, पाश्चात्य पद्धतियों, विचारों और लक्ष्यों पर आग्रह करने से होती है, तो रंगमंच-जैसे सृजनात्मक क्षेत्र में तो उसका प्रभाव सर्वथा आत्मघाती ही हो सकता है। यह केवल कल्पना मात्र नहीं है, पश्चिमी देशों में रंगमंच का प्रशिक्षण लेकर लौटनेवाले देश के दर्जनों प्रतिभावान लोगों की परिणति और नियति इसकी सत्यता की साक्षी है। इसके अतिरिक्त, स्वयं पश्चिमी देशों में अभिनेता के प्रशिक्षण और रंगमंच के सामान्य दिशा-निर्धारण में प्राच्य तथा भारतीय पद्धतियों के प्रति आदर और आकर्षण बढ़ने लगा है। इसलिए केवल पश्चिमी पद्धतियों और लक्ष्यों पर अपने प्रशिक्षण को आधारित करना न तो उपयोगी है, न समीचीन।

किन्तु फिर भारतीय और पश्चिमी पद्धतियों का मिश्रण, समन्वय या साथ-साथ उपयोग किस आधार पर, किस रूप में हो? आज प्रशिक्षण के प्रश्न पर विचार करनेवाले या उससे सम्बद्ध व्यक्ति के सामने यह प्रश्न मूलभूत और सर्वाधिक महत्त्व का है। वास्तव में, वह हमारे सम्पूर्ण रंग-कार्य का बुनियादी प्रश्न है और हम किसी भी प्रकार की तड़क-भड़क, ऊपरी टीम-टाम या सफ़ाई-सजावट से इसको दबा नहीं सकते। भारतीय रंगमंच के अन्य कर्मियों के साथ ही नाटककार, अभिनेता, निर्देशक और रंगशिल्पी के साथ ही—भारतीय रंग-प्रशिक्षकों को भी अपने व्यक्तित्व का अन्वेषण करना है, अपने-आप को पहचानना है।

हमारे देश में सार्थक रंग-प्रशिक्षण वही होगा जिसमें आग्रह भारतीय दृष्टि, भारतीय पद्धतियों पर तो हो, पर उनके माध्यम से आधुनिक यथार्थ को अभिव्यक्त करने का प्रयास हो, जिसके लिए ज़रूरत होने पर, उन पद्धतियों को पाश्चात्य पद्धति के साथ यथासम्भव समन्वित किया जाए। हम अपने अभिनेता को विभिन्न भारतीय शैलियाँ तथा पद्धतियाँ सिखाएँ, उनके जीर्णोद्धार अथवा उनकी पुरातत्त्वीय विशिष्टता अथवा अजायबघरी नवीनता के लिए नहीं, बल्कि आधुनिक यथार्थ की अभिव्यक्ति और प्रस्तुति के उद्देश्य से उनके अन्वेषण के लिए। इसी उद्देश्य से हम पाश्चात्य पद्धतियों का भी अन्वेषण करें और उनके ऐसे सृजनशील तत्त्वों को आत्मसात करें जो हमारी अपनी मूलभूत रंग-पद्धति के निर्माण, स्वरूप-निर्धारण और विकास की दृष्टि से उपयोगी हो सकते हों। प्रश्न पश्चिमी पद्धतियों और विधियों के बहिष्कार का नहीं, बल्कि अपनी परम्परा और सृजनात्मक आवश्यकताओं के लिए उनके कल्पनाशील और सतर्कतापूर्ण उपयोग का है। हमारे प्रशिक्षकों के लिए यह सम्भव होना चाहिए कि वे भारतीय परम्परा और सृजनात्मक आवश्यकता के सन्दर्भ में पश्चिमी पद्धतियों के अन्वेषण, और पश्चिमी पद्धतियों की पृष्ठभूमि में कुछ भारतीय विधियों और शिल्प-शैलियों के भी उपयोग के बीच अन्तर को पहचान सकें।

प्रशिक्षण-पाठ्यक्रमों के निर्धारण में एक अन्य समस्या नाटक-साहित्य, अभिनय-कला और रंगशिल्प के बीच अनुपात और सन्तुलन की भी है। स्पष्ट है कि भाषाई क्षेत्रों के प्रशिक्षण कार्यक्रमों में प्राथमिक महत्त्व अभिनय-कला पर ही होगा। रंगमंच की ओर उन्मुख होनेवाले अधिकांश व्यक्तियों की रुचि अभिनय में ही होती है और यह स्वाभाविक है। उनके पाठ्यक्रमों में अभिनय-कला और नाटक-साहित्य पर ही बल होना उचित है। पर नाटक-साहित्य के अध्ययन में उनकी अपनी भाषा के नाटक तथा कविता-कथा के विस्तृत अध्ययन के साथ देश को अन्य भाषाओं के कुछ श्रेष्ठ नाटक, कुछ संस्कृत नाटक और कुछ महत्त्वपूर्ण विदेशी, पाश्चात्य तथा प्राच्य नाटक शामिल होने पर ही सन्तुलन ठीक रह सकता है। विदेशी नाटकों की अनुपातहीन बहुलता, अपनी भाषा के तथा देश की अन्य भाषाओं के नाटकों के प्रति

बड़ा हीनता का भाव उत्पन्न करती है, और विदेशी नाटकों का सर्वथा बहिष्कार एकांगी, संकीर्ण और सीमित दृष्टि।

साथ ही, किसी भी भाषा क्षेत्र की प्रशिक्षण-योजना में निर्देशन, रंगशिल्प तथा नेपथ्य-कार्य के प्रशिक्षण के लिए भी प्रबन्ध होना आवश्यक है—बहुत-से नाटकप्रेमी अभिनय की बजाय रंगशिल्प अथवा नेपथ्य-कार्य में बहुत निपुण होते हैं, और उनका समुचित प्रशिक्षण उस भाषा के रंग-स्तर को उठाने में सहायक हो सकता है। निर्देशन-कार्य के उपयुक्त छात्र सबसे कम होते हैं—उसके लिए जैसी विस्तृत पृष्ठभूमि, संवेदनशीलता और ग्रहणशक्ति चाहिए वह अपेक्षया दुर्लभ है। मुख्य बात है प्रशिक्षण-योजना में पर्याप्त विभिन्नीकरण, जिसमें मोटे तौर पर विभिन्न रुचियों और क्षमताओंवाले शिक्षार्थी अपनी सामर्थ्य के अनुसार लाभ उठा सकें। जहाँ सबको सभी कुछ सिखाने का प्रयास बहुत लाभदायक नहीं सिद्ध हो सकता, वहीं किसी अत्यन्त सीमित क्षेत्र की विशेषज्ञता भी हमारे रंगमंच के वर्तमान सन्दर्भ में निरर्थक है। अत्यधिक विशेषज्ञता प्राप्त व्यक्तियों का उपयोग-बड़ी कठिनाइयाँ और फलस्वरूप निराशा उत्पन्न करता है। हमारे रंगमंच की मौजूदा परिस्थिति में किसी हद तक रंग-कार्य के अधिकाधिक पक्षों को जानने और कर सकनेवाले कर्मियों की आवश्यकता है।

वास्तव में, हमारे देश में रंग-प्रशिक्षण के कार्यक्रम में पर्याप्त लचीलेपन और विभिन्नीकरण की आवश्यकता है जिससे वह रंगमंच के विभिन्न स्तरों पर उपयोगी तथा सार्थक हो सके। अभी तक हमारे देश का अधिकांश रंग-कार्य अव्यवसायी और शौक़िया है, और यह आवश्यक है कि उसके स्तर को उठाने और उसमें संलग्न उत्साही कर्मियों को अपने कार्य में अधिक सक्षम और समर्थ बनाने के लिए भी अलग-अलग विषयों पर अल्पकालीन पाठ्यक्रमों के व्यापक आयोजन किए जाएँ। दीर्घकालीन पाठ्यक्रम में सारा समय देनेवाले प्रशिक्षणार्थियों के लिए केन्द्र स्थापित करने के साथ-साथ छोटे और सीमित पाठ्यक्रमों के, संध्याकालीन प्रशिक्षण के, केन्द्र बहुत कारगर हो सकते हैं। उनसे रंगमंच-सम्बन्धी संवेदनशीलता और जानकारी और सुरुचि का प्रसार कहीं व्यापक रूप में हो सकता है।

अब सम्भवतः सारे देश के लिए किसी केन्द्रीय या राष्ट्रीय विद्यालय की उपयोगिता पर कुछ विचार किया जा सकता है। भारत जैसे बहुभाषा-भाषी देश में रंगमंच-जैसे भाषा पर आधारित कला-रूप का केन्द्रीय संगठन बड़ा जोखिम का ही काम है। सबसे पहला प्रश्न तो प्रशिक्षण और उसके लिए आवश्यक नाट्य-प्रदर्शन की भाषा का ही है। ज़ाहिर है, किसी एक केन्द्रीय संस्था में ही देश की प्रत्येक भाषा में यह कार्य करना असम्भव भी है और आवश्यक भी; इससे तो प्रत्येक भाषा क्षेत्र में अलग-अलग विद्यालयों की स्थापना ही बेहतर है। इसलिए केन्द्रीय विद्यालय की भाषा अंग्रेज़ी हो सकती है या हिन्दी, और इन दोनों ही विकल्पों की

कठिनाइयाँ हैं। अंग्रेज़ी के माध्यम से हमारे देश में किसी भी प्रकार का प्रशिक्षण, अन्ततः, सृजनात्मक प्रतिभा को कुंठित करता है और उसमें प्रवेश को अंग्रेज़ी शिक्षा प्राप्त वर्ग तक सीमित। कोई सार्थक सृजनात्मक कार्य अंग्रेज़ी के माध्यम से होना कठिन भी है और शक्ति तथा साधनों का अपव्यय भी। और फिर, अंग्रेज़ी के माध्यम से नाटकों का प्रदर्शन तो प्रायः निरर्थक और घातक है—अंग्रेज़ी में नाटकों के प्रदर्शन को प्रशिक्षण में शामिल करने से बड़ा साधनों का दुरुपयोग और दूसरा नहीं हो सकता। इस समस्या के कुछ पक्षों की चर्चा अन्यत्र भी की जा चुकी है।

किन्तु विभिन्न भाषा-क्षेत्रों से आए हुए छात्रों का हिन्दी में प्रशिक्षण भी उतना ही नहीं तो पर्याप्त क्षतिकारक है। हमारे देश के विभिन्न भाषाओं के उच्चारण, पाठ और भाषण की अपनी-अपनी विशिष्टताएँ हैं, उनके अपने अलग वर्ण-संगीत और स्वर हैं, अलग ध्वनि-संयोजन हैं। अन्य भाषाओं के छात्रों से हिन्दी में अभिनय-प्रदर्शन कराने से, एक ओर, उनकी अपनी भाषा के सूक्ष्म तत्त्वों के प्रति उनके कम संवेदनशील हो जाने का भय है; और दूसरी ओर, हिन्दी उनके लिए गहरे आत्म-निवेदन की भाषा न बन पाने के कारण उनके तथा दर्शकों के लिए असन्तोष और क्षोभ का कारण बनने की आशंका है। विभिन्न भाषा-भाषी छात्रों को हिन्दी में अभिनय के लिए बाध्य करना सम्भवतः उन छात्रों के प्रति भी अविचार होगा और हिन्दी के साथ भी।

ऐसी स्थिति में क्या किया जाना चाहिए? वास्तव में, रंगमंच के किसी भी केन्द्रीय संस्थान के लिए शायद यह दृष्टि ही सबसे समीचीन लगती है कि उसके कार्यक्रम में अभिनय के प्रशिक्षण पर बल न दिया जाए और उसे स्वर-साधन, कंठ-प्रशिक्षण, शारीरिक व्यायाम और आंगिक चर्याओं के अभ्यास तथा अभिनय की सामान्य आवश्यकताओं तथा विभिन्न अभिनय-शैलियों के सैद्धान्तिक व्यावहारिक परिचय तक सीमित रखा जाए। ऐसे संस्थान की मुख्य सार्थकता तो विभिन्न भाषा-क्षेत्रों के प्रतिभावान छात्रों को रंगशिल्प, नेपथ्य-कार्य, और किसी हद तक निर्देशन का उच्च-स्तरीय, व्यापक और गहरा प्रशिक्षण दे सकने में ही हो सकती है। बल्कि यदि विभिन्न राज्यों और केन्द्र के बीच कोई योजनाबद्ध कार्य हो सके तो भाषा-क्षेत्रों में अभिनय सम्बन्धी प्रशिक्षण और केन्द्रीय संस्थान में रंगशिल्पों और नेपथ्य-कार्य के प्रशिक्षण का बँटवारा भी किया जा सकता है।

इसके अतिरिक्त केन्द्रीय संस्थान विभिन्न विश्वविद्यालयों के लिए, तथा अन्य अव्यवसायी रंगकर्मियों के लिए, सामान्य अथवा अलग-अलग रंगशिल्पों के अल्पकालीन पाठ्यक्रमों का विस्तृत आयोजन बहुत सुविधा तथा सरलता के साथ कर सकता है। केन्द्रीय संस्थान रंगमंच-सम्बन्धी शोध-कार्य, अथवा ख़ास-ख़ास विषयों पर कर्मशालाएँ, रंगशिविर-जैसे विशेष कार्य भी हाथ में ले सकता है। कुछेक सर्वथा प्रयोगात्मक योजनाओं का भार भी केन्द्रीय संस्थान के लिए सम्भव है जिनमें

विभिन्न प्रदेशों से अभिनेता, निर्देशक या रंगशिल्पी सम्बद्ध हो सकते हैं। मुख्य प्रश्न यही है कि रंगमंच में भाषा और उससे जुड़े हुए अभिनय के प्रश्न को बड़ी सावधानी और सतर्कता से सँभालने की आवश्यकता को न भुलाया जाए। केन्द्रीय संस्थान उसी हद तक अपनी सार्थकता स्थापित और सिद्ध कर सकता है जिस हद तक वह भाषाई रंगमंचों को अधिक समृद्ध, अधिक कलात्मक, अधिक उच्चस्तरीय बनाने में योग देगा, अपने केन्द्रस्थ साधनों का उपयोग भाषाई रंगमंचों में प्रशिक्षण के दुर्बल पक्षों को, उनकी कमी को, पूरा करने का प्रयास करेगा। हमारे देश में साधनों के अत्यन्त सीमित होने के कारण केन्द्रीय संस्थान का यह योग बहुत ही महत्त्वपूर्ण हो सकता है।

यहाँ इस बात पर आग्रह सर्वथा उचित है कि सामान्य रंग-कार्य और प्रशिक्षण में किसी राष्ट्रभाषा या राष्ट्रीय रंगमंच की परिकल्पना बहुत समीचीन नहीं है। सृजनात्मक क्षेत्र में हमारे देश की सभी भाषाओं का स्थान समान है और उनमें से किसी की भी सृजनात्मक श्रेष्ठता और उपलब्धि पूरे देश की श्रेष्ठता और उपलब्धि है। इस सन्दर्भ में केवल हिन्दी रंगमंच को राष्ट्रीय रंगमंच कहना बड़ा निरर्थक और संकीर्ण मतवाद है। फ़िल्मों तक के मामले में, जहाँ हिन्दी फ़िल्मों को इतनी सुविधाएँ और व्यापक प्रचार के साधन सुलभ रहे हैं, श्रेष्ठ राष्ट्रीय उपलब्धि का स्तर सत्यजित राय की बांग्ला फ़िल्मों ने ही प्राप्त किया। इसलिए भाषा पर आधारित सृजनात्मक कार्य में प्रत्येक भाषा के अपने विशिष्ट और स्वतंत्र अस्तित्व और महत्त्व को स्वीकार करना ही उचित है।

इस सन्दर्भ में 1959 में दिल्ली में स्थापित राष्ट्रीय नाट्य विद्यालय के कार्य और उसके प्रभाव तथा नतीजों का कुछ जायज़ा लिया जा सकता है। स्थापना के समय विद्यालय का उद्देश्य अभिनेता तैयार करने की बजाय देश में ऐसे रंगकर्मी तैयार करना था जो रंगशिल्पों में विशेष रूप से निपुण हों, पर रंगकर्म के सभी अंगों की समुचित जानकारी और एक संवेदनशील कलात्मक रंगदृष्टि के साथ अपने-अपने क्षेत्र में नए रंग-आन्दोलन को प्रेरित और मज़बूत कर सकें। विद्यालय सभी भाषा-क्षेत्रों के लिए खुला था, पर उसमें प्रवेश के लिए अंग्रेज़ी और हिन्दी दोनों का ज्ञान ज़रूरी था, क्योंकि प्रशिक्षण दोनों भाषाओं में मिला-जुला होना था और प्रदर्शन केवल हिन्दी में। अध्यापक भी अनिवार्यतः विभिन्न भाषा-भाषी ही थे।

शुरू के तीन वर्षों में इसी उद्देश्य से कुछ बुनियादी काम किया भी गया, और यह सम्भावना धीरे-धीरे बन भी रही थी कि विद्यालय देश-भर के रंगकर्म के लिए एक विशेष प्रेरणास्रोत बन सकेगा। किन्तु 1962 में इब्राहिम अलकाज़ी के निर्देशक बनने के साथ ही विद्यालय के उद्देश्यों में अघोषित रूप से परिवर्तन हो गया और उसका बल छात्रों द्वारा नाटकों के प्रदर्शन और इसीलिए अभिनय पर अधिक हो गया। निस्सन्देह इस प्रक्रिया में विद्यालय ने अलकाज़ी के निर्देशन में कुछ अत्यन्त

कल्पनाशील और तब तक अभूतपूर्व प्रदर्शन हिन्दी में किए, जिसने हिन्दी रंगमंच को एक विशेष गति भी दी और प्रतिष्ठा भी। पर साथ ही, इसी कारण, विद्यालय धीरे-धीरे एक विराट साधनसम्पन्न रंगमंडल बनता गया और उसका प्रशिक्षण पक्ष, औपचारिक घोषित रूप में वही रहने पर भी, व्यवहार में निस्सन्देह, क्रमश: गौण होता गया।

बेशक, अच्छे स्तरीय कलात्मक नाटकों के प्रदर्शन की प्रक्रिया में भी अनेक छात्रों ने रंगशिल्प, निर्देशन, अभिनय—सभी क्षेत्रों में बहुत कुछ सीखा, और राष्ट्रीय नाट्य विद्यालय के स्नातकों में कई भाषाओं के प्रतिभाशाली निर्देशक, रंगशिल्पी और अभिनेता समकालीन रंगमंच पर सक्रिय हैं। इस बात से भी इनकार नहीं किया जा सकता कि राष्ट्रीय नाट्य विद्यालय के प्रदर्शनों से देश-भर के रंग-कार्य में मानक ऊँचे हुए, प्रस्तुति के दृश्यसज्जा-सम्बन्धी सौन्दर्यमूलक पक्षों के बारे में चेतना गहरी और सूक्ष्म हुई।

मगर ये सब मूलत: व्यवस्थित, सुचिन्तित प्रशिक्षण के परिणाम नहीं थे। यदि अलकाज़ी इतने ही या इससे कुछ कम साधनों से कोई व्यावसायिक रंग-मंडल या अव्यावसायिक मंडली हिन्दी में चलाते होते, तो भी कमोबेश ये नतीजे निकलते ही। इसका एक सबूत तो बम्बई के हिन्दी निर्देशक सत्यदेव दुबे हैं जिनकी प्रारम्भिक रंग-दीक्षा बम्बई में थिएटर यूनिट में अलकाज़ी के साथ काम करके हुई। अपने उस ज़माने के संस्कार को निर्मित करके ही बाद में दुबे ने अपना एक अलग रंग व्यक्तित्व निर्मित किया।

प्रशिक्षण की दृष्टि से, अलकाज़ी की नीति से प्रारम्भिक वर्षों में अहिन्दी-भाषी क्षेत्रों से आनेवाले छात्रों को बहुत उपेक्षा का सामना करना पड़ा, क्योंकि वे उनके प्रदर्शनों के लिए बहुत उपयोगी नहीं होते थे, और ज़्यादातर अलकाज़ी के प्रदर्शनों के विख्यात समूह-दृश्यों में या अधिक-से-अधिक गौण भूमिकाओं में हिस्सा ले पाते थे। हिन्दी भाषियों में भी पहले से ही अभिनय-कुशल छात्रों पर—या कुछेक अपवादों के तौर पर निर्देशन-कामी छात्रों पर—ही अधिक ध्यान दिया जाने लगा, और ऐसे अनेक छात्रों की उपेक्षा हुई जिनमें प्रतिभा तो थी, पर उसके प्रकट होने के लिए प्रशिक्षण और प्रोत्साहन की ज़रूरत थी।

प्रशिक्षण की उपेक्षा का एक और नतीजा यह हुआ कि, अभिनय के ऊपर इतना ज़ोर होने के बावजूद, विद्यालय के छात्र विभिन्न प्रदर्शनों में दी गई भूमिकाएँ तो कमोबेश निपुणता से कर देते थे, पर अभिनेता के रूप में न तो उनके कंठ का प्रशिक्षण होता था, न रंग-भाषण में उच्चारण, बलाघात, भाषा के नाद सौन्दर्य या अर्थबोध का, और न उनकी चर्या और गति-विधान में शरीर के विवेकपूर्ण नियंत्रण का। अभिनेता के माध्यमों—कंठ और शरीर—पर गहराई से ध्यान न दिए जाने के कारण उसके भावतंत्र का भी कोई प्रशिक्षण या संस्कार न हो पाता था।

इनमें से अनेक कठिनाइयाँ भाषा-समस्या से भी जुड़ी हुई थीं। यद्यपि विद्यालय की मूल परिकल्पना में हिन्दी के साथ-साथ अंग्रेज़ी के व्यवहार को स्वीकार किया गया था, पर अलकाज़ी ने जाने-अनजाने अंग्रेज़ी भाषा ही नहीं, पश्चिमी दृष्टि को भी प्रश्रय और बढ़ावा दिया। फलस्वरूप, एक ओर, पश्चिमी नाटक बड़ी संख्या में खेले गए और भारतीय नाटकों को भी पश्चिमी दृष्टि और शैली में पेश किया गया। दूसरी ओर, ऐसे छात्रों की उपेक्षा हुई जिनका अंग्रेज़ी भाषा का ज्ञान कम था, या पश्चिमी साहित्य-संस्कृति का संस्कार नहीं था। अपनी रंगदृष्टि में ही नहीं, अपनी मानसिकता और रहन-सहन में भी छात्रों का पश्चिमीकरण हुआ। इसके कारण विद्यालय के अनेक स्नातक या तो महानगरों में, विशेषकर दिल्ली में ही, टिके रहने के इच्छुक हुए, और जो अपने क्षेत्रों में लौटे भी उनके लिए अपने प्रदेश के रंग-जीवन से सामंजस्य बैठाने में बहुत दिक्कत हुई। निस्सन्देह इसके कुछेक अपवाद भी हैं, पर उससे सामान्य स्थिति में कोई फ़र्क़ नहीं पड़ता।

प्रशिक्षण-संस्थान के बजाय रंगमंडल के रूप में राष्ट्रीय नाट्य विद्यालय को चलाने का एक नतीजा यह है कि बीस बरस के बाद भी आज तक विद्यालय ने किसी भी विषय पर न कोई पाठ्य-पुस्तक, प्रशिक्षण-सामग्री तैयार की, न भारतीय रंगमंच के इतिहास, संस्कृत और पारम्परिक रंगमंच के विविध रूपों पर किसी भी प्रकार का कोई सर्वेक्षण, डाक्यूमेंटेशन या शोध-कार्य हाथ में लिया। प्रदर्शनों पर ही ज़ोर होने से इन सबकी कोई ज़रूरत या कमी न तो महसूस हो सकती थी, न होती थी।

इसी बीच विद्यालय के पाठ्यक्रम को दो वर्ष से बढ़ाकर तीन वर्ष का किया गया; और साथ ही एक वर्ष के सामान्य पाठ्यक्रम के बाद अगले दो वर्ष निर्देशन, अभिनय और रंगशिल्प में विशेषज्ञता का प्रावधान किया गया। मगर किसी हद तक विद्यालय की रंगमंडलीय नीति के कारण, और कुछ भारतीय रंग-जीवन की विशेष परिस्थितियों के कारण, वह प्रयोग बहुत सफल नहीं हो सका। तीन वर्ष में केवल एक छोटे नाटक का निर्देशन करके कोई निर्देशन-विशेषज्ञ नहीं हो सकता। यह भी देखा गया कि विद्यालय से रंगशिल्प या अभिनय में विशेषज्ञता प्राप्त कई छात्र निर्देशन में अधिक निपुण सिद्ध हुए। अभिनय की विशेषज्ञता प्रदान करने लायक प्रशिक्षक-अध्यापक भी विद्यालय में नहीं थे। बल्कि, जैसा पहले कहा गया, अहिन्दी-भाषी छात्रों को भाषा के बिना अभिनय सिखाना असम्भव था और हिन्दी भाषियों को अभिनय सिखाने योग्य न तो सामग्री थी, न हिन्दी-भाषी अनुभवी अभिनेता थे, और न इस बात की किसी को ख़ास चिन्ता ही थी। इसके अलावा, भारतीय रंगमंच की स्थिति अभी ऐसी न थी कि ऐसी विशेषज्ञता बहुत उपयोगी हो सकती। कुल मिलाकर प्रशिक्षण में विशेषज्ञता का यह प्रयोग नाकामयाब ही रहा।

1977 में विद्यालय के ही एक छात्र ब. व. कारन्त के निर्देशक होने पर स्थिति में सुधार की दिशा में कोशिश ज़रूर शुरू हुई। भारतीय रंगमंच से विद्यालय का

अलगाव टूटा और भारतीय रंग-पद्धतियों के अन्वेषण और व्यवहार को बढ़ावा मिला। साथ ही, प्रदर्शनों पर बल भी कुछ कम हुआ और पाठ्यक्रम में से भी विशेषज्ञता हटाकर सामान्य कार्यक्रम पर ज़ोर दिया जाने लगा। पर यह रुझान अभी प्रारम्भिक और प्रायोगिक अवस्था में ही थी कि कारन्त विद्यालय छोड़कर चले गए। उनके जाने के बाद लगभग एक वर्ष बड़े अनिश्चय और दिशाहीन भटकाव में बीता। अन्त में विद्यालय के ही एक अन्य स्नातक बृजमोहन शाह के निर्देशक नियुक्त होने पर पाठ्यक्रम में फिर परिवर्तन करके अभिनय और प्रदर्शन-पद्धतियों में विशेषज्ञता के कार्यक्रम लागू कर दिए गए। इस समय विद्यालय स्तर और व्यवस्था, दोनों ही दृष्टियों से गिरावट के दौर से गुज़र रहा है और यह कहना कठिन है कि आगे उसका क्या रूप बनेगा।

प्रशिक्षण का एक अन्य स्तर हो सकता है स्कूल-कॉलेजों और विश्वविद्यालयों में। वास्तव में, रंगमंचीय प्रशिक्षण और कार्य-कलाप का यह अत्यन्त ही महत्त्वपूर्ण क्षेत्र है जो हमारे देश में सर्वथा उपेक्षित है। स्कूली प्रशिक्षण के ग्रीष्मकालीन पाठ्यक्रम केवल मैसूर राज्य में कुछ वर्ष चले। विश्वविद्यालयी स्तर पर बड़ौदा, रवीन्द्र भारती, पंजाब, आन्ध्र, मैसूर, बंगलुरु, कालीकट, मराठवाड़ा और राजस्थान विश्वविद्यालयों में डिप्लोमा या डिग्री पाठ्यक्रम हैं तो सही, पर दुर्भाग्यवश इनमें से अधिकांश बहुत ही अपर्याप्त हैं, और बहुत सूझ-बूझ, सुरुचि या कलात्मकता के साथ संगठित भी नहीं हैं। पर इस दिशा में बहुत प्रकार के व्यापक कार्य की गुंजाइश है।

अधिकांश स्कूलों और प्रायः सभी कॉलेजों और विश्वविद्यालयों में वर्ष-भर में एक-दो से लगाकर चार-छह नाटक तक खेले जाते हैं, पर इस गतिविधि के दिशा-निर्देश का कोई प्रबन्ध कहीं नहीं है। स्कूली स्तर पर प्रत्येक स्कूल से कम-से-कम एक-एक शिक्षक को दो-तीन या छह मास का प्रशिक्षण देने के अल्पकालीन पाठ्यक्रमों की योजना बन सकती है, जो कई चरणों में क्रमशः पूरी हो सकती है। इसी प्रकार, सभी विश्वविद्यालयों में नियमित नाट्य विभाग खोलना यदि कठिन हो तो प्रत्येक कॉलेज या कम-से-कम प्रत्येक विश्वविद्यालय में एक नाट्य-प्रशिक्षक की नियुक्ति से प्रारम्भ किया जा सकता है, जो संस्था के विभिन्न नाट्य-प्रदर्शनों को अधिक व्यवस्थित और कलात्मक रूप देने में सहायक हो सकता है। वह व्यक्ति बारी-बारी से प्रत्येक कॉलेज के उत्साही रंगप्रेमी छात्रों के लिए ऐसा अल्पकालीन पाठ्यक्रम संध्या को चला सकता है जिसकी चरम परिणति एक नाटक के प्रदर्शन में हो। विश्वविद्यालय के रंगप्रेमी अध्यापकों तथा छात्रों के लिए ग्रीष्मकालीन शिविर तथा पाठ्यक्रम हर वर्ष संयोजित किए जा सकते हैं, जो विश्वविद्यालयों में रंग-कार्य के स्तर को अधिक सार्थक और सृजनात्मक बनाने में सहायक हो सकते हैं।

मुख्य बात यह है कि शिक्षा-व्यवस्था में किसी-न-किसी रूप में नाट्य-प्रशिक्षण का समावेश रंगमंच के समुचित विकास के लिए बहुत मूलभूत महत्त्व का और

विचारणीय है। नियमित रंगमंच के लिए कर्मी और दर्शक-वर्ग के प्रशिक्षण और निर्माण का कार्य इसी स्तर पर होना बहुत आवश्यक है। इसके बिना रंगमंच को समुदाय के जीवन में वह अपरिहार्य और आत्यन्तिक स्थान नहीं प्राप्त हो सकता जिसके बिना रंगमंच जैसी सामूहिक सृजनात्मक विधा का जीवित रहना दुष्कर है। रंगमंचीय प्रशिक्षण की प्रारम्भिक और, यदि स्वतंत्र विभाग स्थापित हो सके तो, मूलभूत और सृजनात्मक स्तर की व्यवस्था, जितनी आसानी से विश्वविद्यालयों में सुलभ कराई जा सकती है, उतनी और कहीं नहीं। विश्वविद्यालयों के विभागों में संयोजित रंग-कार्य आर्थिक-व्यावसायिक दबावों से सर्वथा उन्मुक्त रहकर सार्थक, कलात्मक और सृजनशील अन्वेषण में, और मानक स्थापित करने में, बड़ा भारी योग दे सकता है। रंग-प्रशिक्षण के लिए सरकार तथा समाज के पास उपलब्ध शिक्षा-साधनों का एक समुचित अंश इस कार्य में लगना बहुत आवश्यक है।

प्रशिक्षण की ज़रूरत का अहसास पिछले दिनों रंगकर्मियों में तीव्र और गहरा हुआ है। इसका कुछ अनुमान देश-भर में होनेवाले रंगशिविरों से हो सकता है। इस समय शायद ही कोई ऐसा प्रदेश हो जहाँ एक-दो सप्ताह से लगाकर आठ-दस सप्ताह तक के 'वर्कशाप' या कर्मशालाओं का आयोजन न किया जाता हो। इनमें से अधिकांश बुनियादी तौर पर किसी विख्यात या प्रशिक्षित निर्देशक के संचालन में एक या अधिक नाटक तैयार करने तक ही सीमित रहते हैं, यद्यपि इस प्रक्रिया में भी रंगकर्म के विभिन्न अंगों, विशेषकर अभिनय की कुछ सिलसिलेवार जानकारी इनमें भाग लेनेवालों को मिल जाती है। साथ ही, कुछ कर्मशालाएँ ऐसी भी आयोजित होती रही हैं जिनका उद्देश्य मुख्यतः अभिनय और रंगशिल्प की कुछ बुनियादी और मोटी-मोटी बातों का प्रशिक्षण देना ही होता है, प्रदर्शन के लिए नाटक तैयार हो चाहे न हो।

रंग-कलाओं की सामान्य जानकारी के प्रसार की दृष्टि से इन शिविरों की उपयोगिता असन्दिग्ध है। मगर न तो अभी तक इस तरह के अल्पकालीन प्रशिक्षण के कोई सुचिन्तित मानक पाठ्यक्रम निर्धारित हुए हैं और न ऐसे कल्पनाशील और अनुभवी प्रशिक्षक ही किसी भाषा में तैयार हो पाए हैं कि इन शिविरों में भाग लेनेवाले रंगकर्मियों को ज़रूरी कौशल हासिल हो सकें या उनकी सृजनशीलता को बढ़ावा मिल सके। बहरहाल, इन शिविरों से व्यवस्थित रंग-प्रशिक्षण की ज़रूरत और भी रेखांकित होती है, इसमें कोई सन्देह नहीं।

अन्त में, प्रशिक्षण के सन्दर्भ में एक और सवाल पर विचार कर लेना उपयोगी होगा। इस सिलसिले में एक बात बार-बार उठाई जाती है कि प्रशिक्षण के बाद प्रशिक्षणार्थियों की आजीविका का क्या होगा? प्रशिक्षित रंगकर्मियों के रोज़गार के अवसर कहाँ हैं? यह प्रश्न बड़ा बुनियादी और व्यावहारिक जान पड़ने पर भी मूलतः बहुत भ्रामक और अवान्तर है। सृजनात्मक कार्यों के प्रशिक्षण को सामान्य आजीविकामूलक प्रशिक्षण के समानान्तर रखना भूल है। सृजनात्मक कार्य में प्रशिक्षण

मूलतः अपनी प्रतिभा के अधिक-से-अधिक सार्थक और सक्षम प्रयोग के लिए ही चाहा और माँगा जा सकता है। जिसे कोई कला-विधा सीखकर भी नौकरी ही करनी है उसे क्यों कला के क्षेत्र में आना चाहिए, यह स्पष्ट नहीं। संगीत, नृत्य, चित्र अथवा मूर्तिकला का प्रशिक्षण लेनेवाला भी या तो अधिक-से-अधिक कहीं शिक्षक की नौकरी पाकर अपने को धन्य समझ सकता है या वह अपनी कला-विधा के ऐसे अन्वेषण में प्रवृत्त होता है जिसके द्वारा अन्ततः वह अपने अनुभव को, अपने जीवन के बोध को मूर्त और सम्प्रेषित कर सके। और अपने इस कार्य में लगे होने के दौर में वह अपनी जीविका किसी-न-किसी उपाय से चलाता है, कष्ट सहता है, पर यथासम्भव अपने माध्यम को निरा आजीविका का साधन बनाए जाने से बचाता है।

सम्भवतः, प्रत्येक समाज में सृजनशील व्यक्ति की यह समस्या है कि केवल अपने स्वैच्छिक सृजन-कार्य द्वारा साधारण सुविधाओं का जीवन बिताने की स्थिति आने में भी पर्याप्त समय लग जाता है। कवि, नाटककार, गायक-वादक, चित्रकार-सभी अपने सृजनात्मक जीवन के प्रारम्भिक वर्ष आजीविका के लिए तरह-तरह के कार्य करके बिताते हैं, अपने सृजन-कार्य से तुरन्त आजीविका प्राप्त करने की न आशा करते हैं, न उसे सम्भव समझते हैं। फिर भी, रंगकर्मी प्रशिक्षण के लिए आते ही क्यों अपने 'भविष्य' की बात करने लगता है? विशेषकर हमारे जैसे अल्प विकसित रंगमंच में तो प्रशिक्षण की यह शर्त बनाना निरी मृग मरीचिका तो है ही, प्रशिक्षण के उद्देश्य को ग़लत समझना भी है।

नाट्य-प्रशिक्षण का उद्देश्य नौकरी या रोज़गार जुटाना या उसके लिए प्रशिक्षणार्थी को तैयार करना नहीं है। क्योंकि किसी भी कलात्मक विधा में प्रशिक्षण केवल कुछेक कौशल, कुछ कारीगरी सिखाना नहीं, बल्कि जीवन के अनुभव को सृजनात्मक ढंग से आत्मसात करके उसकी कल्पनाशील अभिव्यक्ति और सम्प्रेषण के लिए व्यक्ति को सजग करना, उसके लिए एक दृष्टि तैयार करना, और उसके अभिव्यक्ति तंत्र को संवेदनशील और समर्थ बनाना है। इसलिए एक, दो या तीन वर्ष तक नाट्य-प्रशिक्षण के बाद किसी नौकरी की सम्भावना है या नहीं, यह प्रश्न सर्वथा अप्रासंगिक और व्यर्थ है, और एक ऐसे समाज की उपज है जिसमें हर वस्तु और कार्य को उपयोगिता की, भौतिक लाभ-अलाभ की कसौटी पर आँका जाने लगा हो।

किन्तु नाट्य-प्रशिक्षण के सन्दर्भ में एक अन्य प्रश्न अधिक महत्त्वपूर्ण है। रंगमंच अन्य कला-विधाओं से एक बात में भिन्न है कि वह अकेले नहीं हो सकता, उसके लिए एक समूह चाहिए, अपनी प्रतिभा और प्रशिक्षित क्षमता के उपयोग के लिए अन्य साधन और सुविधाएँ चाहिए। हमारे समाज में आज उनका घोर अभाव है। इसलिए प्रतिभावान प्रशिक्षित रंगकर्मी इस बात से बहुत कुंठित अनुभव करता है कि उसे अपनी क्षमता के समुचित उपयोग के पर्याप्त अवसर सुलभ नहीं हैं। और इस कारण कुछ लोग यदि प्रशिक्षण की ओर उन्मुख नहीं होते तो यह बात किसी हद तक समझ में

आती है। पर वास्तव में, हमारे देश में प्रशिक्षण का एक बड़ा महत्त्वपूर्ण अंग यह भी है कि प्रशिक्षणार्थी को रंगमंचीय परिस्थितियों की कठिनाई पर काबू पाने के लिए तैयार किया जाए। हमारे देश के रंगमंच के मौजूदा दौर में प्रशिक्षित सजग रंगकर्मी के ऊपर दोहरी ज़िम्मेदारी है कि वह बाहरी साधनों और सुविधाओं से अधिक अपनी कल्पनाशीलता और परिस्थिति से अनुकूलन की क्षमता पर भरोसा करे और उनके भीतर ही अपने सृजन-कार्य को नई क्षमता और सामर्थ्य के स्तर पर उठाए।

दूसरी ओर, इसीलिए प्रशिक्षण-योजना और कार्यक्रम का भी इस प्रकार परिकल्पित और संचालित होना अत्यन्त आवश्यक है कि वह प्रशिक्षणार्थियों को तरह-तरह के बाह्य साधनों का मुखापेक्षी, उनके ऊपर निर्भर, न बना दे, उच्च स्तर के नाम पर उनमें यह प्रवृत्ति न पैदा कर दे कि सुसज्जित रंगशालाओं के बिना, दृश्यसज्जा तथा वेशभूषा के लिए क़ीमती सामग्री और उपकरणों के बिना, जटिल प्रकाश-यंत्रों और ध्वनि प्रभावों के बिना, अच्छा नाटक हो ही नहीं सकता। बल्कि प्रशिक्षण द्वारा विशेष रूप से यह चेतना तथा प्रवृत्ति जगाई जाने की आवश्यकता है कि हमारे देश के रंगमंच में साधनों की अल्पता है और रहेगी; इसलिए कितनी सादगी से, कितने स्थानीय रूप से सहज ही उपलब्ध सामग्री और उपकरणों से, अधिक-से-अधिक सृजनात्मक कलात्मक नाट्य-रचना सम्भव बनाई जा सकती है। चकाचौंध कर देनेवाली टीम-टाम और दर्शनीयता नहीं, बल्कि सूक्ष्म कला-बोध और अभिव्यक्ति-संयम हमारे प्रशिक्षित रंगकर्मी की विशेषता होनी चाहिए।

यह बात मानवीय सम्बन्धों के स्तर पर भी उतनी ही महत्त्वपूर्ण है। प्रशिक्षित निर्देशक, अभिनेता या रंगशिल्पी को जिस सामाजिक वातावरण में जाकर, जिन व्यक्तियों के सहयोग से, जिस दर्शक-वर्ग के लिए, अपना कार्य करना होगा, उनके प्रति एक प्रकार का सहिष्णुता और सह-अनुभूति का भाव बना रहना आवश्यक है—उन्हें बदलने के लिए भी आवश्यक है और उनके साथ काम कर सकने के लिए भी आवश्यक है। प्रशिक्षित रंगकर्मी यदि अपनी श्रेष्ठता के अभिमान में अपने-आपको अपने समुदाय से अलग कर लेता है, यदि वह समुदाय की वास्तविक स्थिति में कार्य करने में अपने-आपको अक्षम पाता है तो यह किसी-न-किसी हद तक प्रशिक्षण की असफलता ही है। हमारे देश के रंगमंच के सन्दर्भ में सही नाट्य-प्रशिक्षण वही होगा जो रंगकर्मी को अपने देश के जीवन और रंग-कार्य से अधिक संयुक्त कर सके, जिससे वह परिस्थितिगत तथा आन्तरिक सीमाओं के बीच से प्रभावी और समर्थ सृजन-कार्य का पथ खोज सके, केवल उच्चवर्गीय टीम-टाम और विदेशी रंगमंच की समृद्ध परिस्थितियों और साधनों के आकर्षण में अपनी दिशा न खो बैठे। इस अर्थ में हमारी परिस्थितियों में प्रशिक्षण कार्य नए और उसमें नए मूल्यों की स्थापना का विशिष्ट साधन बन सकता है, और साथ ही, सार्थक सृजनशील रंग-कार्य का महत्त्वपूर्ण प्रेरणादायी केन्द्र भी।

राज्याश्रय, व्यावसायिकता और लोकप्रियता

अपने रंगमंच के विभिन्न पक्षों, रूपों और अंगों तथा उनकी कुछ मूलभूत समस्याओं के इस विवेचन के बाद सम्भवत: अब हम इस स्थिति में हैं कि उसकी कलात्मक-सृजनात्मक सार्थकता के मार्ग की कुछ विशिष्ट उलझनों से भी साक्षात्कार करें। एक प्रकार से यह भारतीय रंगमंच के आत्म-साक्षात्कार, आत्म-परिचय की प्रक्रिया का ही प्रारम्भ है जिसका कुछ अन्वेषण इस पुस्तक के अगले और अन्तिम अध्याय में किया जाएगा। निस्सन्देह, इन उलझनों से पूर्ववर्ती विवेचन में भी स्थान-स्थान पर सन्दर्भ-विशेष में कुछ-न-कुछ सामना होता ही रहा है; यहाँ केवल उनके कुछ अधिक तीव्र और स्पष्ट रूपों का विश्लेषण ही अभीष्ट है।

यदि हम अपने रंगमंच के पिछले पच्चीस-तीस बरस के विकास तथा उसकी वर्तमान अवस्था पर दृष्टि डालें तो एक बड़ी ही अजीब-सी स्थिति दिखाई पड़ती है। एक ओर तो पूरे देश में रंगमंच के प्रति दिनोंदिन बढ़ती अभिरुचि और इतनी सक्रियता है कि इसे नव-जागरण का दौर मानना भी अनुचित न होगा। दूसरी ओर, हमें ऐसे बहुत-से प्रयत्नों में प्राय: वास्तविक कलात्मक मूल्यों की अवहेलना, उद्देश्य तथा कर्म दोनों में ईमानदारी का अभाव, और परम्परा तथा सुरुचि के प्रति आदर की कमी, का भी ऐसा अनुभव होता है जो साधारणत: सांस्कृतिक ह्रास के युग में ही सम्भव है। ऐसा निरन्तर लगता है कि हमारे सांस्कृतिक प्रयास जैसे सफलता और उपलब्धि के द्वार तक ही पहुँचकर रह जाते हैं। वे ऐसी क्षुद्रता से आक्रान्त हैं, जिससे न केवल उनमें लगे हुए कर्मियों की आत्मा का बौनापन प्रकट होता है, बल्कि जो प्राय: दर्शकों के मानस क्षितिज को भी संकुचित और विकृत करता जान पड़ता है। हमारा समस्त सांस्कृतिक कार्य-कलाप केवल विस्तार की ओर बढ़ता है, गहराई और ऊँचाई की ओर नहीं। इसीलिए कला और संस्कृति के नए मूल्यों का परिष्कार, और अन्तत: कोई नव-निर्माण, होता नहीं दीखता।

यह सही है कि बहुत बार संक्रान्ति के युग में, विशेषकर जब अचानक ही किसी देश और समाज के विस्तृत जन-समूह किसी नवीन आन्दोलन के ज्वार में खिंच आएँ, तो प्रगति सीधी रेखा में, एक ही स्तर पर, विस्तार के रूप में ही, होती है, उसमें अपने ही विभिन्न स्तरों को लाँघ जाने योग्य तीव्रता अथवा सघनता नहीं

होती। किन्तु थोड़ी-सी सूक्ष्मता से सोचने पर भी यह बात स्पष्ट हो जाएगी कि इस परिस्थिति के अतिरिक्त कुछ और भी सक्रिय तत्त्व हमारे आज के सांस्कृतिक कार्य-कलाप की परिस्थिति में वर्तमान हैं। हमारा यह नया सांस्कृतिक जागरण, हमारे देश की विशेष और अनोखी ऐतिहासिक परिस्थितियों के कारण, बहुत ही तीखी व्यावसायिकता के ऐसे युग में हो रहा है, जब प्रत्येक मानवीय क्रिया और सृष्टि को पण्य बनाने की प्रवृत्ति तीव्रतम रूप ले चुकी है, जब किसी भी मानवीय प्रयत्न का अपने-आप में कोई मूल्य बहुत कम, किसी अवान्तर लाभ या उपयोगिता के साधन के रूप में उसका महत्त्व अधिक है, जब वह किसी अन्य साध्य या साध्यों का साधन-भर रह गया है। जीवन की अन्य समस्त नैतिक, आत्मिक और भौतिक सम्पदा की भाँति, बल्कि कई दृष्टियों से उनसे भी कहीं अधिक, कला और संस्कृति भी आज मूलतः पण्य बन गई है, और किसी-न-किसी प्रकार के व्यवसायी के चंगुल में फँसी हुई है। और एक प्रकार की हिसाबी बुद्धि, संकुचित व्यावसायिकता, उनको अधिकाधिक जकड़ती जाती है, यहाँ तक कि उपयोगिता अथवा सफलता अथवा लोकप्रियता को ही पूरे कार्यकलाप का बुनियादी मूल्य समझा जाने लगता है।

यह व्यावसायिकता केवल भौतिक पदार्थों के खरीदने-बेचने तथा आर्थिक दृष्टि से मूल्यों के विनिमय की क्रिया मात्र का नाम नहीं है। वह तो शुद्ध व्यवसाय ही है। व्यावसायिकता, वास्तव में, जीवन के प्रति उस दृष्टिकोण में निहित है, जो प्रत्येक वस्तु के विनिमय मूल्य पर सबसे अधिक बल देता है। एक बार यह दृष्टिकोण ग्रहण कर लेने पर महत्त्व इस बात का नहीं रहता कि बदले में मिलनेवाली वस्तु क्या है—वह धन भी हो सकता है, लोकप्रियता और ख्याति भी, व्यक्तिगत प्रभुता, सामाजिक प्रतिष्ठा अथवा राजनैतिक सत्ता भी। वास्तव में, जैसे ही व्यवसाय-बुद्धिवाले व्यक्तियों को यह पता चलता है कि साहित्य, कला, रंगमंच न केवल अत्यधिक लाभदायक पण्य हैं, बल्कि वे शक्ति और सत्ता तक पहुँचने के भी महत्त्वपूर्ण साधन हैं, वैसे ही कला और संस्कृति को हथियाने के लिए ठीक उसी तरह की होड़ लग जाती है, जैसे किसी सोने की खान के अचानक पता चलते ही लगती होगी। और तब संस्कृति अथवा कला सर्वश्रेष्ठ तथा अद्वितीय मानवीय क्रियाएँ नहीं रहतीं, बल्कि लोगों के लिए समाज में ऊपर उठने की सीढ़ियाँ तथा राजनीतिक स्वार्थ-साधन के अस्त्र बन जाती हैं। ऐसी स्थिति में सांस्कृतिक मूल्य विकृत होने लगते हैं, और ऊपर से साहित्य, संगीत, कला, नाटक आदि के उत्पादन में अत्यधिक वृद्धि दिखाई पड़ने पर भी, और दिनोंदिन अधिकाधिक लोगों के इन कार्यों के प्रति आकर्षित होने पर भी, कुल मिलाकर कला के मान निम्नतर होते जाते हैं, रुचियाँ भ्रष्टतर होती हैं, और सृजनात्मकता नष्ट होकर संस्कृति का सामान्य विकृतीकरण अनिवार्य हो जाता है।

हमारे रंगमंच में इस प्रक्रिया का एक रोचक उदाहरण मिलता है। यह ठीक है कि कुछ अन्य कलाओं, साहित्य तथा मनोविनोद के अन्य रूपों के विपरीत,

रंगमंच अभी तक व्यापारी को पूँजी लगाने के लिए आकर्षित नहीं कर सका है। अभी तक रंगमंच झटपट धनी बनने का साधन नहीं है। बल्कि जो लोग रंगमंच में दिलचस्पी लेते हैं, वे एक प्रकार से धन गँवाने के लिए ही कमर कसकर मैदान में उतरते हैं। हमारे देश में तो पूँजीपति विशेष रूप से रंगमंच को उपेक्षा और तिरस्कार की दृष्टि से देखता आया है। इसलिए यह बात निश्चयपूर्वक कही जा जा.सकती है कि हमारे रंगमंच के स्तर की निम्नता सभी जगह, अधिकांशतः टिकटघर के इशारे के कारण नहीं रही है।

किन्तु यद्यपि हमारे रंगमंच के भ्रष्टाचार का दोष पूँजीपति को नहीं दिया जा सकता, पर राजनीतिक द्वारा फैलाई गई मूल्यहीनता किसी भी प्रकार उपेक्षणीय नहीं है। यह एक दिलचस्प तथ्य है कि हमारे रंग-कार्य का मौजूदा दौर 1940 के बाद से शायद एक राजनैतिक रुझान के साथ ही शुरू हुआ था, यद्यपि उसके पीछे एक व्यापक सामाजिक-सांस्कृतिक चेतना, एक नई सार्थक जीवनदृष्टि भी बीज रूप में अवश्य मौजूद थी। विशेषकर 1941 में, देश पर जापानी आक्रमण की सम्भावना बढ़ने पर, साम्यवादियों ने यह महसूस किया कि रंगमंच में, गीत-नृत्य और नाटक में, व्यापक प्रचार के शक्तिशाली माध्यम बनने की बड़ी भारी सम्भावनाएँ हैं जिनका उपयोग जन-साधारण के मन में आक्रमणकारी के प्रतिरोध के लिए प्रबल भावना जगाने के लिए किया जा सकता है। फलस्वरूप, उस संकट के समय में रंगमंचीय रूपों का व्यापक प्रयोग आरम्भ हुआ।

यह अनिवार्य था कि हमारे देश के उपेक्षित, अल्प विकसित और जर्जर प्रायः रंगमंच को, रंगमंच से सम्बन्धित समूची कलात्मक हलचल को, नए सामाजिक लक्ष्य की इस चेतना से प्रारम्भ में नवीनता और शक्ति प्राप्त हुई। उसे सामाजिक जीवन में ऐसा महत्त्व और उच्च स्थान भी मिला जो भक्ति-युग के बाद से मनोरंजन के किसी भी साधन को पहले प्रायः कभी न मिला था। इसके अतिरिक्त, उसका समर्थन करने के लिए, उसे प्रोत्साहित करने के लिए, और बहुत बार उसे आर्थिक सहारा देने के लिए, एक राजनैतिक दल की संगठित शक्ति और साधन भी पहली बार प्रयोग में आए। उन परिस्थितियों में यह अस्वाभाविक न था कि नाटक-प्रेमी और कलाकार, दोनों ने इस नए आश्रयदाता को पाकर बड़े सन्तोष का अनुभव किया और वे पूरी तरह उसके आगे नतशिर हो गए। इस नए आश्रयदाता के उत्साह के पीछे एक आदर्श की भावना के कारण यह बहुत ही आसान हो गया कि कलाकार विषयवस्तु के चुनाव, प्रस्तुत करने के ढंग, तथा कला-मूल्यों की रक्षा के सम्बन्ध में अपनी स्वाधीनता और अपना निर्णय अपने आश्रयदाता के हाथों में सौंप दें। थोड़े समय तक यह लगा भी कि रंगमंच के लिए ही नहीं, बल्कि समूचे कलात्मक और सृजनात्मक कार्य के लिए यही अभीष्ट है कि कलाकार-तथाकथित सामाजिक उपादेयता के नाम पर, और व्यक्तिगत संरक्षण के बदले में, कला को साध्य से

अधिक साधन बना दे। अन्य अनेक नवीनताओं और सुविधाओं के साथ-साथ इस स्थिति में कलाकार के अहं को भी बड़ी भारी तुष्टि मिली।

किन्तु शीघ्र ही रंगमंच के माध्यम की सशक्त सम्भावनाओं को दूसरे राजनैतिक दलों ने भी अनुभव किया, और बहुत जल्दी ही देश में विभिन्न राजनैतिक दलों के संरक्षण में अनगिनत कला संगठन बन गए, जिनमें नाटक करनेवाले दल भी थे। ये दल अपनी-अपनी आश्रयदाता राजनैतिक पार्टियों के सिद्धान्तों तथा कार्यक्रम के अनुरूप और उनके आधार पर नृत्य, गीत नाटक आदि प्रस्तुत करने लगे। इन दलों के पास स्वभावत: ही साधनों की कमी न थी, इसलिए इनके प्रदर्शन कभी अनाकर्षक या बहुत घटिया नहीं होने पाते थे। पर अनिवार्य रूप से इसके साथ-ही-साथ ऐसे संरक्षण से धीरे-धीरे रंगमंच का स्तर गिरने लगा। क्योंकि एक ओर तो, राजनैतिक प्रचार की आवश्यकताओं के लिए कलात्मक आदर्शों की बलि अधिकाधिक होने लगी; और दूसरी ओर, आत्यन्तिक रचनात्मक पुष्टता और उत्कृष्टता के स्थान पर बाहरी तड़क-भड़क, वेशभूषा तथा अन्य साधन-सुलभ सज्जा पर अधिक ज़ोर दिया जाने लगा। एक प्रकार से विभिन्न राजनैतिक दलों में अपने-अपने सांस्कृतिक जत्थों को श्रेष्ठतर सिद्ध करने और इस भाँति चुनाव तथा अन्य राजनैतिक कार्यों में अधिक जनमत प्राप्त करने के लिए होड़ लगने लगी। फलस्वरूप, सच्चे सृजनात्मक कार्य और अभिव्यक्ति के पनपने की गुंजाइश कम होती गई। कलात्मक और सौन्दर्यमूलक सत्य का स्थान राजनैतिक विचारधारा और कार्यक्रम ने ले लिया। ऐसी अवस्था में जो लोग युग की सृजन-प्रेरणा को वाणी देने का प्रयत्न कर रहे थे, और एक सच्चे रंगमंच के निर्माण में जान खपा रहे थे, उन्हें कोई राजनैतिक दल अपनाने को तैयार न था। किसी-न-किसी की सूची में नाम लिखाए बिना मान्यता मिलना असम्भव होता जा रहा था।

पर यह स्थिति हमेशा नहीं बनी रह सकती थी। स्वाधीनता के बाद नवोन्मेष से सृजनात्मकता का जो अवरुद्ध ज्वार फूट निकला, उसने इस दृष्टिकोण की बुनियादी निकृष्टता और विकृति को क्रमशः स्पष्ट कर दिया, और धीरे-धीरे सृजनशील कर्मी राजनैतिक संरक्षण से मुक्त होने के लिए छटपटाने लगा। फलस्वरूप, 'भारतीय जननाट्य संघ' जैसा नाट्य-संगठन भी, जो एक समय तरुण कलात्मक और सौन्दर्यमूलक प्रेरणा को अभिव्यक्ति देने और इस प्रकार देश के सांस्कृतिक गतिरोध को तोड़ने का मूल्यवान माध्यम बना था, अब अपने संकुचित और बुनियादी तौर पर प्रचार-धर्मी दृष्टिकोण के कारण कमज़ोर पड़ने लगा, और प्रतिभावान तरुण कलाकारों के स्वाधीन दल हर जगह बनने लगे। सद्य:प्राप्त राजनैतिक स्वाधीनता से उत्पन्न उन्मेष से एक बार फिर सम्भावना उदित हुई कि सृजनात्मक मूल्यों की प्रतिष्ठा होगी, और कलात्मक कार्य को, राजनीति के पिछलग्गू होने की स्थिति से छुटकारा मिलने से, हमारे सामाजिक-सांस्कृतिक जीवन में अपना उचित स्थान

प्राप्त हो सकेगा। उस समय यह ठीक से नहीं समझा जा सका कि स्थिति में इस सम्भावना के साथ-साथ कुछेक नए तत्त्व भी इस बीच उभर रहे हैं जो इस सम्भावना को और उसके पीछे के सृजनात्मक उन्मेष को व्यर्थ बना देंगे, जो अन्ततः और भी भ्रष्ट स्तर पर राजनीति और व्यवसाय के मूल्यों को ही सृजनात्मक कार्य के ऊपर आरोपित कर देंगे, और कहीं गहरे स्तर पर संकट उत्पन्न होगा।

मगर यह संकट जल्दी ही हमारे सामने आ गया और उसके कई रूप और तत्त्व तीव्रता से उभर आए। एक ओर, रंगमंच फ़ैशनेबल चीज़ और उच्च वर्ग में संस्कृत और सभ्य होने का प्रमाण समझा जाने लगा; और दूसरी ओर, स्वयं राज्य भी अपनी नीतियों और सफलताओं के प्रचार के लिए उसे उपयोग में लाने को अग्रसर हुआ। आजकल देश के बड़े-बड़े नगरों में दो-तीन तरह की नाटक-मंडलियाँ पाई जाती हैं। कुछ तो ऐसी हैं जिनका उद्देश्य किसी प्रकार से अपने सदस्यों की वास्तविक कलात्मक प्रेरणा को अभिव्यक्त करना नहीं, बल्कि उनसे उनके संगठनकर्ताओं और पदाधिकारियों को उच्चतम सामाजिक प्रतिष्ठा के स्थान पर पहुँचने का, उससे सम्पर्क स्थापित करने का, अवसर मिलता है। ऐसे लोगों का उद्देश्य कोई सृजनात्मक कार्य नहीं, अपना निजी स्वार्थ-साधन है। ऐसी स्थिति में वास्तविक कलात्मक अभिव्यक्ति की उपेक्षा और अवहेलना होना लगभग अनिवार्य है। पर ऐसी मंडलियों के साधन और सम्पर्क इतने ऊँचे दर्जे के होते हैं, और उनकी पहुँच इतनी विस्तृत होती है, कि उन्हें बहुत ही आसानी से अत्यधिक मान्यता मिल जाती है, जो उनके कलात्मक कार्य की तुलना में अनुपात से कहीं अधिक होती है। फलस्वरूप, बहुत-से ईमानदार और गम्भीर रंगकर्मी भी इन मंडलियों और इन संगठनकर्ताओं की ओर उन्मुख होते हैं, चाहे फिर अन्त में निराशा, कुंठा और विकृति ही उनके हाथ लगती है। इसका एक कारण यह भी है कि ऐसी मंडलियों के संचालक अपनी सामाजिक स्थिति और मान्यता के कारण अधिकांश स्थानीय सांस्कृतिक गतिविधि के निर्णायक और पारखी होने का दर्जा भी पा जाते हैं, चाहे उनकी समझ और जानकारी कितनी ही ओछी और खोखली क्यों न हो, चाहे उनकी रुचि कितनी ही घटिया, परम्परा से विच्छिन्न, और विदेशों में सीखे हुए अधकचरे अनुकरण पर आधारित क्यों न हो। स्पष्ट ही, रंगमंच के विकास के लिए इस सबका परिणाम शुभ नहीं होता।

किन्तु दूसरी तरह की नाटक-मंडलियाँ वे हैं, जो या तो अपनी इच्छा से सरकारी योजनाओं के विज्ञापन और प्रचार से सम्बन्धित नाटक खेलती हैं, क्योंकि उससे धन और सुविधाएँ दोनों प्राप्त होती हैं; या फिर सीधी सरकारी अथवा अर्द्ध-सरकारी नाटक-मंडलियाँ हैं, जिनका तो उद्देश्य ही सरकार की नीतियों और योजनाओं का प्रचार करना है। यह बात पहले कही जा चुकी है कि कला और रंगमंच का उपयोग चाहे किसी भी बाह्य उपयोगिता को ध्यान में रखकर किया जाए, चाहे उसे धन अथवा सामाजिक प्रतिष्ठा के प्राप्त करने का साधन बनाया जाए, चाहे राजनैतिक

प्रभाव और शक्ति का, जहाँ तक सृजनात्मक मूल्यों का प्रश्न है, उनका सतीत्व अपहरण अनिवार्य है। और यह तो स्वाभाविक ही है कि जब कोई सरकार कला में, विशेष रूप से थिएटर में, निहित प्रचार की सम्भावना तथा उसकी सशक्त क्षमता के उपयोग की ओर अग्रसर होती है, तो सृजनात्मक मूल्यों के सतीत्व-अपहरण की यह आशंका बहुत ही तीव्र और घातक बन जाती है। क्योंकि सरकार के पास आर्थिक और राजनैतिक शक्ति का अपार संकेन्द्रण होता है; वह सृजनात्मक कर्मी को न केवल किसी भी राजनैतिक दल की अपेक्षा अधिक लोभ दिखा सकती है, और इस प्रकार उसके भ्रष्ट होने में कहीं अधिक सहायक हो सकती है, बल्कि साथ ही इस बात की भी बड़ी आशंका रहती है कि किसी भी देश की जनतांत्रिक सरकार को जो नैतिक और भावात्मक स्वीकृति प्राप्त होती है, उससे कलाकार स्वयं ही अभिभूत हो जाए, और अपनी स्वाधीन बुद्धि को छोड़ बैठे।

वास्तव में, इस दूसरी सम्भावना में सृजनात्मक जीवन के लिए कहीं अधिक संकट है। क्योंकि सृजनात्मक कर्मी के इस प्रकार राजनैतिक सत्ता से अभिभूत हो जाने पर न केवल कला-मूल्य बड़े व्यापक रूप में विकृत होने लगते हैं, बल्कि उसमें स्वयं कलाकर्मियों में व्यापक नैतिक दुर्बलता की आशंका पैदा हो जाती है। कलाकार तब प्रशासक को अपना आलोचक और मार्गदर्शक मानने को विवश होता है, और धीरे-धीरे, बहुत बार अनजाने में ही, वह प्रशासकीय आदेशों, रुचियों और पूर्वग्रहों को कला के मानदंडों के रूप में स्वीकार करने लगता है। एक बार ऐसी स्थिति उत्पन्न होने पर कला मानव-स्वाधीनता की, जीवन के सबसे भव्य और सबसे उदात्त अंश की, अभिव्यक्ति नहीं रहती, वह बाज़ारू और बिकाऊ वस्तु बन जाती है, गतानुगतिकता और स्थापित व्यवस्था के समर्थन और पोषण का गर्हित अस्त्र बन जाती है।

इस स्थिति के कुछ चरम अतिमूलक रूप समाजवादी देशों में दिखाई पड़ते रहे हैं। विशेष रूप से सोवियत संघ का उदाहरण बहुत ही विचारणीय है। वहाँ कलाकर्मी को समाज में बड़ा ऊँचा स्थान दिया गया, और आर्थिक समस्याओं से उसे लगभग मुक्ति मिल गई। इसके बदले में उससे बस केवल एक ही माँग की गई कि वह 'जनता के हित' के लिए अपनी कला को समर्पित करे। यह माँग, कला के लिए सृजनात्मक दृष्टि से बहुत प्रेरक न होने के बावजूद, अपने-आप में बहुत असंगत नहीं है, और रंगमंच-जैसी कला को तो व्यापक सामाजिक जीवन से जोड़ने में सहायक हो सकती है। पर इस ऊँचे लगनेवाले आदर्श की आड़ में धीरे-धीरे, प्रारम्भिक उल्लेखनीय उपलब्धियों के बावजूद, सोवियत संघ की कला और साहित्य और उनके स्रष्टा दोनों ही निर्जीवता और बनावटीपन की ओर बढ़ते गए। सामाजिक यथार्थ के नाम पर ऐसे झूठ और आतंक की प्रस्थापना हुई, जिसने समस्त सृजनशीलता का प्राण-रस सोख लिया। कलाकार पूरी तरह राज्य और

शासनारूढ़ राजनैतिक पार्टी के कार्यक्रम और नीतियों की आवश्यकता का अनुगामी और दास बन गया। यहाँ इस बात से कोई अन्तर नहीं पड़ता कि उसे अमुक तरह से अथवा अमुक विषय पर रचना करने अथवा न करने का आदेश दिया जाता था या नहीं। तर्क के लिए ही सही, यह माना जा सकता है कि वह स्वेच्छा से ही वह सब करता रहा। किन्तु ठीक इस 'स्वेच्छात्मकता' के कारण ही यह समूची स्थिति अत्यन्त भयावह, दयनीय और गर्हित है, क्योंकि वह सृजनशील प्रतिभा के क्रमशः लीक पर चलने, स्थापित सत्ता को विवेकहीन होकर स्वीकृति देने, और इस प्रकार सर्वथा भ्रष्ट हो जाने की सूचक है। वह इस बात का प्रमाण है कि कलाकार ने जाने-अनजाने किसी-न-किसी प्रशासकीय अथवा अनैतिक भय को अपने भीतर प्रश्रय दे दिया है, और अपनी देखने की स्वाधीनता को, न्याय और अन्याय अपने-आप पहचानने तथा उसका समर्थन अथवा विरोध करने की स्वाधीनता को समर्पित कर दिया है। किसी भी सृजनशील व्यक्ति के लिए इस भाँति भयभीत होने और बाध्य हो जाने से ज़्यादा जघन्य स्थिति दूसरी नहीं होती। स्वाधीनता का सौदा सृजनशीलता की हत्या है, वह चाहे कितने ही बड़े आदर्श के नाम पर अथवा उसकी आड़ में किया जाए। राज्याश्रय का यह रूप सृजनशीलता के लिए सबसे बड़ी चुनौती है।

किन्तु दूसरे छोर पर, ऐसा ही भ्रष्टीकरण कला के व्यवसायी के हाथ में पड़ जाने से भी होता है, और बहुत-से देश, विशेषकर अमरीका, इस दूसरी स्थिति का तीव्रतम उदाहरण प्रस्तुत करते हैं। वहाँ भी अधिकांश कला-सृजन स्वाधीन, उन्मुक्त, प्रसारकामी आत्मा की अभिव्यक्ति नहीं है, बल्कि मोटरकार अथवा हवाई जहाज़ की भाँति एकाधिकारी व्यापारियों के कारख़ानों में फ़ार्मूले के अनुसार, बड़े पैमाने पर तैयार होनेवाला माल है, जिसकी सार्थकता उसके क्रय-विक्रय में है, जीवन को सुन्दरतर अथवा उच्चतर और परिष्कृत बना सकने में नहीं। फिर भी, कुल मिलाकर व्यवसायी की शक्ति किसी सरकार की शक्ति के बराबर और सर्वव्यापी नहीं होती। व्यवसायी के हाथ बिकना अस्वीकार करके कलाकार भूखों मर सकता है, पर राज्य के हाथ बिकना अस्वीकार करने से तो उसकी जान को ख़तरा पैदा हो जाता है। इसके अतिरिक्त, किसी भी समाज में व्यवसायी को कभी भी ऐसी नैतिक मान्यता प्राप्त नहीं होती, या हो सकती, कि उसका हित समूचे जन-समुदाय के हित से अभिन्न समझा जाने लगे, और उसका विरोध जनहित के विरोध के बराबर माना जाए। किन्तु राज्य समूचे जनसमुदाय के हित का प्रतीक होता है; कम-से-कम जब तक विघटन के युगों में उसे डटकर चुनौती न दी जाए तब तक मान्यता उसे उतनी ही प्राप्त होती है; और जब तक किसी शासन व्यवस्था की बुनियादी अनैतिकता उजागर न हो जाए, तब तक वह प्रत्येक नागरिक के मन में एक अस्पष्ट भय-सत्ता की सृष्टि करके प्रतिष्ठित बनी रहती है। इसलिए, विशेषकर यदि वह निरंकुश प्रकार की हो तो, उसका विरोध सहज नहीं होता।

अपने देश में कला, साहित्य और रंगमंच को राज्याश्रय मिलने के प्रश्न को इन निष्कर्षों के परिप्रेक्ष्य में देखने पर हमारी स्थिति का एक अन्तर्विरोध स्पष्ट सामने आता है। सृजनशील कार्य-कलाप को प्रशासक, राज्य और राजनीति का अनुचर नहीं बनाना है, यह ठीक है। किन्तु क्या इस कारण ही आज उसका राज्य से, समाज से, राजनीति से, कोई सम्बन्ध ही न हो? क्या राज्याश्रय मात्र, तथा राज्य द्वारा सांस्कृतिक कार्य को प्राप्त मान्यता मात्र, ही निन्द्य और घातक है? क्या हमारे विशिष्ट, मूर्धन्य सृजनशील कर्मियों का राज्य या समाज द्वारा सम्मान मात्र उनके भ्रष्ट होने का सूचक ही है? क्या राज्य द्वारा किसी प्रकार सांस्कृतिक कार्य में कोई सहायता अथवा सहयोग अथवा कोई आयोजन संस्कृति के अकल्याण और अमंगल का प्रारम्भ है? ये प्रश्न नानाविध रूपों और क्षेत्रों में लगातार उठते हैं और उठ रहे हैं; विशेषकर नई पीढ़ी, जिसे अभी इतना सम्मान अथवा मान्यता प्राप्त नहीं है, इस विषय में उचित ही बहुत उत्तेजित है।

प्रश्न की दो स्पष्ट दिशाएँ हैं। एक तो यह कि इस देश में शासन व्यवस्था अभी तक मूलत: निरंकुश नहीं, जनतांत्रिक है। ऐसी व्यवस्था में, कम-से-कम सिद्धान्तत: किसी-न-किसी स्तर पर और रूप में समाज के सृजनशील अंग का संयुक्त, संपृक्त न होना, न केवल राज्य की असम्पूर्णता और अक्षमता का प्रमाण होगा, बल्कि स्वयं कलाकार को भी वह समुदाय के जीवन के एक महत्त्वपूर्ण पक्ष से विच्छिन्न करके उसे अपूर्ण और अशक्त बनाएगा। लोकानुगामी राज्य-व्यवस्था में कलाकार का सम्मान भी अनिवार्य है, और राज्य का कला और संस्कृति के विकास में उत्तरोत्तर अधिक रुचि लेना भी अवश्यम्भावी ही नहीं, उसका प्रमुख कर्तव्य और दायित्व भी है।

दूसरे, इस बात से भी इनकार नहीं किया जा सकता कि सम्प्रेषण के दूरव्यापी सामूहिक माध्यमों के इस युग में, कला के प्रभाव के सम्बन्ध में कलाकार अथवा कोई संस्कारी समाज वैसा उदासीन नहीं रह सकता, जैसा वह उन दिनों रह सकता था, जब किसी कलाकृति का श्रोता, पाठक अथवा दर्शक-वर्ग बहुत ही सीमित और अल्पसंख्यक होता था। आज किसी रचना के प्रभाव के विषय में राज्य भी उतना ही सतर्क होने को बाध्य है जितना स्वयं कलाकार को वास्तव में होना चाहिए। कला और संस्कृति की अनेक गुना बढ़ी हुई शक्ति जहाँ कलाकार को व्यवसाय-बुद्धि की ओर ढकेलती है, वहीं समाज को उसके उपयोग के नियंत्रण की ओर भी। इस परिस्थिति से कोई छुटकारा नहीं है। और आज के कलाकार द्वारा अपनी सामर्थ्य और सीमाओं की इस सर्वथा नवीन स्थिति को आत्मसात किए बिना सदा उसके बहक जाने का ख़तरा रहेगा।

इस बात पर अपने देश में रंगमंच के विकास की समस्याओं के सन्दर्भ में विचार करें तो यह माँग अथवा आशा सर्वथा भ्रामक है कि रंगमंच का शिक्षा तथा

प्रचार के कार्य के लिए उपयोग नहीं किया जाए। सम्प्रेषण के एक अत्यन्त ही शक्तिशाली माध्यम के रूप में, विशेषकर हमारे देश में जहाँ ग़रीबी, अशिक्षा और निरक्षरता के कारण कोई भी दृश्य माध्यम अन्य साधनों की अपेक्षा कहीं अधिक उपयोगी और प्रभावकारी होता है, रंगमंच का ऐसे कार्यों के लिए उपयोग होना सर्वथा अनिवार्य तो है ही, कल्पनाशील और विवेकपूर्ण उपयोग होने पर अत्यन्त लाभदायक, प्रभावी और कल्याणकारी भी हो सकता है। किन्तु इसके अतिरिक्त, कलात्मक अभिव्यक्ति-विधा के रूप में भी रंगमंच का विकास बहुत बड़ी सीमा तक और कई महत्त्वपूर्ण पक्षों में, राज्य की सहायता पर निर्भर होने को बाध्य है। देश के विभिन्न प्रदेशों तथा प्रत्येक बड़े नगर में प्रेक्षागृहों का निर्माण राज्य की सहायता के बिना प्राय: असम्भव दीखता है। सातवें दशक के शुरू में प्रदेशों की राजधानियों में रवीन्द्र रंगभवन केन्द्रीय सरकार द्वारा ही बनाए गए, जो अपनी सारी ख़ामियों और योजनाहीनता के बावजूद, रंग-कार्य के एक बड़े अभाव को दूर करते हैं। निजी अथवा अन्य सार्वजनिक प्रयासों से बनी रंगशालाओं की संख्या देश में उँगलियों पर गिनी जा सकती है। इसी प्रकार नगर, प्रदेश तथा केन्द्र की सरकारों से पर्याप्त सहायता से ही विभिन्न भाषाओं में ऐसे रंगमंडल बन सकेंगे जो नियमित प्रदर्शन करें। जब तक ऐसे रंगमंडल हर भाषा में नहीं बनते तब तक रंगमंच कुछ शौक़ीनों तथा कुछ उत्साही नौजवानों या कुछ व्यवसायी मंडलियों के कार्य तक ही सीमित रहेगा, वह एक सुविकसित राष्ट्रीय कला-रूप का स्थान न पा सकेगा। विश्व-भर में राज्य किसी-न-किसी रूप में रंगमंच को चलाने की ज़िम्मेदारी लेता है और इसे इतना त्याज्य नहीं समझा जाता। रंगमंच-जैसी सामुदायिक कला तो हर स्तर पर समुदाय के संरक्षण और सक्रिय योग की अपेक्षा रखती ही है।

इसलिए प्रश्न यह नहीं है कि सरकारी सहायता रंगमंच के लिए ली जाए या नहीं, बल्कि यह है कि उसे लेने में सरकारी दबाव और प्रभाव की जो आशंकाएँ हैं उनसे कैसे बचा जाए? इनके लिए एक अनिवार्य आवश्यकता यह है कि सरकार से प्राप्त सहायता हर प्रकार की शर्त से मुक्त हो। अथवा कोई शर्त हो भी तो वह कला के सच्चे और वास्तविक मानदंडों की स्थापना की ही हो, जिसका निर्णय राज्य और प्रशासन नहीं, रचनाकार स्वयं करें, जिससे राज्य रचनाकार की स्वाधीनता का हरण करके, अथवा उसे अपने प्रचार विभाग का एक हिस्सा बनाकर, पंगु न बना दे, बल्कि स्वयं उस कला को भी विकृत न कर दे। किन्तु इस स्थिति में सबसे बड़ा दायित्व तो रचनाकार का अपना ही है। जैसे-जैसे सृजनात्मक कार्य की सामाजिक प्रभाविता और उपयोगिता बढ़ती जाती है, वैसे-ही-वैसे रचनाकार के सामने चुनौती भी अधिक प्रबल और तीखी होती जाती है। कलाकार की स्वाधीनता सदा ही संकट में रही है, क्योंकि कला का स्वर गतानुगतिकता को छोड़कर नई लीकें बनाने का स्थापित व्यवस्था की जड़ता, अमानवीयता और ढोंग को चुनौती देने का, हर प्रकार

के आतंक और शोषण की अस्वीकृति का, और इस प्रकार मानव-स्वाधीनता के विजय स्तम्भ नए-नए भाव-लोकों में स्थापित करने का, होता है। इसलिए जो सत्तारूढ़ और परिवर्तन तथा विकास के विरोधी हैं, वे सदा सृजनशीलता से सशंक होते रहे हैं। किन्तु आज कला की स्वाधीनता का संकट और उसकी सार्थकता का पथ इस भाँति परस्पर सम्बद्ध और अविभाज्य है कि कार्य पिछले किसी भी युग की अपेक्षा कहीं अधिक दुस्तर हो गया है। आज तो यह कलाकार की ही ज़िम्मेदारी है कि वह इस चुनौती का सामना करे, और अपनी निष्कलंकता की रक्षा करे। अपना यह कर्तव्य वह राज्य की उपेक्षा या उसकी सहायता का बहिष्कार करके नहीं, उसे ठीक दिशा में चलाने के लिए बाध्य करके ही पूरा कर सकता है।

किन्तु रंगकर्मी को मार्ग-भ्रष्ट करने के लिए इससे ज़्यादा ख़तरनाक फन्दा उसके अपने कार्य में ही निहित है, और वह है लोकप्रियता का फन्दा। यह एक पुरानी बहस है कि रंगमंच को लोकप्रिय होना चाहिए या कलात्मक। यों अधिकाधिक पाठकों, दर्शकों या श्रोताओं तक पहुँचने की भावना और प्रेरणा प्राय: सभी सृजनात्मक विधाओं में सदा रही है और स्वाभाविक भी है। पर रंगमंच में लोकप्रियता की बात बड़ी तीव्रता से उभरती है और एक बुनियादी प्रश्न का रूप ले लेती है। इसका प्रमुख कारण यह है कि विश्व-भर में रंगमंच युगों तक केवल मनोरंजन का ही साधन माना जाता रहा है और उसमें कलात्मकता और सृजनात्मक अभिव्यक्ति पर आत्यन्तिक आग्रह की प्रवृत्ति अपेक्षया नई है। फलस्वरूप, बहुत-से रंगकर्मियों के मन में भी यह धारणा रहती है कि रंगमंच या तो लोकप्रिय हो सकता है या कलात्मक और गम्भीर, दोनों एक साथ होना बहुत कठिन है। और उनके मन में जाने-अनजाने यह धारणा कुछ इस प्रकार बन गई है जैसे लोकप्रियता अपने-आप में रंगमंच का कोई बुनियादी मूल्य हो। पर यह निरी भ्रान्ति है। अन्य किसी भी समर्थ अभिव्यक्ति-विधा की भाँति रंगमंच भी या तो उत्तम हो सकता है या निकृष्ट; और उत्तम रंगमंच कुछ समय के लिए लोकप्रिय न होने पर भी, निकृष्ट रंगमंच से अधिक वांछनीय है, चाहे वह कितना ही लोकप्रिय क्यों न हो।

वास्तव में, लोकप्रियता पर ऐसा दुर्भाग्यपूर्ण आग्रह धन-शासित समाज द्वारा पोषित कपोल-कल्पना है, जिसकी आड़ में वह अपने संकीर्ण व्यावसायिक स्वार्थों की सिद्धि करता है, और अपने घटिया और सस्ते माल को बेधड़क बेचने का बहाना पा जाता है। लोकप्रियता के नाम पर ही शक्तिशाली व्यापारी वर्ग और राजनैतिक संगठनकर्ता जन-साधारण के ऊपर मनचाही वस्तु थोपने का प्रयास करते हैं, और उसकी हीनता के लिए हर प्रकार की सामाजिक और नैतिक ज़िम्मेदारी से अपने को मुक्त कर लेते हैं। सस्ती घटिया फ़िल्मों या उपन्यास-कहानियों आदि को लोकप्रियता के नाम पर ही बनाया और बड़ी संख्या में वितरित किया जाता है; और फिर, व्यापक तथा शक्तिशाली प्रचार माध्यमों द्वारा यह धारणा उत्पन्न की जाती है कि

कोई भी अन्य अधिक यथार्थ, अधिक गम्भीर और सार्थक रचना लोकप्रिय नहीं हो सकेगी, इसलिए अनावश्यक और बेकार है। पर यह निरा छल है। बार-बार यह देखा गया है कि बहुत-सी गम्भीर कोटि की रचनाएँ भी, यथार्थ का गहराई, सूक्ष्मता और निर्ममता से अन्वेषण करनेवाली कृतियाँ भी—चाहे वे साहित्य, संगीत, नृत्य, चित्रकला, फ़िल्म और रंगमंच, किसी भी विधा की हों—व्यापक स्वीकृति, मान्यता और सराहना प्राप्त करती हैं। रवीन्द्रनाथ ठाकुर, प्रेमचन्द, जामिनी राय, हुसैन, फ़ैयाज़ ख़ाँ, रविशंकर, बाला सरस्वती, सत्यजित राय और शम्भु मित्र हमारे देश के ही कुछ श्रेष्ठ तथा व्यापक रूप में स्वीकृत और समादृत रचनाकार हैं, और इस सूची में और भी बीसियों नाम जोड़े जा सकते हैं।

पर थोड़ी देर के लिए यदि यह मान भी लें कि श्रेष्ठ और गम्भीर कोटि की सृजनात्मक कृति अपने-आप और सहज ही लोकप्रिय नहीं होती, और कुछ ही समझदार पारखियों तक सीमित रहती है, तो भी उपाय क्या है? क्या इसी कारण सचाई को छोड़कर लोकप्रियता की ओर भागना उचित होगा? वाला सरस्वती और बिरजू महाराज का नृत्य व्यापक रूप में लोकप्रिय नहीं होता, तो क्या हम सब 'स्ट्रिपटीज़' और फ़िल्मी नाच के भक्त हो जाएँ जो निस्सन्देह बहुत लोकप्रिय है? निराला या मुक्तिबोध की कविता बहुत लोकप्रिय नहीं होती, इसलिए सब कविजन फ़िल्मी गाने या रेडियो के लिए सुगम संगीत लिखें जो बहुत-बहुत लोकप्रिय होते हैं? क्योंकि एक बार लोकप्रियता को सृजनात्मक कार्य का एक मूल्य बना लेने पर फिर कहीं बीच में रुकने की गुंजाइश नहीं है; वह ऐसा ढलकाव है जिस पर एक बार पैर रखने के बाद नीचे तल में आकर ही छुटकारा मिल सकेगा। वास्तव में, लोकप्रियता को उद्देश्य बनाकर कभी कोई सार्थक और मूल्यवान मानवीय सृजनात्मक क्रिया-कलाप सम्भव नहीं, और सामूहिक माध्यमों और संगठित प्रचार-साधनों के इस युग में लोकप्रियता से बड़ा फन्दा रचनाकार के लिए कोई दूसरा नहीं है।

वास्तव में, रचनाकार के सामने सबसे बड़ी चुनौती यही होती है कि वह अपने सृजनात्मक व्यक्तित्व के अतिरिक्त संवेदनशील भाव-यंत्र द्वारा प्राप्त अपने जीवन-बोध और अनुभव, तथा अपने अन्य सहधर्मी मानव-बन्धुओं की चेतना के बीच सम्प्रेषण का सेतु किस प्रकार निर्मित करे। सृजनात्मक रचना की प्रक्रिया निरन्तर इस चुनौती का सामना करने, उससे जूझने और एक न एक स्तर पर उसे वश में करने की प्रक्रिया है। पर रचनाकार यह सस्ती लोकप्रियता पाने के लिए अपने सत्य के बोध को झुठलाकर या त्यागकर नहीं करता, बल्कि अपने अनुभव के भीतर और भी गहराई में पैठकर, उसमें से समस्त अतिरिक्त और अतिरंजित तत्त्व को निर्ममतापूर्वक निकालकर, और इस प्रकार अपनी अभिव्यक्ति को और भी प्रखर और एकाग्र तथा सार्थक और समन्वित बनाकर करता है। इसी प्रक्रिया में उसके सम्प्रेषण की व्यापकता और तीव्रता बढ़ती है और वह अधिक-से-अधिक अपने

सहभागी समकालीन और परवर्ती युगों के संवेदनशील प्रमाताओं के साथ सम्पर्क स्थापित करता है। सृजनशील कृति के सन्दर्भ में लोकप्रियता और व्यापक स्वीकृति के यही अर्थ और सीमान्त होते और हो सकते हैं। जो लोग अपनी कृति को बिक्री का माल बनाकर उसके द्वारा सस्ती लोकप्रियता चाहते हैं, या सामाजिक सीढ़ी में ऊपर पहुँचना चाहते हैं, या अपने लिए सुविधापूर्ण आजीविका जुटाने को व्यग्र हैं, वे निस्सन्देह अपने दर्शकों-श्रोताओं-पाठकों को रिझा-बहलाकर अपना उद्देश्य पूरा करने को स्वतंत्र हैं। पुराने ज़माने में दरबारी मुसाहिब चुटीली और प्रशंसापूर्ण उक्तियों या करतबों द्वारा अपने राजसी संरक्षकों का दिल बहलाकर अपनी आजीविका कमाते थे। आज जनतंत्र के युग में, जब 'जनता' संरक्षक हो गई है, तो वे लोग उसको रिझाकर, उसमें सस्ती भावुकता और उत्तेजना जगाकर, अपनी आजीविका प्राप्त कर सकते हैं, और इस प्रकार 'लोक'-प्रिय हो सकते हैं। पर स्पष्ट ही ऐसी लोकप्रियता का किसी सार्थक सृजनशीलता से कोई सम्बन्ध नहीं, और न वह किसी रचना का कोई वास्तविक मूल्य हो सकती है।

यह वस्तुस्थिति, सामान्यतः, अन्य सृजनात्मक विधाओं से सम्बद्ध व्यक्तियों के आगे स्पष्ट होती है, और साहित्य, चित्रकला, संगीत आदि में सच्चा रचनाकार कभी लोकप्रिय होने की बहुत चिन्ता नहीं करता। पर जैसा पहले कहा गया, रंगमंच में स्थिति कुछ इसलिए उलझ जाती है कि रंगमंच बहुत दिनों तक केवल मनोरंजन का साधन रहा है और एक हद तक आज भी है। पिछली कुछ शताब्दियों में अवश्य उसकी सृजनात्मक सम्भावनाओं और पक्षों को अधिकाधिक महत्त्व दिया गया है, पर अपने उस अतीत से रंगमंच अभी पूरी तरह छुटकारा नहीं पा सका है। हमारे देश में तो विशेष रूप में रंग-कार्य को प्रायः केवल तमाशा ही माना जाता है। इस धारणा से स्वभावतः कलात्मक मूल्यों के बजाय लोकप्रियता पर आग्रह बढ़ता है। किन्तु इसीलिए हमारे देश के रंगकर्मी के लिए इस बात को बड़ी गम्भीरतापूर्वक समझना अत्यन्त आवश्यक है कि सच्चा रंग-कार्य तमाशा नहीं, बल्कि कलात्मक सृजनात्मक अभिव्यक्ति का ऐसा जटिल और सशक्त माध्यम है जो एक साथ कई स्तरों पर सक्रिय होता है, और आधुनिक जीवन के जटिल तथा उलझे हुए यथार्थ को प्रस्तुत करने के लिए विशेष रूप से उपयुक्त और समर्थ है।

लोकप्रियता को रंगमंच का मूल्य मान बैठने का एक अन्य कारण है नाटक के प्रदर्शन में दर्शक-वर्ग की सामूहिक उपस्थिति। इस मामले में, दर्शक-वर्ग से अपने जीवन्त सम्बन्ध के कारण, नाटक फ़िल्म से भी अधिक प्रभावनीय है। यह बात जाने-अनजाने रंगकर्मियों को दर्शक-वर्ग को प्रसन्न करने, सम्पूर्णतः अथवा मुख्यतः उसकी ही रुचियों से, पसन्द-नापसन्द से, पक्षपातों और पूर्वग्रहों से, प्रभावित होने के लिए प्रेरित करती है। किन्तु दर्शक-वर्ग नाट्यानुभूति की सृष्टि का एक अनिवार्य तत्त्व होने पर भी, नाट्य-प्रदर्शन इस अनुभूति को दर्शक-वर्ग के निम्नतम

स्तर पर उतरकर नहीं, बल्कि उससे एक ऐसे धरातल पर सम्पर्क स्थापित करके करता है जो उसकी सामान्य क्षमताओं के क्षेत्र के भीतर होने के साथ ही उसके बाहर, उसके परे, और कहीं अधिक सूक्ष्म बिन्दु पर होता है। नाट्यानुभूति में, हर प्रकार की सौन्दर्यमूलक और सृजनात्मक अनुभूति की भाँति ही, दर्शकों को एक ऐसे स्थल तक पहुँचने का प्रयास करना पड़ता है जो उनकी पकड़ के बाहर रहा है। सृजनात्मक अनुभूति की यह प्रक्रिया दर्शक-वर्ग की संवेदनाओं को अधिक व्यापक और गहरा बनाती है और इस प्रकार कला को एक सार्थक मानवीय कार्य का दर्जा देती है। केवल साधारण और औसत लोग दर्शक-वर्ग के साधारण और औसत तत्त्वों का गुणगान करते हैं, और उसको किसी उच्च स्तर पर उठाने के बजाय लोकप्रियता पाने के लिए स्वयं उसके स्तर पर उतरना ठीक समझते हैं। किन्तु प्रत्येक दर्शक-समुदाय में, और व्यक्तिशः अकेले दर्शक में भी, ऐसा सशक्त तत्त्व मौजूद रहता है जो जीवन के उच्चतर और श्रेष्ठतर अंशों के प्रति संवेदनशील होता है। सजग और गम्भीर रंगकर्मी समुदाय अथवा व्यक्ति के भीतर इसी सच्चे और जीवन्त सारतत्त्व की तलाश करता है।

यह असम्भव नहीं कि प्रारम्भ में यह तलाश बड़ी सीमित सिद्ध हो। पर सच्ची सृजनशीलता इसे छोड़ बैठने की बजाय इसी के अधिकाधिक प्रसार और विस्तार की ओर उन्मुख होती है। एक आम दलील यह है कि रंगमंच सामूहिक प्रयास होने के कारण, उसके लिए बड़ी मात्रा में धन तथा अन्य साधन आवश्यक होने के कारण, उसमें कोई जोखिम नहीं उठाई जा सकती। कुछ लोग तो रंगमंच को उद्योग मानते हैं, और एक स्तर पर किसी हद तक वह है भी। पर इससे सृजनशील रंगकर्मी के दृष्टिकोण में बहुत अन्तर नहीं पड़ता। दुनिया-भर में गम्भीर रंगकर्मी रंगमंचीय उद्योगपति से जूझने को मजबूर है, जो अपने अपार साधनों के बल पर उसकी सृजनात्मक प्राणवत्ता को नष्ट करता रहता है, और प्रायः सभी जगह सर्वश्रेष्ठ कार्य वे लोग ही कर रहे हैं जिन्होंने रंगमंचीय उद्योगपति के हाथों, शरीर से या मन से, बिकने से इनकार कर दिया है।

इस सन्दर्भ में हिन्दी रंगमंच किसी हद तक सौभाग्यपूर्ण स्थिति में है। उसे पहले से जमे हुए किसी कल्पनाहीन, कलाविरोधी, पैसा-कमाऊ रंगमंच से जूझने में अपनी शक्ति नहीं लगानी है। उसके लिए एक दृष्टि से सीधे ही सार्थक और सृजनशील रंगमंच की स्थापना कर सकना सम्भव है। हिन्दी फ़िल्मों के निकृष्ट प्रभाव के बावजूद, सृजनशील कलात्मक हिन्दी रंगमंच अपेक्षया आसानी से जड़ें जमा सकता है, क्योंकि हिन्दी दर्शक-वर्ग अभी किसी सुसंगठित व्यवसायी रंगमंच द्वारा रुचिभ्रष्ट नहीं हुआ है। प्रायः यह कहा जाता है कि अभी तो हिन्दी रंगमंच का कोई दर्शक-वर्ग ही नहीं है, इसलिए पहले तथाकथित लोकप्रिय रंगमंच चालू करके दर्शक-वर्ग तैयार करना उचित है, सृजनात्मक रंगमंच बाद में देखा जाएगा। पर यह दलील थोथी और

अयथार्थ है। एक बार किसी दर्शक-वर्ग को 'लोकप्रिय', सस्ते और भावुक रंगमंच के हाथों सौंप देने पर फिर उसका उद्धार बहुत आसान नहीं होता। रुचियाँ एक बार भ्रष्ट होने पर मुश्किल से सुधरती हैं; समुदाय के सीमित साधन एक बार कलात्मक दृष्टि से अनुर्वर और बंजर क्षेत्रों में फँस जाने पर किसी सार्थक कार्य के लिए उनका संग्रह प्राय: असम्भव होता है। लोकप्रियता और सृजनशीलता के बीच इस स्तर पर कोई सामंजस्य नहीं हो सकता। राजनैतिक आश्रय की भाँति लोकप्रियता भी मूलत: एक व्यवसायी मूल्य है और उसका सतर्कतापूर्वक और सावधानी से सृजनात्मक कार्य में उपयोग तो किया जा सकता है, पर उसको रंगमंच अथवा किसी सृजनात्मक कार्य का अपना एक मूल्य मान लेने पर मार्गभ्रष्टता और विकृति अनिवार्य ही है।

वास्तव में, भारतवर्ष में रंगमंच आज एक मोड़ पर है। एक ओर, जहाँ उसके समाज के महत्त्वपूर्ण सांस्कृतिक अंग होने की स्वीकृति है, वहीं दूसरी ओर, उसके अन्य उपयोग तथा उसकी भ्रष्टता के नए स्रोत भी स्पष्टतर होते जा रहे हैं। बहुत बार तो यह स्वयं उसके निर्माताओं और प्रेमियों की भी समझ में नहीं आता कि उसके विकास में सहायता का दम भरनेवाले सभी उसके शुभचिन्तक नहीं हैं। किन्तु फिर भी आज ही हमारे नए रंगमंच की परम्पराओं और स्वरूप का निर्माण और उनकी स्थापना होगी। इसलिए यह बहुत ही आवश्यक है कि सृजनशील रंगकर्मी और रंगप्रेमी सहज-प्राप्त संरक्षण, लोकप्रियता, अथवा आर्थिक सुरक्षा के मोह में पड़कर अपनी स्वाधीनता को न छोड़ बैठें, ऊपर में सफल और प्रभावशाली दिखाई पड़नेवाले प्रयत्नों के खोखले और अवसरवादी आदर्शों को सृजनशीलता के मानदंड न बना लें। विशेषकर यह दायित्व तो कलाकार के ऊपर ही है कि वह निरन्तर प्रयास द्वारा अपनी सृजनशीलता को सक्रिय रखकर, दर्शक-वर्ग की रुचियों को विकृत होने से बचाए, ताकि असली और नक़ली के बीच परख कर सकने की क्षमता का ही अन्त न हो जाए।

यह बहुत ही महत्त्वपूर्ण है कि इस देश में चाहे जिस उपाय से रंगमंच की स्थापना करने की धुन में हम इस बात को न भूल जाएँ कि राजनैतिक अथवा आर्थिक सत्तारूढ़ व्यक्तियों के आदेश से पृथक, जो अपने हितों और योजनाओं के अनुरूप यथार्थ को प्रस्तुत करने के लिए व्यग्र रहते हैं, अथवा लोकप्रियता के आकर्षक छलावे से अलग, कलाकार की अपने अनुभूत सत्य को अभिव्यक्त करने की स्वाधीनता ही प्रत्येक कला-सृष्टि की पहली और आधारभूत आवश्यकता है।

आत्मा की इस मुक्ति के बिना कोई रचना न केवल काल के ध्वंस-प्रवाह से अपनी रक्षा नहीं कर पाती, बल्कि वह उन सांस्कृतिक-आध्यात्मिक मूल्यों का निर्माण भी नहीं कर सकती, जो मानव को श्रेष्ठतर और अधिक परिष्कृत बनाते हैं, जो उसे जीवन और उसकी सार्थकता की गहनतर चेतना प्रदान करते हैं।

नाट्यालोचन

1

नाटक विधा की यह एक बड़ी भारी विडम्बना है कि एक ओर तो उसे प्राय: मनोरंजन के साधन से अधिक कुछ नहीं समझा जाता और नाटक से सम्बद्ध व्यक्तियों को समाज में बहुत सम्मानित स्थान प्राप्त नहीं होता; और, दूसरी ओर, नाटक की चर्चा प्राय:, अन्य भाषागत अभिव्यक्ति माध्यमों की भाँति, निरा साहित्य मानकर होती है, और उसके विशिष्ट कला-रूप की ओर कोई ध्यान नहीं दिया जाता। यदि पहली भूल नाटक द्वारा मनोरंजन की सम्भावना से, उसमें निहित अनुकरण, प्रदर्शन, गीत-नृत्य, आदि तत्त्वों के कारण, होती है, तो दूसरी नाटक के शब्दबद्ध होने के कारण, अपनी प्राथमिक स्थिति में अन्य साहित्य-रूपों की भाँति भाषा की अभिव्यंजना और सम्प्रेषण-शक्ति का सहारा लेने के कारण, होती है। किन्तु नाटक को समझने और उसकी चर्चा, समीक्षा या मूल्यांकन करने के लिए इस नितान्त प्रारम्भिक बात को समझ लेना अत्यन्त ही आवश्यक है कि वह शब्दबद्ध होने पर भी निरा साहित्य नहीं है, और भी बहुत कुछ है; और, दूसरी ओर, काव्य की अपेक्षा कहीं अधिक स्थूल और इन्द्रियगम्य होने पर भी, वह निरा मनोरंजन नहीं है, हृदय में गहरे उतरकर प्रभावित करनेवाला अभिव्यक्ति रूप है।

एक प्रकार से यह आश्चर्य की ही बात है कि नाटक के विषय में यह इतनी प्रारम्भिक और स्वत: स्पष्ट स्थिति क्यों प्राय: भुला दी जाती है—उत्साही रंगकर्मियों और दर्शकों द्वारा भी उतनी ही, जितनी विशुद्ध साहित्यकारों द्वारा। इसके कारण जो भी हों, नाट्य-समीक्षा के मानदंडों की खोज का प्रथम चरण यहीं से प्रारम्भ होता है कि इस प्राय: विस्मृत तथ्य को सामने रखकर चला जाए। नाटक निरा साहित्य-रूप नहीं है। प्रारम्भ में, और एक स्तर पर, भाषा के साहित्यिक-काव्यात्मक रूप में अभिव्यक्त होने के साथ-साथ, नाटक में और भी बहुत-से तत्त्व हैं, जो उसके अपने हैं, विशिष्ट हैं, जो सब एक साथ, उस रूप में, अन्य किसी कलात्मक अभिव्यक्ति के माध्यम में नहीं होते। उनका विस्तार से उल्लेख नाटक के अध्ययन के प्रसंग में किया गया है कि कैसे नाटक अभिनेता द्वारा, उसकी कल्पनामूलक सृजनात्मक

प्रतिभा के माध्यम से, अपने अभिप्रेत दर्शक-वर्ग तक पहुँचता है, और इस कार्य में अभिनेता की और भी अनेक सृजनशील कर्मी और शिल्पी सहायता करते हैं; नाटक थोड़े-से निश्चित समय में एक सामूहिक दर्शक-वर्ग को सम्प्रेषित होता है; और इस प्रकार नाटक में नाटककार के अतिरिक्त अभिनेता, निर्देशक, रंगशिल्पी तथा समूह रूप में उपस्थित दर्शक-वर्ग, आदि ऐसे तत्त्व मौजूद हैं जो अन्य किसी कला-रूप में नहीं होते। इसीलिए नाटक का सही मूल्यांकन इतने सब तत्त्वों की एक साथ परीक्षा किए बिना सम्भव नहीं। केवल लिखित नाटक की जाँच-पड़ताल कम-से-कम उतनी एकांगी तो है ही जितनी नाट्य-प्रदर्शन में निरे अभिनय की चर्चा। किन्तु वास्तव में देखा जाए तो नाटक के रूप को उसके साहित्येतर आयामों के परिप्रेक्ष्य के बिना ठीक से समझा ही नहीं जा सकता। इस बात पर और भी विस्तार से विचार करना आवश्यक है।

स्थूल रूप में कविता या उपन्यास से नाटक इस बात में भिन्न होता है कि वह केवल पाठ्य या वाच्य संवादों में लिखा होता है। पर नाटक के स्थूल, बाह्य रूप की यह विशेषता भी सीधे-सीधे उसके रंगमंचीय पक्ष से, अभिनेता और उसके सामने उपस्थित दर्शक-वर्ग से जुड़ी हुई है। नाटक संवादात्मक इसीलिए होता है कि वह अभिनेताओं के लिए लिखा जाता है, और वे ही उसे मंच पर बोलकर, अभिनय करके, दर्शक-वर्ग तक पहुँचाते हैं। नाटककार उस तरह सीधे दर्शक-वर्ग तक नहीं पहुँचता जैसे कवि या उपन्यासकार अपने पाठक-वर्ग तक पहुँच जाता है। नाटककार को यह कार्य अपने पात्रों, अर्थात अभिनेताओं के माध्यम से ही करना होता है, और यह शर्त नाटककार की अभिव्यक्ति को बुनियादी तौर पर नियंत्रित करती है। केवल वे ही शब्द या संवाद जो किसी ऐसी अनुभूति, भाव या स्थिति को अभिव्यक्त करते हैं, जो अभिनेता द्वारा उसकी सृजनात्मक प्रक्रिया से मंच पर रूपायित और मूर्त हो सकें, नाटक बनते हैं या बन सकते हैं। अभिनेता नाटक का एकमात्र माध्यम नहीं तो मूल और सर्वप्रमुख, तथा भाषा के साथ समानधर्मी तो है ही। वास्तव में सजीव और सक्रिय माध्यम होने के कारण अभिनेता ही नाटक का प्रधान वाहक है, क्योंकि अन्ततः वही नाटककार की मूल अनुभूति को न केवल फिर एक बार उसकी समस्त व्यक्त-अव्यक्त सम्भावनाओं में रूपायित करता है, बल्कि अपनी विशिष्ट सृजनात्मकता का एक और महत्त्वपूर्ण आयाम उसमें जोड़ता है।

नाटक दो अत्यन्त महत्त्वपूर्ण अभिव्यक्ति माध्यमों में—भाषा से और अभिनेता से—एक साथ जुड़े होने के कारण दो विभिन्न स्तरों पर प्रभावशील होता है। भाषा किसी जाति या मानव-समुदाय की आत्माभिव्यक्ति और परस्पर अनुभव-सम्प्रेषण का सबसे महत्त्वपूर्ण साधन है, जिसमें उस समुदाय की असंख्य पीढ़ियों की अनुभव-सम्पत्ति, उसकी समूची परम्परा, संचित होती है। वह ऐसा साधन है जिसकी काल में निरन्तरता है। दूसरी ओर, अभिनेता का कार्य प्रधानतः व्यक्तिगत, काल के एक

बिन्दु-विशेष में सीमित होता है। भाषा का माध्यम जितना व्यापक, बहुमुखी और परम्परा-सम्बद्ध है, माध्यम रूप में अभिनेता उतना ही अधिक मात्र व्यक्ति, एकान्तिक और क्षणजीवी है। इन दोनों प्रकार के माध्यमों को एक साथ साधने के कारण ही नाटक एक विशेष प्रकार के सन्तुलन की भी माँग करता है, और साथ ही नितान्त भाषा-मूलक साहित्य-रूपों से कहीं अधिक तीव्र, जटिल और व्यापक है। नाटक की निरी साहित्य-मूलक व्याख्या इसीलिए इतनी अपर्याप्त और अधूरी होती है।

वास्तव में, अभिनेता की सृजनशीलता के विभिन्न साधनों और उपायों को, अभिनय की विभिन्न पद्धतियों और रूढ़ियों को समझे बिना, नाटक की कोई समीक्षा यथार्थ और सम्पूर्ण नहीं हो सकती। नाटक का अध्ययन और मूल्यांकन जितना भाषा की शक्ति और व्यंजना-क्षमता का अध्ययन और मूल्यांकन है, उतना ही नाटक में निहित अभिनय की पद्धतियों और शिल्प का, उसकी सम्भावनाओं और शक्ति का भी। संस्कृत नाटक या शेक्सपियर के नाटक इस सत्य के बड़े अच्छे उदाहरण हैं। अभिनय और अभिनेता के कार्य की आवश्यकताओं से परिचित हुए बिना इन नाटकों के बहुत-से पक्ष एकदम समझ में नहीं आते। जो विशुद्ध पाठक हैं उनमें से बहुतों को तो उनकी बहुत-सी बातें अनावश्यक और अनर्गल तक लगती हैं। वास्तव में, नाटक एक ऐसा मौलिक और विशिष्ट कला-रूप है जो अन्य कई कलाओं के विभिन्न तत्त्वों से मिलकर बना है—विभिन्न कला-रूपों के तत्त्वों का जोड़ मात्र नहीं, बल्कि एक मौलिक स्वतंत्र रूप। इसलिए उसके किसी एक ही पक्ष पर एकांगी आग्रह से कभी सही निष्कर्ष पर नहीं पहुँचा जा सकता। जब तक हम उसके समग्र स्वरूप को समझकर उसके अपने विशिष्ट मानदंड नहीं खोजेंगे, तब तक हम नाटक का कभी ठीक मूल्यांकन न कर सकेंगे।

यही कारण है कि नाटक को निरा साहित्य मानना जितना भ्रामक सिद्ध होता है उतना ही उसे निरा रंगमंच मानना भी। क्या रंगमंच पर सफलता ही नाटक की एकमात्र कसौटी हो सकती है? क्या अभिनेता की प्रतिक्रिया या उसकी सम्प्रेषण-क्षमता ही उसका मानदंड बन सकती है? इसी प्रकार रंगमंच की रूढ़ियों और व्यवहारों के आधार पर हम नाटक के रूपबन्ध की बाहरी आकृति को ही समझ सकते हैं। किसी भी युग के रंगमंच की रूढ़ियों और व्यवहारों से जितना किसी श्रेष्ठ नाटक का रूपबन्ध नियमित होता है उतना ही घटिया नाटक का भी। नाट्य-सृष्टि की मौलिक शक्ति का, उसकी सृजनात्मक उपलब्धि का, मूल्यांकन केवल रंगमंच की रूढ़ियों और व्यवहारों के आधार पर नहीं हो सकता। अठारहवीं-उन्नीसवीं शताब्दी में योरप में स्क्राइब, सार्दू आदि नाटककारों के सुबद्ध नाटक इसके ज्वलन्त उदाहरण हैं। अथवा भारत में ही पारसी रंगमंच के अथवा उसी शैली के प्रभाव में लिखे गए अन्य नाटक, यद्यपि अभिनेता के लिए बड़े अच्छे 'पार्ट' प्रस्तुत करते थे, और उनमें से कुछ के रूपबन्ध से रंगमंच की भी पर्याप्त जानकारी मिलती है, फिर भी वे मूलतः

श्रेष्ठ नाटक नहीं हैं। निरी अभिनेयता का दावा, रंगमंचीय सफलता का आग्रह, नाटक को किसी सार्थकता की ओर नहीं ले जाता। ऐसा नाटक भले ही थोड़ा-बहुत मनोरंजन करे, अथवा किसी विशेष विचारधारा, सिद्धान्त या आदर्श का प्रचार कर दे, वह किसी कलात्मक उपलब्धि का साधन नहीं हो सकता।

इसलिए नाटक का मूल्यांकन साहित्यिकता और अभिनेयता अथवा मंचोपयुक्तता के अलग-अलग खानों में बाँटकर सम्भव नहीं। नाटक श्रेष्ठ तभी हो सकता है जब वह अन्य कलात्मक सृजनात्मक अभिव्यक्तियों की भाँति किसी-न-किसी तीव्र और गहरी और महत्त्वपूर्ण अनुभूति, भाव, विचार, जीवन-दृष्टि या परिस्थिति को प्रस्तुत करता हो। यदि वह कोई सार्थक, विशेष और मूलभूत बात नहीं कहता है, तो वह चाहे जितना अभिनेय या 'साहित्यिक' हो, उसका कोई कलात्मक महत्त्व नहीं। इस मूलभूत विशेषता में नाटक, साहित्य ही नहीं, अन्य सभी कला-रूपों के समान है। पर नाटक एक और अर्थ में भी साहित्य के बहुत समीप है। और वह यह कि नाटक का एक मूलभूत तत्त्व काव्य भी है। वह काव्य का ही एक प्रकार है। श्रेष्ठ नाटक कविता के समान ही भाषा की व्यंजनाशक्ति का, बिम्बमयता का, सघनता और तीव्रता का, संगीत और लय का, शब्द और अभिव्यक्ति की अनिवार्यता का, उपयोग करता है। किसी-न-किसी रूप में और मात्रा में इन तत्त्वों के बिना श्रेष्ठ नाटक हो ही नहीं सकता। यही कारण है कि संसार के श्रेष्ठ नाटक, साहित्य के इतिहास में काव्य के अन्तर्गत गिने जाते रहे हैं। किन्तु नाटक केवल भाषा द्वारा अभिव्यक्त काव्य पर समाप्त नहीं हो जाता। वह निरा काव्य नहीं, दृश्यकाव्य है उसमें कार्य-व्यापार का काव्य, ध्वनि का काव्य, गति का काव्य भी निहित होता है जो अभिनेता के माध्यम से उजागर होता है। नाटक की समीक्षा अनिवार्यतः काव्य के इन दोनों आयामों के उद्‌घाटन और मूल्यांकन की माँग करती है।

इसीलिए नाट्य-समीक्षक वही हो सकता है जो इन दोनों स्तरों के काव्य के प्रति संवेदनशील हो। नाट्यानुभूति एक विशेष प्रकार की अनुभूति है। जो उसे ग्रहण कर सकता है वही नाटक का समीक्षक या समालोचक हो सकता है। यह अनिवार्य नहीं है कि प्रत्येक सुधी काव्य-समीक्षक अनिवार्य रूप से संवेदनशील संगीत-समीक्षक, नृत्य-समीक्षक, अथवा चित्रकला समीक्षक भी हो ही। उसी प्रकार उसका नाट्य-समीक्षक होना भी अनिवार्य नहीं है। इसलिए प्रश्न 'तकनीकी माहिर' होने या न होने का नहीं, बल्कि नाटक के बहु-स्तरीय माध्यम के प्रति विशिष्ट बोध का, संवेदनशीलता का है। जहाँ तक विशेषज्ञता का प्रश्न है, वह नाटक की समीक्षा में भी उतनी ही आवश्यक या अनावश्यक है जितनी चित्रकला, संगीत अथवा काव्य की समीक्षा में। कला के रूप में नाटक की अपनी विशिष्ट माध्यमगत परम्पराएँ हैं, मान्यताएँ हैं, रूढ़ियाँ हैं, इतिहास है—जिन सबसे कमोबेश परिचय के बिना समीक्षक बहुत समझ की, सूक्ष्म या गहरी बात न कह सकेगा।

इन्हीं सब कारणों से पत्र-पत्रिकाओं के स्तर पर जो थोड़ा-बहुत नाट्य-समीक्षा का कार्य छठे दशक में शुरू हुआ, वह अधिकांशत: छिछला, थोथा और असन्तोषजनक रहा। पत्र-पत्रिकाओं में प्रकाशित इस सामग्री को भी दो श्रेणियों में रखा जा सकता है—अंग्रेज़ी में और भारतीय भाषाओं में। यह भी एक प्रकार की विडम्बना ही रही कि बहुत दिनों तक अधिकांश नाट्य-समीक्षा अंग्रेज़ी पत्र-पत्रिकाओं तक ही सीमित थी, भारतीय भाषाओं के बहुत कम ही पत्र अपने-अपने नगरों में होनेवाले नाट्य-प्रदर्शनों की कोई सूचना या समीक्षा प्रकाशित करते थे। देश स्वाधीन होने के बाद भारतीय रंगमंच में जो सक्रियता बढ़ी वह कई क्षेत्रों में अंग्रेज़ी नाटकों से प्रारम्भ हुई—अंग्रेज़ी-पसन्द उच्च वर्गों के लोगों की गतिविधि के रूप में। अंग्रेज़ी पत्र-पत्रिकाओं में उसकी ओर ध्यान दिया जाना सहज और स्वाभाविक ही था। बाद में जैसे-जैसे इस नवजागरण ने भारतीय भाषाओं को भी व्यापक रूप में प्रभावित किया, और भारतीय नाटकों के प्रदर्शनों की संख्या और उनके स्तर में वृद्धि हुई, वैसे-ही-वैसे इन नाटकों की चर्चा भी अंग्रेज़ी पत्रों में होने लगी—कुछ इस कारण भी कि बहुत बार भारतीय भाषाओं में नाटक करनेवाले लोग भी ऊपरी वर्गों के, या प्राय: वही, लोग होते थे जो अंग्रेज़ी नाटक खेलते थे। पर अंग्रेज़ी पत्रों में प्रकाशित समीक्षा भारतीय नाटक और रंगमंच के सही विकास के लिए बहुत सहायक सिद्ध नहीं हुई, उससे प्रचार चाहे जितना हुआ हो। अंग्रेज़ी पत्रों में प्रारम्भ से ही भारतीय नाटकों को अंग्रेज़ी नाटकों की तुलना में, एक प्रकार के उच्चता और श्रेष्ठता के भाव से उन्हें कुछ घटिया मानकर, देखा जाता रहा। पर अंग्रेज़ी नाटकों की भाव-वस्तु, रूपबन्ध, शिल्प-विधान के परिप्रेक्ष्य में भारतीय नाटकों को निरन्तर बैठाते रहने के प्रयास में, न तो अपने-आप में उनका समुचित मूल्यांकन हो सकता था, और न आधुनिक भारतीय रंगमंच के अपने विशिष्ट रूपों, समस्याओं और परिप्रेक्ष्यों की तलाश में कोई सहायता मिल सकती थी।

आधुनिक भारतीय नाटक और रंगमंच उन्नीसवीं शताब्दी में पश्चिमी रंगमंच के परिचय से प्रेरणा पाकर गतिशील होने पर भी, कई प्रकार से अपनी नई दिशाएँ ग्रहण करता रहा, इस देश के परम्परागत, संस्कृत और लोकनाट्य-रूपों के कई पक्षों, मान्यताओं, रूढ़ियों, व्यवहारों से प्रभावित होता रहा। स्वाधीन भारत में जब महत्त्वपूर्ण कलात्मक अभिव्यक्ति-विधा के रूप में रंगमंच पर नए सिरे से ध्यान केन्द्रित हुआ, तब उसके इस अपने विशिष्ट भारतीय रूप की खोज पर बल दिया जाना बहुत ही आवश्यक था। तब उसका विकास चाहे जितना उलझा हुआ और पीड़ा-भरा होता, मगर वह अधिक सार्थक दिशाएँ ग्रहण करता। अंग्रेज़ी पत्र-पत्रिकाओं में प्रकाशित होनेवाली समीक्षाओं ने न केवल नाटकों और प्रदर्शनों को अधिकाधिक पश्चिमोन्मुख करने में योग दिया, बल्कि दर्शक-वर्ग की अपेक्षाओं और रुचियों को भी ऐसी दिशा में मोड़ा, जिस पर चलकर भारतीय रंगमंच को अपनी पहचान में, अथवा अपने निजी व्यक्तित्व की तलाश करने में, बहुत सहायता नहीं मिल सकती थी। अंग्रेज़ी

में लिखनेवाले अधिकांश समीक्षकों के पास भारतीय रंगमंच ही नहीं, रंगमंच मात्र के लिए कोई सुचिन्तित दृष्टि नहीं थी, और बहुत हद तक आज भी स्थिति वही है। अधिकांश अंग्रेज़ी समीक्षक प्राय: कोई भारतीय भाषा ठीक से नहीं जानते या जानते भी हों तो उसमें कुछ पढ़ते नहीं। किसी भारतीय भाषा के साहित्य, काव्य और विशेषकर नाटक-साहित्य से उनका प्राय: आन्तरिक लगाव नहीं होता और उनके भावबोध या संवेदनशीलता का पोषण प्राय: पाश्चात्य साहित्य और विचारों से हुआ होता है। इसीलिए भारतीय नाटकों की उनकी समीक्षा श्रेष्ठता-भाव से आक्रान्त, सतही, और अवास्तव होती है। भारतीय नाटक और रंगमंच को कोई दिशा या दृष्टि देना उस समीक्षा के लिए प्राय: सम्भव नहीं होता। उनकी समीक्षा में भारतीय सृजनशील मानस और उसकी उलझनों से कोई साक्षात्कार नहीं, केवल फ़ैशनेबल तथा चालू विचारों और शब्दावली के घटाटोप द्वारा आधुनिकता का आभास मात्र रहता है। फलतः, सर्वथा मिथ्या और अवास्तव मानदंडों और मूल्यों को प्रश्रय मिलता है, और रुचि तथा मूल्यांकन दोनों ही स्तरों पर अस्पष्टता, दिशाहीनता और अयथार्थता में वृद्धि होती है।

इस स्थिति का एक और भी कारण है। हमारे देश में पत्र-पत्रिकाओं में लिखनेवाले बहुत कम रंग-समीक्षक ही वास्तव में किसी भी स्तर पर उसके लिए प्रशिक्षित होते हैं। उनमें भाषा का ही अज्ञान नहीं, रंगशिल्प और अभिनय-कला की बुनियादी जानकारी का भी प्राय: अभाव होता है। पत्र-पत्रिकाओं में प्रकाशित अधिकांश समीक्षाएँ सहज बुद्धि से, मोटी-मोटी ऊपरी सतही बातों को ध्यान में रखकर, दर्शकों की प्रतिक्रियाओं के आधार पर लिखी जाती हैं। अधिकांश में नाटक का सारांश देने के बाद इस या उस अभिनेता की भूमिका के अच्छी या बुरी होने की, तथा दृश्यबन्ध, वेशभूषा और प्रकाश-योजना के प्रभावी या अप्रभावी होने की, चर्चा मात्र रहती है। किन्तु अभिनय तो एक स्वतंत्र अभिव्यक्ति-माध्यम है, जिसके अपने अंग हैं, रूप हैं, नियम हैं, और सम्भावनाएँ तथा सीमाएँ हैं। किन साधनों, युक्तियों, रूढ़ियों और व्यवहारों के कैसे उपयोग से अभिनेता नाटक के कथ्य को, उसको वहन करनेवाले पात्रों के जीवन्त व्यक्तित्व को, मूर्त करता है, यह जाने और सूक्ष्मतापूर्वक समझे बिना किसी प्रदर्शन की वास्तविक समीक्षा या मूल्यांकन सम्भव नहीं। अभिनय में पद्धतियों, तकनीकों और शैलियों के कारण जो अन्तर आता है, चरित्र की अभिव्यक्ति में, उसके रूपायन में, जो बल की भिन्नता उत्पन्न होती है, उस सबके प्रति सजग हुए बिना कोई सार्थक नाट्य-समीक्षा नहीं हो सकती। इसके लिए अभिनय के शिल्प का ही नहीं, उसकी विभिन्न परम्पराओं का, शैलियों और पद्धतियों का ज्ञान, या कम-से-कम परिचय, आवश्यक है।

किन्तु पत्र-पत्रिकाओं में अधिकांश समीक्षाओं में इस पृष्ठभूमि का सर्वथा अभाव रहता है। इसलिए नाटक के सारांश और उस पर टिप्पणी के अतिरिक्त, प्रदर्शन-सम्बन्धी सामान्य मोटी बातों के अतिरिक्त, ये समीक्षाएँ नाट्यानुभूति और उसकी

अभिव्यक्ति के मूल्यांकन के कोई नए आयाम नहीं उजागर करतीं। इस प्रकार देश की सामान्य सांस्कृतिक पृष्ठभूमि, नाट्य-परम्परा और नाट्य-कलाओं के परिचय के अभाव में, हमारे देश में अंग्रेज़ी पत्र-पत्रिकाओं की नाट्य-समीक्षा न केवल अयथार्थ रंगमंचीय मूल्यों पर बल देती रही है, बल्कि अन्तत: वह मंडलियों, निर्देशकों और अभिनेताओं को उठाने-गिराने का साधन बनती रही है। आज की पत्र-पत्रिकाओं में प्रकाशित अधिकांश नाट्य-समीक्षा किसी कलात्मक दृष्टि या आग्रह को नहीं, व्यक्तिगत पक्षपात या पूर्वग्रहों को प्रस्तुत करती रही हैं, और रंगमंच तथा नाटक को और भी दिशाहीन बनाने में योग देती रही है।

हमारे देश में अंग्रेज़ी और अंग्रेज़ी-भक्ति का जो बोलबाला है उसे देखते हुए, अंग्रेज़ी पत्रों में प्रकाशित नाट्य-समीक्षा की इस स्थिति का क्रमश: भारतीय भाषाओं में प्रकाशित होनेवाली समीक्षा पर भी अनिवार्य प्रभाव पड़ा। जैसे यही कि ज़्यादातर भाषाओं और रंग-केन्द्रों में प्रमुखता फिर भी अंग्रेज़ी अख़बारों में प्रकाशित होनेवाली समीक्षा की ही बनी रही। अधिकांश भारतीय भाषाओं के प्रमुख दैनिक या साप्ताहिक अंग्रेज़ी अख़बार प्रकाशित करनेवाले संस्थानों ने ही निकाले। इसलिए वर्चस्व और महत्त्व अंग्रेज़ी अख़बारों का ही बना रहा, सम्मान और पारिश्रमिक भी अंग्रेज़ी अख़बारों में लिखनेवालों के लिए ही अधिक रहा। इस कारण कई अपेक्षाकृत अधिक जानकार या अनुभवी या गम्भीर समीक्षकों ने भी—जो कोशिश करने पर अपनी मातृभाषा में भी लिख सकते थे—धन और यश दोनों ही दृष्टियों से अंग्रेज़ी अख़बारों में ही लिखना बेहतर समझा। इसके अलावा, भारतीय भाषाओं के ज़्यादातर अख़बारों के सम्पादकों का रुख़ भी नाटक की समीक्षा के मामले में उदासीनता का ही बना रहा, और, अधिकांशत: आज भी है।

बहरहाल, इसके बावजूद, अलग-अलग भाषाओं में, रंगमंच की प्रगति और दर्शक-वर्ग की रुचि के अनुसार, स्थिति अलग-अलग बनी। इस मामले में सबसे अधिक उल्लेखनीय प्रगति मराठी में हुई है। रंगमंच के अभूतपूर्व विस्तार और लोकप्रियता के अनुरूप ही आज मराठी के प्रमुख दैनिकों, साप्ताहिकों और मासिकों में नाटकों और प्रदर्शनों की नियमित और विस्तृत समीक्षाएँ छपती हैं। बल्कि यह कहना ग़लत न होगा कि मराठी पाठक या दर्शक की रुचियाँ और राय अंग्रेज़ी समीक्षाओं से नहीं, मराठी समीक्षाओं से ही प्रभावित होती हैं। बांग्ला में भी दैनिकों और साप्ताहिकों में नाट्य-समीक्षाएँ नियमित रूप से प्रकाशित होती हैं, पर उनका असर शायद इतना गहरा नहीं है। गुजराती, कन्नड़ आदि भाषाओं की स्थिति उनके रंगमंच की स्थिति की भाँति कुछ ज़्यादा पिछड़ी हुई है, और उनमें नाट्य-समीक्षा अभी कोई स्पष्ट रूप नहीं ले पाई है।

हिन्दी में नाटक और रंगमंच सम्बन्धी चर्चा की शुरुआत छठे दशक के मध्य में *कल्पना* (मासिक) और *धर्मयुग* (साप्ताहिक) जैसे पत्रों में हुई। उसके पहले

रंगमंच से सम्बद्ध लोगों के कुछेक इक्का-दुक्का लेख ही इधर-उधर पत्रिकाओं में छपे थे। किन्तु इन पत्रिकाओं ने विभिन्न प्रदर्शनों की, और उनके सन्दर्भ में नाटकों की समीक्षाएँ प्रस्तुत की। हिन्दी की नाट्य-समीक्षा के लिए यह नया प्रारम्भ था, जब नाटक को उसके सही सन्दर्भ और परिप्रेक्ष्य में देखना-परखना शुरू हुआ, नाट्य-समीक्षा के नए मानों और आधारों की धुँधली-सी रूपरेखा प्रकट होनी शुरू हुई। किन्तु, हिन्दी रंगमंच के विकास की विशेष परिस्थितियों के कारण, यह प्रारम्भ अपने विस्तार में बहुत ही सीमित बना रहा। इसलिए यह प्रक्रिया कुछ विशेष आगे नहीं बढ़ी, क्योंकि न तो बहुत समय तक दैनिक अख़बारों या अन्य साप्ताहिकों मासिकों ने नाट्य-समीक्षा की ओर कोई ध्यान दिया, और न नाटक के नए समीक्षक ही उभरकर सामने आए। क्रमशः विभिन्न रंग-मंडलियों के सदस्य ही प्रदर्शनों की समीक्षा लिखने लगे, जिसके फलस्वरूप या तो निरी आत्मप्रशंसा हुई या फिर अन्य मंडलियों को गिराने की कोशिश। आत्मप्रशंसा का एक अत्यन्त ही निम्नस्तरीय, भ्रष्ट-फूहड़ रूप तब देखने को मिला जब एक नाटककार-निर्देशक महोदय ने अपने प्रदर्शन की प्रशंसा एक दैनिक पत्र के अपने ही रंगमंचीय स्तम्भ में स्वयं लिखी।

सातवें दशक के मध्य में दिल्ली से प्रकाशित होनेवाले एक अन्य साप्ताहिक *दिनमान* में नियमित रूप से नाटकों की समीक्षा निकलना शुरू हुआ। पर उसके समीक्षक प्रारम्भ में लेखक-साहित्यिक ही अधिक थे, गहराई से रंगमंचीय कार्यकलाप में डूबे हुए जानकार व्यक्ति नहीं। इसलिए उसमें प्रकाशित अधिकांश रंग-समीक्षा या तो अशिक्षित और अप्रासंगिक होती रही, या कभी-कभी किसी मंडली के प्रति समीक्षक का पक्षपात या पूर्वग्रह होने पर प्रशंसापूर्ण अथवा निन्दात्मक। हिन्दी नाटक की स्वस्थ, विवेकपूर्ण, समीक्षा के कोई आधार निर्मित करने की दिशा में उससे उन दिनों विशेष सहायता नहीं मिली।

पिछले दस-पन्द्रह वर्ष में, हिन्दी रंगमंच की सक्रियता और कलात्मकता में विस्तार के साथ, नाट्य-समीक्षा में भी कुछ फैलाव तो निस्सन्देह आया है। अब *दिनमान* में ही अधिक नियमित और ज़िम्मेदार ढंग से, अनेक बार जानकार और रंगकर्म से घनिष्ठ रूप से सम्बद्ध व्यक्तियों द्वारा, प्रदर्शनों की समीक्षा या नाटक-रंगमंच-सम्बन्धी प्रश्नों पर लेख और टिप्पणियाँ आदि प्रकाशित होती हैं। इसके अतिरिक्त अन्य कई साप्ताहिकों-मासिकों— *रविवार, साप्ताहिक हिन्दुस्तान, आजकल* में भी नियमित रूप से नाटक रंगमंच के बारे में सामग्री प्रकाशित होती है। अनेक साहित्यिक पत्रिकाएँ रंगमंच या नाटक के बारे में विशेषांक भी निकालती हैं। मगर हिन्दी के दैनिक पत्रों की उदासीनता आज भी कमोबेश वैसी ही बनी हुई है। इन्दौर के *नई दुनिया* या एकाध अन्य को छोड़कर अधिकांश दैनिक अख़बारों में नाटक-समीक्षा का कोई प्रबन्ध नहीं, जबकि सभी प्रमुख अंग्रेज़ी दैनिकों में नाटक-समीक्षा नियमित रूप से प्रकाशित होती है।

नाट्य-समीक्षा की यह चर्चा नाटक रंगमंच की विशेष पत्रिकाओं के उल्लेख के बिना अधूरी रहेगी। आधुनिक भारतीय रंगमंच के प्रारम्भिक काल—उन्नीसवीं शताब्दी के उत्तरार्द्ध तथा बीसवीं के छिटपुट प्रयासों के अलावा, स्वाधीनता मिलने के बाद से अब तक अंग्रेज़ी तथा देश की अन्य भाषाओं में नाट्य पत्रिकाएँ निकालने की लगातार कोशिश हुई है। छठे दशक में जन नाट्य संघ के ही *यूनिटी* (अंग्रेज़ी), *अभिनय* (हिन्दी), इब्राहिम अलकाज़ी के *थिएटर-बुलेटिन* (अंग्रेज़ी), भारतीय नाट्य संघ के *नाट्य* (अंग्रेज़ी) का प्रकाशन हुआ। व्यक्तिगत अथवा संस्थागत प्रयासों से *नाटक* (गुजराती), *नाटक* (मराठी), *सूत्रधार* (हिन्दी), *नटराज* (हिन्दी), *गन्धर्व* (बांग्ला), *थिएटर* (बांग्ला), बिहार संगीत नाटक अकादमी का *बिहार थिएटर* (हिन्दी-अंग्रेज़ी), *नांदी* (मराठी), आन्ध्र प्रदेश संगीत नाटक अकादमी का *नाट्यकला* (तेलुगु) तथा अन्य अनेक 'पत्र-पत्रिकाएँ समय-समय पर निकली हैं और एक ही अंक के बाद या वर्षों प्रकाशित होकर बन्द हो गई हैं। पिछले कुछ वर्षों में भी ऐसे प्रयास कुछ दिन चलकर चुक गए हैं, जैसे *अनामिका* (कलकत्ता) का *नाट्यवार्ता* (हिन्दी), दिल्ली में अन्तर्देशीय *अभिनय* (हिन्दी), रुचिका का *व्यक्त* (अंग्रेज़ी), कलकत्ते का ही *अभिनय संवाद* (हिन्दी) आदि। कई अन्य नई या पुरानी प्रकाशित हो रही हैं, यद्यपि इनमें से कुछ की हालत डाँवाडोल रहती है, और प्रकाशन नियमित रूप से नहीं हो पाता। इनमें बांग्ला में *बहुरूपी, एपिक थिएटर, थिएटर-बुलेटिन,* मराठी में *नाट्यदर्पण* और *भरत शास्त्र,* हिन्दी में *नटरंग, रंगभारती,* अंग्रेज़ी में *इनैक्ट* विशेष उल्लेखनीय हैं। दो-तीन अन्तर्देशीय पत्र के आकार में या बुलेटिन के रूप में निकले या निकलते हैं, जैसे हिन्दी में *थिएटर,* और दर्पण का *दर्पण दृश्य* और अंग्रेजी में लिटिल थिएटर ग्रुप का *थिएटर न्यूज़*।

सभी प्रदर्शनकारी कलाओं के लिए भी विभिन्न संस्थाओं द्वारा कई पत्रिकाएँ प्रकाशित होती हैं जिनमें नाटक रंगमंच की सामग्री के लिए विशेष स्थान रहता है। इनमें अंग्रेज़ी में केन्द्रीय संगीत नाटक अकादेमी का *संगीत नाटक* और राष्ट्रीय संगीत नाट्य केन्द्र, बम्बई का *परफ़ार्मिंग आर्ट्स,* हिन्दी में मध्यप्रदेश कला परिषद के *पूर्वग्रह* और *कलावार्ता,* राजस्थान संगीत नाटक अकादमी का *रंगयोग,* भारतीय लोक कला मंडल के *रंगायन* और *लोककला* तथा उत्तर प्रदेश संगीत नाटक अकादमी का *छायानट* उल्लेखनीय हैं।

इनके अलावा देश-भर में कई संस्थाओं द्वारा वर्ष में एक या अधिक बार अपनी स्मारिकाओं में नाटक रंगमंच पर बहुत-सी सामग्री प्रकाशित की जाती है। निस्सन्देह, इन सबसे नाटक और रंगमंच के अनिवार्य सम्बन्ध के आधार पर नाट्य-समीक्षा के सिद्धान्तों और व्यवहार का स्वरूप स्पष्ट होने में सहायता मिलती है, और मिली है। देश-विदेश के बहुत-से नाटकों और उनके प्रदर्शनों की समीक्षाओं के द्वारा भारतीय रंगमंच की बुनियादी समस्याओं पर भी ध्यान अधिक केन्द्रित हो सका है,

कम-से-कम उन समस्याओं के बारे में चेतना बढ़ी है, और उनको यथासम्भव सही और सार्थक परिप्रेक्ष्य में प्रस्तुत करने की कोशिश हुई है। सबसे बड़ी बात यह है कि इन पत्रिकाओं से नाटक को, एक ओर साहित्य का, और दूसरी ओर मनोरंजन के अन्य साधनों का, पुछल्ला बने रहने की स्थिति से छुटकारा दिलाने के प्रयासों को बल मिला है। पर कुल मिलाकर उनकी सामग्री में अभी तक विवरणात्मकता ही अधिक रही है। भारतीय नाटकों और रंगमंच पर, उसके आधारभूत सिद्धान्तों और व्यवहार की कसौटियों पर, भारतीय नाटक और रंगमंच की दीर्घकालीन और देशव्यापी परम्परा और उसकी विविधता पर, या रंगमंच के विभिन्न तकनीकी शिल्पगत पक्षों पर, जितना आवश्यक है उतना ध्यान नहीं दिया जा सका है। विदेशी नाटकों, विदेशी निर्देशकों, अभिनेताओं, विचारकों की चर्चा अधिक हुई, भारतीय रंगमंच के परिप्रेक्ष्य में उनकी सार्थकता या व्यावहारिक उपादेयता का, और अन्ततः उनके जीवन्त सृजनात्मक अनुभव से लाभ उठाकर भारतीय रंगमंच की अपनी आत्मा की तलाश का, काम बहुत कम हो सका।

ऐसी स्थिति में यह कोई आश्चर्य की बात नहीं कि भारतीय भाषाओं में आधुनिक नाट्यालोचन सम्बन्धी पुस्तकों की भी इतनी कमी है और भारतीय नाटक और रंगमंच के सम्बन्ध में चिन्तन-आलोचन-लेखन हर स्तर पर अपर्याप्त और प्रारम्भिक प्रकार का ही है। अधिकांश भारतीय भाषाओं में *नाट्यशास्त्र* या *दशरूपक* आदि कुछेक प्राचीन संस्कृत ग्रन्थों की टीकाओं के अतिरिक्त नाटक या रंगमंच सम्बन्धी पुस्तकें नहीं के बराबर हैं। बांग्ला, मराठी, गुजराती आदि भाषाओं में कुछेक नाटककारों या अभिनेताओं की जीवनियाँ या आत्मकथाएँ तो मौजूद हैं, पर आधुनिक रंगमंच, अभिनय, नाटक को लेकर बहुत ही कम सामग्री पुस्तकाकार प्रकाशित हुई है। अपवाद के तौर पर, बांग्ला में शम्भु मित्र के दो निबन्ध संग्रहों का ज़िक्र किया जा सकता है—*अभिनय नाटक मंच* और *प्रसंग नाट्य*—जिनमें रंगकर्म, विशेषकर अभिनय के बारे में महत्त्वपूर्ण, मौलिक, सूक्ष्म तथा संवेदनशील चिन्तन है।

पिछले दिनों कुछ विश्वविद्यालयों में नाटक और रंगमंच-सम्बन्धी प्रशिक्षण प्रारम्भ होने के बाद से कुछेक पाठ्य-पुस्तकें विदेशी ग्रन्थों के आधार पर अवश्य लिखी गई हैं, पर वे आज के भारतीय नाटक और रंगमंच के सम्बन्ध में कोई उल्लेखनीय मौलिक चिन्तन प्रस्तुत नहीं करतीं। लगभग सभी भाषाओं में नाटकों के ऊपर, विशेषकर प्रमुख नाटककारों के ऊपर, विशुद्ध साहित्यिक ढंग की, अध्यापकीय कोटि की, समीक्षा-पुस्तकें हैं। पर वे अधिकांशतः नाटक को रंगमंच से सम्बद्ध एक जटिल संश्लिष्ट विधा मानने के बजाय, या तो संवादात्मक कथाओं के रूप में उनका विवेचन करती हैं, या पाश्चात्य अथवा प्राचीन भारतीय समीक्षा-दृष्टि से उनके गुण-दोष गिनाती रहती हैं, उनका विभिन्न प्रकार से वर्गीकरण करती रहती हैं, अथवा उन्हें किन्हीं सामाजिक उद्देश्यों से जोड़ती रहती हैं। कुल मिलाकर,

एक अनन्य कलात्मक अभिव्यक्ति-विधा के रूप में नाटक के स्वरूप का, उसकी प्रकृति तथा पद्धतियों का, विश्लेषण नहीं हो सका है।

इसी प्रकार, उसके विभिन्न अंगों का स्वतंत्र प्राविधिक अथवा ऐतिहासिक, अथवा उनके पारस्परिक सम्बन्धों का, विवेचन भी सम्भव नहीं हुआ है। फलस्वरूप, मूल्यांकन और समीक्षा की कसौटियों का आधार और रूप भी स्पष्ट नहीं है, अथवा अत्यन्त ही संकुचित, एकांगी और अपर्याप्त बल्कि प्रायः अप्रासंगिक है। नाटक और रंगमंच के क्षेत्र में जो थोड़ा-बहुत तथाकथित शोध-कार्य हुआ है वह यांत्रिक वर्गीकरण-प्रधान है, उसके तथ्य अधूरे और असम्बद्ध हैं, और मूलभूत प्रशिक्षित नाट्य-दृष्टि के अभाव में उनका संयोजन बहुत सार्थक नहीं हो सका है। बल्कि पारम्परिक तथा पिछले डेढ़ सौ वर्ष के आधुनिक रंगमंच और नाटकों के सम्बन्ध में तथ्य भी बहुत कम, बिखरे-बिखरे और अपर्याप्त होने के कारण, उनके आधार पर कोई सामान्य निष्कर्ष निकालना, या समकालीन कार्य का किसी परिप्रेक्ष्य में मूल्यांकन कर सकना, प्रायः असम्भव हो जाता है।

इसके बावजूद, नाट्यालोचन की इन सामान्य परिस्थितियों के परिप्रेक्ष्य में हिन्दी की कुछ पुस्तकों का उल्लेख अप्रासंगिक न होगा। पिछले वर्षों में नाटकों और उनके प्रदर्शनों की अलग-अलग या एक साथ समीक्षाओं की कई पुस्तकें प्रकाशित हुई हैं। इनमें जयदेव तनेजा की *आज के हिन्दी रंगनाटक, समकालीन हिन्दी नाटक और रंगमंच,* गिरीश रस्तोगी की *समकालीन हिन्दी नाटककार,* कन्हैयालाल नन्दन की *नाट्य परिवेश* और नरनारायण राय की *आधुनिक हिन्दी नाटक : एक यात्रा दशक,* तथा रीतारानी पालीवाल की *रंगमंच : नया परिदृश्य* का नाम लिया जा सकता है। ये सभी ज़्यादातर विवरणात्मक तो हैं, पर कहीं-कहीं इनमें नाटक या प्रदर्शन के विषय में कुछ संवेदनशील प्रतिक्रियाओं से भी साक्षात्कार मिल जाता है।

अलग-अलग नाटककारों पर अनेक पुस्तकें लिखी गई हैं। इनमें से जयदेव तनेजा की ही *लहरों के राजहंस : विविध आयाम* तथा *अन्धा युग और भारती के अन्य नाट्य-प्रयोग* इस बात में भिन्न है कि उनमें इन दो विशेष नाटकों के अब तक के प्रायः सभी प्रदर्शनों के बहुत-से ब्योरे एक साथ मिलते हैं और विभिन्न प्रदर्शनों पर कुछ तुलनात्मक टिप्पणियाँ भी हैं। जगदीश शर्मा की *मोहन राकेश की रंग-सृष्टि,* गिरीश रस्तोगी की *मोहन राकेश और उनके नाटक,* सत्येन्द्र तनेजा की *नाटककार भारतेन्दु की रंग-परिकल्पना* में रंगमंच की दृष्टि से विशेष नाटककारों के काम का विश्लेषण करने की कोशिश है, जबकि सिद्धनाथ कुमार की *प्रसाद के नाटक* और गोविन्द चातक की *प्रसाद : नाट्य और रंगशिल्प* की पद्धति अपेक्षाकृत अकादमिक अधिक है।

कुसुम कुमार की *हिन्दी नाट्य चिन्तन* और मान्धाता ओझा की *हिन्दी नाट्य समालोचन* पुस्तकों में पिछले वर्षों में नाटक और रंगमंच के बारे में कुछ आलोचकों

अथवा नाटककारों के विचारों का परिचय है जो किसी हद तक नाट्य-समीक्षा के बदलते हुए मानदंडों को रेखांकित करता है। नरनारायण राय की *नाट्य रचना विधान और आलोचना के प्रतिमान,* तथा गोविन्द चातक की *नाटक की भाषा* के विषय तो महत्त्वपूर्ण हैं, पर उनमें जो विवेचन है वह मूल्यांकन की किसी विश्वसनीय कसौटी या सूक्ष्म अन्तर्दृष्टि को सूचित नहीं करता, कुल मिलाकर भ्रामक नहीं तो अकादमिक तो अवश्य ही है।

दो अन्य पुस्तकें, प्रतिभा अग्रवाल की *सृजन का सुख-दुख* और वीरेन्द्र नारायण की *रंगकर्म,* अलग-अलग कारणों से उल्लेखनीय और महत्त्वपूर्ण हैं। सृजन का *सुख-दुख* में कलकत्ते के हिन्दी रंगमंच, विशेषकर अनामिका संस्था के जन्म, प्रगति और हिन्दी रंगमंच में योगदान का एक निजी और आत्मीयतापूर्ण मुहावरे में रोचक विवरण है। मूल्यांकन इसमें भी बहुत कम है, पर विभिन्न नाटकों, प्रदर्शनों तथा रंग-कार्य में लगे हुए अनेक व्यक्तियों के कृतित्व के बारे में इतनी घनिष्ठता के साथ परिचय दिया गया है कि वह जीवन्त हो उठता है।

रंगकर्म में पहली बार नाट्य-प्रदर्शन की कला के विभिन्न पक्षों की विश्वसनीय परिचयात्मक चर्चा है और इसी कारण यह अपने ढंग की अकेली पुस्तक है। इसी ज़मीन पर गोविन्द चातक की *रंगमंच : कला और दृष्टि* रंगकला के व्यावहारिक ज्ञान से सीधे परिचय के अभाव में बहुत उपयोगी नहीं हो सकी है।

इस बीच हिन्दी रंगमंच के इतिहास से सम्बन्धित कुछ सामग्री को सुलभ करने का काम एक-दो स्वतंत्र पुस्तकों और कुछ शोधग्रन्थों में किया गया है। इनमें लक्ष्मीनारायण लाल की *रंगमंच और नाटक की भूमिका, पारसी-हिन्दी रंगमंच,* विद्यावती नम्र की *हिन्दी रंगमंच और पंडित नारायण प्रसाद बेताब,* अब्दुल क़ुद्दूस 'नैरंग' की *आग़ा हश्र और नाटक,* सोमनाथ गुप्त की *पारसी रंगमंच,* अज्ञात की *भारतीय रंगमंच का विवेचनात्मक इतिहास,* और *आग़ा हश्र : व्यक्ति और कृति,* चन्दूलाल दुबे की *हिन्दी रंगमंच का इतिहास,* और विश्वनाथ शर्मा की *हिन्दी रंगमंच का उद्भव और विकास* आदि पुस्तकों का नाम लिया जा सकता है। मगर इनमें ज़्यादातर रंगमंच इतिहास का कुछ कच्चा माल ही है और उसमें भी कहीं-कहीं बहुत मिलावट है। इसलिए यद्यपि इनमें प्रस्तुत तथ्य पूरी तरह विश्वसनीय नहीं हैं, फिर भी भविष्य में उनके विवेकपूर्ण उपयोग द्वारा हिन्दी रंगमंच का अधिक प्रामाणिक इतिहास लिखने में कुछ मदद मिल सकती है।

यह बड़ी दिलचस्प बात है कि आधुनिक रंगमंच से सम्बन्धित इन सब पुस्तकों और उनमें प्रस्तुत सामग्री की तुलना में पारम्परिक नाट्य से सम्बन्धित जो पुस्तकें पिछले दिनों हिन्दी में प्रकाशित हुई हैं उनमें कहीं अधिक सार्थकता और अन्तर्दृष्टि है। जगदीशचन्द्र माथुर की पुस्तक *परम्पराशील नाट्य* और *भाषा नाटक संग्रह* की भूमिका तो इस दिशा में अग्रणी और मील के पत्थर हैं ही। इनके अलावा

रामनारायण अग्रवाल की *सांगीत : एक लोकनाट्य परम्परा* और *ब्रज का रास रंगमंच,* इन्दुजा अवस्थी की *रामलीला : परम्परा और शैलियाँ,* वसन्त यामदग्नि की *रासलीला तथा रासानुकरण विकास,* शिवकुमार मधुर की *मध्यप्रदेश का लोकनाट्य माच* आदि पुस्तकें हिन्दी रंगमंच की मध्यकालीन परम्परा के कुछ महत्त्वपूर्ण और सार्थक अध्यायों और पक्षों का विवेचन पेश करती हैं। कमोबेश विवरणात्मक ये भी हैं, पर इनमें एक अछूते क्षेत्र के संस्पर्श की ताज़गी और टटकापन है। इन पुस्तकों में उपलब्ध सामग्री भविष्य में हिन्दी नाट्यालोचन के सही प्रतिमान विकसित करने में विशेष रूप से सहायक होगी। इस सिलसिले में श्याम परमार, देवीलाल सामर और महेन्द्र भानावत की कुछ पुस्तकों को भी जोड़ा जा सकता है।

पिछले पन्द्रह-बीस बरस में नाट्यालोचन या नाटक रंगमंच के इतिहास से सम्बन्धित सामग्री की यह कामचलाऊ सूची ही स्थिति की विपन्नता को रेखांकित कर देती है। सम्भवतः, नाट्यालोचन तथा नाटक और रंगमंच-सम्बन्धी सामान्य चिन्तन के विषय में हमारी यह स्थिति अनिवार्य है, क्योंकि हमारा नाटक और रंगमंच ही अभी तक इतनी अनिश्चित और आकारहीन स्थिति में है। यह निर्विवाद है कि एक हद तक समृद्ध, विकसित और जीवन्त रंगमंचीय कार्य-कलाप के बिना उसके सम्बन्ध में चिन्तन भी बहुत समर्थ और सार्थक नहीं हो सकता। किन्तु हमारा नाटक और रंगमंच जिन परिस्थितियों में विकास कर रहा है, उन्हें देखते हुए नाट्यालोचन और रंगमंच-सम्बन्धी चिन्तन में स्पष्टता, प्रखरता और सिद्धान्तपरकता के बिना वह विकास न तो बहुत दूर तक हो सकता है और न सही दिशा में सम्भव है। ज़िम्मेदार, सुलझी हुई, सुस्पष्ट, निर्भीक आलोचना ही हमारे रंगमंच की आत्मघाती प्रवृत्तियों को रोक सकती है, उनकी ओर से हमें सावधान कर सकती है, और व्यवहार की ऐसी परम्पराएँ डाल सकती है जिनके बिना रंगमंच-जैसा सामूहिक कला-कार्य कभी ठीक से नहीं चल सकता। नाटक और रंगमंच के क्षेत्र में आलोचना-समीक्षा एक से अधिक स्तरों पर आवश्यक, अनिवार्य और उपयोगी कार्य है। भारतीय रंगमंच जिस हद तक इस सम्बन्ध में अपने-आप को जागरूक बना सकेगा, उसी हद तक वह अपनी प्रगति के पथ पर अधिक आत्मविश्वास के साथ अग्रसर हो सकेगा।

2

देश में रंगमंचीय प्रदर्शनों की संख्या और गति बढ़ने के साथ-साथ दैनिक, साप्ताहिक तथा अन्य समाचार-पत्रों में उनके बारे में चर्चा और समीक्षा पहले से अधिक होना तो स्वाभाविक ही है। रंगमंच के बारे में अच्छी-बुरी किताबें भी कुछ-कुछ लिखी जा रही हैं, कम-से-कम उनकी योजनाएँ तो बनने ही लगी हैं। इसलिए नाट्य-समीक्षा के उद्‌देश्य, स्वरूप और मानदंडों का सवाल अब निरा किताबी नहीं रहा, उसके

बारे में सही सोच-विचार आज के रंग-आन्दोलन के लिए एक ज़रूरी काम है। ख़ास तौर से, इसलिए और भी, क्योंकि दैनिक या साप्ताहिक अख़बारों में प्रकाशित होनेवाली समीक्षा का प्रदर्शन में आनेवाले दर्शकों पर प्रभाव पड़ता है—वे बहुत बार नाटक को देखना या न देखना उसके आधार पर ही तय करते हैं। नाटकों का दर्शक-समुदाय हमारे यहाँ, विशेषकर हिन्दी तथा अन्य कई भारतीय भाषाओं में, इतना छोटा है कि उसमें किसी भी कारण से और कमी होना बहुत ही घातक होगा।

साथ ही, दूसरी ओर, रंगमंचीय कार्य-कलाप के स्तर का, कलात्मक अभिव्यक्ति के रूप में रंगमंच के स्वरूप का सवाल भी कम महत्त्वपूर्ण नहीं है। जिस समय देश-भर में, हर भाषा क्षेत्र में, रंगमंच और नाटक की ओर पहले से ज़्यादा लोगों का ध्यान जा रहा है, और उन्हें समुदाय के जीवन में उचित जगह दिलाने की कोशिश हो रही है, उस समय मूल्यों की, मानकों की, मानदंडों की चिन्ता बहुत ही ज़रूरी है। वरना इस आन्दोलन और सक्रिय उत्साही रंगकर्मियों की मेहनत और लगन का फ़ायदा कुछ व्यवसायी लोगों को मिलेगा, रंगमंच और नाटक के सच्चे कर्मियों और प्रेमियों को नहीं। इसलिए रंगमंचीय कार्य की समीक्षा को सार्थक और मूल्यपरक होना ही चाहिए। यह समीक्षकों की बड़ी भारी ज़िम्मेदारी है। एक तरह से नाट्य-समीक्षकों की यह ज़िम्मेदारी हर समय, हर देश में, हर रंगमंच के लिए रहती है। पर हमारे देश के रंगमंच के सन्दर्भ में इसका ख़ास महत्त्व है, क्योंकि हम एक अजीब-से-अन्तर्विरोध में जी रहे हैं। हमें प्राय: सिरे से अपने देश में रंगमंच की स्थापना और प्रतिष्ठा करनी है, और साथ ही उसे एक मूल्यवान सार्थक मानवीय कार्य भी बनाना है; दर्शकों का निर्माण भी करना है और उनकी रुचियों को समृद्ध और संवेदनशील भी बनाना है; नए रंगकर्मियों को बेशुमार कठिनाइयों से जूझने के लिए उत्साहित भी रखना है और मूल्यों के प्रति अपनी ज़िम्मेदारी के प्रति सजग भी; दुनिया के रंगमंच की नई-से-नई बाहरी और आन्तरिक उपलब्धि को अपनाना है, और अपनी कई स्तरों पर टूटी-फूटी पर फिर भी अत्यन्त प्राचीन, समृद्ध और बहुत-कुछ जीवन्त परम्परा को भी आज के सन्दर्भ में प्रासंगिक और रचनाशील बनाना है, इत्यादि। इसमें कोई सन्देह नहीं कि यह काम कठिन है, पर इससे कम में समीक्षक की ज़िम्मेदारी पूरी नहीं होगी। समीक्षक के भी सामने आज एक बड़ी चुनौती है।

पर इस चुनौती के अनुरूप ही उसकी कठिनाइयाँ भी बहुत हैं और बड़ी भी। इनमें से कुछ नाट्य-समीक्षा के स्वरूप में ही निहित हैं। जैसे, नाटक का प्रदर्शन बहुत ही क्षणजीवी व्यापार है। समीक्षक को दो-ढाई घंटे के भीतर नाटक देखना, और उस अनुभव को आत्मसात करने के साथ-साथ ही अपनी समीक्षा-बुद्धि और-मूल्य-दृष्टि को भी जागरूक रखना पड़ता है। प्राय: नाटक देखते समय अपनी प्रतिक्रियाओं को ठीक से लिख लेना आसान नहीं होता, और बाद में उनके ठीक होने या न होने के परीक्षण की गुंजाइश नहीं। नाटक देखते समय बाक़ी दर्शक-समुदाय

के साथ उसका भी किसी हद तक बह जाना, उस सामूहिक अनुभव में साझीदारी करना, अनिवार्य है। उसकी समीक्षा-दृष्टि पूरी तरह दर्शक-निरपेक्ष या तटस्थ नहीं हो सकती। नाटक प्रदर्शन कई कलात्मक विधाओं के समन्वय से रूपाकार पाता है, और उनमें प्रत्येक के प्रति समीक्षक की अपनी संवेदनशीलता, समझ और जानकारी के स्तर भिन्न हो सकते हैं, जिसके कारण वह किसी एक तत्त्व के होने या न होने से, या प्रदर्शन में उसके विशेष प्रयोग से, सहज ही अनुपात से अधिक प्रभावित हो जा सकता है। कभी-कभी क्या, प्रायः, अभिनेता-अभिनेत्री के ख़ास व्यक्तित्व का इतना ज़्यादा प्रभाव पड़ता है कि पूरे प्रदर्शन के प्रति सन्तुलन बनाए रखना असम्भव होता है—किसी अभिनेता-विशेष के प्रति समीक्षक के निजी आकर्षण या खीज की बात को छोड़ भी दें। दैनिक अख़बार के समीक्षक की बड़ी कठिनाई समय की कमी की भी होती है।

ये सारी कठिनाइयाँ हमारे देश के समीक्षक के सामने भी अनिवार्य रूप से मौजूद हैं। पर कुछेक अन्य कठिनाइयाँ भारतीय रंगमंच की अपनी ख़ास परिस्थितियों की उपज हैं। जैसे, देश के अनेक क्षेत्रों में रंग-कार्य एक नियमित गतिविधि न होने के कारण वह प्रायः समाज में प्रभावशाली लोगों के हाथ में होता है, और इन व्यक्तियों के साथ मेल-जोल या उनके प्रभाव या आतंक का समीक्षक पर जाने या अनजाने दबाव पड़ता है और सही बात कहना कठिन हो जाता है। ये प्रभावशाली व्यक्ति समीक्षा अनुकूल होने पर समीक्षक को समझदार, और प्रतिकूल होने पर बेईमान कहने में पल-भर भी नहीं हिचकते। इसी स्थिति का एक उलटा परिणाम यह है कि ऐसे किसी प्रभावशाली व्यक्ति की 'मूर्ति' को तोड़ना अपने-आप में एक लक्ष्य बन जाने से उसके द्वारा प्रस्तुत प्रदर्शन को तटस्थ या संवेदनशीलता से देखना सम्भव नहीं रह जाता।

ये दोनों ही स्थितियाँ इसलिए और भी तीव्र हो जाती हैं कि कई बार समीक्षक स्वयं किसी-न-किसी मंडली से सम्बद्ध लोग—निर्देशक, अभिनेता या अन्य रंगकर्मी होते हैं, और इन मंडलियों की ओर उनके कार्यकर्ताओं की आपसी ईर्ष्या, जलन, उनके पक्षपात तथा पूर्वग्रह, स्वच्छ, दो-टूक तथा मूल्यपरक समीक्षा में जाने-अनजाने रुकावट बन जाते हैं। जैसे, आम तौर पर, प्रशंसा की स्थिति को छोड़कर, रचनाकार का समीक्षक से सहमत होना कठिन होता है, प्रायः उसी तरह अलग-अलग रचनाकारों का एक-दूसरे के कार्य को किसी वस्तुनिष्ठ दृष्टि से देखना कठिन हो जाता है। नतीजा यह है कि एक निर्देशक दूसरे निर्देशक पर, एक अभिनेता दूसरे अभिनेता पर, अपनी शैली, अपनी पद्धति, अपनी दृष्टि का आरोप करता है, और रचनाकार की अपनी शैली, अपनी पद्धति, अपनी दृष्टि की सार्थकता या सृजनात्मकता की ठीक पड़ताल नहीं हो पाती। इसी प्रकार लोकप्रिय निर्देशक-अभिनेता अपना मानदंड अपनी लोकप्रियता को ही मानते हैं, और मूल्यों की चर्चा को बुद्धिजीवियों का

अनावश्यक हस्तक्षेप समझते हैं। ऐसे में यदि समीक्षक किसी मंडली से जुड़ा हुआ भी हो तो उसकी नीयत पर शक करना कठिन नहीं।

दूसरे शब्दों में, समीक्षक का मंडलियों से अलग और स्वतंत्र व्यक्ति होना ज़रूरी है। पर यह कैसे सम्भव है, जबकि नाटक खेलना अभी तक अधिकांशत: इतना ज़्यादा शौक़िया काम है? नाटक और रंगमंच में रुचि लेनेवाले घूम-फिरकर वे ही मुट्ठी-भर लोग हैं। हिन्दी क्षेत्र में तो अकसर ऐसा लगता है कि नाटक दर्शकों के लिए नहीं, रंगकर्मियों के लिए ही होते हैं। नाटक खेलनेवाले, देखनेवाले, उनके बारे में लिखने-कहनेवाले, क़रीब-क़रीब एक छोटे-से बन्द समुदाय के लोग हैं जो आपस में ही एक-दूसरे को भला-बुरा कहते-सुनते रहते हैं।

इस स्थिति का, दूसरे छोर से, एक और अन्तर्विरोध भी है। नाटक के समीक्षक किसी मंडली से सम्बद्ध न हों, यह तो समझ में आता है। पर इसका यह मतलब नहीं कि वे सिर्फ़ चालू जुमलेबाज़ या 'स्मार्ट' या लफ़्फ़ाज़ पत्रकार हों। ऐसे समीक्षकों की, कला-विशेषज्ञों की, हमारे यहाँ कमी नहीं। जब रंगमंच हर स्तर पर शौक़िया काम ही है, तो ऐसे लोगों की घुसपैठ को रोकना आसान भी नहीं। ऐसे समीक्षक अकसर पचास पंक्तियों की समीक्षा में चालीस पंक्तियों में नाटक के बारे में कुछ तथाकथित 'इंटेलेक्चुअल' बातें कहते हैं, और बाक़ी दस में कुछ एक-दो अभिनेता के बारे में तारीफ़-बुराई के, और कुछ दृश्यबन्ध, वेशभूषा और प्रकाश योजना के बारे में घिसे-पिटे, वाक्य होते हैं। सृजनात्मक साहित्य के रूप में नाटक के साथ, और अभिनय तथा रंग-कला के विभिन्न रूपों, शैलियों और पद्धतियों के साथ, अकसर समीक्षक की जानकारी बेहद सतही, बनावटी और कभी-कभी तो नहीं के बराबर होती है।

इसमें एक बड़ी बुनियादी और सांघातिक उलझन भाषा के कारण है। नाटक-समीक्षाएँ ज़्यादातर अंग्रेज़ी पत्रों में ही होती हैं। यह बात नाटक और प्रदर्शन को समीक्षक से कई स्तरों पर अलग कर देती है। बहुत-से समीक्षकों का अंग्रेज़ी नाटकों का ज्ञान चाहे जैसा हो, किसी भारतीय भाषा के नाटकों से, और उनकी व्यापक पृष्ठभूमि के रूप में दूसरी साहित्य-विधाओं और कलाओं से, बड़ा ही कम परिचय होता है। अंग्रेज़ी में लिखते समय भारतीय भाषाओं में रचना के प्रति एक प्रकार का कृपापूर्ण, श्रेष्ठता का-सा भाव बहुत-से समीक्षकों में मौजूद रहता है, जो अकसर प्रासंगिक या अप्रासंगिक रूप से अंग्रेज़ी नाटकों, प्रदर्शनों, निर्देशकों, अभिनेताओं, समीक्षकों का हवाला देने, या उनमें जाने-अनजाने तुलना करने में ज़ाहिर होता है। बेशक, विदेशों के रंगमंच और उसके मूल्यों से परिचय और उनका प्रयोग उपयोगी भी है और किसी हद तक ज़रूरी भी। पर यह एक हीनता, दासता या पिछलग्गूपन के भाव से नहीं, अपने सृजनात्मक कार्य की ज़रूरतों के हिसाब से, बड़ी सतर्कता और संवेदनशीलता से, काम लेने पर ही कारगर हो सकता है।

जहाँ दूसरी सृजनात्मक विधाओं तथा बौद्धिक क्षेत्रों में अंग्रेज़ी के इस घातक प्रभाव की चेतना बढ़ी है, वहीं रंगमंच में यह अभी नहीं के बराबर है। बल्कि जहाँ तक रंगमंच के मूल्यों और नाट्य-समीक्षा के मानदंडों का सवाल है, हमारी चेतना पश्चिमी नमूनों से बेहद आक्रान्त है—उद्देश्यों और स्थितियों के बारे में अस्पष्टता और उलझनों के अतिरिक्त किसी हद तक बौद्धिक आलस्य के कारण भी। क्या हम अपने सन्दर्भ में अपने निजी मानदंड तलाश करने के लिए बेचैन हैं? नाटक से हमारी क्या माँग है? उसे प्रदर्शन में कैसे पूरा किया जा सकता है? विभिन्न क्षेत्रों में नाटक की भाषा की समस्या का क्या रूप है और हमारे नाटककार, निर्देशक, अभिनेता उससे कितना और कैसे सामना कर रहे हैं? अच्छा या श्रेष्ठ अभिनय या रंगसज्जा हम किसे कहेंगे? क्या इसका कोई अलग—किसी भी हद तक—भारतीय उत्तर हो सकता है? क्या हमारे अभिनेता की गतियों की, चर्या की, अंग-संचालन तथा भंगिमाओं और मुद्राओं की—संक्षेप में सम्पूर्ण अभिव्यक्ति की—कोई अलग पद्धति हो सकती है या होनी चाहिए? क्या वह अभिनय हमारे पारम्परिक तथा लोकनाट्य-रूपों से किसी प्रकार प्रभावित होगा? क्या हमारे रंगमंच पर पश्चिम के क्लासिकों और अन्य नाटकों के प्रदर्शनों में हमारी कोई विशेष रंगदृष्टि उभरकर आ सकती है या आनी चाहिए? उन्हें उनके मूल रूप में प्रस्तुत किया जाना चाहिए या हमारे जीवन और रंगमंच के साथ किसी प्रकार की प्रासंगिकता में? संस्कृत तथा पारम्परिक नाटकों के प्रदर्शनों के प्रति क्या वही मानदंड कारगर हो सकते हैं जो पश्चिमी शैली के नाटकों के बारे में होते हैं? क्या हर प्रदेश के नाटक एक ही पैमाने से ठीक देखे-परखे जा सकते हैं? मसलन, मराठी, बांग्ला, गुजराती-जैसी अपेक्षाकृत रंग-समृद्ध भाषाओं के प्रदर्शनों के मौजूदा रूप और स्तर और शैली का उनकी परम्परा से सम्बन्ध है, यह समझना आवश्यक है या नहीं? हमें अपने प्रदर्शनों के रूप, शैली, और स्तर की, अभिनेताओं की सफलता-असफलता की, उनकी शैलियों और पद्धतियों की चर्चा, भाषा और क्षेत्र विशेष के सन्दर्भ में करनी चाहिए या निरपेक्ष भाव से? आदि, आदि, अनेक सवाल सजग, संवेदनशील और गम्भीर नाट्य-समीक्षक के सामने होना अनिवार्य है। पर अधिकांश समीक्षा पढ़कर ऐसा नहीं लगता कि समीक्षक किसी भी स्तर पर संजीदगी के साथ इन सवालों में टकराता है या अपने कार्य में इनका जवाब पाने की कोशिश करता है। पर क्या सचमुच कोई विचारणीय या मूल्यवान समीक्षा इस भीतरी तनाव के बिना हो सकती है? नाट्य-समीक्षा को लेकर जो विवाद उठता है उसको सही रास्ते पर लाने के लिए व्यक्तिगत उठा-पटक से हटकर इन सवालों पर ध्यान देने के सिवाय दूसरा कोई चारा नहीं।

रंग-जगत में हमेशा ही समीक्षा और समीक्षकों को लेकर वाद-विवाद छिड़ता रहता है जो अकसर आपसी तू-तू-मैं-मैं और उखाड़-पछाड़ का रूप ले लेता है। कुछ

समय पहले दिल्ली में निर्देशकों और समीक्षकों के बीच बड़ी कड़वाहट पैदा हुई। कुछ प्रमुख निर्देशकों-संयोजकों ने एक स्थानीय दैनिक में एक संयुक्त पत्र छपाकर अख़बारों और पत्रिकाओं के सम्पादकों से माँग की कि उनके प्रदर्शनों की निष्पक्ष समीक्षा मुमकिन न हो तो समीक्षा के स्थान पर प्रदर्शन का विवरण-भर छापा जाए। कुछ निर्देशकों ने दैनिक पत्रों के सम्पादकों से, पत्र लिखकर या मिलकर इस या उस समीक्षक को हटाने का भी अनुरोध किया। अनेक प्रमुख निर्देशकों ने समीक्षकों को बहुत भला-बुरा कहा, किसी-किसी ने तो सामान्यत: रंगमंच के विकास में रुकावट तक बताया। इस प्रकार दिल्ली के रंग-जगत में निर्देशकों और समीक्षकों के बीच अन्तर्विरोध एक तरह की मुठभेड़ के स्तर तक पहुँच गया।

इस सब में, व्यक्तियों की आपसी टकराहट और पसन्द-नापसन्द को छोड़ देने के बाद, जो मुद्दे उभरे वे, दरअसल, बहुत बुनियादी और गहरे तो नहीं थे पर विचारणीय ज़रूर हैं। जैसे, इसी बात को लें कि जो लोग स्वयं निर्देशक या अभिनेता हैं, या किसी भी प्रदर्शन करनेवाली मंडली से सक्रिय रूप में सम्बद्ध हैं, उन्हें समीक्षक नहीं होना चाहिए।

अपने-आप में इस बात में न तो सिद्धान्त की दृष्टि से बहुत दम है, न व्यावहारिक दृष्टि से। दुनिया में हर जगह, हर कलात्मक अभिव्यक्ति के क्षेत्र में, सक्रिय रचनाकार समीक्षक होते हैं और होते रहेंगे। दुनिया की कुछ सबसे संवेदनशील, सूक्ष्म और युगान्तकारी समीक्षा रचनाकारों द्वारा ही लिखी गई है—कविता, साहित्य, ललितकला, संगीत और स्वयं रंगमंच से ऐसे कितने ही नाम लिये जा सकते हैं। और इसमें कुछ अजब भी नहीं। रचनाकार सृजनात्मक कार्य की बुनियादी ज़रूरतों और कठिनाइयों को जितनी गहराई, सूक्ष्मता और तीव्रता से पहचान सकता है, वह बहुत बार तथाकथित तटस्थ समीक्षक के लिए सम्भव नहीं हो पाता। यही कारण है कि अकसर बहुत-सी किताबी लकीर पीटने वाली और स्वीकृत को ही मान्यता देनेवाली समीक्षा तटस्थ लोगों की ही होती है। उनमें नए को पहचानने और उसके सन्दर्भ में समीक्षा के मानदंडों में परिवर्तन करने लायक क्षमता ही नहीं होती और न सृजनात्मक साहसिकता होती है। उनमें केवल धन्धे में लगे पेशेवर लोगों की चतुराई और निपुणता ही अधिक होती है। इसका यह अर्थ नहीं कि रचनाकारों की सारी समीक्षा श्रेष्ठ ही होती है और पेशेवर समीक्षकों की सारी समीक्षा किताबी और कल्पनाहीन ही। पर यह सही है कि सिद्धान्त के तौर पर रचनाकार के समीक्षक होने पर बन्दिश लगाना बड़ा बचकाना और बेमानी सरलीकरण है जिससे कोई सही नतीजा नहीं निकल सकता।

और यदि आज के भारतीय, विशेषकर हिन्दी, रंगमंच के आन्दोलन की स्थिति पर विचार करें, तो भी इस तर्क की अव्यावहारिकता साफ़ है। हमारे यहाँ अभी पेशेवर निर्देशक और अभिनेता ही उँगलियों पर गिनने लायक हैं, तो मंडलियों से

असम्बद्ध पेशेवर समीक्षक कहाँ से आएँगे? रंगमंच के कार्य में दिलचस्पी लेनेवाले ज़्यादातर वे ही लोग हैं जो किसी-न-किसी मंडली से किसी-न-किसी रूप में जुड़े हैं। और उनमें भी जो बौद्धिक दृष्टि से, संवेदनशीलता और कल्पनाशीलता में, सबसे अच्छे हैं, वे प्राय: सभी अभिनेता या निर्देशक के रूप में या अन्य प्रकार से मंडली के सक्रिय सदस्य हैं। ऐसे ही लोगों में इतनी बौद्धिक सक्रियता और क्षमता और आवश्यक भाषाई ज्ञान है कि वे समीक्षक हो सकें। अब अगर उन्हें ही समीक्षा करने से रोक दिया जाए, तो फिर या तो और भी बेहद घटिया, कामचलाऊ, अख़बारनबीस क़िस्म के लोग समीक्षा लिखेंगे, या चुस्त-दुरुस्त, ऊपरी तबके के फ़ैशनेबल लोग, या बड़े सरकारी अफ़सर आदि। कई केन्द्रों की वस्तुस्थिति इस कथन की सचाई की गवाह है। मगर इस सवाल पर हमारा दिमाग़ साफ़ नहीं है। एक ओर, हम समीक्षक से रंगमंच की जानकारी और समझ तथा संवेदनशीलता और सूझ-बूझ की आशा करते हैं; दूसरी ओर, ऐसी जानकारी और संवेदनशीलता पाने का जो एकमात्र उपाय मौजूदा परिस्थिति में सम्भव है, उससे इनकार करते हैं।

यहाँ यह कहने में भी ख़ास तुक नहीं कि सिद्धान्त और रंगमंच की व्यावहारिक माँग जो भी हो, पर जो लोग इस समय वास्तव में लिख रहे हैं वे निजी तौर पर इतने सक्षम और जानकार या कि 'बौद्धिक दृष्टि से संवेदनशीलता और कल्पनाशीलता में अच्छे' नहीं हैं कि समीक्षक बन सकें। मगर उस लिहाज़ से ज़्यादातर अभिनेता और निर्देशक ही कौन-से बहुत सक्षम, कल्पनाशील, समझदार या संवेदनशील हैं? जिस तरह हमारे अभिनेता और निर्देशक, इक्का-दुक्का अपवादों को छोड़कर, हमारे पूरे रंग-आन्दोलन और हमारे व्यापक सांस्कृतिक, कलात्मक और बौद्धिक स्तर की उपज हैं, और उसके द्वारा सीमित हैं, उसी तरह समीक्षक भी। ईमानदारी से यह कहना मुश्किल होगा कि मंडलियों में निर्देशक तथा अभिनेता सभी बड़े ऊँचे दर्जे के हैं और उनसे सम्बद्ध समीक्षक सब घटिया दर्जे के।

इसके विपरीत तथाकथित असम्बद्ध और तटस्थ समीक्षकों के कारनामे क्या बहुत अच्छे रहे हैं? पिछले कुछ वर्षों के नाट्य-प्रदर्शनों की दैनिक पत्रों में प्रकाशित समीक्षाओं को कोई सचमुच देखे और पढ़े तो उसे उनमें इन तटस्थ समीक्षकों की घोर पक्षपातपूर्ण, या बेमानी लफ़्फ़ाज़ी से रौब डालनेवाली, कई बार मूर्खतापूर्ण और अकसर भारतीय नाटक और रंगमंचीय परम्परा के ज्ञान से एकदम शून्य, समीक्षाएँ कितनी ही मिल जाएँगी। और उनकी ऐसी समीक्षाएँ भी मिल जाएँगी जो या तो किसी-न-किसी प्रकार के मित्रता के, हैसियत के, अथवा अन्य सामाजिक आधार के दबाव में, या जाने-अनजाने किसी-न-किसी प्रकार के प्रत्यक्ष या अप्रत्यक्ष प्रलोभन से प्रेरित होकर, लिखी गई हैं। दूसरी ओर, मंडलियों से सम्बद्ध लोगों की भी कई समीक्षाओं में हमारे आज के रंगमंच के लिए प्रासंगिक मानकों और कसौटियों से लगाव, उनकी तलाश और उनके लिए छटपटाहट की

झलक मिलेगी, जो ऊपरी सतह पर 'प्रोत्साहन देनेवाली' समीक्षाओं से कहीं ज़्यादा मूल्यवान और महत्त्वपूर्ण है।

इस सन्दर्भ में, इसीलिए, यह पहचानना ज़रूरी है कि क्षमता और ईमानदारी का संकट हमारे समाज का एक सर्वव्यापी लक्षण बन गया है। ढोंग और पर-उपदेश का बड़े पैमाने पर बोलबाला है। और हम कुछ इस कमाल से बेधड़क हो गए हैं कि काँच के घरों में बैठकर भी दूसरों पर दनादन पत्थर फेंकने में पल-भर नहीं झिझकते। इसीलिए ऐसी बहसों में प्रदर्शनों की, या सचमुच लिखी गई और प्रकाशित समीक्षाओं की, ठोस ढंग से, किन्हीं मान्यताओं, मानकों और कसौटियों के आधार पर, कोई जाँच नहीं की जाती। बल्कि किसी भी समय वास्तविक कसौटियों और मानकों का सवाल ही नहीं उठता। आम तौर पर, व्यक्तिगत समीकरण ही महत्त्वपूर्ण बने रहते हैं। अगर समीक्षक अपनी समीक्षा द्वारा किसी मंडली या निर्देशक या अभिनेता को उठाने-गिराने का दम भरते हैं, तो यह भी कोई नई और अचरज की बात नहीं कि निर्देशक और अभिनेता सिर्फ़ तारीफ़वाली समीक्षा को ही समझदारी और ईमानदारी की समीक्षा मानते हैं। उसके आलोचनात्मक होते ही उन्हें समीक्षक में या तो समझ की कमी नज़र आने लगती है या ईमानदारी की।

यहाँ दिलचस्प बात यह है कि यह स्थिति सिर्फ़ रंगमंच में ही हो, ऐसा नहीं है। सृजनात्मक अभिव्यक्ति के हर क्षेत्र में यही हालत है। कला में वैयक्तिक तत्त्व, अद्वितीयता और सर्वथा निजीपन पर जैसे-जैसे आग्रह बढ़ता गया है, वैसे ही-वैसे रचनाकार और समीक्षक या प्रश्नशील दर्शक-पाठक के बीच विरोध और तनाव भी बढ़ता गया है। यहाँ तक कि बहुत-से रचनाकार यह तक मानने लगे हैं कि रचना को 'समझना' सम्भव नहीं, क्योंकि समझना बुद्धि की क्रिया है, रचना को केवल अनुभूत किया जा सकता है। इसलिए उसका कोई वस्तुपरक मूल्यांकन हो ही नहीं सकता। एक रचना के नियम या तत्त्व किसी दूसरी के लिए प्रासंगिक और कारगर नहीं हो सकते। दूसरे शब्दों में, कला की कोई समीक्षा सम्भव ही नहीं है। यहाँ इस दृष्टि के विवेचन का अवसर नहीं। पर यह सच है कि निजीपन के आग्रह से रचनाकार और समीक्षक के बीच अन्तर्विरोध और तनाव पैदा होता है जो किसी हद तक हमारे रंग जगत में भी सक्रिय है। कुल मिलाकर इससे रचनाकारों और समीक्षकों के बीच ज़्यादा दूरी पैदा हो रही है और धीरे-धीरे एक तरह की संवादहीनता की स्थिति आती जाती है।

मगर ज़ाहिर है कि यह व्यर्थता का रास्ता है। रचनाकार और समीक्षक के बीच संवादहीनता बढ़ेगी तो वह अन्त में, अनिवार्यतः, रचनाकार और दर्शक के बीच संवादहीनता की ओर ही जाएगी, या फिर उनके बीच सिद्धान्तहीन, घटिया, व्यावसायिक उद्‌देश्यों से निर्धारित संवाद स्थापित करेगी। दरअसल, मौजूदा तनाव, एक स्तर पर तो इस बात का सूचक है कि रंगमंच निरे शौक़िया मन-बहलाव के

कार्य-कलाप से निकलकर कलात्मक सार्थकता की ओर, अपनी असलियत को पहचानने की ओर बढ़ रहा है। दूसरी ओर, वह इस बात की चेतावनी भी देता है कि मानकों और कसौटियों के सवाल उठाने से अब बचा नहीं जा सकता। ऐसे सवाल उठाना कुछ मुट्ठी-भर घुसपैठिए बुद्धिजीवियों का हंगामा या शिक्षकों का किताबी कारोबार नहीं, बल्कि सार्थक सृजनात्मकता का एक बुनियादी सरोकार है। अब हम ऐसे मोड़ पर पहुँच रहे हैं कि अपने रंगमंच के स्वरूप और उसकी बुनियादी ज़रूरतों के बारे में तरह-तरह के सवालों से बेझिझक सामना किए बिना, और किसी हद तक उनका उत्तर तलाशे बिना, आगे नहीं बढ़ सकेंगे।

यह न सिर्फ़ सार्थक समीक्षा की, बल्कि स्वयं सार्थक सृजनात्मक रंग-कार्य की भी, तात्कालिक आवश्यकता है कि हम अपने नाटक-लेखन और नाट्य-प्रदर्शन को आज के इंसान की हालत की सही पहचान करने के काम से जोड़ें। इसके लिए हमें, एक ओर, अपने नाटक-लेखन को व्यापक सृजनात्मक लेखन से, अपने काव्य और कथा-साहित्य से, जोड़ना और उसका सहवर्ती बनाना होगा, उसमें सृजनात्मक चेतना के उन स्तरों और रूपों को अभिव्यक्त करने की सक्षमता को खोजना होगा जिनसे अभी तक हमारा नाटक अकसर दूर रहा है। दूसरी ओर, प्रदर्शन में, अभिनय और रंग-शिल्प के स्तर पर, ऐसे नाट्यरूप या रूपों की तलाश करनी होगी जो आज की ज़िन्दगी के अन्तर्विरोध और तनाव को तो अभिव्यक्त कर सकें, पर बाहर से आरोपित और बनावटी न हों, जो आधुनिक और समकालीन होने के साथ अपने पारम्परिक अभिव्यक्ति रूपों से जुड़े हों, और इस भाँति व्यापक दर्शक-समुदाय को प्रभावित कर सकें।

महत्त्वपूर्ण बात यह है कि यह काम रचनाकार और समीक्षक, दोनों के लिए ही ज़रूरी है। बल्कि जब तक दोनों इस सामान्य धरातल पर आकर अपने कार्य को देखना शुरू नहीं करते, तब तक न तो वे सही अर्थ में अपनी सार्थकता पा सकते हैं और न उस मुठभेड़ से बच सकते हैं जो अनावश्यक तो है ही, दोनों के लिए घातक भी है।

भारतीय रंग-दृष्टि की खोज

एक प्रकार से अब हम अपने नाटक और रंगमंच में सार्थकता और सृजनशीलता के इस अन्वेषण के अन्त तक आ पहुँचे हैं। यह सम्भव है, नाटक और प्रदर्शन के रचनात्मक तथा बाह्य तत्त्वों के पिछले विवेचन में यह बात स्पष्ट रूप में उभर आई हो कि वास्तव में सृजनात्मक विधा के रूप में भारतीय रंगमंच के सामने सबसे बड़ी समस्या आत्म-साक्षात्कार की ही है। हमारा रंगमंचीय अतीत और वर्तमान बड़ा विचित्र और अनोखा विरोधाभास प्रस्तुत करता है। रंग-कार्य की दृष्टि से हमारी स्थिति किसी इतिहासहीन समुदाय की नहीं है। भारत का प्राचीन संस्कृत नाटक और रंगमंच बड़ा समृद्ध था और यह समृद्धि एक लम्बे दौर तक चली जिसमें नाटक और रंगमंच दोनों में ही तरह-तरह के प्रयोग किए गए। साथ ही, उस अनुभव को बड़े विस्तार से और सूक्ष्मता के साथ सिद्धान्त-ग्रन्थों में सँजोया गया, जिसने फिर और भी नई पद्धतियों और व्यवहारों तथा रूढ़ियों को जन्म दिया या पुष्ट किया। संस्कृत नाटक और रंगमंच की यह परम्परा अपने-आप में समृद्ध और बहुमुखी ही नहीं है, आज यह सर्व स्वीकृत है कि वह अपनी विशिष्टता और मौलिकता तथा एक विशेष प्रकार की सूक्ष्मता में संसार की प्राचीन रंग-परम्पराओं में अनन्य है। उसकी दृष्टि की कलात्मकता और संवेदनशीलता की उपेक्षा नहीं की जा सकती, न उसे निरर्थक कहकर ही उड़ाया जा सकता है।

किन्तु फिर भी यह परम्परा दीर्घ काल तक चलने के बाद टूट गई, नष्ट-भ्रष्ट हो गई। आज उसके प्रमाण या स्वरूप के विवरण अथवा उदाहरण या तो सिद्धान्त-ग्रन्थों में उपलब्ध हैं या संस्कृत नाटकों में निहित हैं। उनके व्यवहार की, चाहे जितने परिवर्तित, संशोधित रूप में ही सही, निरन्तरता और अविच्छिन्नता नहीं बनी रह सकी, जिससे आज का रंगकर्मी सीख सके और विद्रोह कर सके, जिसे अपने कार्य में आत्मसात कर सके अथवा अस्वीकार करके उसके समक्षीकरण में एक नई प्रतिमा बना सके। ऐसी स्वीकृति और अस्वीकृति दोनों ही किसी भी सृजन-कार्य को ऐसी अर्थवत्ता और गहराई देती हैं, सम्प्रेषण में ऐसी सार्विकता और तीव्रता देती हैं, जो अन्य किसी भी उपाय से नहीं मिल सकतीं। निस्सन्देह उस परम्परा के कुछ बिखरे हुए, इक्का-दुक्का, मूल, रूपान्तरित अथवा विकृत, तत्त्व देश के कुछ

नृत्याभिनयों में, नृत्य-नाटकों में, नृत्य में अथवा कूडियाट्टम-जैसे मिश्रित नाट्य प्रकारों में मिल जाते हैं जिन्हें कुछ शोध, अध्ययन और परिश्रम द्वारा अलगाया जा सकता है। पर स्पष्ट ही वह हमारे रंग-कार्य के साथ जीवन्त रूप में सम्बद्ध नहीं रहा है, बल्कि प्रायः विस्मृत और विच्छिन्न है। वह परम्परा एक प्रकार से अपनी होकर भी अपनी नहीं है।

संस्कृत रंगमंच का यह विघटन कोई एक हज़ार वर्ष पहले हुआ। अब वह यदि सम्पूर्ण रूप से टूटकर निरा पुरातत्त्व और प्राचीन इतिहास का अंग बन जाता तो भी एक बात थी। पर ऐसा भी नहीं हुआ; वह असंख्य रूपों में देश-भर के विभिन्न प्रादेशिक भाषाओं के सामुदायिक रंगमंच में बिखर गया, मिल गया, खो गया। संस्कृत रंगमंच के कई रूप, रूढ़ियाँ और व्यवहार लोक में प्रचलित नाट्य कार्य-कलाप से आए थे; उनमें से कुछ तो संस्कृत रंगमंच के विघटन के बाद फिर अधिक पुष्ट, समृद्ध और विकसित होकर प्रमुख हो उठे, कुछेक शायद लुप्त हो गए। और फिर, अगले हज़ार वर्ष तक विभिन्न प्रदेशों में रंगमंच के वे रूप प्रचलित रहे जिनके समुच्चय को सम्भवतः हम मध्यकालीन नाट्य-परम्परा कह सकते हैं। यह परम्परा स्थानीय और प्रादेशिक थी; उसमें लिखित नाटक की प्रायः गौणता और गीत-संगीत तथा नृत्य की प्रधानता थी; निश्चित नियमों के स्थान पर स्वतःस्फूर्त सूझ और उपज पर बल था; संस्कृत रंगमंच के-से कलात्मक आग्रह के बजाय मनोरंजन पर बल था, यद्यपि उसका बाह्य रूप प्रायः धार्मिक तथा भक्ति-प्रधान होता था।

इस प्रकार संस्कृत रंगमंच से थोड़ी या बहुत प्रभावित और सम्बद्ध होकर भी कालान्तर में यह एक स्वतंत्र नाट्य-परम्परा बन गई जो हमारे देश की पूर्व और उत्तर मध्यकालीन जीवन-पद्धतियों से जुड़ी हुई थी। फलस्वरूप, हमारे तत्कालीन जीवन की जड़ता के अनुरूप ही उसमें भी जड़ता आती गई, रुचि-परिष्कार का अभाव होता गया; और एक प्रकार की विकृति तथा ग्राम्यता बढ़ती रही, यद्यपि जीवन से सम्बद्ध होने के कारण ही उसमें एक प्रकार की जीवन्तता, प्राणवत्ता भी थी। यह रंग-परम्परा मुख्यतः ग्रामीण अंचलों, अधिक-से-अधिक छोटे शहरों, में ही सक्रिय थी। किन्तु पिछले सौ-डेढ़ सौ वर्ष में हमारे सामाजिक, आर्थिक और राजनैतिक और मानसिक जीवन में व्यापक परिवर्तनों के फलस्वरूप, बड़े-बड़े नगरों के विकास तथा वहाँ शिक्षा के प्रसार के कारण, यह रंग-परम्परा भी हमसे छूट गई; वह विकृत ही नहीं, निरन्तर उपेक्षित होते-होते प्रायः विस्मृत होती गई और शहरी रंगकर्मी का उससे बहुत ही कम परिचय रह गया, शहर के रंगमंच से उसका किसी प्रकार का सम्बन्ध या योग तो रहा ही नहीं।

इस स्थिति का कारण हमारे जीवन में व्यापक परिवर्तनों के अतिरिक्त एक और भी था। उन्नीसवीं शताब्दी के मध्य के आसपास हमारे देश में पश्चिम से एक सर्वथा विदेशी, भिन्न प्रकार की नाट्य-परम्परा का सन्निवेश हुआ, जो क्रमशः हमारी

शिक्षा-दीक्षा के फलस्वरूप, तथा अन्य नानाविध कारणों से, हमारे ऊपर आरोपित हो गई और क्रमशः हमारे समस्त शहरी रंग जीवन को उसी ने घेर लिया। इसने नाटक के सम्बन्ध में हमारे दृष्टिकोण में मौलिक परिवर्तन किए। जिस समय देश में इसका प्रारम्भ हुआ था, संस्कृत नाट्य-परम्परा सर्वथा विस्मृत थी। और, मध्यकालीन लोक नाट्य-परम्परा ठहरी हुई और तिरस्कृत अवस्था में थी। फलस्वरूप, पश्चिमी रंगमंच ने हमें पूरी तरह अभिभूत कर लिया। अवश्य ही हमारे नाटक-लेखन और प्रदर्शन में पश्चिमी व्यवहारों और विचारों के समावेश के विभिन्न चरण हैं, पर क्रमशः उसने हमारे शहरी रंग-कार्य में एकाधिकार प्राप्त कर लिया, इसमें कोई सन्देह नहीं।

दुर्भाग्यवश, उन्नीसवीं शताब्दी के मध्य में पश्चिम से अंग्रेज़ उपनिवेशवादियों के माध्यम से यह जो रंगमंच हमारे देश में आया, वह भी पश्चिम का तत्कालीन यथार्थवादी, विद्रोही, तीव्र सामाजिक चेतना, जागृति और आलोचना का रंगमंच नहीं, बल्कि अत्यन्त पिछड़ा हुआ, अलंकरण-प्रधान अथवा विक्टोरियन पाखंडपूर्ण आचार-व्यवहार का रंगमंच था, जिसमें दिखावे का, और अतिरंजना का बोलबाला था। वह मूलतः ह्रासोन्मुख रंगमंच था जिसे अंग्रेज़ों ने इस देश पर जाने-अनजाने थोप दिया। उसने हमारे देश की अपनी संगीत-नृत्य तथा कल्पना-प्रधान पौराणिक लोक नाट्य-परम्परा के साथ गड्डमड्ड होकर एक बड़ा विचित्र-सा रूप ले लिया, जो पारसी रंगमंच में, और उसी जैसे देश के अन्य भागों के रंगमंचों में प्रकट हुआ। उसके प्रभाव से देश के प्रायः हर भाषाई क्षेत्र में घुमन्तू और कहीं-कहीं स्थानिक, व्यवसायी मंडलियाँ बनीं, हर भाषा में पश्चिमी शैली पर नाटक लिखे और खेले गए, अंग्रेज़ी से अनुवाद और रूपान्तर करके खेले गए, अभिनय और प्रदर्शन की पश्चिमी शैलियाँ या उनसे मिलती-जुलती शैलियाँ अपनाई गईं, रंगशालाएँ बनीं, और इस प्रकार एक नई, बाहर से आरोपित, नाट्य-परम्परा की शुरुआत इस देश में हुई।

कुछ अनुकूल परिस्थितियाँ पाकर और स्थानीय नाट्य-प्रेम के आधार पर, बांग्ला और मराठी में विशेष रूप से, और किसी हद तक गुजराती, कन्नड़ और तमिल में, इस नए रंगमंच ने अधिक उन्मुक्त और समृद्ध विकास पाया। अब एक नई रंगमंच-शैली इन भाषाओं में रूप लेने लगी जिसमें पश्चिमी पद्धतियों का एक परिवर्तित रूप प्रकट हुआ और जिसका अपना अलग व्यक्तित्व भी किसी हद तक बना। किन्तु स्पष्ट है कि इस विशिष्टता के बावजूद इस रंगमंच की जड़ें हमारे देश में, हमारी सांस्कृतिक दृष्टि और व्यवहार में, न थीं। इसलिए उसका जो भी विकास होता रहा वह बहुत स्वाभाविक और सहज न था; और जहाँ वह आधुनिक रंगमंच को किसी-न-किसी रूप में लोकप्रिय और परिवेश का अनिवार्य अंग बनाता था, वहीं उसे हमारे मूल जीवन और कला-दृष्टि से दूर भी ले जाता था। दूसरी ओर, वह पश्चिम के अपने रंगमंच में होनेवाले उन क्रान्तिकारी परिवर्तनों से भी कटा हुआ था जो वहाँ के सामाजिक-सांस्कृतिक परिवेश से उद्‌भूत थे, पर हमारे लिए

अपरिचित और अप्रासंगिक थे, हमारी अपनी सामाजिक तथा मानसिक स्थितियों से जुड़ न पाते थे। हमारे देश के आधुनिक रंगमंच की इस आरोपित परोपजीवी प्रकार की वृद्धि का हमारी समकालीन रंगमंचीय परिस्थितियों से बड़ा गहरा सम्बन्ध रहा है, जिसे पूरी तरह पहचाने बिना हम अपनी परिस्थिति के ठहरावों को तोड़ नहीं पाएँगे।

हमारे देश में गम्भीर रंगमंच की ओर रुझान क्रमशः उस शौक़िया अव्यवसायी रंगमंच में से हुआ जिसने इसे आजीविका से अधिक अपनी आत्माभिव्यक्ति और आत्मान्वेषण का साधन बनाना प्रारम्भ किया, सामाजिक यथार्थ के उद्घाटन और समुदाय के साथ उसकी अनुभूति में सहभागिता का प्रयास किया। और जहाँ देश के विभिन्न भागों में व्यवसायोन्मुख अथवा मनोरंजनोन्मुख रंगमंच मौजूद परिस्थितियों से सन्तुष्ट रहा, या उनके उन्हीं दिशाओं में अधिकाधिक विकास की सम्भावनाएँ देख सका, वहीं गम्भीर सृजनशील रंगकर्मी के सामने भारतीय रंग-दृष्टि की खोज और पहचान का प्रश्न, और इसलिए अपनी रंग-परम्परा की पहचान का प्रश्न, अत्यन्त महत्त्वपूर्ण बन गया और उसके भीतर तीखे आत्ममन्थन की सृष्टि करता रहा।

इसका प्रधान कारण यह है कि हमारे देश का जागरूक रंगकर्मी एक चौराहे पर खड़ा है। वह अपने रंग-कार्य को अपने और अपने परिवेश के जीवन्त अनुभव का, उसकी समस्त जटिलताओं, उलझावों और विशिष्ट परिणतियों का, माध्यम बनाना चाहता है। अन्य सृजनशील कर्मियों की भाँति उसके मन में व्यक्ति को, और उसके अन्य व्यक्तियों के साथ सम्बन्धों को, अपने विशिष्ट सन्दर्भ में देखने, उनके सही रूप का अन्वेषण करने, और फिर उन्हें अपने कार्य में अभिव्यक्त करने की इच्छा है। पर माध्यम के रूप में रंगमंच एक ओर इतना अधिक सामूहिक है, और दूसरी ओर, समुदाय के भाव-जगत के साथ वर्तमान रंग-दृष्टि का कोई पारम्परिक अथवा गहरा दूरव्यापी सम्बन्ध स्पष्ट नहीं है, जिसको आधार बनाकर वह अपनी नई रंग-दृष्टि का विकास करे। नवीन कुछ भी करना चाहते ही वह पश्चिमी प्रयोगवादी पद्धतियों और दृष्टियों में ही और भी उलझ जाता है, जो एक प्रकार से उसे अपने निजी परिवेश और उसकी गहरी पृष्ठभूमि से और भी काट देती हैं। स्तानिस्लावस्की या ब्रेख्त, गॉर्डन क्रेग या तैरोव, आर्तो, जैने या ओयोनेस्को—सब अपने विद्रोह और अस्वीकृति में भी अपने-अपने परिवेश से जुड़े हुए हैं, और उनकी दृष्टियों की सार्थकता उनकी अपनी परम्परा के एक विशेष कालखंड में एक विशेष प्रकार से सार्थक या असार्थक हो उठने से उत्पन्न होती है। हमारा रंगकर्मी उनका सिर्फ़ अनुकरण ही करके अधिक-से-अधिक दूसरे दर्जे का ही काम कर सकता है। फ्रांस, जर्मनी या अमरीका के रंगमंच की विभिन्न नवीनतम पद्धतियों में अपनी रंग-दृष्टि को समोकर वह तात्कालिक चमत्कार या सफलता भले ही प्राप्त कर ले, पर उससे उसे अपने रंगमंच को अपने समुदाय की चेतना और सांस्कृतिक दृष्टि तथा अवचेतन भावधाराओं से जोड़ने में सफलता नहीं मिलेगी, और हमारी

अपनी सांस्कृतिक-सामाजिक तथा आर्थिक परिस्थितियों के साथ आत्यन्तिक रूप में समंजित न होने के कारण उसमें वह शक्ति तथा अनिवार्यता न आ सकेगी जो समर्थ कलासृष्टि में अपेक्षित है।

इस परिस्थिति का एक प्रायः हास्यास्पद रूप यह है कि बहुत बार हमारे रंगकर्मी को पश्चिम से प्राप्त नवीनतम व्यवहारों में अपने ही देश के प्राचीन अथवा मध्ययुगीन रंगमंच की पद्धतियाँ, रूढ़ियाँ तथा अभिप्राय मिल जाते हैं, जिन्हें पश्चिमी रंगकर्मियों ने अपनी नवीनता और कलात्मक सार्थकता की खोज में प्राच्य रंगमंचीय परम्पराओं से प्राप्त किया था। इस कारण भी भारतीय सृजनशील रंगकर्मी के लिए यह सर्वथा आवश्यक हो गया है कि अपनी नई रंग-दृष्टि के विकास के लिए वह अपनी प्राचीन तथा मध्ययुगीन परम्पराओं के सूत्रों को अधिक गहराई से खोजे और आज के जीवन से साक्षात्कार के सन्दर्भ में उनकी कलात्मक सार्थकता और प्रासंगिकता का सावधानी से परीक्षण करे।

यह बात सृजनशील रंगकर्मी को समझनी ही होगी कि परम्परा की पहचान के अभाव में सार्थक और जीवन से संश्लिष्ट कलासृष्टि की समस्याएँ रंगमंच में तीव्रतम हैं, क्योंकि रंगमंच एकाधिक स्तरों पर सामुदायिक विधा है, जिसमें सम्प्रेषण समुदाय द्वारा स्वीकृत रूढ़ियों और अभिव्यक्ति के सामुदायिक अनुभव से सम्बद्ध होने से जुड़ा हुआ है। कलात्मक अद्वितीयता तथा विशिष्टता की खोज रंगमंच में सामुदायिक जीवन की भंगिमाओं और अन्तर्भूत प्रेरक प्रवृत्तियों तथा उनके पारम्परिक सामुदायिक अभिव्यक्ति रूपों के सम्बन्ध की और भी गहरी तलाश द्वारा सम्भव होगी। अन्य कला-रूपों से इस बात में रंगमंच भिन्न भी है और उसका कार्य अधिक कठिन भी। इसलिए नई सृजनशील रंग-दृष्टि का विकास विभिन्न परम्परा सूत्रों को जोड़कर, उनके नए परिप्रेक्ष्य में सन्तुलन और समन्वय द्वारा ही, सम्भव हो सकेगा। यथार्थवादी निर्जीवता को छोड़कर सृजनशील रंगमंच की रचना के लिए कौन-से तत्त्व सहायक हो सकते हैं, और वे कहाँ से कैसे रंगकर्मी को प्राप्त हो सकते हैं, और भारतीय सामुदायिक जीवन में वे किस सीमा तक अपनी सम्प्रेषणीयता बनाए रख सकेंगे—इन प्रश्नों का कोई बँधा-बँधाया उत्तर नहीं हो सकता। वह हर सृजनशील कर्मी को स्वयं परम्परा से जीवित सम्बन्ध स्थापित करके ही खोजना और पाना पड़ता है। किन्तु आज के रंगकर्मी के सामने हमारी रंगमंचीय परम्परा के तीनों स्तर—संस्कृत नाट्य, लोकनाट्य और पश्चिमी रंगमंच—एक नए सम्बन्ध और समक्षीकरण में उपस्थित हैं। उनका बेझिझक सामना करके, और आज के जीवन के साथ उन्हें सार्थक रूप में सम्बद्ध करके ही, वह अपने रंग-कार्य की मूलभूत समस्याओं को सुलझा सकेगा। इन तीनों में से किसी के भी निषेध अथवा अस्वीकार द्वारा, या उनके यांत्रिक, शैक्षिक अथवा फ़ैशनेबल स्वीकार द्वारा, वह अपने क्षेत्र या भाषा में कोई ऐसा रंगमंच विकसित नहीं कर सकता जो मूल्यवान, सार्थक और जीवन्त अनुभव

को मूर्त करने के साथ-साथ किसी कलात्मक सृजनात्मक उपलब्धि का भी साधन बन सके, और इस प्रकार समुदाय के सांस्कृतिक जीवन को अधिक संवेदनशील और समृद्ध बनाने में योग दे सके। परम्परा के प्रश्न से निर्भीक साक्षात्कार आज के हमारे रंगमंच का एक अत्यन्त ही मूलभूत और अनिवार्य प्रश्न है जिसका समाधान खोजकर ही हम वह रंग-दृष्टि पा सकेंगे जिसे हम अपनी कह सकें, जिसमें हमारी अपनी पहचान हो, हमारा अपना व्यक्तित्व अपनी पूरी सृजनशीलता में वर्तमान हो।

सन्दर्भ-सूची

अंकिया नाट, 112, 116
अंग्रेज़ी नाटक/रंगमंच—देखिए रंगमंच
अग्रगामी (अवाँ गार्द) रंगमंच, 128
अजब न्याय वर्तुलाचा, 127
अजितेश बन्द्योपाध्याय, 68, 107
अज्ञात, 190
अदाकार, 91
अनामिका, 187, 190
अन्तरंग (भोपाल), 80
अन्धा युग, 38, 67, 189
अन्धा युग और भारती के अन्य नाट्य-प्रयोग, 189
अन्धेर नगरी, 67
अपवारित, 100
अब्दुल क़ुद्दूस 'नैरंग', 190
अभिज्ञान शाकुन्तल, 97, 102
अभिनटन, 71, 75, 101, 107
अभिनय, 38, 51, 64, 65, 68, 71, 72, 97, 146, 150, 153, 155, 180, 182
अभिनय (अन्तर्देशी हिन्दी पाक्षिक), 187
अभिनय नाटक मंच (बांग्ला), 188
अभिनय संवाद, 187
अमरीकी नाटक/रंगमंच—देखिए रंगमंच
अमरीश पुरी, 76
अमाल अल्लाना, 66
अमित मैत्र, 51
अमृतराय, 58
अमोल पालेकर, 124
अरविन्द देशपांडे, 144
अरस्तू, 30
अरुण मुखर्जी, 75, 106
अलकाज़ी इब्राहिम, 67, 68, 71, 81, 104, 125, 158, 187
अव्यवसायी रंगमंच—देखिए रंगमंच
अबनवन कटम्बा (मलयालम), 106
अविमारक, 97
अहीन्द्र चौधरी, 138
अहीन्द्र मंच (कलकत्ता), 81
आकाशभाषित, 100
आग़ा हश्र, 38, 190
आग़ा हश्र और नाटक, 190
आग़ा हश्र : व्यक्ति और कृति, 190
आजकल, 186
आज के हिन्दी रंगनाटक, 189
आज़र का ख़्वाब, 126
आदी मर्ज़बान, 91
आद्य रंगाचार्य, 51
आधी रात, 51
आधुनिक हिन्दी नाटक : एक यात्रा दशक, 189
आधे अधूरे, 66
आन्ध्र प्रदेश संगीत नाटक अकादमी, 187
आयोनेस्को, 56, 203
आर्तो, 203
आला अफ़सर, 107, 127
आषाढ़ का एक दिन, 38

ऑसबोर्न, जॉन, 56
इंडियन नेशनल थिएटर, 145
इंस्पेक्टर जनरल, 107
इनैक्ट, 187
इन्दुजा अवस्थी, 191
'इप्टा'—(देखिए जन नाट्य संघ), 69
इब्सन, 36, 51, 56, 126
ईस्किलस, 42
उड़िया रंगमंच/नाटक—देखिए रंगमंच
उत्तर प्रदेश संगीत नाटक अकादमी, 187
उत्तर रामचरित, 97, 103
उत्तरा बावकर, 76
उत्पल दत्त, 75, 125, 142
उध्वस्त धर्मशाला, 145
उपेन्द्रनाथ अश्क, 38
उरुभंग, 60, 97, 99, 105
उर्दू रंगमंच/नाटक—देखिए रंगमंच
एकेडेमी ऑफ़ फ़ाइन आर्ट्स प्रेक्षागृह (कलकत्ता), 80
ए डॉल्स हाउस, 126
एन एनिमी ऑफ़ द पीपुल, 126
एनुई, 56
एपिक थिएटर (बांग्ला), 187
एम. के. रैना, 67, 68, 104
एम. जी. रांगणेकर, 143
एवं इंद्रजित, 51
एस. एम. जहीर, 75
ओडिसी, 73
ओम शिवपुरी, 66
कंजूस, 126
कथकलि, 73, 153
कथानक, 30, 31, 52, 112, 114
कन्नड़ रंगमंच/नाटक—देखिये रंगमंच
कन्हैयालाल नन्दन, 189
कमलेशदत्त त्रिपाठी, 104, 105
कमानी प्रेक्षागृह (नई दिल्ली), 80
करियाला, 112, 116
कलामन्दिर (कलकत्ता), 80
कलावार्ता, 187
कल्पना, 185
कांचन रंग, 51
कॉकेशियन चौक सर्किल, 127
काबुकी, 67
कामदी, 57
कामू, एल्बर्ट, 126
कार्य-व्यापार, 21, 30, 31, 32, 33, 34, 39, 42, 49, 52, 68, 78, 97, 99, 114, 124, 126, 182
कालिदास, 104
कालिदास अकादमी, 105
कालिदास समारोह, 105
कावालम नारायण पणिक्कर, 68, 104, 105, 107
काव्य-नाटक, 58, 59
काव्य न्याय, 89
कुचिपुडि, 73, 116
क़ुदसिया जैदी, 99
कुमार राय, 75, 104
कुसुम कुमार, 189
कूडियाट्टम, 78, 104, 116, 201
कूत्तम्पलम, 78
के. के. रैना, 76
केयरटेकर, 126
कैलासम, 55
कोरस, 42, 125
क्रॉस पर्पजेज, 126
गॉर्डन क्रेग, 203
खड़िया का घेरा, 127
खामोश अदालत जारी है, 51
खयाल, 73, 112, 115
गति-विधान, 65, 75, 100, 159
गन्धर्व (बांग्ला), 187
गांधी मेमोरियल हॉल (नई दिल्ली), 80
गिनीपिग, 51

गिरीश कारनाड, 51, 106
गिरीश चन्द्र घोष, 138, 143
गिरीश रस्तोगी, 189
गुजराती रंगमंच/नाटक—देखिए रंगमंच
गुब्बी वीरन्ना, 146
गोगोल, 127
गोविन्द चातक, 189, 190
ग्लोब थिएटर, 77
घासीराम कोतवाल, 68, 71, 106
चन्दूलाल दुबे, 190
चन्द्रशेखर कम्बार, 106
चरनदास चोर, 67, 72
चरित्र-निरूपण, 30, 31
चाविट्टुनाटकम, 116
चेखव, एन्टन, 56
चो, 146
चोपड़ा कमाल नौकर जमाल, 127
छबीलदास विद्यालय (बम्बई), 83
छायानट, 187
जगदीशचन्द्र माथुर, 190
जगदीश शर्मा, 189
जनान्तिक, 100
जब्बार पटेल, 68, 71, 107, 144
जयदेव तनेजा, 189
जयदेव हत्तंगड़ी, 144
जयशंकर प्रसाद, 40, 63
जात्रा—(देखिए यात्रा)
जॉनसन, बेन, 125, 127
जामिनी राय, 175
जुलूस, 51
जो कुमार स्वामी, 67
जोगीमारा, 78
योगेश चौधरी, 138
ज्ञानदेव अग्निहोत्री, 66
टाटा थिएटर (बम्बई), 81
टोटल थिएटर, 68
तमाशा, 45, 73, 92, 103, 112, 115, 116, 127, 176
तमिल रंगमंच/नाटक—देखिए रंगमंच
टी. के. षण्मुगम, 146
तीन टके का स्वाँग, 127
तीन पयशार पाला (बांग्ला), 127
तीन पैशाचा तमाशा (मराठी), 127
ती फुलराणी, 127
तुग़लक, 51
तृप्ति मित्र, 75
तेरुकूत्तु, 112, 116
तेलुगु रंगमंच/नाटक—देखिए रंगमंच
तैरोव, 203
त्रासदी, 92
त्रिवेणी कला संगम (नई दिल्ली), 80
थिएटर (बांग्ला), 187
थिएटर (हिन्दी), 187
थिएटर न्यूज़ (अंग्रेज़ी), 187
थिएटर बुलेटिन (अंग्रेज़ी), 187
थिएटर यूनिट (अंग्रेज़ी), 81, 159
थ्री आर्ट्स क्लब, 91
थ्री पेनी आपेरा, 127
दर्पण दृश्य, 187
दर्शक-वर्ग, 23, 26, 29, 29, 30, 35, 41, 44, 45, 47, 63, 77, 79, 81, 83, 84, 85, 86, 87, 88, 89, 91, 92, 93, 94, 95, 96, 97, 98, 99, 102, 108, 109, 113, 118, 119, 125, 128, 129, 145, 148, 149, 162, 164, 172, 176, 177, 178, 180, 183, 185
दशचक्र (बांग्ला), 126
दशरूपक, 188
दशावतार, 112
दिनमान, 186
दिल्ली आर्ट थिएटर, 147
दिल्ली प्ले हाउस कम्पनी, 147
दीनानाथ नाट्यगृह (बम्बई), 80
दुर्गादास बनर्जी, 138

दुर्लभ बन्धु, 60
दृश्य-काव्य, 41
दृश्यबन्ध (सैटिंग), 34, 64, 65, 70, 184, 194
दृश्यसज्जा, 68, 71, 159, 164
दृश्यात्मक परिकल्पना, 30, 32, 34
देवीलाल सामर, 191
देहाती रंगमंच—देखिए रंगमंच
धर्मयुग, 185
धर्मवीर भारती, 67
नक़ल, 68, 110, 112
नटरंग, 15, 187
नटराज, 187
नटसम्राट (मराठी), 145
नत्थाराम, 114
नया थिएटर, 103
नई दुनिया, 186
नरनारायण राय, 189, 190
नागरी नाटक मंडली प्रेक्षागृह (वाराणसी), 80
नाटक
  का अनुवाद, 50, 52
  का अभिनय-प्रदर्शन से सम्बन्ध, 25-27
  काव्य का एक रूप, 33-34
  के तीन मौलिक पक्ष, 26
  की परिभाषा, 22, 24
  की भाषा, 47, 50, 56
  का रूपान्तर, 57, 59-60
  का शिल्प, 43
  की समसामयिक सार्थकता, 29-30
  की सामूहिकता, 19-20
  की सोद्देश्यता, 32
नाटक (पत्रिका),
  गुजराती, 187
  मराठी, 187
नाटककार भारतेन्दु की रंग-परिकल्पना, 189
नाटक पोलमपुर, 68
नाट्य (अंग्रेज़ी), 187
नाट्यकला, 23, 187
नाट्यकला (तेलुगु), 187
नाट्य दर्पण (मराठी), 187
नाट्य निकेतन, 143
नाट्य परिवेश, 189
नाट्य-प्रशिक्षण, 76, 150, 151, 153, 161, 163, 164
  शिक्षा संस्थाओं में, 160-61
नाट्य रचना विधान और आलोचना के प्रतिमान, 190
नाट्यवार्ता, 187
नाट्यशास्त्र, 21, 30, 77, 78, 97, 100, 105, 108, 153
नाट्यानुभूति, 37, 42, 43, 65, 72, 82, 88, 104, 123, 176, 177, 182, 184
नाट्यालोचन, 179, 188, 189, 191
नांदी (मराठी), 187
नांदीकार, 104
नांदी-पाठ, 113
नारायण प्रसाद बेताब, 190
निराला, 175
निर्देशक, 54, 64-67
नृत्य कलामन्दिर (पटना), 80
नो ऐक्ज़िट, 126
नौटंकी, 87, 91, 103, 107, 112, 114, 115, 127
पंकज कपूर, 76
पंचानन पाठक, 60
पंचाबी रंगमंच/नाटक—देखिए रंगमंच
पटी, 101
परफ़ार्मिंग आर्ट्स, 187
परम्पराशील नाट्य, 190
पराई कुख (पंजाबी), 127
पश्चिमी रंगमंच/नाटक—देखिए रंगमंच
पश्चिमी नाटकों के प्रदर्शन, 122-129

अंग्रेज़ी में, 122-124
भारतीय भाषाओं में, 124-128
पारम्परिक रंगमंच—देखिए रंगमंच
पारसी रंगमंच—देखिए रंगमंच
पारसी रंगमंच, 190
पारसी-हिन्दी रंगमंच, 190
पिगमेलियन, 126
पिरान्देलो, 56
पुंटिला ऐंड हिज़ मास्टर मत्ती, 127
पुतुल खैला (बांग्ला), 126
पु. ल. देशपांडे, 127
पूर्वग्रह, 187
पूर्वरंग, 104, 106
पृथ्वी थिएटर (बम्बई), 80
पृथ्वी थिएटर्स (मंडली), 38, 74, 91
प्रकाश-योजना, 57, 65, 70, 184
प्रतिभा अग्रवाल, 190
प्रतिमा, 97
प्रतीक-नाटक, 56
प्रसंग नाट्य (बांग्ला), 188
प्रसाद के नाटक, 189
प्रसाद : नाट्य और रंगशिल्प, 189
प्रोसीनियम मंच—देखिए रंगद्वारी मंच
फ़ाइन आर्ट्स थिएटर (नई दिल्ली), 80
फैंटेसी, 106
फ़ैयाज़ ख़ाँ, 175
बांग्ला रंगमंच/नाटक—देखिए रंगमंच
बंसी कौल, 68, 71, 82, 107, 127
बकरी, 106
बरनम वन, 58, 107, 126,
बर्नार्ड शॉ, 126
ब. व. कारन्त, 58, 60, 67, 68, 104, 107, 125, 127, 146, 147, 160
बहिरंग (भोपाल), 80
बहुरूपी (मंडली), 187
बहुरूपी (पत्रिका—बांग्ला), 187
बाक़ी इतिहास, 51
बादल सरकार, 51, 83
बाल गन्धर्व रंगमन्दिर (पुणे), 80
बाला सरस्वती, 175
बिच्छू, 126
बिजन थिएटर (कलकत्ता), 81
बिरजू महाराज, 175
बिहार थिएटर, 187
बिहार संगीत नाटक अकादमी, 187
बीबियों का मदरसा, 126
वीरेन्द्र नारायण, 190
बुर्रकथा, 112
बैकेट, 56, 126
बोधायन, 60
ब्रज का रास रंगमंच, 191
बृजमोहन शाह, 161
ब्रॉडवे, 86
ब्राह्मण सभा, 102
ब्रेख्त, बर्टोल्ट, 60, 101, 103, 107, 127
भक्ति बरवे, 75
भगत, 112, 115
भगवदज्जुकम, 60
भरत, 21, 77, 80
भरत नाट्य संशोधन मन्दिर (पुणे), 80
भरत वाक्य, 113
भरत शास्त्र (मराठी), 187
भवई, 73, 112, 115, 127
भाँगवाड़ी, 143
भाँडपथर, 73, 116
भागवत, 112
भागवत मेल, 116
भारत भवन (भोपाल), 80
भारतभूषण अग्रवाल, 60, 99
भारतीय नाट्य संघ, 187
भारतीय रंगमंच—देखिए रंगमंच
भारतीय रंगमंच का विवेचनात्मक इतिहास, 190
भारतीय लोक कला मंडल, 187

भारतेन्दु नाट्य अकादमी, 76
भारतेन्दु हरिश्चन्द्र, 60
भाषा नाटक संग्रह, 190
भास, 60, 78, 104, 105
मंगलाचरण, 113
मणिपुरी रंगमंच/नाटक—देखिए रंगमंच
मणि मधुकर, 106
मत्तविलास, 60
मधुकर तोरडमल, 144
मध्यकालीन रंगमंच—देखिए रंगमंच, पारम्परिक
मध्यप्रदेश कला परिषद, 187
मध्यप्रदेश का लोकनाट्य माच, 191
मध्यप्रदेश रंगमंडल, 147
मध्यम व्यायोग, 60, 97, 99, 103, 104
मनोरंजन और रंगमंच, 19-24
मनोरंजन भट्टाचार्य, 138
मनोहर सिंह, 76
मराठी रंगमंच/नाटक—देखिए रंगमंच
मर्चेन्ट ऑफ़ वेनिस, 60
मलयालम रंगमंच/नाटक—देखिए रंगमंच
महानिर्वाण, 68, 106
महाभारत, 112
महेन्द्र भानावत, 191
माउस्ट्रैप, 86
माच, 73, 112, 115, 191,
माधव वाटवे, 75
मान्धाता ओझा, 189
मारीच संवाद, 106
मावलंकर भवन (नई दिल्ली), 80
मिट्टी की गाड़ी, 68, 102, 103
मिनर्वा थिएटर (कलकत्ता), 142
मिर्ज़ा शोहरत, 126
मिलर, आर्थर, 56
मुक्तांगन (कलकत्ता), 81, 142
मुक्ताकाशी रंगमंच—देखिए रंगमंच
मुक्तिबोध, गजानन, 175
मुखौटे, 107
मुद्राराक्षस, 60, 97, 99, 102, 103, 104, 127
मूनलाइट कम्पनी, 91
मृच्छकटिक, 60, 97, 99, 103, 104
मैकबेथ, 58, 67, 107, 125, 126, 127
मैन विदाउट शैडोज़, 126
एम. एस. सथ्यु, 102
मोनिका मिश्र, 102
मोलियर, 60, 126
मोहन आगाशे, 75
मोहन राकेश, 60, 66, 99, 189
मोहन राकेश और उनके नाटक, 189
मोहन राकेश की रंग-सृष्टि, 189
मोहित चट्टोपाध्याय, 51
यक्षगान, 73, 107, 112, 116, 125
यथार्थवाद, 33, 40, 55
यात्रा (जात्रा), 64, 189
युक्ति, 72, 101,
यूनानी नाटक, 42, 77, 125
यूनिटी (अंग्रेज़ी), 187
रंगकर्म, 186
रंगद्वारी (प्रोसीनियम) मंच, 68
रंगभारती, 187
रंगमंच/नाटक
    अंग्रेज़ी, 54
    अमरीकी, 54-55
    अर्द्ध-व्यावसायिक, 145
    अव्यवसायी (शौक़िया), 37
    उर्दू, 126
    कन्नड़, 145
    गुजराती, 185
    तमिल, 138
    तेलुगु, 145
    देहाती, 87
    पंजाबी, 91
    पश्चिमी, 36, 59

पारम्परिक, 67
पारसी, 69
बांग्ला, 55
भारतीय, 70, 72, 76, 97, 183
मणिपुरी, 105
मराठी, 138, 142
मलयालम, 78
मुक्ताकाशी, 81
राष्ट्रीय, 158
व्यवसायी/पेशेवर, 79, 94
संस्कृत, 25, 59
हिन्दी, 62, 63
रंगमंच और नाटक की भूमिका, 190
रंगमंच : कला और दृष्टि, 190
रंगमंच : नया परिदृश्य, 189
रंगयोग, 187
रंगशाला/प्रेक्षागृह, 28, 80, 82, 82, 135, 138, 139, 140, 141, 142
रंगशिल्प, 64, 69, 146
रंगायन, 187
रक्तकरबी (बांग्ला), 75
रघुवीर सहाय, 58, 125
रतनकुमार थियम, 104, 105, 107
रत्नाकर मतकरी, 144
रविवार, 186
रवि वास्वानी, 67
रविशंकर, 175
रवीन्द्रनाथ ठाकुर, 75, 80, 100, 175
रवीन्द्र भवन (नई दिल्ली), 82
रवीन्द्र रंगभवन, 80, 173
रसगन्धर्व, 106
रांगेय राघव, 58
राजकीय सहायता/संरक्षण और रंगमंच, 135-136
राजनीति और रंगमंच, 166-169
राजमाणिकम, 146
राजस्थान संगीत नाटक अकादेमी, 187
राजा, 75
राजा ईडिपस, 125
राजा लियर, 67
राजिन्दर नाथ, 66
राजेन्द्र गुप्ता, 67
राधेश्याम कथावाचक, 38
रामनारायण अग्रवाल, 191
रामलीला, 112
रामलीला—परम्परा और शैलियाँ, 191
रामायण, 112
राष्ट्रीय नाटक-महोत्सव, 102
राष्ट्रीय नाट्य विद्यालय, 58, 76, 82, 93, 99
राष्ट्रीय नाट्य विद्यालय रंगमंडल, 93
राष्ट्रीय रंगमंच—देखिए रंगमंच
राष्ट्रीय संगीत नाट्य केन्द्र, 187
रासलीला, 73, 112, 116, 191
रासलीला तथा रासानुकरण विकास, 191
रीतिबद्धता—देखिए शैलीबद्धता
रीतारानी पालीवाल, 189
रुचिका, 68, 187
रुद्रप्रसाद सेनगुप्त, 104
रूढ़ियाँ, 181
रोहिणी हत्तंगड़ी, 144
लक्ष्मीनारायण लाल, 190
लहरों के राजहंस : विविध आयाम, 189
लिटिल थिएटर ग्रुप (कलकत्ता), 142
लिटिल थिएटर ग्रुप (दिल्ली), 147
लोककला, 187
लोमड़खान, 107, 127
वसन्त कानेटकर, 144
वसन्त यामदग्नि, 191
वाचक, 72, 106
वातावरण, 55, 56
वालपोने, 107
विक्रमोर्वशीयम्, 105
विचार-तत्त्व, 30, 50

विजन मंच (कलकत्ता), 142
विजय तेंडुलकर, 51, 106, 144
विजया मेहता, 68, 75, 104, 107, 144
विदूषक, 113
विद्यावती नम्र, 190
विलियम्स, टैनेसी, 56
विश्वनाथ शर्मा, 190
विसंगतिवादी (ऐब्सर्ड), 128
वीथिनाटक, 112
वेटिंग फ़ॉर गोदो, 126
वेस्ट एंड, 127
व्यक्त (अंग्रेज़ी), 187
व्यवसायी रंगमंच—देखिए रंगमंच, 136-137, 140-142, 166-167, 168
शकुन्तला, 102, 103
शम्भु मित्र, 51, 68, 75, 100, 104, 125, 135, 175, 188
शमा ज़ैदी, 102
शहीद भवन रंगशाला (जबलपुर), 80
शान्ता गांधी, 103, 104
शिवकुमार मधुर, 191
शिवाजी मन्दिर (बम्बई), 80
शिशिर कुमार भादुड़ी, 138
शिशिर मंच (कलकत्ता), 81, 142
शुतुरमुर्ग, 66
शेक्सपियर, 36, 51, 56, 57, 58, 60, 67, 77, 124, 125, 181
शैली, 67, 73, 100, 102, 160, 202
शैलीबद्धता/रीतिबद्धता, 67
श्याम परमार, 191
श्यामानन्द जालान, 66, 104
श्रीकृष्ण पहलवान, 114
श्रीराम लागू, 75, 144
श्रीराम सेंटर (नई दिल्ली), 78
संगीतक, 113
संगीत नाटक, 102, 113, 115, 146, 187
संगीत नाटक अकादमी, 102, 146, 187
संगीत-योजना, 64, 70
संध्याछाया, 145
संवाद, 26, 27, 28, 30, 32, 33, 52, 53, 54, 55, 56, 57, 100, 104, 106, 114, 180
संस्कृत रंगमंच/नाटक—देखिए रंगमंच
संस्कृति और रंगमंच, 19-21
सखाराम बाइंडर, 51
सतीश आलेकर, 106, 107, 144
सत्यजित राय, 158, 175
सत्यदेव दुबे, 66, 67, 159
सत्येन्द्र तनेजा, 189
सपने, 126
सप्रू हाउस, 91, 93
समकालीन हिन्दी नाटक और रंगमंच, 189
समकालीन हिन्दी नाटककार, 189
सर्वेश्वर दयाल सक्सेना, 106
सविताव्रत दत्त, 75
सहस्रनामम, 146
सहृदय, 59, 86, 98
साँग, 73, 115
सांगीत : एक लोकनाट्य परम्परा, 191
साँवली मित्र, 75
साप्ताहिक हिन्दुस्तान, 186
सार्त्र, ज्याँ पॉल, 56, 126
सार्दू, 181
साहित्य संघ नाट्य मन्दिर (बम्बई), 80
सिद्धनाथ कुमार, 189
सीताबेंगा, 78
सुनो जनमेजय, 51
सुरेखा सीकरी, 76
सुरेन्द्र कौशिक, 82
सुलभा देशपांडे, 75, 144
सूत्रधार, 72, 103, 106, 113, 118
सूत्रधार, 187
सूरस्मारक भवन (आगरा), 80
सृजन का सुख-दुख, 190

सेवा स्टेज, 146
सोफ़ोक्लीज़, 36, 42
सोमनाथ गुप्त, 190
स्क्राइब, 181
स्ट्रिंडबर्ग, 56
स्तानिस्लावस्की, 153, 203
स्वप्नवासवदत्ता, 60, 97, 99
स्वाँग, 87, 88, 112, 114, 115, 127
हबीब तनवीर, 60, 67, 72, 99, 102, 103, 104, 107, 147
हयवदन, 51, 67, 71, 106
हरिवंश राय बच्चन, 58
हिन्दी नाट्य चिन्तन, 189
हिन्दी नाट्य समालोचन, 189
हिन्दी रंगमंच का इतिहास, 15, 190
हिन्दी रंगमंच का उद्भव और विकास, 190
हिन्दी रंगमंच और पंडित नारायण प्रसाद बेताब, 190
हिन्दी रंगमंच/नाटक—देखिए रंगमंच
हिन्दुस्तानी थिएटर, 102, 103, 147
हिमालय की छाया, 145
हुसैन (मक़बूल फ़िदा हुसैन), 175
हैमलेट, 56, 58